KB185358

또 다른 사회주의

— 한국 사회민주주의의 역사적 기원

지은이 **윤덕영**

연세대학교에서 한국 근현대사 전공으로 석사와 박사학위를 받았다. 20세기 세계사 및 동아시아사의 맥락에서 한국 근현대 정치·사상사를 연구하고 있다. 일제하에서 해방 직후 좌··우 국내 정치 세력의 민족운동과 정치 활동 및 사상에 대한 연구, 그리고 협동조합론에 대한 연구를 진행하고 있다. 국사편찬위원회에서 30여 년을 근무하고 정년퇴직했다. 현재 연세대학교 국학연구원 전임연구원으로 있다. 저서로는 『세계와 식민지 조선의 민족운동 — 한국 자유주의의 형성, 송진우와 동아일보』(2023), 『일제의 조선 참정권 정책과 친일 세력의 참정권 청원운동』(공저, 2022), 『근현대 한국의 지성과 연세』(공저, 2016) 등이 있다. 논문으로는 일제하 국내 민족주의 세력과 비주류 사회주의 세력, 신간회 운동, 협동조합 운동, 해방 직후 한국민주당에 대한 글들이 다수 있다.

또 다른 사회주의 — 한국 사회민주주의의 역사적 기원

1판 1쇄 인쇄 2024년 12월 20일
1판 1쇄 발행 2025년 1월 10일

지은이 윤덕영
펴낸이 정순구
책임편집 정윤경
기획편집 조원식 조수정
마케팅 황주영

출력 블루엔
용지 한서지업사
인쇄 한영문화사
제본 대원바인더리

펴낸곳 (주) 역사비평사
등록 제300-2007-139호 (2007. 9. 20)
주소 10497 : 경기도 고양시 덕양구 화중로 100(비전타워21) 506호
전화 02-741-6123~5
팩스 02-741-6126
홈페이지 www.yukbi.com
이메일 yukbi88@naver.com

ISBN 978-89-7696-595-0   94900
(set) 978-89-7696-733-6   94900

책값은 표지 뒷면에 표시되어 있습니다.
잘못 만들어진 책은 구입하신 서점에서 바꾸어 드립니다.

이 저서는 2019년 대한민국 교육부와 한국학중앙연구원(한국학진흥사업단)의 한국학 총서 사업 지원을 받아 수행된 연구임(AKS-2019-KSS-1230003).

와이비
아카이브
003

또 다른 사회주의

— 한국 사회민주주의의 역사적 기원

윤덕영 지음

역사비평사

차례 **또 다른 사회주의**

'한국 사회주의사상·문화사' 총서를 출간하며

　　제1권 『공상에서 과학으로—한국 사회주의의 기원』, 제2권 『민족과 혁명—식민지 사회주의의 이념과 실천』, 제3권 『또 다른 사회주의—한국 사회민주주의의 역사적 기원』, 제4권 『카프를 넘어서—사회주의와 식민지 조선문학』 등 총 4권으로 구성된 본 총서는 한국학중앙연구원의 지원으로, 2019년 6월부터 3년간 "한국 사회주의사상·문화사"라는 주제로 진행한 한국학총서사업의 성과를 출간한 것이다.

　　우리는 남북분단의 내적 요인을 고찰하기 위한 모색의 일환으로, 한국 사회주의의 기원과 형성의 문제를 사상적으로 해명하고자 하였다. 이를 위해 사회주의가 본격적으로 수용되던 1910년대 중반부터 한반도에 두 개의 체제가 현실화된 1948년까지의 시기를 통시적으로 검토하여, 식민지 조선과 한국에 수용된 사회주의 사상의 내용과 그 특징을 살펴보았다. 이는 한국 근현대사에서 사회주의 운동의 발생과 전개의 내적 논리를 밝히는 작업이기도 하다.

　　한국 근현대사에서 사회주의가 갖는 역사적 의미는 무엇이며, 사회주의 사상 수용과 사회주의 운동 전개의 한국적 특징은 무엇인가? 이것이 우리 문제의식의 출발점이다. 우리 작업이 한국 근현대사에서 운동과 사상으로서의 '사회주의'를 바로 자리매김하여, 한국의 '근대' 그 자체를 종합적으로 고찰하는 작업에 일조했으면 하는 바람이다.

우리는 문제의식을 가시화하기 위한 일환으로 〈식민지 조선의 사회주의'들'〉(2020), 〈식민지 조선의 사회주의: 민족, 계급, 젠더〉(2021), 〈논쟁으로 본 식민지 조선의 사회주의〉(2022) 등 세 차례의 학술대회를 진행하였다. 학술대회의 사회자와 토론자로 참여하여 기탄없는 비판으로 우리들의 생각을 가다듬을 수 있게 도와주신 선후배 연구자들 임경석, 와타나베 나오키, 김인덕, 고(故) 이현주, 전명혁, 류시현, 허수, 권보드래, 이태훈, 후지이 다케시, 심철기, 조형열, 손유경, 윤효정, 노경덕 님께 감사의 마음을 전한다. 또한 학술대회를 지원해준 한국역사연구회와 인하대학교 한국학연구소, 서울대학교 인문학연구원의 후의에도 감사드린다.

본 총서의 출간은 무엇보다 연구책임자의 '다대'한 요구에 성실하게 응해 주었던 윤덕영, 홍종욱, 정종현 교수가 함께했기에 가능한 것이었다. 우리 팀 모두에게 깊이 감사드린다.

끝으로 종이책의 종말이 운위되는 요즘 같은 불경기에 상업성 없는 책을 출간해준 역사비평사 정순구 대표와 예정보다 늦어진 일정에도 좋은 책을 만들기 위해 애쓴 편집부의 노고에 깊이 감사드린다.

2024년 11월의 뒷자락, 인왕산 우거에서
박종린

책머리에

이 책은 한국 사회주의 운동의 역사 속에서 소련과 코민테른에 의해 지도되거나 이를 지향한 공산주의 운동이 아닌, 또 다른 사회주의 운동의 양상을 1920년대 초반부터 해방 직후 시기를 대상으로 살펴본 것이다.

오랫동안 우리 사회에서는 사회주의를 공산주의, 곧 마르크스레닌주의 및 그와 관련된 일련의 이념체계와 동일시하는 것이 일반화되었다. 여기에는 식민지에서의 독립이 남북 분단으로 이어지고, 남북이 이념적으로나 정치적으로 여전히 대립하고 있는 한반도의 역사적 상황이 가장 크게 작용했다. 더불어 세계적 냉전과 남북 대치 상황을 이용하여 모든 사회주의적 경향을 공산주의로 단정하고 탄압했던 독재 권력의 유산이기도 하다. 다른 한편으로는 과거 한때 마르크스레닌주의 및 그와 관련된 일련의 이념 체계(주체사상 포함)가 한국 사회를 휩쓸면서 그것만이 사회주의 사상이고 나머지는 사회주의가 아니라는 인식이 운동가들은 물론 좌·우를 막론하고 지식인들 사이에서 일반화된 것에도 연유한다. 소련 및 현실 사회주의 체제가 몰락하고 21세기에 들어선 현재까지도 이런 인식은 아직까지도 넓게 퍼져 있다.

이런 상황 때문에 여러 문제가 나타났는데, 이 책의 주제와 관련해서 몇 가지만 살펴보자.

첫째, 사회주의를 사회민주주의와 다른 것으로 인식하는 경우이다. 사회주의는 그 내부에 다양한 사상과 이념을 포괄하는 광의의 이념이다. 역사적으로 크게 범주를 나누어도 공상적 사회주의, 기독교사회주의, 아나키즘, 마르크스주의, 마르크스레닌주의, 사회민주주의, 민주적 사회주의 등 다양한 사상적 조류가 사회주의 사상 내부에서 등장했다. 이런 큰 범주 내에서 다시 수많은 다양한 사상적 조류가 작은 범주로 나타났다.

그중 사회민주주의는 20세기 전반 전 세계를 뒤흔들었던 마르크스레닌주의와 함께 사회주의의 주요한 조류였다. 심지어 사회민주주의는 19세기 말에서 20세기 초반까지 마르크스주의를 대표하는 용어로 널리 통용되기도 했다. 그렇지만 한편에서 사회민주주의 내에서 수정주의가 대두되고, 다른 한편에서는 사회민주주의에서 변신한 볼셰비즘, 곧 마르크스레닌주의가 사회민주주의를 마르크스주의를 배반한 배교자로서 적극 공격함으로써, 사회민주주의를 마르크스주의와 다른 것처럼 인식하는 경향이 확산되었다. 제2차 세계대전 이후 집권한 몇몇 서구 사회민주주의 정당들이 추진한 개혁 정책이 한계에 봉착하면서, 사회민주주의를 수정주의와 개량주의, 계급협조주의와 의회주의로만 한정하여 보는 시각도 나타났다. 그러나 이런 역사적 한계에도 불구하고, 사회민주주의는 여전히 사회주의와 마르크스주의의 중요한 한 조류로 남아 있다.

둘째, 공산주의 이념과 운동을 역사적 개념으로 파악하는 것이 아니라 일반적 개념으로 파악하는 경우이다. 마르크스가 1848년 「공산당선언」을 발표하기는 했지만, 이때부터 공산주의 운동이 역사적 현실운동으로 전개된 것은 아니었다. 대부분 사회주의 운동의 범주하에서 전개되었고, 19세기 말에는 사회민주주의운동으로 전개되었다. 그러다 레닌과 볼셰비키가 1917년 러시아혁명에서 승리하고, 볼셰비키의 이론, 곧 마르크스레닌주의를 세계로 확산시키면서 공산주의 운동이 역사적 현실운동으로 구체적으로 등장했다. 1919년 결성된 공산주의인터내셔널, 곧 코민테른은 그 실제적 역할을 담당했다. 서구는 물론 식민지와 반식민지를 포함해서 전 세계에서 국제 공산당인 코민테른의 지부로 각국 공산당이 결성되었다. 이제 이들이 주도하는 운동은 공산주의 운동으로 전개되었고, 소련과 코민테른의 결정이 각국 공산주의 운동에 결정적 영향을 미치게 되었다. 20세기 전반의 역사 속에서 공산주의 이념과 운동은 구체적으로는 소련 및 코민테른의 지도적 권위를 인정하고, 그의 지도를 받거나 이를 지향하여 전개된 역사적 운동이었다.

이렇게 공산주의 이념과 운동을 역사적 개념으로 이해해야 하는 이유는 20세기 전반 세계 역사 속에서 공산주의 이념 및 운동과 다른 사회주의 이념과 운동이 다수 있었다는 것을 인식해야 하기 때문이다. 사회민주주의 이념과 각국에서의 운동은 그 대표적 양상 중 하나였다. 뿐만 아니라 초기에는 공산주의 운동에 참가했지만, 점차 소련과 코민테른의 정책에 동의하지 않는 적지 않은 마르크스주의자들이 전 세계적으로 나타났다. 특히 1920년대 중반 이후 소련에서 스탈린 독재 체제가 확립되고, 스탈린주의가 코민테른을 통해 전 세계로 확산되는 과정에서 전 세계 다수의 공산주의자들이 공산주의 운동에서 축출되거나 이탈하게 된다. 이들 중 상당수는 사회민주주의 진영에 합류하기도 했지만, 독자적으로 활동하는 경우도 있었다. 이들은 객관적으로 공산주의 운동에 참여할 수 없어 이제는 공산주의자가 아니게 되었다. 때문에 이들의 이념과 운동을 공산주의 이념과 운동의 맥락에서만 파악해서는 제대로 된 이해를 할 수 없다. 그럼에도 불구하고 이들의 이념과 운동을 마르크스레닌주의 범주에서 평가하고 규정하는 것이 좌·우를 막론하고 아직도 일반적이다.

셋째, 일제하에서 해방 후의 한국 사회주의 운동을 공산주의 운동과 동일시하고, 공산주의 운동의 범주에서만 설명하는 경우이다. 식민지 조선은 서구나 일본과 달리 사회주의 운동이 곧바로 공산주의 운동에서 시작되었다. 1917년 러시아혁명 직후 '시베리아 출병' 등 제국주의 국가의 포위공격에 직면한 소련은 그 타개책의 일환으로 중국과 식민지 조선의 민족운동과 사회주의 운동을 적극 지원했다. 소련과 코민테른의 지원하에 1921년 5월, 해외에서 두 개의 공산당이 나란히 창당되었다. 이르쿠츠크파 고려공산당과 상해파 고려공산당이다. 1925년 4월에는 국내에서 조선공산당이 창당되었고, 코민테른의 지부 승인을 받았다. 이렇게 공산주의 운동으로 사회주의 운동이 시작되고, 사회민주주의 세력이 취약했다는 것은 서구나 일본과의 차이점이다.

그렇지만 실제 운동 진행 과정에서 조선과 일본의 사회주의 운동은 많은 유사한 모습을 보였다. 특히 1920년대 전반에는 조선과 일본 모두 공산주의 운동이 이념적으로 볼셰비즘으로 전개된 것이 아니라, 그 내부에 다양한 사상적 지형을 보이고 있었다. 공산당에 참여했음에도 이전 정통 마르크스주의를 대변했던 카우츠키의 중도파 이론을 비롯해서 사회민주주의적 경향을 가진 사람들이 적지 않았다. 마르크스레닌주의에 대한 이해도 취약하고 혼재되어 있었다. 또한 조선의 공산주의자들은 대부분 혁명적 민족주의자로부터 전화된 경우였기 때문에 민족주의적 경향도 다수 남아 있었다.

그러나 마르크스레닌주의 이념이 1920년대 중반 이후 본격적으로 일본과 조선에 소개되고 확산되면서, 또한 스탈린주의가 세계적으로 확산되는 과정에서 사상과 운동의 분화가 분명해졌다. 특히 1927년 중반 이후 동아시아에서 코민테른의 통일전선 정책이 변화하고, 잇달아 '계급 대 계급 전술'이 코민테른을 통해 세계적으로 확산되면서 이런 양상은 확대되었다. 사회민주주의운동의 저변이 넓고, 질과 양에서 공산주의 운동에서 이탈한 사람들의 규모가 컸던 일본에서는 이들이 독자적 정치 세력을 형성했고, 주도적으로 무산정당운동을 전개했다. 반면에 정치적 자유가 없었던 식민지 조선에서 이들은 독자적이고 지속적인 정치 세력을 형성하지는 못했다. 당시에는 일본과 조선에서의 이런 움직임을 일반적으로 '좌익 사회민주주의'로 불렀다. 이들의 활동은 결과적으로 코민테른의 정책과 대립하였을 뿐만 아니라, 이들 중 상당수가 이후에 사회민주주의로 포섭된다는 점에서 공산주의 운동의 범주로 규정하기 어려운 것이었다. 물론 정치적 자유가 없어 정당 활동이 불가능한 조선의 경우는 사회민주주의 운동으로 나타나지는 않았다. 그렇지만 여러 차원에서 볼셰비즘 및 코민테른의 정책과 거리를 둔 주장과 운동을 전개한다.

이 책은 일제하에서 해방 직후의 사회주의 운동을 공산주의 운동 범주만으로 전일화시켜 살펴보는 기존의 이해를 극복하기 위해 쓰였다. 또한 조선이 일본제국의 낙후된 식민지이기 때문에 서구나 일본과 달리 조선의 사회주의 이념과 사상은 민족주의의 영향하에 미분화되었다는 인식을 부정하기 위해 쓰였다. 조선이 비록 낙후된 식민지였고, 노동계급의 발전도 미약했으며, 사회주의자들에게 민족주의적 의식이 강하게 잔존했던 것은 분명한 사실이다. 그럼에도 불구하고 1920년대 중반 이후 일본에서 그러했던 것처럼, 식민지 조선에서도 마르크스레닌주의가 공산주의 운동에 명백히 관철되어갔다. 그리고 그 과정에서 볼셰비즘과 그렇지 않는 사회주의 사상이 구분되었다. 이 책에서는 마르크스레닌주의의 세계사적 전개 과정이 식민지 조선에 투영되는 과정에서, 서구나 일본과 같이 풍부한 것은 아니지만, 그와 다른 사회주의 이념과 생각들이 나타났으며, 구체적 운동으로 전개되었다는 것을 시기와 단계별로 나누어 자세히 해명하려고 한다. 서구나 일부 국내 연구자들이 혁명적 민족주의로 일제하 한국 사회주의 운동을 규정하는 것은 역사적 현실과 거리가 있다.

필자가 이 주제에 관심을 갖게 된 것은 6~7년 전쯤에 초기 조선물산장려운동에 대한 논문을 준비해서 학술지에 발표한 것이 계기가 되었다. 1920년 7월 조만식을 비롯한 평양 지역 민족주의자들이 주도하여 시작한 물산장려운동은 초창기에는 사회적 관심을 크게 받지 못한 침체된 지역운동에 불과했다. 그런데 1922년 말부터 당시 최대 청년단체인 조선청년회연합회가 적극 개입하면서 일약 전국적 관심을 받는 운동으로 발전했다. 동아일보는 가장 유력한 홍보수단으로서 여러 논설을 통해 물산장려운동을 적극 지원했다. 기존의 연구들은 동아일보가 주도적으로 참여했다는 이유로 물산장려운동을 대 부르주아지 김성수와 평양의 상공 부르주아지가 주도한 부르주아 경제실력양성운동으로 이해했다. 그러나 오래 전 이애숙과 박종린이 이미 밝힌 바와 같이 이러한 청년회연합회 활동을 주도한 것은 부르주아 세력이 아닌 사회주의 세력, 즉 상해파 고려공산당 국내부(국내 상해파)였다. 또한 당시 동아일보의 논지를 주도한 것도 김성수의 부르주아 세력이 아닌 국내 상해파였다.

필자는 2023년에 일제하 송진우와 동아일보 계열에 대한 책을 간행했었다. 당시 동아일보 사장은 송진우였는데, 송진우는 물산장려운동에 큰 관심을 갖고 있지 않았다. 대 부르주아 김성수는 아직 동아일보에서 경영권이 안정되어 있지도 않았고, 영향력도 제한적이었다. 당시 상해파 고려공산당 국내부 책임자를 역임했던 장덕수가 동아일보 논설을 주도했다. 송진우가 동아일보 경영뿐만 아니라 논설과 편집의 주도권을 장악하는 것은 1925년 이후의 일이다. 동아일보 김성수 부르주아 세력이 1920년대 전반 물산장려운동을 주도했다는 것은 실증적으로는 사실이 아니다. 당시 물산장려운동과 관련한 동아일보 논설들은 민족주의자의 입장에서 작성된 것이 아니었다. 검열을 고려하여 최대한 자제하였지만, 국내 상해파의 사회주의 입장을 고스란히 드러내고 있었다. 또한 당시 동아일보를 통해 물산장려운동을 찬성하는 나경석과 반대하는 여러 사회주의자들 간에 물산장려운동 논쟁이 치열하게 전개되었다. 나경석은 민족주의자가 아니라 장덕수의 뒤를 이어 상해파 공산당 국내부의 책임자를 맡고 있던 국내 상해파 사회주의자였다. 1920년대 전반 물산장려운동은 민족주의운동이라기보다는 사회주의 운동의 측면이 더 컸다. 물론 사회주의자들은 1920년대 중반 이후 물산장려운동에서 대부분 철수하고, 이후 물산장려운동은 민족주의운동으로 전개된다.

필자는 나경석을 비롯한 사회주의자들이 왜 초기 물산장려운동에 관심을 갖고 이를 전국적 운동으로 발전시켰는지를 살펴보았다. 이 과정에서 나경석이 당시 일본의 사회주의 주장들뿐만 아니라 카우츠키 등 서구 사회민주주의 주장에 크게 영향을 받았다는 것을 알게 되었다. 그에 따라 독일 카우츠키와 베른슈타인, 영국 페이비언의 사상과 나경석의 주장을 국가론과 사회이행론, 자유와 민주주의론을 중심으로 비교해서 살펴본 논문을 발표했다. 이 책의 1장은 이 논문을 보충한 것이다. 이 과정을 통해 볼셰비즘, 마르크스레닌주의 이념과는 다른 주장을 하는 사회주의자들이 일제하 사회주의 운동에 존재한다는 것, 그리고 공산주의 운동과는 또 다른 사회주의 운동의 국제적 동향이 식민지 조선의 사회주의 운동에도 구체적으로 나타났다는 것을 확인할 수 있었다.

이후 사회주의 사상사 프로젝트에 합류하게 되었다. 본격적으로 잘 알려지지 않은 일제하 사회주의 운동의 다른 면들을 재조명하기 시작했다. 일제하 조선의 민족운동과 사회주의 운동을 주도하던 운동가들은 상당수가 1910년대에서 1920년대에 걸쳐 일본 등으로 유학을 가서, 당대 일본제국과 서구 사회에서 통용되는 최신 사상과 이념을 배우고 일본과 서구의 지식인 및 엘리트들과 교류했다. 일본어가 자유로워서 일본제국 내에서 유통되는 사상과 이념, 정치론과 그 변화를 일본 본국의 사람들과 비슷한 시기에 거의 동일한 수준에서 배우고 호흡했다. 한국 사회주의 운동은 북쪽 소련과 코민테른의 영향하에서만 전개된 것이 아니었다. 제국과 식민지라는 조건하에서 일본 사회주의 동향도 크게 영향을 미쳤다. 특히 실제 운동보다는 사회주의 사상과 이론의 습득에서 더욱 그러했다.

일본의 사회주의 운동과 조선의 사회주의 운동을 시계열적으로 동일선상에 놓고 살펴보면서 일제하 사회주의 운동에서 다른 모습들이 발견되기 시작했다. 코민테른의 동아시아 통일전선 정책의 변화와 그를 따르지 않는 일본과 조선의 사회주의자들의 모습을 같이 보게 되면서, 조선사회단체중앙협의회, '청산론' 주장, 합법운동파의 '민족당' 주장이 새롭게 해명되었다. 이 책에서 다루는 사람들 다수는 일제하 공산주의 운동에 참여했지만 여러 계기로 공산주의 운동에서 떨어져 나와 코민테른과 다른 길을 걸은 사람들이다. 그리고 이들 중 상당수는 사회민주주의의 정체성을 가지고 해방 후 대표적 우익 정당인 한국민주당에 합류한다. 이들은 초기 한국민주당의 진보적 흐름을 이끌어내는 데 일정한 역할을 담당했다. 물론 1946년 좌우합작운동을 계기로 대부분 한민당에서 이탈하고, 다양한 과정을 거쳐 남한 정치에 참여한다. 그렇지만 해방공간 및 6·25전쟁 기간 중에 상당수가 죽거나 납북되거나 월북하면서, 이후 남한의 진보적 정치 흐름으로 구체적으로 연결되지는 않는다.

필자는 민주적 사회주의를 볼셰비즘, 마르크스레닌주의 및 그와 관련된 일련의 사상적 흐름(주체사상을 포함)과 결을 달리하며, 민주주의 가치와 사회주의 가치를 동등하게 이해하는 사회주의 사상으로 이해한다. 물론 사회민주주의를 포함한다. 한국의 민주적 사회주의의 역사적 기원과 관련해서 일제하에서 해방 직후 시기를 조망하면, 다음 3개의 흐름이 중요하다고 생각한다.

첫째, 일제하 공산주의 운동에 참여했지만 여러 계기로 공산주의 운동에서 떨어져 나왔던, 볼셰비즘과 결이 다른, 코민테른 정책에 반대하거나 미온적이었던 운동 흐름이다. 물론 식민지 조선의 경우 이런 흐름이 단일한 세력이나 개인에 의해 주도되지도 않았으며, 일관된 흐름도 아니었다. 1920년대 전반부터 해방 후까지 다양한 경향이 있었고, 사람에 따라, 시기에 따라 변화의 폭이 컸다. 이 흐름에 있던 사람들 중 김약수와 원세훈을 비롯한 상당수는 해방 후 한민당을 거쳐 민중동맹으로 집결한다. 그렇지만 독자적이고 단일한 정치 세력으로 발전하지는 못했다.

둘째, 여운형과 해방 후 조선인민당-근로인민당으로 모인 사람들이다. 장건상과 이여성을 비롯한 이들 상당수도 일제하 공산주의 운동에 참여한 경력을 가지고 있다. 백남운을 중심으로 남조선신민당을 결성한 이들도 이에 포함된다. 첫 번째 흐름과 달리 이들은 해방 직후 독자적 정치 세력을 형성한다. 그럼에도 주도 세력의 취약, 공산당 및 북한의 적극적 개입, 급속화된 냉전 속에서 제대로 활동을 하지도 못하고 여운형의 암살과 함께 흩어지게 된다.

셋째, 일제하 사회주의 운동에서 활동하지 않고 민족주의 그룹에서 활동했지만 사회주의적 지향을 가졌던 '민족적 사회주의자'들이다. 김규식을 비롯해서 이상룡, 조소앙, 서상일, 이순탁, 강정택, 강진국 등이 대표적이다. 그러나 이들은 개별화되어 있었고 각기 활동 영역도 달랐다. 사상적 경향도 편차가 컸다. 서상일과 이순탁은 한민당에 참여한 데서 보이듯 첫 번째 그룹과 겹친다.

이들 외에도 조봉암과 1950년대 진보당으로 모이는 사람들, 4·19혁명 이후 혁신운동을 하는 사람들도 한국의 민주적 사회주의 또는 사회민주주의와 관련해서는 중요한 역사적 자원이라 할 수 있다. 그렇지만 조봉암의 경우는 해방 후에 전향하면서 급격하게 사상과 주장이 바뀌고 새롭게 세력을 형성한다는 점에서 역사적 기원보다는 한국의 민주적 사회주의 운동의 전개 과정 측면에서 살펴보아야 한다고 생각된다. 혁신운동도 마찬가지이다.

한편 아나키즘을 수용하여 전개된 운동도 사회주의 운동의 중요한 조류이며, 그 역사적 의미도 적지 않다. 그러나 그 편차가 다양하여 하나의 흐름으로 정리하기 어렵고, 해방 직후의 상황과 관련해서 그 영향이 크지 않다고 보아 전체적으로 생략했다.

　이 책은 역사적 기원 중 첫 번째 흐름만을 집중적으로 탐구한 것이다. 두 번째와 세 번째 흐름에 대한 연구는 다음 기회를 기다리도록 하겠다.

　이 책은 박종린 교수를 중심으로 홍종욱 교수, 정종현 교수와 함께한 일제하 사회주의 사상사 프로젝트의 결과물이다. 준비 기간까지 포함하면 6년여의 기간 동안 많이 만나고 다양한 대화를 했으며, 여러 번 같이 학술대회를 하고 해외 답사도 다녔다. 일제하 민족운동과 사회주의 운동에 대해서는 자기 관심에 따라 생각이 다르고 이해의 편차도 있지만, 서로의 주장을 이해하고 공통적 분모를 찾기 위해 노력하는 학문적 동료가 되었다. 이들과 함께 프로젝트를 한 것이 나에게는 행운이자 기쁨이었다. 팀을 주관하고 이끈 박종린 교수에게 감사를 표한다. 그의 노력과 헌신 덕분에 우리 팀이 흔들리지 않고 잘 마무리할 수 있게 되었다. 홍종욱 교수는 특유의 성실함과 배려심으로 우리 팀이 문제없이 잘 돌아갈 수 있도록 많은 헌신을 하였다. 정종현 교수는 역사학자들에게 부족한 다양한 사료해석과 역사적 상상력을 제공하여 우리 팀의 연구를 더욱 풍부하게 했다. 이들의 연구와 학문적 토론이 나에게는 큰 학문적 자극이자 도움이 되었다.

　한국역사연구회 사회주의연구반원들에게도 감사를 전한다. 다양한 전공과 관심사를 가진 사람들이 사회주의를 같이 공부하기 위해 만났다. 그리고 벌써 세 번째 시즌을 맞고 있다. 같이 모여 공부하고 대화하면서 적지 않은 도움을 얻었다. 앞으로도 계속 공부하는 모임을 이어갔으면 한다.

　고전강독회의 선생님들은 이 책의 초고를 읽고 많은 유익한 조언을 해주셨다. 특히 이준식 선생님과 김성보 선생님은 책의 학문적 시야를 확장하고 서술의 한계를 극복할 수 있도록 미흡한 부분에 대해 적절하고 유익한 지적을 해주셨다. 모두에게 깊이 감사를 드린다.

초고를 읽어준 친구 김인덕 교수에게도 감사를 전한다. 분야는 조금 다르지만 일제하 운동사를 같이 연구하는 입장에서 평소 유익한 조언을 많이 해주었다. 앞으로 남은 여생 동안 친구로서 잘 지내고 교유했으면 하는 바람이다.

국사편찬위원회의 오랜 동료였던 김득중 선생과 황병주 선생도 이 책의 초고에 대해 유익한 조언을 해주었다. 직장 동료이자 학문적 동료였던 후배들이 있어 국편 생활뿐만 아니라 정년 이후에도 같이 만나 대화할 수 있어 즐거웠다. 이제 정년을 앞두고 있는 김득중 선생이나 좀 더 남은 황병주 선생이나 국편 생활을 잘 마무리하고 새로운 삶을 시행착오 없이 잘 준비하기를 바란다.

이 책을 총서로 간행하도록 출판해주신 역사비평사 관계자분들에게도 감사를 드린다. 어려운 출판계 상황에도 불구하고 선뜻 총서를 출판해주고 지연된 원고를 기다려준 정순구 역사비평사 대표님에게 깊은 감사를 드린다. 대표님의 배려로 역사비평사에서 책을 내게 되어 우리 팀 모두가 기쁘게 생각한다. 난삽하고 긴 원고를 꼼꼼하게 읽고 제대로 된 원고로 다듬어준 역사비평사 정윤경 선생님에게도 깊은 감사를 드린다.

2000년대 초반 송진우와 동아일보 계열로 박사논문을 준비할 때부터, 박사논문을 쓰고 책을 출간한 이후에는 사회주의로도 책을 한 권 써야겠다는 생각을 했다. 박사논문의 책 출간이 한정 없이 늦어지면서, 20여 년이 훌쩍 지난 이제야 그 바람을 마무리할 수 있게 되었다. 예전에 후배 장신 교수가 페이스북에 쓴 글이 생각난다. "남과 다른 세계를 꿈꾸기, 획기적 발견, 전복… 이런 것들은 모든 학자들의 머릿속에 한 번쯤 떠올랐을 생각들이다. 하지만 이러한 사고는 기성의 체계 를 무너뜨리고, 그에 기반한 많은 이해관계를 어지럽히기에 쉽게 받아들여지지 않는다. (…) 과학은 어쨌거나 남(학자)을 설득해야 한다. 그 과정은 대부분 지난하다. 계속 증명하다가 변죽만 울린 채 끝날 수도 있다. 그래도 꿈꾸고 시도해야 학자지.^^" 2023년에 낸 『세계와 식민지 조선의 민족운동』은 일제하 국내 민족주의운동에 대한 기성의 인식과 체계를 바꾸려는 작은 시도였다. 이번에 내는 책은 그 후속편으로 국내 사회주의 운동에 대한 인식과 범위를 확대하려는 또 다른 작은 시도이다. 두 책을 내기까지 십여 편의 논문을 등재학술지에 발표했고, 이에 기반해서 책을 내게 되었다. 그러나 또 다른 변죽만 울리는 일이 될까 두렵기는 하다.

이 책은 일제하에서 신국가 건설과 새로운 사회이행을 전망하면서 민족운동과 사회주의 운동을 전개했지만, 일반은 물론 연구자들에게도 거의 잊힌 사람들의 기록이다. 많은 한계를 가지고 있고, 조직화·체계화되지도 못해, 기존의 사회주의 운동 연구에서 별로 주목하지 않은 주장과 운동에 대한 연구이다. 그리고 현재의 민주적 사회주의 운동과 직접적으로 연결되지도 않는, 역사적 기원으로만 흔적이 남은 사람과 활동들에 대한 보고이다. 경우에 따라서는 서구 사회민주주의 사상의 영향을 보이는 측면도 있고, 일본 노농파 이론과 유사한 측면을 보이기도 한다. 그러나 이들 주장과 이론은 기본적으로 식민지 조선의 구체적 민족운동과 사회주의 운동의 현실을 고민하면서 제기된 것이었다. 볼셰비즘과 다른 각도에서 식민지 조선의 해방과 사회이행을 고민한 기록이다. 이 책을 통해 비록 서구나 일본에 비해 부족하지만, 낙후된 식민지 조선의 상황에서도 사회주의 운동의 세계사적 전개와 동향을 반영하여, 공산주의로 전일화되지 않는 다양한 사회주의 주장과 활동이 이미 있어왔다는 것을 확인했으면 한다. 한국의 사회민주주의를 포함한 민주적 사회주의 운동이 뿌리가 없는 것이 아니라, 서구나 일본과는 다른 형태로 역사적 뿌리를 가진 것이라는 점을 인식했으면 한다. 현실 공산주의 체제가 몰락하고, 세계 사회민주주의도 역사에서 많은 한계를 드러냈지만, 역사를 되돌아보고 반추하면서 그 가운데서 가능성의 씨앗들을 찾았으면 한다. 새로운 출발은 역사에 대한 탐구에서부터 시작한다.

2024년 5월, 새로운 사회를 꿈꾸던 또 다른 사람들을 기억하며

윤덕영

서 론

1. 사회주의의 또 다른 길, 사회민주주의와 민주적 사회주의

19세기 사회주의 운동에서 큰 영향력을 행사하던 독일 사회주의노동자당이 1891년 에르푸르트 당대회를 통해 독일 사회민주당으로 개칭했다. 그리고 칼 카우츠키(Karl Johann Kautsky)가 기초한 에르푸르트 강령을 채택했다. 강령은 종래에 있었던 라살레주의적 요소들을 삭제했고, 대신에 마르크스주의가 유일한 이념으로 제시되어, 사회민주당이 마르크스주의에 토대를 둔 혁명적 사회주의 정당임을 분명히 했다.[01] 이후 제2인터내셔널에서의 독일 사회민주당의 지도적 위치를 반영하여, 사회민주주의란 용어가 유럽 각국에서 마르크스주의를 대변하는 용어가 되었다.

그렇지만 사회민주주의 내에서 독일 사회민주당의 베른슈타인(Eduard Bernstein), 프랑스의 장 조레스(Auguste Marie Joseph Jean Léon Jaurès) 등의 수정주의적 경향이 대두하고, 다른 한편으로는 러시아 레닌과 볼셰비키가 등장하면서 이런 용

---

01 칼 카우츠키 지음, 서석연 옮김, 『에르푸르트강령』, 범우사, 2003.

례가 변화하기 시작했다. 특히 레닌과 볼셰비키는 1917년 러시아혁명의 승리를 바탕으로 사회민주주의에 대한 공격을 강화했다. 그들은 카우츠키와 사회민주주의가 마르크스주의를 배반한 배교자이며, 마르크스레닌주의만이 마르크스주의의 진정한 정통 계승자임을 자임하기 시작했다. 제3인터내셔널 국제공산당인 코민테른 결성을 통해 이런 주장은 전 세계로 확산되었고, 스탈린주의가 국제 공산주의 운동을 지배하면서 확고해졌다. 이렇게 되면서 한때 정통마르크스주의를 대변하던 사회민주주의는 공산주의 측에서는 경멸과 매도의대상이 되었다. 이런 인식은 제2차 세계대전 이후에도 냉전과 함께 공산당 및 공산당 계열의 지식인들에게 강고하게 남아 지속되었다. 심지어 소련과 동구사회주의가 몰락하면서 마르크스레닌주의가 역사적 종말을 고한 21세기 현재까지도 여전히 잔존하고 있다.

사회민주주의 내에서 수정주의적 경향이 대두한 것은 19세기 자본주의 사회경제체제의 구조적 모순에 따른 사회적 갈등과 사회적 위기를 배경으로 급속히 확산되던 유럽의 사회주의 사상과 운동이 19세기 말에 이르러 또 다른 도전에 부딪치게 되었기 때문이다. 우선 그들의 기대와는 다르게 유럽 자본주의는 불황을 타개하고 새로운 활기를 찾고 있었다. 제국주의 지배가 전 세계로확산된 것이 그 배경 중 주요한 하나였다. 또한 유럽 각국의 지배 권력과 부르주아 정치 세력들은 한편에서는 사회주의 세력을 탄압하면서도 다른 한편으로는 각종 정치·경제·사회 개혁을 실시해 입헌주의 근대 국민국가 체제를 완성하여 대중들의 불만이 혁명적으로 발전하는 것을 억제했다. 프랑스와 독일, 영국이 그 대표적 예였다. 의회제가 정착하고 보통평등선거권과 무상교육이도입되었으며, 노동자들의 복지향상을 위한 사회입법이 추진되었다.

각국에서의 실제적 변화와 함께 사상적으로도 한계와 도전에 직면한 고전적 민주주의와 자유주의 사상을 수정하여, 이를 극복하고자 하는 움직임이

전 세계적으로 폭넓게 일어났다. 19세기 말 20세기 초 영국의 신자유주의(New Liberalism)가 그 수정 자본주의 사상적 조류 중 대표적이다.[02]

사적유물론과 계급투쟁론에 근거하여 자본주의의 몰락이 필연적이라는 경제결정론 인식을 가지고 있던 19세기 정통 마르크스 진영은 이런 상황에 제대로 대응하지 못했다. 엥겔스(Friedrich Engels)와 칼 카우츠키 등이 정식화한 인식에서 의회는 부르주아 계급의 이해를 대변하는 곳이고, 국가기구는 계급 억압의 도구이자 계급혁명을 통해 사멸할 대상이었다. 때문에 당면의 의회제 확립과 보통선거권 획득 등 부르주아민주주의혁명 단계의 입헌주의 근대 국민국가 정착을 위한 정치적 행동에 미온적이거나 이를 경시했다. 그들은 노동계급의 경제투쟁과 계급투쟁을 중시했다.

그러나 전 세계적으로 입헌주의 근대 국민국가가 완성되면서 법의 중요성이 증대하고, 법을 제정하고 예산을 심의하는 의회의 역할이 강화되었다. 중앙과 지방정부의 역할이 커지면서 의회와 국가가 대중의 삶과 이해에 밀접하게 개입했다. 의회는 단순히 부르주아 계급의 이해를 대변하는 곳이고, 국가기구는 계급 억압의 도구라는 도식은 영국과 프랑스, 독일제국에서 더 이상 통용되지 못했다. 현장의 노동자와 노동운동가들에게서 사회주의 세력의 의회 및 자치정부 정책에 대한 불만은 커져갔다. 의회와 자치정부에서 노동계급의 이해를 대변해주는 세력이 형성되어야 한다는 요구가 확산되었다. 이에 당면의 정치사회적 문제에 적극적으로 대응하고, 정치 활동과 의회 활동을 통해 노농 대중의 지지와 사회의 변화를 이끌어 나가야 한다는 기류가 국제 사회주의 운동

---

02 신자유주의(New Liberalism)의 일본과 식민지 조선에서의 수용양상에 대해서는 다음 참조. 윤덕영, 『세계와 식민지 조선의 민족운동—한국 자유주의의 형성, 송진우와 동아일보』, 혜안, 2023, 139~161쪽.

내부에서 확산되었다.[03]

이에 따라 입헌주의 근대 국민국가 체제가 확립되고 의회정치가 정착된 영국과 프랑스, 독일 등에서는 종래 정통 마르크스주의에 대한 수정주의적 방향이 제기되었다. 곧 사회주의혁명을 기다리기보다는 현존하는 의회주의 정치질서에 참여하고, 이를 통해 의회와 지방 자치정부로 들어가서 내부로부터 서서히 체제를 개혁하는 것을 통해 사회주의로 나아가야 한다는 주장이다. 이들은 자본주의 경제로부터 완전한 사회주의 경제로의 이행을 위해서는 높은 생산력 수준과 생산수단의 사회화 과정이 필요한데, 이는 많은 과정과 오랜 시간이 걸리는 것이라고 인식했다. 이는 사회주의 전위에 의해 위로부터 강제될 수도 없는 것이라고 판단했다. 또한 사회가 거대화 복잡화된 상태 속에서 인간은 국가로부터 벗어나 살 수 없으며, 국가의 역기능은 민주주의 제도의 구축과 자치의 신장 등과 같은 개혁을 통해 해결해야 한다고 주장했다. 이렇게 되면서 마르크스주의와는 거리가 있는 영국 페이비언주의 등 개량주의도 사회민주주의로 포섭되어 영국노동당 결성에 참여하게 된다..

물론 이런 수정주의 방향이 처음부터 사회민주주의를 장악한 것은 아니었다. 베른슈타인의 수정주의는 초기에는 인기를 끌지 못했고, 1903년 독일 사회민주당 드레스덴 당대회에서는 수정주의 반대 결의안이 압도적 다수로 통과되기도 했다. 그렇지만 실천적 측면에서 독일 사회민주당은 의회주의에 토대를 둔 대중정당으로 점차 변모해가고 있었다. 제국의회에서의 성공이 그를 뒷받침했다. 1912년 제국의회 선거에서 사회민주당은 득표율 34.8%에 110석의 의석을 얻어 제1당의 지위에 올랐다. 그 결과 당내 우파와 수정주의자들의 입장

---

03 셰리 버먼 지음, 김유진 옮김, 『정치가 우선한다―사회민주주의와 20세기 유럽의 형성』, 후마니타스, 2010, 26~28쪽, 48~78쪽.

이 강화되었고, 카우츠키를 비롯한 중도파들도 의회를 통한 집권과 사회이행의 방향으로 기울어졌다. 그렇지만 독일 사회민주당 지도부가 제국주의 전쟁이었던 제1차 세계대전을 지지하면서 당이 분열되었고, 이러한 변화도 유보되었다.

전쟁을 반대하는 사람들이 출당, 또는 탈당하여 독립사회민주당을 결성했다. 카우츠키와 베른슈타인도 이에 합류했다. 1918년 11월 독일혁명으로 독일제국이 무너지고 바이마르공화국이 수립되면서 상황이 급변했다. 임시정부의 주축이었던 사회민주당은 스파르타쿠스단의 봉기를 무력으로 진압했다. 1920년 독립사회민주당 내 좌파가 분리하여 독일공산당으로 옮겨갔다. 1922년 독립사회민주당과 독일 사회민주당이 재통합되고, 1922년 괴를리쯔 강령, 1925년 하이델베르크 강령이 제정되면서 독일 사회민주당에서 수정주의적 경향은 분명해졌다.

정통 마르크스주의를 대변하던 카우츠키는 공산주의적 흐름의 대두와 함께 중도주의자가 되었다. 그리고 점차 수정주의 주장에 접근해갔다. 사회민주주의는 베른슈타인으로 대변되는 흐름만 있는 것은 아니었다. 19세기 정통 마르크스주의를 대변했던 카우츠키로 대변되는 흐름도 커다란 부분을 차지하고 있다. 여기에 새로운 흐름이 사회민주주의에 추가되는데, 바로 공산주의 운동에서 떨어져 나온 흐름들이었다.

입헌주의 근대 국민국가 체제의 수립이 미흡하고 절대군주제가 유지되던 러시아에서는 레닌과 볼셰비키들이 계급적으로 각성된 혁명적 전위와 그의 당인 볼셰비키의 지도 아래 당면의 정치 과정에 적극 개입하고 혁명적 정치투쟁을 전개해야 한다고 주장했다. 당면의 부르주아민주주의혁명을 자유주의자와 공화주의자에게 맡기는 것이 아니라, 볼셰비키들이 적극 개입하여 앞장서서 추진해야 한다고 주장했다. 이제 부르주아민주주의혁명의 목표는 입헌주의 근대 국민국가의 건설, 곧 민주주의적 의회정체의 수립이 아니었다. 사회주의혁명으로 이행하기 위한 준비로서 볼셰비키가 주도하는 부르주아민주주의 혁명이었다. 때문에 노동계급의 영도권, 곧 볼셰비키 당의 헤게모니가 보장되는 정치 체제 건설이 중요했다. 민주주의에 기초한 다당제 의회정체는 당연히 거부되었고, 의회는 볼셰비키 당의 선전선동의 장으로 격하되었다. 그들은 볼셰비키 당의 지도가 구조적으로 보장되는 소비에트 정체를 수립하려 했다. 통일전선은 이를 위한 대중전술이었다. 공산주자들은 사회민주주의에 대한 적극적 공격과 투쟁을 통해 자신들의 정체성을 확립하고, 공산주의 운동을 확산시켰다.

레닌과 볼셰비키의 주장은 1917년 러시아혁명의 성공으로 힘을 갖게 되었다. 소련은 국제공산당인 코민테른을 결정하여 볼셰비키 이론, 곧 레닌주의에 기반한 공산주의 이념과 운동을 전 세계로 확산시켰다. 이제 소련과 코민테른의 결정이 각국의 공산주의 운동에 결정적 영향을 미치게 되었다.

그런데 각국의 사회주의 운동 진영에서는 초기에는 공산주의 운동에 참가했지만 점차 소련과 코민테른의 정책에 동의하지 않게 된 적지 않은 마르크스주의자들이 있었다. 1920년대 중반 이후 전 세계 각국에서 이런 집단이 다양한 형태로 형성되었다. 특히 1927년 12월 소련공산당 제15차 당 대회를 계기로 스탈린 독재 체제를 구축하기 위한 흐름이 본격화되면서, 그 양상이 광범위해졌다. 소련 사회주의 건설 방향과 방법을 둘러싸고 스탈린과 대립하던 부하린파를 '우익 일탈파'로 규정하여 제거하려는 움직임이 구체화되었다. 그 과정에서 적극 추진된 것이 1928년 2월, 코민테른 집행위원회 제9차 총회에서 정식화된 '계급 대 계급' 노선이었다. 이 전술은 1928년 7월 코민테른 제6회 대회 이후 전 세계로 확산되었다. 스탈린파가 주장하던 자본주의 위기론, 사회파시즘론, 당에 대한 철저한 복종, 노동조합에서 사회민주주의를 배격하는 분파주의 전술, 이를 거부하는 기존의 공산주의자를 우익 기회주의자로 숙청하는 활동이 전 세계 국제 공산주의 운동에서 광범위하게 전개되었다. 스탈린과 코민테른의 권위에 근거해서 1928년에서 1929년에 걸쳐 전 세계 공산당에 타격이 가해졌다. 수많은 공산주의자들이 투항을 강요받았고, 많은 수는 당에서 제거되었다. 각국 공산주의 운동의 자주적 움직임은 상당수 말살되었고, 스탈린과 코민테른의 지시에 충실한 자들이 각국 공산주의 운동의 지도부를 이루었다. 당에서 쫓겨난 사람들은 운동 전선에서 떠나거나, 어쩔 수 없이 사회민주주의 세력과 결합했다.[04]

공산주의 운동에서 이탈한 사람들이 사회민주주의에 합류하면서 사회민주주의 좌파 그룹이 확장되었다. 물론 중국공산당에서 두드러지게 보이듯이, 끝까지 공산당에 남아서 후일을 도모한 사람들도 세계 각국에 적지 않았다. 또한 사회민주주의에 가담하지 않고 독자적으로 활동하는 그룹과 사람들도 적지 않았다.

보통 사회민주주의를 언급할 때 수정주의와 의회주의의만을 생각한다. 그러나 이는 사회민주주의의 일부일 뿐이다. 이상에서 설명한 세 가지 흐름, 곧 베른슈타인류의 수정주의파와 계급협조적 성격의 우파, 카우츠키로 대표되는 계급투쟁의 당위는 주장하나 합법적 수단과 의회주의의 유용성을 인정하는 중도파(중앙파), 공산주의 운동에서 이탈하여 합류한 세력들을 포함한 좌파가 모두 상정되어야 한다. 사회민주주의는 그 다양성과 폭에서 공산주의를 훨씬 뛰어넘는다.

제2차 세계대전이 종전되면서 마르크스레닌주의에 기반한 거대한 소련 사

---

04 케빈 맥더모트·제리미 애그뉴 지음, 황동하 옮김, 『코민테른—레닌에서 스탈린까지, 국제공산주의 운동의 역사』, 서해문집, 2009, 118~136쪽.

회주의 블럭이 동유럽까지 확장되었다. 중국혁명의 성공으로 세계 최대인구를 가진 국가가 공산화되었다. 한반도의 북쪽에도 사회주의 국가가 들어섰다. 이런 공산주의 세력의 확장뿐만 아니라, 서구의 여러 나라에서 사회민주주의 정치 세력이 민주적이고 의회적인 방법을 통해 집권에 성공했다. 그러나 미·소를 중심으로 한 냉전이 점차 심화되었고, 공산주의와 사회민주주의의 대립도 지속되었다.

1951년 7월 서독 프랑크푸르트에 서구 각국 사회민주주의 계열의 정당들이 결집해서 사회주의인터내셔널(Socialist International)을 재건하고,「프랑크푸르트 선언」을 채택했다. 선언의 정식 명칭은「민주적 사회주의의 목표와 과제(Aims and Tasks of Democratic Socialism)」이었다. 이는 제2차 세계대전 이후의 변화된 세계 정세 속에서 사회민주주의 계열 정당의 목표와 사회주의 인터내셔널의 방향을 제시한 강령적 선언이었다.

그런데 선언에서는 종래 통용되던 사회민주주의란 용어를 사용하지 않는 대신에 'Democratic Socialism', 즉 '민주적 사회주의' 또는 '민주사회주의'로 번역되는 용어를 사용했다. 이는 종래 사회민주주의 계열 이외에도 공산주의에 반대하는 모든 계열의 사회주의 정치 세력을 망라하기 위한 조치였다. 또한 소련의 동유럽 점령과 중국 공산혁명의 성공을 배경으로 전 세계적 공산 블럭을 형성하고 있던 공산 진영에 대한 여타 사회주의 세력의 위기의식의 발로이기도 했다. 이런 점에서 민주적 사회주의는 사회민주주의를 포괄하는 보다 광의의 개념이라 할 수 있다.

그러면 이런 광범한 사회주의 세력을 망라할 수 있는 공통적 요소는 무엇인가? 사회민주주의에서는 마르크스주의가 주요한 공통적 요소였다. 베른슈타인의 수정주의나 카우츠키의 중도주의 모두 마르크스주의에 기초해서 전개된 사상이었다. 사회민주주의 자체가 독일 사회주의노동자당에서 라살레주의를 제거하고 독일 사회민주당으로 변모하면서 만들어진 것이기도 했다. 그렇지만 선언은 "사회주의는 엄격한 통일된 접근법을 요구하지 않는 국제적 운동이다. 사회주의자들이 마르크스주의를 기반으로 하든, 다른 사회 분석 방법에 기반하든, 종교적 신념이나 인도주의적 원칙에 기반하든, 그들은 모두 사회 정의 시스템, 더 나은 삶, 자유, 세계 평화라는 동일한 목표를 위해 노력"한다고 하면서,[05] 마르크스주의 이외에도 다양한 사회주의 조류와의 연합을 인정했다. 마르크스주의라는 장벽이 해소되면서, 이전에는 배척되었던 다양한 경향의 사회주의 조류들을 포함할 수 있게 되었다.

세계의 다양한 사회주의 조류들을 포괄할 수 있는 공통적 요소로 선언이 제기한 것은 민주주의였다. 선언은 사회주의는 "최고 형태의 민주주의"라면서 정치적 민주주의, 경제적 민주주의, 사회적 민주주의와 문화 발전, 국제적 민주주의의 각 과제를 제시했다. 정치적 민주주의와 관련해서는 "자유가 없으면 사회주의도 있을 수 없다. 사회주의는 민주주의를 통해서만 달성될 수 있다"고 주장하면서 국가의 자의적 침해로부터 모든 인간의 사생활에 대한 권리 보호, 사상·표현·교육·결사·종교의 자유 같은 정치적 자유, 보편·평등·비밀에 기반한 자유선거, 단일 정당에 의한 독재가 아닌 다수당의 존재와 반대당의 권리 보호 등을 주장했다. 때문에 선언은 공산주의자들이 공산당(노동당 등)의 단일 정당 독재 체제를 확립하기 위해 계급 분열을 심화시키고, 국제 노동운동을 분열시켰다고 비판한다.

민주적 사회주의가 제기된 이후, 국제 사회주의는 소연방과 동구권, 중국과 북한을 포함한 공산 진영과 그 외의 민주적 사회주의 진영으로 크게 범주화되었다. 물론 개별 국가에 따라서는 그 양상이 아주 다기하게 나타났다. 1990년

---

05 「Aims and Tasks of Democratic Socialism」 제11조, 1951.

대 초반 소련 사회주의권의 붕괴는 거슬러 올라가면 카우츠키를 비롯한 사회민주주의에서, 그리고 민주적 사회주의에서 제기한 마르크스레닌주의, 볼셰비키 체제의 문제점이 고스란히 드러난 것이었다. 소련권의 붕괴와 함께 역사적 공산주의 이념과 체제는 북한을 제외하고는 사실상 막을 내렸다. 중국은 개혁개방을 통해 새로운 사회주의의 실험을 하고 있다.

사회민주주의 정당들은 전후 독일과 프랑스, 영국 등에서 여러 차례 집권하였으며, 북유럽에서는 오랫동안 집권했다. 일본에서는 일시 집권하기도 했고, 오랫동안 제1 야당의 위치를 점했으나 1990년대 들어 분열하면서 사실상 몰락했다. 남아메리카에서도 사회민주주의 경향의 정당들이 다양한 모습으로 부침을 거듭하고 있다. 2013년 5월 독일 사회민주당을 중심으로 진보동맹(Progressive Alliance)이 결성되면서, 민주적 사회주의 진영이 분열되었다. 21세기 들어 미국을 중핵으로 하는 자본주의 체제가 일극 체제로 세계 경제를 좌우하는 가운데 사회주의 진영 전반은 약화되었고, 새로운 도전에 직면해 있다.

2. 제국 일본에서 사회민주주의의 형성

일본도 서구와 같이 사회민주주의운동이 전개된 이후에 그 내부에서 공산주의 운동이 일어났다. 그렇지만 독일과는 달리 초기 사회주의 형성 과정에서 기독교사회주의의 영향이 컸다. 1901년 4월 가타야마 센(片山潜), 아베 이소오(安部磯雄), 고토쿠 슈스이(幸徳秋水) 등이 모여 일본 최초의 사회주의 정당인 사회민주당을 모의했다. 이들은 1898년 10월 일본 도쿄에서 결성된 사회주의연구회, 1900년 결성된 사회주의협회의 구성원들이었다. 고토쿠 슈스이를 제외하고는 모두 기독교사회주의의 배경을 갖고 있었다. 이들은 평화적 수단과 합법적 방법에 의한 계급 제도의 폐지와 생산기관의 사회화, 제반 민주주의적 과제 달성을 주장한 선언과 이상강령, 행동강령 등을 작성하고 1901년 5월 창당했지만, 일제 정부의 금지로 바로 해산했다.[06]

그 후 평민사의 『평민신문』을 중심으로 각종 언론 매체에 사회주의 관련 번역과 다양한 글들이 활발히 게재되었다. 그러나 일본 정부는 엄격한 규제와 탄압을 가했다. 평민사는 해산되었고 『평민신문』도 폐간되었다. 1906년 제1차 사이온지 긴모치(西園寺公望) 내각이 들어서면서 일시적인 유화 정책이 실시되었다. 이에 1906년 2월 사카이 도시히코(堺利彦) 등에 의해 일본사회당이 창당되었고, 당국의 허가를 받았다. 일본사회당은 당칙에서 합법 범위 내에서 사회주의를 주장한다고 했다. 러일전쟁 후 일본 자본주의의 발전과 함께 노동계급이 급증했으나, 그들의 처지는 대단히 열악했다. 노동자들의 파업이 자연발생적으로 일어났다. 이런 가운데 아나코 생디칼리즘의 영향을 받은 고토쿠 슈스이를 중심으로 총파업에 의한 '직접행동론'이 대두되었다. 가타야마 센과 다소에 데쓰시(田添鉄二) 등은 '의회 정책론'를 주장하며 기존 정책을 고수했다. 1907년 당내 논쟁이 치열하게 전개되는 가운데, 당칙 개정을 이유로 정부에 의해 당이 해산 당했다.[07] 1908년 '적기 사건'과 1910년 조작된 '대역 사건'으로, 직접 관련된 아나코 생디칼리즘 경향뿐만 아니라 사회주의 세력 전반이 탄압을 받게 되었다. '겨울의 시대'가 도래했다.

1912년 말 제1차 헌정옹호운동이 일어나고 다이쇼 데모크라시가 시작되면서 일본 사회주의 운동은 다시 기지개를 켰다. 사회주의 잡지들도 간행되기 시

---

06 川口武彦·塚本健 編, 『日本マルクス主義運動の出發』, 河出書房新社, 1975, 43~61쪽; 絲屋壽雄 著, 『日本社會主義運動思想史』 1, 法政大學出版局, 1979, 65~87쪽.

07 川口武彦·塚本健 編, 앞의 책, 61~78쪽; 絲屋壽雄 著, 앞의 책, 98~177쪽.

작했다. 아라하타 간손(荒畑 寒村)과 오스키 사카에(大杉栄)가 손을 잡고 『근대사상』(1912. 12~1914. 9)과 『평민신문』(1914. 10~1915. 3)을 발간했다. 생디칼리즘에 경도된 오스키와 마르크스주의를 주장하는 아라하타는 이후 갈라섰다. 사카이 도시히코는 『ちまの花』(1914. 1~1915. 6)를 간행한 데 이어, 다카하타케 모토유키(高畠素之)와 함께 『신사회』(1915. 9~1920. 1)를 간행하여 사회주의 사상을 소개하는 데 앞장섰다. 야마카와 히토시(山川均)도 곧 합류했다. 『신사회』에는 마르크스주의에 대한 소개와 해설, 각국 사회주의 운동에 대한 보고, 시사평론 등이 수록되었는데, 사회주의 사상 확산에 큰 영향을 미쳤다.[08]

몇몇 중요한 사회주의 사상가들, 곧 가와카미 하지메(河上肇)가 1916년 『東京朝日』에 연재했다가 1917년에 출간한 『貧乏物語』, 1920년 출간한 『근세경제사상사론』, 1921년 출간한 『유물사관연구』도 베스트셀러로 사회주의 사상 확산에 기여했다. 당시의 가와카미는 토지와 자본에 대한 반독점 정책과 계급투쟁을 통한 권력 장악 및 사회주의 실현을 목표로 했지만, 방법으로서는 의회를 통한 합법적 방법을 모색하는 사회민주주의에 머물러 있었다. 그가 공산주의자가 되는 것은 한참 뒤의 일이다. 또한 사카이 도시히코가 1919년 출간한 『유물사관의 입장에서』, 야마카와 히토시가 1919년 출간한 『사회주의의 입장에서』도 사회주의 사상 확산에 큰 역할을 했다. 이들 저작은 분명 마르크스주의라는 범주에 있는 것이었지만, 고야마 히로다케의 표현의 따르면 아직 일본 정치·경제의 객관적 법칙과 전체적 특징을 파악하고 그에 기초한 노동운동의 기본 방침을 이끌어내는 데까지는 나아가지 못했다.[09] 곧 이들이 마르크스주의자

---

08 絲屋壽雄 著, 앞의 책, 217쪽.
09 小山弘健 엮음, 한상구·조경란 옮김, 『일본 마르크스주의사 개설』, 이론과 실천, 1991, 24~25쪽.

인 것은 분명하지만, 마르크스레닌주의자들은 아니었다. 그럼에도 일본은 물론 식민지 조선의 사회주의자들에게 큰 영향을 미쳤다.

1917년 러시아혁명의 성공은 일본 사회주의에도 지대한 영향을 미쳤다. 볼세비키의 공산주의가 사회민주주의를 제치고 사회주의의 새로운 대세로 떠올랐다. 가타야마 센과 다소에 데쓰시의 의회주의는 개량주의로 비판되었다. 사카이 도시히코와 야마카와 히토시, 아라하타 간손 모두 1922년 7월 코민테른의 지부로서 일본공산당 창당에 참여했다. 일본공산당은 코민테른의 강력한 권고와 지원에 의해 창당되었다. 이렇게 일본공산당이 창립되었지만, 이론과 조직, 당원의 성격에서 코민테른이 주장하는 볼세비키적 정당과는 거리가 있었다. 때문에 공산당임에도 사상적으로는 생디칼리즘과 사회민주주의적 경향이 여전히 남아 있었다. 또한 조직적으로 지식인 중심으로 구성되어 당시 노동·농민운동과 제대로 결합되어 있지 못했다. 그 결과 일본공산당은 일본 정부의 강력한 탄압에 직면하자 코민테른의 동의 없이 1924년 3월, 스스로 당을 해체했다. 그리고 일본공산당의 초기 창단 멤버 중 적지 않은 수가 이후 사회민주주의자로 전환한다.[10]

일본 노동운동에서 최대의 전국 단체는 1912년 우애회로 창립하였다가 일본노동총동맹우애회(1919)을 거쳐, 1921년 개칭된 일본노동총동맹(이하 총동맹)이었다. 일본노동총동맹 지도부는 스즈키 분지(鈴木文治) 등 사회민주주의 성향의 우파가 주도했다. 총동맹 내부에서 사회민주주의적 성향의 현실파와 공산주의 성향의 급진파의 대립이 점차 심화되었다. 총동맹 지도부는 공산주의자들

---

10 조지 O. 타튼은 최초의 일본공산당과 연계 조직 멤버 45명 중 1/3이 각 계보의 활동적인 사회민주주의자가 되었다고 한다. 조지 O. 타튼, 정광하·이행 역, 『일본의 사회민주주의운동 1870~1945』, 한울아카데미, 1997, 69쪽.

을 대거 제명했다. 이 결과 1925년 5월, 좌파들이 총동맹을 탈퇴하고 별도의 일본노동조합평의회(이하 평의회)를 결성했다. 1922년 결성된 전일본농민조합연합회(이하 일본농민조합)도 초기 지도자 중 스기야마 모토지로(杉山元治郎), 가가와 도요히코(賀川豊彦) 등 기독교사회주의 계통이 많았다.

일본 사회주의 운동은 1920년에서 22년에 걸쳐 아나코 생디칼리즘과 볼셰비즘 간의 대립을 겪었다. 그리고 생디칼리즘이 급속도로 몰락한 이후에는 1923년에서 26년에 걸쳐 사회주의 내의 좌·우파, 공산주의와 사회민주주의 간의 분열과 대립이 본격화된다. 그러면서 사회민주주의 단체들이 다시 조직된다. 1924년 4월 뒤늦게 시마나가 유우조(島中雄三), 아베 이소오 등이 중심이 되어 일본 페이비언협회가 결성되었다. 그리고 기관지로 『사회주의연구』를 간행한다.

1924년 5월 중의원 총선거에서 호헌 3파가 승리하면서, 6월 가토 다카아키(加藤高明) 헌정회 총재를 수상으로 하는 연립내각이 수립되고 중의원 보통선거법 개정이 가시화되었다. 이에 대응하여 단일무산정당 창당을 목표로 1924년 6월에는 정치연구회가 창립했다. 정치연구회에는 우익적 조류인 페이비언협회의 인물들과 가가와 도요히코, 후세 다쓰지(布施辰治) 등 기독교사회주의자들, 독일 사회민주주의 정당을 지향하는 스즈키 모사부로(鈴木茂三郎), 야마카와 히토시의 무산정당 구상을 지지하는 아오노 스에키치(青野季吉), 그 외 오야마 이쿠오(大山郁夫), 공산 계열의 사노 후미오(佐野文夫) 등이 참가했다.[11] 초기에는 우파가 주도권을 가지면서 처음에는 공공연히 페이비언 계통으로 불려서 식민지 조선에까지 알려졌다.[12] 그렇지만 점차 공산주의자들이 증가했고, 이들이

---

11 岡本宏 著, 앞의 책, 1978, 153쪽.

12 『동아일보』 1924. 12. 26.

1925년 8월 무산정당 강령 초안을 둘러싸고 좌우의 대립에서 승리하면서 좌파 조직으로 변모되었다.[13] 이에 1926년 사회민주주의 경향의 인물들이 대거 탈퇴하여 독립노동협회를 설립하게 된다.

1926년 3월 전국적 무산정당인 노동농민당(이하 노농당)이 결성되었다. 중앙 집행위원회 의장으로 일본농민조합의 스기야마 모토지로, 총비서로 총동맹의 미와 쥬소(三輪壽壯)가 선임되었는데, 모두 사회민주주의 성향의 인물이었다. 초기의 노농당은 합법적 수단에 의한 사회 개혁과 의회주의를 표방한 사회민주주의 정당이었다. 그렇지만 공산주의자들의 '좌익 진출론'에 따라 공산주의 계열이 점차 세력을 확장하여 중앙지도부를 위협했다. 이에 사회민주주의 성향의 인물들이 노농당을 대거 탈당했다. 이들은 총동맹의 지도부와 함께 1926년 12월, 사회민주주의를 표방하는 무산정당 사회민중당을 창당했다.

한편 아소 히사시(麻生久)를 중심으로 총동맹을 탈퇴하여 일본노동조합동맹을 결성한 그룹과 미야케 쇼우이치(三宅正一)를 중심으로 일본농민조합을 탈퇴하여 전일본농민조합동맹을 결성했던 그룹이 중견동맹과 함께 무산정당 일본노농당을 1926년 12월 결성했다. 이들은 노농당과 사회민중당의 중간적 입장을 표방했지만, 크게 보면 사회민주주의의 범주 안에 포함되는 세력이었다.[14]

1927년 12월 제1차 일본공산당에는 참여하였지만, 재건된 제2차 일본공산당에는 참여하지 않은 야마카와 히토시, 사카이 도시히코, 아라하타 간손, 이노마타 츠나오(猪俣津南雄) 등이 『대중』지 동인들과 결합하여 잡지 『노농』을 발

---

13 絲屋壽雄 著, 『日本社會主義運動思想史』 2, 法政大學出版局, 1980, 78쪽.

14 增島宏·高橋彦博·大野節子 著, 『無産政党の研究—戰前日本の社会民主主義』, 法政大学出版局, 1969, 72~81쪽; 岡本宏 著, 『日本社會主義政黨論史序說』, 法律文化史, 1978, 211~222쪽.

행했다. 이를 계기로 '비공산당 마르크스주의자'들의 조직적 결합으로서 '노농파'가 형성되었다. 일본 노농파 구성원 중에는 일본공산당 관련자 이상의 급진적 경향의 사람들도 있었고, 마르크스레닌주의자를 자임했던 인물들도 있었다. 노농파는 1928년 7월 합법 무산정당인 무산대중당 창당을 주도했고, 이후 무산정당들의 연합에 나서서 1929년 1월 일본대중당에 합류했다. 그렇지만 그들은 공산주의 세력의 공세 속에서, 그리고 현실 정치 속에서 자의반 타의반으로 점차 사회민주주의의 한 흐름으로 포섭되어갔다. 공산주의 세력은 이들을 '좌익 사회민주주의'로 부르며 비판했다.[15] 그 과정에서 이노마타 츠나오 같이 공산주의 정체성을 강하게 견지하는 좌파들은 노농파를 떠났다.[16] 노농파 사람들은 제2차 세계대전 이후에도 공산당보다는 사회당 쪽에서 활동하면서 사회민주주의 좌파 그룹을 이루었다.[17]

3. 일제하 한국 사회주의 연구 시각 검토와 사회주의 운동의 분화

일제하에서 해방 직후까지 사회주의 운동을 바라보는 기존의 시각은 대표

---

15 1920~30년대 일본과 조선에서는 공산당운동에서 이탈하여 별도의 운동을 하는 사람들에 대해 일반적으로 '좌익 사회민주주의' 용어를 사용했다. 일본 공산당 계열에서는 독일 스파르타쿠스단과 독일공산당의 이론적 지도자였던 탈하이머(August Thalheimer)가 카우츠키를 비판하기 위해 써서 『Under the Banner of Marxism』 3-4에 수록했던 논설을 번역 출간하면서, 노농파를 구체적으로 지칭하며 '좌익 사회민주주의 비판'이라는 제목을 붙인 경우도 있었다. タールハイマー 著, 田中勝俊 譯, 『左翼社会民主主義批判』, 白揚社, 1928.

16 小山弘健 엮음, 한상구·조경란 옮김, 앞의 책, 167~200쪽.

17 石河康國, 『勞農派マルクス主義―理論·ひと·歷史』 上·下, 社会評論社, 2008.

적으로 두 경향으로 나뉜다. 첫째는 사회주의 운동을 공산주의 운동의 범주에서만 조망하는 경향이다. 둘째는 사회주의 운동을 제3세계 혁명적 민족주의의 조류로 이해하면서 민족주의와 사회주의를 혼재하는 경향이다.

첫째의 경향은 이해와 평가의 기준만 다를 뿐, 연구자의 보수적이거나 진보적인 입장을 막론하고, 좌·우를 막론하고 거의 유사했다. 식민지 조선에서 사회주의 운동이 공산주의 운동으로부터 시작되었다는 것으로 인해, 기독교 사회주의나 아나키즘을 제외한 마르크스주의적이고 사회주의적인 모든 조류를 공산주의 이념과 운동 범주에서 이해하고 판단했다. 사회민주주의의 특징 중 하나인 의회주의를 절대화시켜, 정치적 자유가 없어 정당 활동이 불가능한 식민지 조선에서는 사회민주주의적 경향이 나타날 수 없다는 선입관을 가지고 접근했다. 때문에 일제하 사회주의 운동의 분석 틀과 평가 기준은 마르크스레닌주의와 코민테른의 정책이었다. 이를 어떻게 수용하고 인식했으며, 어떠한 식으로 운동을 전개했느냐가 주된 관심사였다.

진보적 입장에서의 이런 인식은 사회주의에 대한 정통적 인식과도 연관된다. 20세기 전반에는 마르크스레닌주의에 기반하여 코민테른의 지시나 지원을 받는 운동만이 정통이고, 나머지는 탈락한 운동이라고 본 것이다. 1943년 코민테른이 해체된 이후에는 마르크스레닌주의 이념과 소련의 영향 또는 지원하에 전개된 운동을 일컫는 것이 되었다. 스탈린 체제가 무너지고 공산주의 운동이 다극화되면서는, 각국마다 다른 형태의 정통론이 대두되었다. 남북으로 분단된 한반도에서는 조선노동당의 이념하에서 그의 지도 또는 영향을 받아 전개된 운동이 정통이 되었다. 이런 정통론적 인식들에는 공산당이나 노동당 등 전위정당의 헤게모니와 정당독재, 정치·경제·사회·문화 등 전 사회 영역에 걸친 당에 의한 철저한 국가통제 정책 등이 공통적으로 유사하게 나타났다.

둘째의 경향은 일제하 사회주의 운동의 미분화와 민족주의적 속성을 강조한다. 이 경향에서는 제국과 식민지를 명백히 구분하면서, 식민지 조선은 일제에 의해 근대화의 길에 들어섰고, 그 과정에서 자본과 부르주아 세력 상당수가 일제 체제 내로 편입되었다고 파악한다. 때문에 민족의 독립과 혁명을 지향하는 사람들의 상당수는 소련과 코민테른의 지원하에서 공산주의 운동을 전개하지만, 이들 대부분은 혁명적 민족주의자들에서 전환된 경우로, 공산주의적 이념과 의식보다는 민족주의적 이념과 의식이 강고하게 자리 잡고 있었다고 이해한다. 노동계급의 발전과 운동도 미약했기 때문에 서구와 일본에서 보였던 사회주의 사상의 분화는 식민지에서 당연히 이루어지지 않았고, 중요하지 않은 것으로 파악한다. 사회민주주의운동 역시 제국에서만 있었고, 식민지 조선에서는 있을 수 없다는 것이다.

이상의 두 가지 인식 경향들 때문에 한국 사회민주주의와 민주적 사회주의의 역사적 기원을 일제하에서부터 찾아서 해명한 연구는 그동안 없었다. 거의 유일하게 정태영이 "볼셰비즘과 주체사상의 사회주의관을 '정통'으로 받아들이고, 사회민주주의나 민주사회주의를 '수정 혹인 개량주의'로 평가하는 관성이 계속되는 한 한국 현대사 연구는 불구의 상태를 벗어나기 어렵다"면서,[18] 해방 직후 여운형(呂運亨)의 활동과 1950년대 조봉암(曺奉岩)과 진보당 활동을 중심으로 한국 사회민주주의 정당의 역사적 기원을 해명했다. 그러나 이는 해방 후 시기에 한정되었고, 일제하 부분은 전혀 다루어지지 않았다.

역사 속에서 이념과 운동은 하루아침에 그냥 출현하는 것이 아니다. 그를 배태할 역사적 기원과 배경이 반드시 있다. 물론 정태영이 이를 다루지 못한 것은 이해할 수 있다. 기존 일제하 사회주의 운동에 대한 연구들이 앞서의 두 경향 때문에 식민지 조선에 존재했던 사회민주주의나 민주적 사회주의적 경

---

18 정태영, 『한국 사회민주주의 정당의 역사적 기원』, 후마니타스, 2007, 19쪽.

향의 흐름과 운동을 간과했기 때문이다. 기존 역사학 연구들이 없는 가운데 새롭게 기원을 찾는 것은 불가능했을 것이다. 아무튼 그 때문에 그의 연구는 역사적 기원에 대한 연구보다는 초기 한국 사회민주주의운동의 전개 양상과 특징을 설명한 연구로 구성되어 있다. 필자는 정태영의 문제의식에 공감하는 점이 적지 않다. 그런 점에서 이 책은 그가 밝히지 못한 일제하 사회민주주의 또는 민주적 사회주의의 역사적 기원을 해명하는 책이다. 다만 실증적 측면에서 그가 상정한 해방 직후의 정치구도와 설명에는 많은 문제가 있다고 본다.

일제하 사회주의 운동을 바라보는 기존의 두 경향은 여러 가지 점에서 문제가 있는데, 몇 가지만 살펴보자.

첫째, 혁명적 민족주의로 사회주의 운동을 설명하는 것은 당시의 역사적 현실과 큰 괴리가 있다는 점이다. 일제하에서 당시 사람들은 조선 내의 운동을 민족(주의)운동과 사회(주의)운동으로 크게 구분하면서, 각기 운동에 참여하는 사람들을 민족운동자와 사회운동자로 구분하여 불렀다. 일제하의 사회(주의)운동이 민족운동과 무관하지 않았고, 전체적으로는 민족해방운동, 민족운동의 일환이었음은 분명한 사실이다. 사회주의자들도 민족의 독립을 위해 누구보다 열심히 투쟁했다. 그럼에도 불구하고 1920년대 전반부터 일반적으로 그렇게 구분해서 불렀다. 당시 사회운동자들은 자신들이 사회주의자라는 의식을 분명히 가지고 있었고, 민족주의자들과 자신을 명백히 구분했다. 이런 사회주의자들에 대응해서 민족주의자들도 현실적으로 존재했다. 기독교 계열과 천도교 계열, 언론 계열에 상당한 민족주의자들이 있었다. 천도교 신파의 일부가 자치운동과 관련하여 개량적 측면을 보였지만, 그 외의 다수 세력들은 민족주의자로서 활동했다.

공산주의자들은 신간회 창립 시기까지는 대체로 민족주의자들과 민족주의운동의 혁명성을 인정했다. 그렇지만 1927년 중반 이후 코민테른의 동아시아 통일전선 정책이 변화하면서 민족주의자들을 좌우로 나누기 시작했고, 1920년대 말 '계급 대 계급 전술'에 따라 당 재건운동과 혁명적 농민·노동운동을 전개하면서부터는 민족주의운동 전체를 민족개량주의운동으로 규정하여 대립했다. 이렇게 현실적으로 명백히 구분되는 사회주의자들과 민족주의자들이 존재하고, 그들 역시 자신의 정체성을 분명히 하고 있었던 것을 연구자들이 혁명적 민족주의로 범주화하는 것은 역사적 현실과 맞지 않는다.

둘째, 1920년대 전반 사회주의 운동에서 사회민주주의를 비롯한 다양한 사회주의 사상의 혼재 현상을 간과하고, 코민테른의 정책과 조선의 사회주의 운동을 직결시켜 이해하는 점이다. 일제하 사회주의 운동을 연구함에 있어 소련과 코민테른에 대한 연구는 중요하다. 사회주의 운동이 공산주의 운동으로 시작되었고, 공산주의 운동에서는 코민테른과의 관계가 중요하기 때문이다. 코민테른이 당시 동아시아 해방의 지원자로 등장해서 실제적 지원을 했기 때문에, 일본과 조선의 경우는 볼셰비즘과 다른 경향의 사회주의자들도 다수가 초기 공산당운동에 가담했다. 이에 따라 1920년대 전반까지 일본과 조선의 사회주의 운동은 내부적으로는 사상적 경향도 다기했고, 일부 경우에는 볼셰비키의 운동과도 거리가 있었다.

실제로 소련과 코민테른의 방침을 이해하고 실천하는 데도 시간적 지체가 있었다. 잘 알려져 있듯이, 1920년 7월 코민테른 제2회 대회에서는 레닌의 주도로 「민족·식민지 문제에 관한 테제」가 채택되어, 식민지 민족혁명적 부르주아지와의 협력이 제기되었다. 그렇지만 이 방침은 조선의 공산주의자들에게 바로 적용되지 않았다. 코민테른의 지원하에 1921년 5월, 이르쿠츠크파 고려공산당과 상해파 고려공산당이 결성되었다. 그런데 러시아 볼셰비키운동에 참여한 사람들이 다수 있던 이르쿠츠크파 공산당은 민족해방과 동시에 한국인 부르주아 타도, 일체의 부르주아적 착취 관계 해소, 사회주의혁명론에 입각한 소비에트공화국 수립을 주장했다. 창립 당 대회 즈음에는 약간 후퇴하여 무장투쟁을 하는 진정한 민족혁명 단체와의 일시적 협력을 구상했지만, 여전히 한국인 부르주아지에 대한 투쟁을 서슴없이 수행해야 한다고 주장했다. 대한민국임시정부에 대해서도 부정적이었다.[19] 코민테른 제2회 대회 이후 1년여의 시간이 흘렀음에도, 민족 문제에 대한 인식이나 2단계 혁명에 대한 인식을 제대로 하지 못했다.

그렇다고 상해파 공산당이 제2회 대회 방침에 충실한 것도 아니었다. 상해파 공산당은 민족혁명 단계와 사회주의혁명 단계를 구분했다. 그들은 '총체적 무산자론'에 입각해서 식민지에서의 민족부르주아지를 혁명적 요소로 평가하였고, 단계적 혁명론에 따라 당면의 혁명은 민족해방혁명으로 광범한 민족 통일기관을 창출하여 먼저 일본 제국주의를 구축하는 것을 선결과제로 삼았다. 대한민국임시정부를 혁명적 민족 단체로 인정하고 그 속에서 활동했다.[20] 그런데 이런 방침은 제2회 대회의 「민족·식민지 문제에 관한 테제」와는 사뭇 다른 것이다. 제2회 대회 테제에서 가장 비판한 것 중의 하나가 '총체적 무산자론' 같은 인식이었다. 코민테른 제2회 대회 방침은 1920년대 중반에 와서야 조선의 사회주의자들에게 제대로 이해되고 수용된다.

1920년대 전반에 이미 식민지 조선에 사회주의의 주장이 널리 퍼지기 시작했다. 일본으로의 유학,[21] 그리고 당시 일본에서 간행되던 수많은 사회주의 관

---

19 임경석, 『초기 사회주의 운동』, 독립기념관 한국독립운동사연구소, 2009, 192~199쪽, 209~214쪽, 220~221쪽.

20 임경석, 『한국 사회주의의 기원』, 역사비평사, 2003, 441~446쪽; 임경석, 앞의 책, 2009, 200~204쪽, 208~209쪽, 215~219쪽.

21 20세기 초반 일본으로의 유학, 특히 도쿄 지역을 중심으로 한 한국과 중국, 대만 유학생들의 급진화와 사회주의사상 수용에 대해서는 다음 참조. 황동연, "Tokyo and the Rise of Radicalism

련 잡지와 책이 큰 영향을 미쳤다. 식민지 조선은 엄격한 검열과 사상통제로 사회주의 관련 문헌을 한글로 번역하거나 소개하는 것도, 연구하는 것도 어려웠다. 반면에 일본은 다이쇼 데모크라시의 분위기 속에서 1930년대 전반까지는 언론과 출판이 상당히 자유로웠다. 식민지 조선과는 비교할 수 없는 상황이었다. 때문에 일본어 해득이 가능했던 대부분 식민지 조선의 사회주의자들, 노동·청년·학생·여성 운동가들은 일본어로 번역된 마르크스주의 책들, 그리고 사카이 도시히코와 야마카와 히토시를 비롯한 일본 사회주의자들의 글, 『개조』를 비롯해서 일본 사회주의 잡지와 책에 소개되는 사회주의를 갖고 공부했다. 물론 어학 능력이 뒷받침되는 소수의 사람들은 러시아어나 독일어, 영어로 된 마르크스주의 원전들과 사회주의 이론서들을 보았을 것이다. 일부의 경우는 소련과 코민테른을 통해 직접 마르크스레닌주의를 접하기도 했다.

그러나 1920년대 전반까지는 사회주의에 대한 이해가 계몽적 수준에 머무른 경우도 적지 않았고, 좀 더 깊은 이론적 수준을 보이는 경우에도 카우츠키류의 정통파 또는 중도파적 시각을 크게 벗어나는 것은 아니었다. 코민테른의 지원을 받아 현실적으로 공산주의 운동으로 사회주의 운동이 전개되었음에도, 그들의 이념과 사상에서 레닌주의의 공산주의 이념과 카우츠키를 포함한 사회민주주의 이념이 명백하게 구분되지 않았다.

셋째, 1920년대 중반 이후 일본과 조선에서 마르크스레닌주의가 공산주의 운동의 이념과 운동을 지배하면서, 사회주의 이념과 운동의 분화 현상이 일어났다는 것을 간과하는 점이다. 1920년대 전반 일본과 조선에서의 마르크스이념의 혼재 양상은 1920년대 중반에 들어가면서 급변하기 시작한다. 그 계기가 되었던 것이 마르크스레닌주의 원전의 일본어 번역과 연구였다. 1926년 일본

in Early Twentieth Century Eastern Asia", 『일본문화연구』 88, 2023.

에서 레닌저작집간행회위원회 명의로 『레닌저작집』이 일역되어 간행된다.[22] 1927년에는 백양사에서 『레닌총서』가, 공생각에서 『레닌주의 총서』가 역시 일역 출간된다.[23] 그 전후로 레닌주의 글들이 봇물 쏟아지듯이 일역되었다.

이 시기 마르크스레닌주의가 일본과 조선의 사회주의 운동에 분명하게 관철되어갔다. 이제 레닌류의 마르크스주의와 카우츠키류의 마르크스주의가 명백히 구분되었다. 곧 마르크스레닌주의와 사회민주주의가 분명하게 분리되었다. 이러한 과정은 소련에서 스탈린 독재 체제를 구축하기 위한 움직임이 구체화되고, 코민테른을 통해 스탈린주의가 전 세계적으로 확산되는 과정과 맞물려 진행되었기 때문에 거의 폭력적으로 진행되었다. 전 세계 공산주의 운동에서 전개된 스탈린파로의 세대교체, 이전 공산주의자들의 제거가 일본과 조선에서도 거의 유사하게 나타났다. 이제 소련 및 코민테른의 정책과 다른 생각을 하는 사람들은 공산주의 운동 진영에 남아 있기 힘들게 되었다.

조선의 사회주의 운동도 마르크스레닌주의 수용을 둘러싸고 논쟁을 벌였다. 1920년대 중반 이후 조선에서도 『조선지광』, 『사상운동』을 비롯해서 여러 잡지들을 중심으로 마르크스주의와 레닌주의에 대한 글과 연구, 이들 둘러싼 논쟁이 전개되기 시작한다.[24] 이전에 공산주의 운동에서 활동했던 많은 사람들이 공산주의 운동에서 자의반 타의반으로 이탈하게 되었다. 이런 상황 속에서 코민테른의 정책과 다른 생각을 가진, 공산당이나 공산당 재건운동과 거리를 둔 사람들이 '좌익 사회민주주의'로 불리면서, 일본과 조선에 적지 않게 형성

22　レーニン 著, 『レーニン著作集』 1~7, レーニン著作集刊行会, 1926.

23　レーニン 著, 『レーニン叢書』 1~24, 白揚社, 1927~1930; レーニン 外 著, 『レーニズム叢書』 1~12, 共生閣, 1927~28.

24　일제하에서 해방 직후 한국의 마르크스주의 원전 번역에 대해서는 박종린, 『사회주의와 맑스주의 원전 번역』, 신서원, 2018 참조.

된다.

식민지 조선에서 볼셰비즘과 다른 사회주의 이념·운동이 나타난 것은 크게 네 번 있었다.

첫 번째는 사회주의 이념이 처음 수용되어 다양한 이념의 혼재 현상이 일어났던 초기 공산주의 운동의 전개 과정에서 국내 상해파 주류 일부 사람들에게서 나타났다. 두 번째는 1926~1927년 일본에서 무산정당운동이 전개되는 가운데, 조선사회단체중앙협의회를 주장하는 일부 사람들에게서 나타났다. 세 번째는 중국 국민혁명 과정 중에 일어난 1927년 4월 장제스(蔣介石) 쿠데타 이후, 국공합작이 붕괴되고 국공내전이 발발하면서 코민테른의 동아시아 통일전선 정책이 변화하는 가운데 나타났다. 소위 '청산론'을 주장하는 경향인데, 이중에는 코민테른의 정책 변화를 받아들이지 않고 코민테른과 연결된 공산당 활동에서 물러나 독자의 길을 가는 사람들이 형성되었다. 네 번째는 1928년 이후 소련과 코민테른의 '계급 대 계급' 노선이 국제화되고, 코민테른 제6회 대회와 조선에 대한 「12월 테제」에 따라 조선공산당 재건운동과 혁명적 농민·노동운동이 전개되면서 나타났다. 이때 적지 않은 사회주의 운동가들이 코민테른의 방침을 거부하거나 기존 공산주의 운동에서 이탈했는데, 이들 가운데 '합법운동파'의 모습으로 나타났다. 이 책에서는 각 단계 식민지 조선의 또 다른 사회주의의 모습을 살펴보고 해명할 것이다.

이 책에서 다루는 소재인 '국내 상해파와 물산장려운동', '조선사회단체중앙협의회', '청산론', '합법운동파' 등에 대해서는 각기 몇몇 연구들이 있다. 개별 소재에 대한 기존 연구 성과들은 각 장에서 검토할 것이다.

4. 책의 구성과 내용

이 책은 총 5장으로 구성되어 있다. 1장에서는 1920년대 전반 조선물산장려운동에 나타난 국내 상해파와 조선청년회연합회, 그리고 나경석의 활동과 주장을 통해 사회주의 이행과 과정, 국가 및 자유와 민주주의 문제에 있어 사회민주주의적인 인식이 식민지 조선에서 형성되는 양상과 내용을 서구 사회민주주의 사상과의 비교 속에서 살펴보려고 한다. 우선 이들이 근대 자유주의적 사회론과 국가론에 대한 비판 속에서 현대 자본주의 제도의 개편과 그 속에서의 국가의 적극적 역할을 전망하면서 물산장려운동을 전개했다는 것을 해명하려 한다. 다음으로 물산장려운동을 둘러싼 사회주의자들의 논쟁에서 한 축을 담당한 나경석의 주장을 중심으로, 이들의 주장이 마르크스주의에 근거하면서도 전형적인 생산력 중심적, 단계론적 혁명론의 인식을 가지고 있다는 것을 서구의 페이비언 및 베른슈타인, 카우츠키의 주장과 비교하여 해명하려고 한다. 이러한 해명을 통해 물산장려운동을 둘러싸고 조선에서 전개된 논의와 논쟁이 식민지 조선만의 특수한 논의나 논쟁이 아니었다는 것을 밝히려 한다. 사회경제 발전단계론 및 생산력 문제, 계급투쟁과 계급협조 문제, 사회이행에서 국가의 역할, 단계적이고 점진적인 변혁과 대비되는 급진적 사회혁명의 문제, 민족문제와 혁명단계론의 문제, 사회주의로의 이행과 과정에 대한 문제, 자유와 민주주의 문제 등 서구와 일본의 사회주의 운동과 사상에서 고민하고 논쟁되었던 것들이 식민지적 특수성을 반영하면서도 식민지 조선에서 비슷하게 표출되고 논의되었음을 해명하고자 한다.

2장에서는 사회민주주의운동의 특징 중 하나인 합법적 정치운동 및 대중정치단체 지향성이 조선에서 형성되는 계기인 조선사회단체중앙협의회(이하 중앙협의회)를 둘러싼 논쟁과 그 의미를 해명하려 한다. 우선 중앙협의회 결성을 둘러싼 논쟁과 대립의 과정을 일본 무산정당운동과 비교하여 살펴보면서, 사회주의 운동이 소수 인텔리 운동에서 벗어나 어떻게 대중운동으로 전개되어야 하며, 무산계급 내의 단결과 정치투쟁을 위해 어떠한 조직이 있어야 하는지, 일본에서의 보통선거 실시와 함께 식민지 조선에서도 '우경운동', 즉 자치운동이 일어날 경우 이에 어떻게 대응할 것인지 등의 고민이 중앙협의회 제기 주장의 배경에 들어가 있었음을 해명하려고 한다. 또한 중앙협의회 상설론 주장의 현실 부적합성과 문제점도 동시에 살펴보려고 한다. 그리고 그들의 주장이 소수의 볼세비키 전위정당이 혁명운동을 지도한다는 코민테른과 공산주의자들의 일반적 노선에 대해, 광범한 무산계급이 참여하는 일종의 사회주의 단일 대중정당을 지향하려 했다는 점을 해명하고자 한다.

3장에서는 국제공산당인 코민테른에 의해 지도되는 공산주의 운동 내에서 코민테른의 정책과 다른 생각을 하는 '비공산당 사회주의자'가 형성되는 과정을 해명하려고 한다. 그 계기였던 조선에서의 신간회를 둘러싼 코민테른의 정책 변화와 이에 대한 '청산파' 주장, 일본에서 '노농파'의 형성과 무산대중당 활동을 상호 교차시켜 살펴보려고 한다. 우선 합법 정치운동 단체로 결성된 신간회에 대한 코민테른의 정책이 1927년 중국 정세와 일본 정세에 따라 변화하는 과정과 내용을 살펴보려고 한다. 다음으로 이런 코민테른과 공산주의 운동의 흐름과 결을 달리하는 흐름들이 일본과 조선의 사회주의 세력 내부에서 표출되는 양상을 일본 노농파의 형성과 무산대중당 활동, 조선에서의 소위 '청산론'이라 불리는 경향을 통해 해명하려고 한다. 청산론자 중 대표적 인물인 신일용의 주장을 통해 그의 주장이 민족해방운동의 대중성과 현실성, 민족문제와 단일한 대오를 운동의 최우선 기준으로 고려한 운동론이었다는 것을 살펴보려고 한다. 그렇지만 이는 1920년대 후반의 동아시아 혁명 상황 및 코민테른의 방침과 충돌하는 것이었음을 해명하려 한다.

4장에서는 코민테른의 '계급 대 계급' 전술을 거부한 조선과 일본의 좌익 사회민주주의자들의 형성과 활동, 이에 대한 공산주의자들의 비판과 반비판, 일본 (신)노농당 해소운동의 전개와 실패, 조선에서의 신간회 및 조선청년총동맹 해소론에 대한 반대주장 등을 살펴보려고 한다. 우선 「12월 테제」 이후 공산주의세력의 노선 전환과 좌편향의 일반적 흐름 속에서 이를 반대하는 일군의 사회주의자들이 조선에서 형성되는 과정을 살펴보려 한다. 조선청년총동맹 본부 지도부와 신간회 등을 중심으로 활동하던 이들 세력이 어떠한 세력인가를 해명하고, 이들의 정세 인식과 합법운동 방침, 민족해방운동을 지도하는 전위조직으로서의 '민족당' 방침을 자세히 분석하려고 한다. 이들의 주장이 어떠한 배경에서 제기되었는가를 해명하고, 이들이 제기한 특징적 주장인 '공민권 획득' 주장이 어떠한 내용과 특징을 가지고 있는가를 해명하려고 한다. 다음으로 1930년 들어 대중폭동 전술로 이행한 일본공산당 계열이 (신)노농당 해소운동을 전개하는 과정과 실패 양상을 살펴보려고 한다. 그리고 1930년 프로핀테른의 조선에 대한 「9월 테제」가 미친 영향을 해명하려고 한다. 이런 가운데 1930년 후반에 들어가면서 신간회와 청총에 대한 해소 방침이 보다 구체화되기 시작되는 양상을 신간회 본부의 상황과 청총의 중앙간부 개편과 정책 전환을 중심으로 파악하려고 한다. 그리고 사회주의 세력 내에서 신간회와 청총 해소론을 반대했던 주장들을 살펴보려고 한다.

5장에서는 사회민주주의의 특징 중 하나인 진보적 정책과 반공주의가 공존하는 양상을 8·15 해방 직후 한국민주당에 참여한 사회민주주의자들의 참여 과정과 활동 등을 통해 해명하려고 한다. 우선 초기 한국민주당에 일제하 사회주의 운동 경험을 가지고 있던 사람들이 참여하는 양상을, 그중 대표적 인물인 원세훈, 김약수, 유진희, 정노식, 서정희, 박문희 등의 일제하 행적부터 한민당의 참여 과정을 살펴보면서 해명하려고 한다. 다음으로 이들의 참여가 초기 한국민주당의 진보적이고 급진적인 사회경제 정책 수립에 미친 영향을 해명하려고 한다. 그리고 원세훈을 중심으로 한 한민당 내 사회민주주의자들이 송진우를 중심으로 한 한민당 주도 세력이 주도하는 정계개편운동에 적극 참여하는 양상을 통해, 진보 정책과 반공주의가 결합하는 양상을 해명하려고 한다. 그리고 송진우의 암살 이후 김성수 체제가 등장하고 좌우 대립이 격화되는 과정에서 한민당 내 사회민주주의자들이 동요하는 양상을 살펴보고, 좌우합작운동에 대한 대응 결과로 이들 다수가 한민당을 탈당하는 과정을 파악하려고 한다. 이후 민중동맹으로 집결했으나 다시 분열하는 양상을 살펴보는 것을 통해, 남한 정국에서 사회민주주의 세력이 단일한 정치 세력을 형성하지 못하고 파편화하는 양상을 해명하려고 한다.

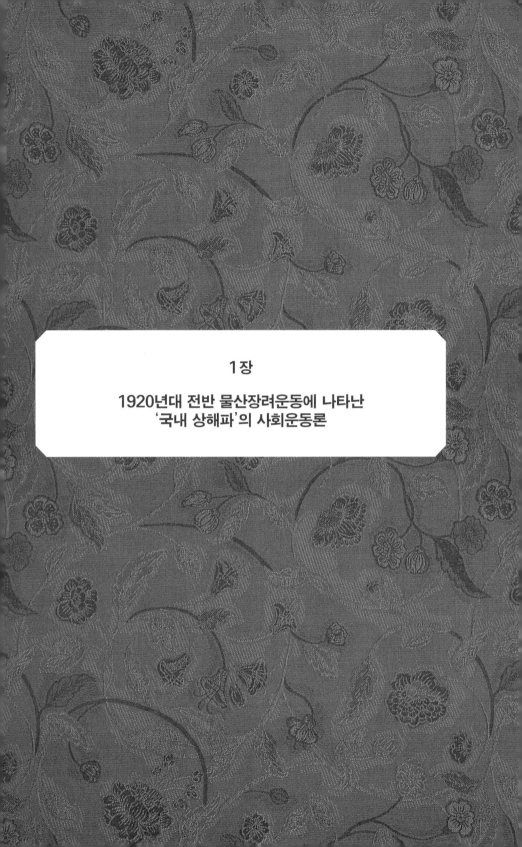

1장

1920년대 전반 물산장려운동에 나타난
'국내 상해파'의 사회운동론

1장에서는 1920년대 전반 식민지 조선 민족운동에서 나타나기 시작한 사회민주주의적 주장을 서구의 사회민주주의 사상·이념과 비교하여 분석하려고 한다. 소재로 삼은 것은 1920년대 전반 조선에서 전개된 조선물산장려운동(이하 물산장려운동)과 그를 주도한 주요 세력인 상해파 고려공산당 국내부(이하 '국내 상해파')와 조선청년회연합회(이하 청년회연합회)이다. 특히 국내 상해파 주요 인물인 나경석(羅景錫)을 주요 분석 대상으로 삼았다.

물산장려운동은 초기에는 다양한 세력이 다양한 입장에서 참여하였지만, 1920년대 중반 이후에는 사회주의 세력이 대부분 이탈하고 민족주의 세력 중심의 운동으로 전개된다. 나경석도 물산장려운동이후 사회주의 운동을 떠나 있다가, 해방 직후 결성된 한국민주당에 가담한다. 이 책에서 주목하는 것은 물산장려운동의 초기 양상이다.

1920~30년대 물산장려운동에 대해서는 그동안 많은 연구들이 있었다. 일찍이 조지훈에서부터 조기준, 이현희 등에 의해, 그리고 지금도 우파적 입장에서 역사를 연구하는 연구자들이 주장하는 인식은 물산장려운동이 '경제적 민족주의' 이념에 입각하여 일제의 경제 침략에 대응하고, 민족 경제의 자립을

기도한 거족적인 경제적 항일운동이자 민족기업 설립운동이었다는 것이다. 그러나 이런 인식은 이미 1970년대 후반부터 근본적인 비판에 직면했다. 곧 물산장려운동이 민족자본 상층을 이해를 대표하는 민족주의 우파 진영의 타협적 운동이라는 주장이 제기되었다.[01] 1990년대 들어서는 '민족자본' 상층을 중심으로 자본가 계급의 육성에 목표를 둔 점진적 물산장려운동을 구상한 입장과 '민족자본' 하층과 소상품생산자를 중심으로 민족경제 건설에 목표를 둔 급진적 물산장려운동으로 나누어 보거나, '생산증식'과 '토산장려' 두 계통의 논리로 물산장려운동을 구분하기도 했다.[02]

2000년대 전후로는 초기 물산장려운동을 주도한 동아일보 논설진과 청년회연합회 주요 인물이 '국내 상해파' 주류 세력이었다는 것이 밝혀졌다.[03] 이들 연구에 따라 동아일보 논설진과 청년회연합회 주요 인물들이 민족주의 우파의 노선에 따른 것이 아니라, 상해파의 단계적 혁명노선에 따라 물산장려운동에 적극 참여하였음이 확인되었다.

방기중은 물산장려운동을 두 갈래로 나누는 기존 연구를 비판하면서, 물산장려운동의 목적은 상공업 진흥에 주안점을 둔 조선인 경제의 자본주의적 생산력 증대에 있었고, 그 생산력 증대의 기본 실천 논리는 유통 부문에서의 애

---

01 김용섭, 「한말·일제하의 지주제—사례 4: 고부 김씨가의 지주경영과 자본전환」, 『한국사연구』 19, 한국사연구회, 1978, 127~130쪽; 강동진, 『일제의 한국 침략 정책사』, 한길사, 1980, 379~388쪽.

02 박찬승, 『한국근대정치사상사연구』, 역사비평사, 1992, 제3장; 윤해동, 「일제하 물산장려운동의 배경과 그 이념」, 『한국사론』 27, 1992.

03 이애숙, 「1922~1924년 국내의 민족통일전선운동」, 『역사와 현실』 28, 한국역사연구회, 1998; 박종린, 「1920년대 전반기 사회주의 사상의 수용과 물산장려 논쟁」, 『역사와 현실』 47, 2003, 81쪽.

용장려론과 생산 부문에서의 생산장려론이었다고 해명했다.[04] 곧 물산장려운동의 두 논리가 서로 계급적 기반이 다른 세력의 논리가 아닌 상호 보완되는 논리였다는 것이다.

한편 1923년 물산장려회 창립을 전후로 물산장려운동을 둘러싼 논쟁이 동아일보 등 공개 언론을 통해 치열하게 전개되었다. 주로 국내 상해파 주류 세력이었던 나경석에 대하여 같은 상해파에서 갈라져 나온 '신생활사 그룹'과 뒤이은 '민중사 그룹'의 이성태(李星泰)와 주종건(朱鍾建), 북성회의 박형병(朴衡秉)과 장일환(張日煥)(장적파) 등이 치열하게 논전을 전개했다.[05] 류시현은 나경석이 생산력 발전에 기반한 단계론적 입장인 반면, 반대편의 입장에서는 정치혁명 및 계급적 입장을 보다 강조했다고 주장했다.[06] 박종린은 이들의 차이가 "이들이 수용한 마르크스주의에 대한 이해 방식과 현실에 대한 적용 방식에 차이가 존재하고 있음을 보여주는 것"이라 주장했다.[07]

이 장에서는 기존 연구에서 해명되지 못한 물산장려운동 주도 세력이 이해하고 받아들인 사회주의 사상의 내용과 성격을 서구 사회민주주의 이념 및

---

04 방기중, 「일제하 물산장려운동과 민족주의 경제사상」, 『근대 한국의 민족주의 경제사상』, 연세대학교 출판부, 2010, 55~63쪽.

05 1920년대 전반 물산장려운동을 둘러싼 논쟁과 나경석에 대해서는 다음 참조. 류시현, 「나경석의 '생산증식'론과 물산장려운동」, 『역사문제연구』 2, 1997; 전상숙, 「물산장려 논쟁을 통해서 본 민족주의 세력의 이념적 편차」, 『역사와 현실』 47, 2003; 박종린, 앞의 글, 2003; 박종린, 「1920년대 전반 사회주의 사상의 수용과 마르크스주의 원전 번역—『임금·노동과 자본』을 중심으로」, 『한국근현대사연구』 51, 2009; 류시현, 「1920년대 전반기 『유물사관요령기』의 번역·소개 및 수용」, 『역사문제연구』 24, 2010; 한동민, 「수원 나주 나씨와 나혜석의 부모 형제들」, 『나혜석연구』 1, 2012.

06 류시현, 앞의 글, 2010, 59~66쪽.

07 박종린, 앞의 글, 2003, 86쪽.

사상과 비교하여 살펴보려고 한다.[08] 그를 위해 국내 상해파가 물산장려운동을
주도하는 양상과 정책을 먼저 살펴보고, 나경석의 주장을 국가의 성격과 역할,
사회주의로의 이행 과정, 자유와 민주주의 인식이라는 측면을 중심으로 영국
페이비언 및 독일 베른슈타인과 카우츠키의 주장과 비교하여 분석하려고 한
다. 이를 통해 물산장려운동을 주장한 사회주의자들의 주장이 어떠한 사상 이
념적 기반하에서 전개된 것인가를 해명하려고 한다.

1. '국내 상해파'와 조선청년회연합회의
초기 조선물산장려운동 주도

1) '국내 상해파'와 물산장려운동에 대한 참여 정책

상해파 고려공산당은 한인사회당을 계승하여 이동휘(李東輝), 김립(金立), 김
규면(金圭冕), 박진순(朴鎭淳), 김철수(金錣洙) 등을 중심으로 창당되었다. 1921년 5
월 상해의 창립대회에는 1920년 국내에 비밀리에 결성된 사회혁명당에서 8명
이 대표로 참가했다. 그리고 사회혁명당은 상해파 고려공산당 국내부(이하 국내
상해파)로 전환되었고, 장덕수(張德秀)를 책임자로 하여 김명식(金明植), 유진희(兪
鎭熙), 윤자영(尹滋瑛), 이봉수(李鳳洙), 이증림(李增林), 정노식(鄭魯湜), 최팔용(崔八鏞),
한위건(韓偉健)이 간부로 임명되었다.[09]

---

08 1920년대 전반 물산장려운동을 해명하기 위한 접근법과 관점에 대해서는 다음 참조. 윤덕영,
    「1920년대 전반 조선물산장려운동 주도 세력의 사회운동론과 서구 사회주의 사상과의 비교
    —'국내 상해파'와 '조선청년회연합회'를 중심으로」, 『동방학지』 187, 2019, 8~11쪽.
09 임경석, 『한국 사회주의의 기원』, 역사비평사, 2003; 이현주, 『한국 사회주의 세력의 형성—
    1919~1923』, 일조각, 2003.

3·1운동 직후의 혁명적 정세가 퇴조함에 따라 상당수의 사회주의자들이 독립전쟁론 대신에 대중운동론을 제기하면서 노농대중이 있는 국내로 들어왔다. 이에 따라 1921년 말에서 1922년에 걸쳐 사회주의 운동의 중심이 해외로부터 국내로 이동했다. 가장 먼저 두각을 나타낸 것은 국내 상해파였다. 국내 상해파는 전국 각지에 다수의 세포 단체를 가지고 있었다. 그리고 1920년 12월 창립된 대표적 전국적 청년 단체인 조선청년회연합회의 주도권을 장악했다.[10] 또한 송진우(宋鎭禹)를 중심으로 한 동아일보 주도 세력과 제휴해서 동아일보의 논지를 주도했다. 장덕수와 김명식, 이봉수 등이 동아일보 논설반과 간부로 재직하면서, 동아일보의 다수 논설을 집필했다.

국내 상해파 초대 책임자인 장덕수는 수정자본주의 사상인 신자유주의 (New Liberalism) 이념의 영향을 상당히 받고 있었고,[11] 미국 유학 이후에는 명백히 민족주의자로 전향한다. 그러나 적어도 공산당 지부 책임자로 있을 때의 그는 민족주의자가 아니었다. 동아일보에 들어간 이들은 부르주아민족주의 우파의 입장이 아니라 사회주의 세력인 상해파 고려공산당의 노선을 따르고 있었다.[12] 일제의 검열을 고려하면서, 또한 송진우를 중심으로 한 동아일보 주도 세력과의 일정한 협의하에서 동아일보 논설을 집필했다.[13]

---

10 임경석, 앞의 책, 2009, 295~301쪽; 이현주, 앞의 책, 2003, 139~185쪽.

11 최선웅, 「장덕수의 사회적 자유주의 사상과 정치활동」, 고려대학교 사학과 박사학위논문. 2014.

12 이애숙은 당시 동아일보 사설이 부르주아민족운동의 견해를 대표한다고 간주되는 일반적 인식이 사실과 다르다면서, 초기 사설에는 국내의 상해파 공산주의 그룹과 그 모태 단체인 사회혁명당의 견해가 강하게 반영되어 있으며, 국내 상해파가 동아일보 안에 거점을 확보하고 문화운동의 명실상부한 지도부 역할을 수행했다고 주장했다. 이애숙, 앞의 글, 1998, 94~96쪽.

13 윤덕영, 『세계와 식민지 조선의 민족운동—한국 자유주의의 형성, 송진우와 동아일보』, 혜안,

국내 상해파는 동아일보 주도 세력을 비롯한 민족주의 세력과 손을 잡고 '김윤식 사회장'과 물산장려운동을 적극 추진했다. 그 과정에서 다른 사회주의자들과 치열한 논쟁을 전개했다.[14] 물산장려운동의 경우를 보자.

1920년 7월 30일 기독교 민족주의자 조만식(曺晚植)의 주도로 평양에서 조선물산장려회 발기인대회가 열리면서 식민지 조선에서 물산장려운동이 시작되었다.[15] 평양의 물산장려회에는 평양 지역에서 민족운동을 주도했거나 1920년대 사회운동에 참여했던 인물들이 다수 참가했다. 그렇지만 일본 당국의 견제를 받아 활동을 제대로 하지 못했다. 또한 전국적인 관심도 받지 못하고 평양 지역의 운동에 머물렀다. 상당 기간 침체 상태에 있다가 거의 2년여 되어가는 1922년 5월에 발기인대회를 다시 개최하였고, 6월 20일에 창립총회를 열었다. 1920년대 평양 물산장려운동은 기독교와 밀접히 연관된 민족주의 지식인과 자본가 계급이 합작하여 자본주의 생산력 증대를 도모한 전형적인 민족·자본주의 경제자립운동이었다. 그러나 이때까지만 해도 물산장려운동은 여전히 평양 중심의 지역운동이었고, 전국적 운동으로 전개되지 않았다.

평양에서 시작된 물산장려운동이 전국적 운동으로 확산된 것은 청년회연합회가 물산장려운동에 적극적으로 참여하면서부터였다. 그리고 그 배후에는

2023, 32~37쪽, 81~88쪽.

14 박종린은 '김윤식 사회장'과 물산장려운동을 둘러싼 사회주의 세력 내의 논쟁과 대립 과정을 고찰하면서, 장덕수와 나경석을 중심으로 한 국내 상해파 주류는 민족혁명을 수행한 다음 사회주의혁명으로 이행한다는 입장을 견지하고 있었기 때문에 자본주의가 미발달한 조선에서 사회주의 실현을 위한 계급투쟁은 시기상조이며, 사회주의혁명의 기반을 구축하기 위해서는 무엇보다 생산력을 증대시키는 운동이 필요하다는 생각에서 물산장려운동에 적극 참여하였다고 주장했다. 박종린, 「'김윤식 사회장' 찬반 논의와 사회주의 세력의 재편」, 『역사와 현실』 38, 2000, 260쪽; 박종린, 앞의 글, 2003, 78~85쪽.

15 『동아일보』 1920. 8. 6; 8. 23.

국내 상해파 주류 세력이 있었다. 1922년 4월 1일에서 6일까지 청년회연합회 제3회 정기총회가 개최되었다. 회의에서 국내 상해파 장덕수는 "조선은 아직 혁명 시기가 성숙하지 않았으므로 문화계몽운동을 통해 민중의 경제적 생활 수준의 향상과 민족의 잠재력 육성"에 노력해야 한다고 주장했다. 반면에 조선 공산당(중립당) 김사국(金思國)은 "혁명적 투쟁 방식에 의한 완전한 독립국가의 달성"을 주장하며 맞섰다.[16] 그리고 장덕수, 오상근(吳尙根), 김명식의 집행위원 선임에 서울청년회계가 강력하게 반대했다. 그러나 국내 상해파의 의도대로 장덕수 등이 집행위원회에 재선임되자, 이에 반발하여 서울청년회는 18개 지방 청년 단체와 함께 청년회연합회를 탈퇴했다.[17] 이후 논란 끝에 국내 상해파 주류의 일원인 정노식이 집행위원장에 선임되었다. 상무위원에는 최순택(崔淳澤), 김철수(金喆壽), 고용환(高龍煥)이, 집행위원으로 유세면(劉世冕) 등이 선임되었다.[18] 이현주는 이들 신임 집행위원 총 20명 중 14명이 상해파였다고 했는데,[19] 그 사실 여부와 상관없이 청년회연합회는 국내 상해파의 최대 거점이었다.

그런데 국내 상해파가 장악한 청년회연합회 제3회 총회에서는 집행위원회 제출의 건의안 형식으로 산업 분야에 대해 다음의 일반 원칙과 실제적 정책이 제안되었다. 우선 일반 원칙으로는 "만인의 평등한 생존권은 산업적 권리를 확보함에서 비로소 실지적 가치를 생(生)함을 선언"하면서, "조선인의 산업적 권리를 부정 혹 박탈하는 자는 곧 그 생존권을 부인하고 그 생명을 박탈하는 자로 인정"한다고 주장하고, "산업은 소수인의 이익을 위하여 존재하는 것이 아

16 박철하, 『청년운동』, 독립기념관 한국독립운동사연구소, 2008, 19쪽.
17 임경석, 「1922년 상반기 재 서울 사회단체들의 분규와 그 성격」, 『사림』 25, 2006, 217~222쪽.
18 『동아일보』 1922. 4. 6.
19 이현주, 앞의 책, 2003, 174쪽.

니라 전체 인민의 행복을 위하여 존재한 것임을 선언"한다고 했다. 또한 "사회
는 만인의 평등한 생존권과 행복권을 보지(保持)하며, 중진하기 위하여 산업 발
달에 대한 기초적 권리를 보유함을 선언"한다고 주장했다. 그리고 실지 문제로
서 "가. 조선인은 근면 노력하여 산업상 기술과 지식을 수득하여서 산업적 권
리의 확충을 기할 것, 나. 조선인은 생산과 소비를 일치단결하기 위하여 소비
조합, 생산조합, 소작인조합의 조직 발달을 기할 것, 다. 조선인은 조선인의 제
조품을 사용하면 조선인의 상고(商賈)를 통하여 매매할 것"을 제안했다.[20]

동아일보는 이에 대한 사설을 1922년 6월 6일과 7일에 연속 게재했다. 임경
석이 이미 지적한 바와 같이, 이는 서울청년회와 조선노동공제회에서의 국내
상해파 핵심인물 배제로 공론화된 조선공산당(중립당)으로 대표되는 세력의 공
격에 대한 국내 상해파의 대응이었다.[21]

사설에서는 "만인의 평등한 생존권은 산업적 권리를 확보함에서 비로소
실지적 가치를 생(生)함을 선언"한다는 구절에 대해, 그 "결의안의 근본 정신이"
"조선 사회에 있어서 최신 사회 사상일 뿐 아니라, 선진 문명 제국에 있어서도
사회주의적 사상가 이외에, 혹은 사회주의적 단체 이외에"는 근본적인 정신의
발로를 구하기 어렵다고 하면서, 그 근본 정신이 사회주의 사상임을 은밀히 내
비쳤다. 사설은 생존권과 산업적 권리에 대해서는 "현대 국가는 재산 있는 자
를 보호"하지만 "재산이 없는 자의 생활 자료는 보장하지 아니하며", "생산 소

---

20 『동아일보』 1922. 4. 8.

21 임경석은 "1922년 4월 시점에 상해파 공산당은 문화운동론에 입각하여 물산장려운동과 민
립대학 기성운동을 주장하고 나섰음을 확인할 수 있다. 이 계획안은 청년회연합회 명의로
발표된 것이기는 하지만, 그 배후에는 상해파 공산당의 운동론이 게재되어 있었다"라면서,
"식민지 해방을 위해서 민족부르주아적 요소와 협력한다는 관점이 뚜렷이 드러나 있다"고
주장했다. 임경석, 앞의 글, 2006, 235~236쪽.

비의 전 책임을 개인의 부담에 귀(歸)케 하고, 국가가 이에 대하여 고려하지 아니"한다면서, 이것이 "현대 사회 제도와 경제 조직과 국가적 임무에 대한 근본적 결함"이라고 주장했다. 이러한 현대 국가, 곧 자본주의 체제의 문제점에 대해 청년회연합회의 결의안은 "생존의 근본권을 국가가 만인에게 대하여 시인"하라는 것이며, "전 세계 전 문명 제도에 대한 근본적 혁신의 함성"이라고 주장했다.[22] 그리고 불란서혁명이 근대 문명 제도의 근본을 성립시켰는데, "불란서혁명의 근본 원리는 개인의 자유와 개인의 권리 신장이오 사회의 권리를 인정한 기초 위에 건설된 것은" 아니라면서, "현대의 국가가 개인의 자유와 개인의 권리를 신장하기 위하여 중세기의 반동으로 극단적 비 간섭주의"에 경도되었다고 주장했다. 그렇지만 "국가가 인류 생활을 옹호하고 그 문화를 발전시키는 필연한 관계상, 근본적 목적상 그 국가에 고유한 그 사회에 필수한 권리가 존재"하는데, "일 사회의 산업 조직이 그 조직에 기본한 산업 발달이 진실로 사람마다의 생존권과 사람마다의 행복권을 파양하고 유린할 것 같으면 진실로 그 개조, 그 혁신을 단행함"이 국가의 당연한 권리의 발동이라고 주장했다.[23] 사설의 주장은 현대 자본주의 국가가 자유주의에 경도되면서 개인의 자유와 권리만을 강조하고 인민에 대한 국가의 역할을 방기한다고 비판하면서, 자본주의 체제와 사회 개조에 있어 국가의 적극적 역할을 강조하는 것이었다.

청년회연합회의 결의안과 이에 대한 동아일보 사설은 물산장려운동에 대하여 국내 상해파 주류 계열의 인물들이 어떠한 생각과 입장을 가지고 활동하였는가를 잘 보여주고 있다. 그들은 단순히 '민족기업 설립', '자본가적 경제운동'의 차원에서 물산장려운동을 접근한 것이 아니었다. 사회주의 사상의 근본

---

22 「생존권—연합회 건의의 일절」, 『동아일보』, 1922. 6. 6.

23 「사회권」, 『동아일보』, 1922. 6. 7.

바탕에 서서, 근대 자유주의적 사회론과 국가론에 대한 비판 속에서, 현대 자본주의 제도의 개편과 그 속에서의 국가의 적극적 역할을 전망했다. 그리고 이를 위해 단기적으로는 생산력 증식을 위한 기술 습득, 생산과 소비를 위한 소비조합과 생산조합의 확대, 조선인 물품 애용, 곧 조선물산장려 등을 제안한 것이었다. 국내 상해파가 장악한 청년회연합회는 이렇게 평양 지역의 운동이었던 물산장려운동을 전국화시키기 위한 구상을 마련했다. 그리고 물산장려회 창립을 전후해서는 동아일보를 지면으로, 나경석 등이 앞장서서 물산장려운동에 대한 적극적 지지를 주장한다.

당시 나경석은 민족주의자가 아니라 장덕수의 뒤를 이어 상해파 공산당 국내부의 책임자를 맡고 있던 국내 상해파 사회주의자였다. 나경석은 장덕수와 달리 신자유주의적 경향을 보이지 않았다. 그는 일본 사회주의자들뿐만 아니라 독일 카우츠키의 주장에 크게 영향을 받고 있었다. 러시아 볼셰비키혁명을 비판하는 카우츠키의 『프롤레타리아독재(Die Diktatur des Proletariats)』(1918)는 H. J. Stenning에 의하여 1919년 영역되었다.[24] 이 영역본은 1921년, 일본에서 구루하라 게이쓰게(来原慶助)에 의해 『민주정치와 독재정치』로 번역 출간되었다.[25] 이 저서는 단순히 러시아혁명 비판을 넘어 국가론과 민주주의론, 당면 혁명과 사회주의로의 이행, 경제 건설과 협동조합의 역할 등에 대한 다양한 주장을 담고 있어, 1920년대 전반 일본과 식민지 조선의 사회주의자들에게 적지 않은 영향을 미쳤다. 나경석의 논설에는 용어와 주장에 이르기까지 이 책의 내용이 부분적으로 원용되고 있다.

---

24 Karl Johann Kautsky, *The Dictatorship of the Proletariat*(1918), H. J. Stenning, trans., London: National Labour Press, n.d. 1919.

25 カール·カウツキー 著, 来原慶助 訳補, 『民主政治と独裁政治』, 広文館, 1921.

이렇게 보면 국내 상해파는 코민테른의 지원을 받은 공산당 지부였지만, 그 내부에는 사상적 경향에서 적지 않은 편차가 있었고, 일부 사회민주주의적 경향도 있었다. 일본과 조선에서는 이전 정통 마르크스주의를 대변했던 카우츠키를 비롯한 중도파 이론과 레닌주의가 혼재되는 경우가 적지 않았다. 또한 조선의 공산주의자들이 대부분 혁명적 민족주의자로부터 전화된 이들이었기 때문에 민족주의적 경향도 다수 남아 있었다.

2) 동아일보에 표출된 물산장려운동론의 내용과 성격

청년회연합회는 1922년 12월 1일 창립 2주년을 맞이하면서 물산장려운동에 대한 정책을 보다 구체화하기 시작했다. 동아일보에 '조선물산장려 표어 현상 모집' 광고를 청년회연합회 이름으로 게재했다. 표어의 내용은 "조선 사람은, 조선의 것과, 조선 사람이 만든 것을, 먹고 입고 쓰고 살자는"는 의미로 할 것이라면서, 상금으로 1등에 오십 원, 2등에 십오 원을 내걸었다. 모집 기한은 12월 20일까지로, 당선 발표는 12월 25일로 한다고 했다. 이 광고는 청년회연합회가 물산장려운동을 앞장서서 적극적으로 전개하겠다는 것을 내외적으로 공포한 것이었다. 이후 청년회연합회의 전국 순회 강연에서는 강연과 함께 조선물산장려운동에 대한 참여를 적극 권고했다.[26]

12월 중순 염태진 등 50여 명의 발기로 '자작회'가 발기되었다.[27] 동아일보는 자작회 발족에 대한 사설에서 "혹은 사회혁명을 고조하여 현상 타파를 주장하고 조선인의 산업운동을 비소(鼻笑)하는도다"하여 이런 비판이 일리가 있다고 수긍하며 물산장려운동의 한계를 인정했다. 그렇지만 "그 혁명은 하시에

---

26 『동아일보』 1922. 12. 20; 12. 22; 12. 24.

27 『동아일보』 1922. 12. 17.

내하여 오인의 생명을 유지하며, 또 그 혁명은 '산업의 발달'을 기(期)치 하니 하고, 능히 오인의 생존을 행복케 할까? 사회혁명의 궁극 목적은 '소비를 위하여 생산을' 풍부히 하면, 생산을 풍부히 함을 인하여 '만인의 행복을 보장' 함에" 있다면서, 혁명이 만인의 행복을 보장하는 것이 되어야 한다고 주장했다. 그러기 위해서는 무엇보다 "사회주의의 전제조건이 생산력의 발달에" 있다는 것을 알아야 하고, 생산력의 발전을 기다리지 아니하고 사회주의 실현을 기도한 것은 마치 동력을 사용하지 않고 기계를 운용함을 기다리는 것과 같다고 주장했다.[28] 즉 사회주의의 실현은 생산력 발전이 전제되어야 하고, 물산장려운동은 사회주의 실현의 전제로서 산업 발달을 위한 산업운동이라는 것이었다.

동아일보의 물산장려운동에 대한 지지 사설은 1923년 들어 본격적으로 계속되었다. 1923년 1월 5일, 「주부에게 바라노라」란 사설에서는 "경제 문제, 더욱이 그중에서도 소비 문제에 대하여 가장 주요한 책임과 중요한 지위에 처하여 있는 자가 누구인가, 밥을 짓는 이가 주부라", "우리 민족에 대하여 그 가장 중요한 소비의 부면을 맡아 보는 각개 가정의 주부의 책임이 어찌 중하고 또 대하지 아니하리오"라면서 주부의 역할을 강조했다. 그리고 "대정 9년도의 수입 초과액수를 통계에 의지하여 참고하여보면 약 사천만 원"이라면서 "그 원인은 물론 자매의 손에 쓰는 물품의 대부분이 서양 사람이나 일본 사람이나 청국 사람의 지은 것이오, 조선 사람의 손으로 지은 것이 아닌 까닭"이라고 주장했다. 그러면서 "자매는 일시의 평을 취하지 말고 장래를 생각하여 조선 사람의 물품을 쓰라", "자매의 지위는 이 장려에 실로 중요한 지위로다. 조선 물산을 장려하여 그와 같이 하여 우리 형제를 먹여 살리는 의미로 우리 조선 사람이 만드는 물건을 사 쓰라"고 주장했다. 사설은 소비에 실제적 영향을 미치는 주부들

---

28 「자작회—경제적 자립의 정신」, 『동아일보』 1922. 12. 18.

을 대상으로 물산장려운동에의 참여를 적극 권고하는 것이었다.[29]

1월 7일자 「경제 조사 기관의 필요—물산장려를 위하야」 사설은 "조선 사람은 조선 사람이 지은 것을 쓰자. 그러나 조선 사람이 지은 것이 없는 것을 어찌할고"라는 문제를 제기하면서 시작한다. 이를 위해 "또 한 면에 있어서는 조선 사람이 속히 하루바삐 생산 방면에 대하여 전력을 경주하고 노력을 단합하기를 바라노라" 하면서도, "유산자는 무산자를 약탈하여 먹는 자라 단합할 수가 없으니", "조선 사람의 산업이 비록 발달된다 할지라도 그 산업은 자본주의적 산업이니 자본가만 이(利)하는 것이오, 무산자에게는 아무 소용도 없는 것이라"주장했다. 그렇지만 "그럼으로 무산자는 그와 같은 산업의 발달을 희망하지 아니한다 하여 이 운동에 반대하고 싸움을 하게 되면, 그 결과 그 무산자의 생활은 어찌될까 우리는 생각"할 것을 제안했다. 즉 이 사설은 물산장려운동이 무산자 이해와는 상반된 자본가들의 이해를 반영하는 운동이라는 세간의 우려를 다루는 내용이었다. 그러면서 "일국의 산업 발달이 비록 자본주의에 의하여 되는 결과, 그 이익의 대부분이 자본주에게 돌아가고 노동자에게 돌아오지 아니한다 할지라도, 원래부터 산업이 발달되지 못하여 원시적 생활을 하는 사회의 무산자보다는 그 발달된 사회의 무산자의 생활이 확실히 나은 줄을, 그 뿐 아니라 무산자가 정치의 권력을 장악하고 그 권력을 한 방편으로 하여 진실한 의미의 사회주의혁명을 실현하려면 그 전제조건으로 생산력이 발달되어 노동의 결합이 충분하고, 따라 그 위력이 위대한 동시에 능히 그 사회의 경제적 생활을 만족히 하리 만큼 되어야 할 줄을 아나니"라고 주장했다.[30] 곧 사설은 자본가들이 물산장려나 산업 발달에 따른 대부분의 이익을 가져갈지라

---

29 「주부에게 바라노라」, 『동아일보』 1923. 1. 5.

30 「경제 조사 기관의 필요—물산장려를 위하야」, 『동아일보』 1923. 1. 7.

도 노동자들의 생활도 이전보다는 나아질 것이고, 생산력 발달되어야 노동과의 결합도 충분히 이루어지고 무산자의 정치권력 장악도 가능할 것이라는 인식을 보여주고 있었다. 사설에서는 사회주의혁명이 생산력 발달이라는 조건을 충족해야 한다는 인식 전제를 가지고, 생산력 발달 운동의 일환으로 물산장려운동을 보고 있다는 점을 분명히 하고 있다.

사설은 "마르크스에 의하여 보면 그는 공상에 의하여 사회주의를 건립하지 아니하고 과학에 의하여 건립하였으되, 그 기초는 경제적 진화, 생산력 발달에 두지 아니하였는가"라고 하여, 자신들의 주장이 기본적으로 마르크스의 주장에 근거하고 있음을 내비쳤다. 사설은 "시대를 불원하고 생산력을 염두에 두지 아니하고, 오직 무산자 유산자의 싸움만을 제창함은 사회발달의 계단을 부정함"이라고 주장하여, 현 단계 계급투쟁을 앞세우는 여타 사회주의 정파를 비판했다. 그리고 "더욱이 조선의 현하 형편으로 논하면 단순한 이론에 의하여 민족의 분열을 허락지 못할 시대에 처하였도다. 이럼으로 우리는 목하 조선 사회에 처하여서는 소비에 단결하고, 동시에 생산 방면에 노력을 합하는 것"을 운동의 방향으로 제시했다. 이러한 사설의 인식은 마르크스주의에 근거하면서도 전형적인 생산력 중심적, 단계론적 혁명론의 인식을 보여주는 것이었다.

한편 '생산 발달에 주력하는 방법'에 대해서는 "조선 사람에게는 경제 발달에 대한 조직적 조사 기관이 없도다", "생산력의 발달을 주장한다 할지라도 어떻게 우선 어떠한 방면으로부터 산업 발달에 대하여 착수하면 좋은가 하는 조직적 견해가 없도다"라고 하면서, "금일에 경제적으로 조선이 망한다 할지라도 그 망하는 길에 대하여 방지 구제의 철저한 도리를 강구할 수가 있을까. 이럼으로 우리는 조선의 물산을 장려할 목적으로 조선 전도의 청년이 중심이 되어 조선인의 경제 발달에 대한 조사 기관이 필요한 것을 절실히 깨닫고 바란"다고 주장했다. 즉 생산 발달을 위한 전제로서 경제 조사 기관의 설치를 먼저 제기했다. 조사 기관의 역할에 대해서는 "첫째, 조선에서 조선 사람으로 어떠한 물건을 산출하는지를 각 지방에 분하여 조사하여 발표 소개할 것이며, 둘째, 어떠한 생산업이 조선에 필요하고 또 유망하다는 것을 조사하여 발표 소개할 것이며, 셋째, 일본 사람이 어떻게 조선 사람의 돈을 빼앗아가는가를 조사하여 발표 소개할 것이며, 넷째, 조선 사람도 실업을 장려하여야 살겠다는 의미하에서 실업 교육을 왕성히 할 것과 허명, 허례(虛禮)에 대하여 반대 선전할 것"이라고 주장했다.[31]

1923년 1월 20일과 23일 이틀에 걸쳐 조선물산장려회(이하 물산장려회) 창립총회가 개최되었다. 바로 다음 날인 1월 24일 동아일보는 사설을 게재하여 물산장려운동을 지원했다. 사설은 물산장려운동이 이론에서 실제 운동으로 착수되었다고 하면서, 운동을 촉진하기 위해서 "우리가 취한 태도의 제일 요건은 확고한 신념과 면밀한 조사의 착수"가 필요하고, 이후에는 대대적으로 선전하여 "조선인 전체의 경제적 자각을 촉진"할 것을 주장했다. 사설은 국제적 분업론을 제기하면서 물산장려운동을 반대하는 주장에 대해서 이는 '아전인수론'이며, '일고할 가치가' 없다고 반박했다. 그리고 물산장려는 생산 및 소비의 양 방면에 공히 관련되는 문제로 "생산 방면에서는 자본·기술·원료·기관 등의 각종 복잡한 문제"가 일어날 것이고, "소비 방면에 있어서는 가격·기호·습관 등의 문제"가 일어날 것이기 때문에, 일조에 해결할 수 없고 점진적 태도를 취하여야 한다고 주장했다.[32] 이러한 사설의 주장은 물산장려회의 창립을 맞아 물산장려운동의 성격과 그 나아갈 방향을 제시한 것이라 할 수 있다.

한편 1923년 4월 5일 청년회연합회는 임원을 개선하는데, 정노식이 상무집

---

31 「경제 조사 기관의 필요—물산장려를 위하야」, 『동아일보』 1923. 1. 7.

32 「조선물산장려운동의 단서」, 『동아일보』 1923. 1. 24.

66 또다른 사회주의—한국 사회민주주의의 역사적 기원

행위원장을 연임했다.[33] 4월 16일 집행위원회에서는 상무위원으로 서무부 신태악(辛泰嶽), 재무부 장명현(張明炫), 산업부 박운표(朴運杓), 교무부 김철수를 선임하였고, 사교부 상무위원은 정노식이 겸임했다.[34] 그리고 10월 18일에는 제4회 집행위원회 총회를 개최하였는데, 정노식이 사임하고 김철수(金喆壽)를 집행위원장에 선임했다. 상무집행위원에는 박운표만을 두기로 했다.[35] 기존 물산장려운동에의 참여와 확산을 주도하였던 인물들이 여전히 청년회연합회를 주도하고 있었다.

2. 영국과 독일에서의 사회민주주의의 흐름

1) 영국노동당의 형성과 사회민주주의 인식

1881년 6월 영국에서 계급투쟁과 혁명적 노선을 내세우는 마르크스주의 계열 사회민주연맹이 결성되었다.[36] 그러자 1884년 1월, 아서 핸더슨(Arthur Henderson), 버나드 쇼(Bernard Shaw), 웹 부부(Sydney and Beatrice Webb), 허버트 브랜드(Hubert Bland), 피즈(E. R. Pease) 등 엘리트 지식인들이 중심이 되어 혁명 노선에 반대하는 페이비언협회가 결성되었다.[37] 이들 페이비언들은 창립 초기에는 노동계급의

---

33 『동아일보』 1923. 4. 7.

34 『동아일보』 1923. 4. 18.

35 『동아일보』 1923. 10. 22.

36 헨리 펠링 지음, 최재희·염운옥 옮김, 『영국노동당의 기원』. 지평문화사, 1994, 48쪽.

37 영국 페이비언주의에 대해서는 다음 참조. 김명환, 「페이비언 사회주의」, 김영한 편, 『서양의 지적 전통』 II, 지식산업사, 1998; 김명환, 『영국 사회주의의 두 갈래 길』, 한울아카데미, 2006; 조지 버나드 쇼 외 지음, 고세훈 옮김, 『페이비언 사회주의』, 아카넷, 2006; 박홍규, 『복지국가

독자정당에 소극적이거나 부정적이었다. 그들은 자유당 등 기존 정당을 비롯하여 대도시 급진연맹 및 전국자유연맹 등 기존 정치사회 단체에 침투하여, 그들을 설득하고 이를 통해 자신들의 개혁 정책을 추진하려고 했다.[38]

1892년 영국 의회 총선에서 스코틀랜드 광부노조위원장 출신인 하디(Keir Hardie)가 영국 정치 사상 처음으로 노동자 대표를 표방하며 무소속으로 당선되었다. 그는 이전부터 자본가와 노동자 간의 계급 협조에 젖어 있던 영국 노동조합회의(Trades Union Congress: TUC)의 정치화에 앞장섰지만 번번이 실패했다. 그의 의원 당선을 계기로 1893년 1월, 독립노동당이 창당되었다.[39]

당시의 영국 노동운동은 숙련공 위주의 노동조합 중심이었고, 노동조합 결성율은 10% 정도에 불과했다. 노동조합은 경제적 이익에만 몰두했고 정치에 무관심해서 소위 자노공조, 즉 자본가와 공조 체제를 유지했다. 당시 마르크스주의자들은 이들을 '노동귀족'이라 비판했다. 영국 특유의 '노동계급의 보수주의'가 지배했다.[40] 그렇지만 잇따른 경제 불황으로 실업 상황이 심각해지고, 숙련공 중심의 노조운동이 이에 무력하게 대응하면서 상황이 급격하게 바뀌어갔다. 노동자들의 자발적 파업과 시위가 이어졌고, 1887년 11월 13일 '피의 일요일' 사건을 계기로 비숙련공 중심의 급진적 노조운동이 확산되었다. 1889년 '런던부두파업'의 승리로 노동자들의 노동조합 가입과 신노동조합의 결성이 급증했다. 그리고 사회민주연맹이나 페이비언협회를 비롯한 다양한 계열의 사

의 탄생—사회민주주의자 웹 부부의 삶과 생각』, 아카넷, 2018.

38   헨리 펠링 지음, 최재희·염운옥 옮김, 앞의 책, 91~95쪽; 고세훈, 『영국노동당사』, 나남, 1999, 67~68쪽.

39   헨리 펠링 지음, 최재희·염운옥 옮김, 앞의 책, 79~91쪽.

40   고세훈, 앞의 책, 32~35쪽.

회주의자들이 노동운동에 참여해서 적극 활동했다.[41] 그러나 무력을 동반한 사용자층의 공세와 이들을 지원하는 국가권력의 개입에 의해 노동운동은 탄압을 받았다.

이런 상황에서 노동자들의 이해를 의회에 반영하고 실현해줄 정치 세력의 결성 요구는 점차 커져갔다. 남성 보통선거권은 실현되지 않았지만, 1884년 제3차 선거법 개정으로 노동자들의 상당수가 선거권을 갖게 되어 가능성도 높았다. 독립노동당 결성은 이런 노동계급의 요구에 일정하게 부응한 것이었고, 1890년대 적지 않게 성장했다. 그러나 전체 노동운동에서 차지하는 영향력은 여전히 제한되었다.

영국 자본가들의 공세가 커질수록 신노동조합뿐만 아니라 구노동조합 계열에서도 정치참여의 요구는 커져갔다. 1898년 6만여 명의 조합원을 거느린 철도노조는 의회 선거에 독자적인 노동자 후보를 출마시킬 것을 결의했고, 이는 각 노조연맹체에 큰 영향을 미쳤다. 산하 노동자들의 요구에 밀려 TUC는 종래의 입장을 바꾸어 1898년과 1899년, '노동계급의 정당' 창당을 지지한다는 결의안을 통과시켰다. 이에 근거해 TUC 의회위원회가 페이비언협회와 독립노동당, 그리고 사회민주연맹에 새로운 노동정당 결성을 제안했다.[42] 1900년 2월 각 단체의 대표들이 모인 협의 모임이 개최되었고, 램지 맥도널드(James Ramsay MacDonald)를 서기로 한 노동대표위원회를 결성하기로 합의를 보았다. 이들은 노동조합원 57만여 명과 사회주의 단체 회원 2만 3천여 명을 대표했다.[43]

---

41 G. D. H. 콜 지음, 김철수 옮김, 『영국 노동운동의 역사』, 책세상, 2012, 333~348쪽; 헨리 펠링 지음, 최재희·염운옥 옮김, 앞의 책, 97~113쪽.

42 헨리 펠링 지음, 최재희·염운옥 옮김, 앞의 책, 219~238쪽.

43 고세훈, 앞의 책, 26쪽.

1906년 2월 영국 하원총선거에서 노동대표위원회는 32만여 표, 5.7%를 득표해서 29석을 차지했다. 이는 전체 의석 670석의 4.8%였다. 그리고 노동당으로 명칭을 변경하고 하디를 의장으로 선임했다. 영국노동당은 영국 의회정체에 적극 참여하였고, 의회를 통한 국가와 사회의 변화를 추구했다.

영국의 페이비언들은 자본주의 경제로부터 완전한 사회주의 경제로의 이행은 많은 시간을 필요하고, 그 이행이 큰 충격 없이 이루어지기 위해서는 점진적인 과정이 필수적이라고 보았다. 버나드 쇼는 사회주의는 짧은 기간에 이루어질 수 있는 성질의 것이 아니며, 정부를 무너뜨리는 것은 단 하루 만에도 가능할지 모르지만 사회주의 사회의 건설은 그렇게 될 수 없다고 주장했다. 또한 사회주의는 참정권의 점진적인 확대와 렌트 및 이익의 국가로의 이관을 통해 이루어진다고 말했다.[44] 그들은 점진적 사회이행, 혁명적 방식이 아닌 점진적 개혁을 통한 사회변화를 주장하면서 민주주의 기반 확대, 보통선거제 도입과 선거권의 확대, 의회 권한 확대 등을 주장했다. 또한 이행기 사회경제 정책에서 사회화되는 기업과 재산에 대해서는 적절하고 완전한 보상이 불가피한 것으로 인식했다.[45]

1920년대 전반 동아일보에는 적지 않은 영국 사회민주주의 관련 글들이 번역 또는 게재되었다.[46] 동아일보 1920년 4월 21일자와 22일자에 걸쳐, 영국노동당의 이론가이자 지도자인 아서 핸더슨이 1918년 출간한 『The aims of Labour』중 일부가 남호생의 명의로 「민주주의의 정신」이란 제목으로 번역되어 실렸다.[47]

---

44 최영태, 「페이비언주의와 수정주의 비교」, 『역사학연구』 14, 2000. 165~167쪽.

45 김명환, 『영국의 위기와 좌우파의 대안들』, 혜안, 2008, 42쪽.

46 이태훈, 「1910~20년대 초 신지식층의 민주주의 인식과 현실 활용—일본 유학생과 동아일보의 논의를 중심으로」, 『한국사상사학』 56, 2017, 81~83쪽.

47 아서 핸더슨, 藍湖生 역, 「민주주의의 정신」, 『동아일보』 1920. 4. 21~22.

다른 일부는 1920년 5월 23일자에 「인민의 평화」란 제목으로 번역되었다.[48] 이 책은 1918년 간행된 것으로,[49] 1919년 사토 기요시에 의해 일본에 번역되었다.[50] 여기서 무엇보다 눈에 띄는 것은, 1918년에 영국에서 간행된 책이 2년도 되지 않아 머나먼 동양의 식민지 조선에 전해져 읽히고 중요하게 번역되었다는 점이다. 페이비언이자 영국노동당의 이론적 지도자인 시드니 웹의 영국노동당에 대한 소개도 게재되었다.[51]

1906년 영국의회 총선거에서 29석으로 출발한 영국노동당은 1910년 총선거에서 40석을 얻었을 때까지만 해도 득표율의 7.6%, 의석수의 5%만을 점하는 소수정당이었다. 그런데 1918년 제4차 선거법 개정이 이루어지면서 21세 이상의 모든 남성에게 보통선거권이 부여되었고, 30세 이상의 여성에게도 제한선거권이 부여되었다. 그 후 지지가 급증했다. 1922년 총선거에서 득표율 29.7%에 총142석을 얻어 보수당에 이어 제2당이 되었다. 1923년 12월 총선거에서는 득표율 30.7%에 총191석을 얻어 2당이 되었지만, 제3당인 자유당과 선거연합을 이루어 정권을 장악하는 데 성공한다. 1924년 1월 22일, 영국 최초로 맥도널드 노동당 당수를 수상으로 한 노동당과 자유당의 연립내각이 출범했다. 독일에 이어 영국에서도 사회민주주의 정부가 수립되면서, 공산주의와 함께 사회민주주의도 세계 개조 및 새로운 사회이행의 전망으로 제시되었다.

영국노동당의 집권은 지구 반대편에 있는 식민지 조선에도 영향을 비쳤다. 동아일보는 사설을 통해 노동당 집권은 "영국 정계에 신기원을 획"하는 것이

---

48 아서 핸더슨, 大民 역, 「인민의 평화」, 『동아일보』 1920. 5. 23.

49 Arthur Henderson, *The aims of labour*, New York: B. W. Husbeck, 1918.

50 アーサー・ヘンダソン著, 佐藤清 譯, 『英國勞働黨の本領』, 寶文館, 1919.

51 씨드네 웹, 일기자 역, 「영국노동당의 세력 발달」 (1)~(6), 『동아일보』 1923. 8. 17~23.

며,[52] "온건한 입법의 수단으로 경제혁명의 제일보"를 나선 것으로 '급격과 폭력'으로 동일한 목적을 달성한 러시아혁명과 대조를 이룬다고 하면서, 세계는 "혹은 러시아식으로 혹은 영국식으로 조만간 이것을 완성"하고 말 것이라고 주장했다.[53] 이후 영국의 정치는 '자본 대 노동', '현상유지 대 현상타파'의 양대 세력으로 재편되었다고 하면서, 영국 사회는 점차로 민중화되고 사회화될 것이며, '영국의 국민성'이 '점진'될 것이라고 전망했다.[54] 동아일보 주도 세력, 그리고 이들과 제휴한 국내 상해파 일부 사람들이 볼 때, 일본과 세계정세는 보통선거의 실현, 무산대중의 정치적 권리와 자유의 신장, 무산정당의 출현과 급속한 정치적 영향력 확대가 이루어지는 급변의 상황에 있었다. 이제 세계는 우여곡절을 겪더라도 노동당의 입법적 수단에 의한 권력장악과 같은 영국식 개혁의 모델과 러시아식의 폭력혁명을 통한 급진적 혁명의 모델로 가는 것으로 인식했다. 사회주의가 세계의 대세로 여겨졌다.

2) 독일 사회민주당과 사회민주주의의 정착 과정

독일 빌헬름제국은 1878년 '사회주의자 탄압법'을 제정하여 사회주의 운동을 탄압했다. 정부의 가혹한 탄압은 부르주아 국가를 사회주의와 화해할 수 없는 적으로 보는 정통 마르크스주의 견해를 강화시켰다. 그러나 다른 한편으로 비스마르크 주도로 1882년부터 1889년에 걸쳐 사회입법이 시행되면서 노동자들의 처지와 복지가 대폭 향상되었다. 사회주의자들의 의회선거 참여도 금지

---

52 「구주정국의 신 전환—양대 痼疾의 절개」, 『동아일보』 1924. 3. 6.

53 「영국노동당 내각의 출현과 레닌씨의 死—폭력적 혁명과 입법적 혁명」, 『동아일보』 1924. 1. 25.

54 「영국 총선거 결과와 국민성」, 『동아일보』 1924. 11. 2.

되지 않았다.[55] 독일 사회주의자들의 제국의회 참여도 계속되어 1890년 선거에는 143만여 표를 얻어 19.7% 득표율을 올렸고, 전체 397명 중 35명 의석을 차지했다.[56] 1890년 비스마르크 사임과 함께 '사회주의자 탄압법'은 폐지되었고, 사회주의 운동은 합법화되었다.

독일 사회주의노동자당은 1891년 에르푸르트 당대회에서 독일 사회민주당으로 개칭했다. 그리고 에르푸르트 강령을 채택했다. 당 강령은 칼 카우츠키가 기초했다. 강령은 종래에 있었던 라살레주의적 요소들을 삭제했고, 대신에 마르크스주의가 유일한 이념으로 제시되어, 사회민주당이 마르크스주의에 토대를 둔 혁명적 사회주의 정당임을 분명히 했다.[57] 그렇지만 베른슈타인이 초안을 맡았던 실천강령은 보통·평등·직접선거권, 지방자치 실현, 언론 결사의 자유, 여성의 평등권, 학교의 탈종교화, 무료 의료, 재산과 소득의 누진세 적용, 8시간 노동제와 소년·야간 노동 금지, 노동법 규제완화 등을 주장했다. 이는 당시 진보적 자유주의자들의 주장과 거의 유사한 것이었다.[58]

실천적 측면에서 이미 독일 사회민주당은 의회주의에 토대를 둔 대중정당으로 변모해가고 있었다. 점점 많은 수의 사회주의자들이 정통 마르크스주의

---

55 박근갑, 『복지국가 만들기—독일 사회민주주의 기원』, 문학과지성사, 2009; 강미현, 『비스마르크 평전—비스마르크, 또 다시 살아나다』, 에코리브리, 2010; 송석윤, 「1870~71년 독일통일과 연방제헌법」, 『법사학연구』 41, 2010; 김장수, 『19세기 독일 통합과 제국의 탄생』, 푸른사상, 2018; 이이다 요스케 지음, 이용빈 옮김, 『비스마르크—독일제국을 구축한 정치외교술』, 한울아카데미, 2022.

56 최영태, 『베른슈타인의 민주적 사회주의론—수정주의 논쟁과 독일 사회민주당』, 전남대출판부, 2007, 31쪽.

57 칼 카우츠키 지음, 서석연 옮김, 『에르푸르트강령』, 범우사, 2003.

58 최영태, 앞의 책, 2007, 27~28쪽.

의 혁명적 주장의 한계를 불평했다.[59] 당의 지도자들은 의회 및 지방정부의 선거와 정치에 참여했을 때 얻게 되는 이점들을 긍정적으로 평가하기 시작했다. 사회민주당의 선전선동의 장으로 의회에 참여한다는 주장은 이론상과 명목상의 주장으로 변화해갔다. 정통 마르크스주의 이론상의 혁명이론과 개혁주의적 실천이 별 마찰 없이 병존했다.

이런 상황 속에서 독일 사회민주당의 중요 지도자인 베른슈타인은 1896년부터 1898년까지 사회민주당의 이론지인 『새시대』에 「사회주의 제 문제」에 대한 연작으로 일련의 글을 발표하면서 기존 정통 마르크스주의에 대한 수정주의적 해석을 공식화했다.[60]

베른슈타인의 수정주의 주장에 대해 사회민주당 내외에서 큰 반향이 일어났다. 베른슈타인의 주장을 모은 저서 『사회주의의 전제』는 1899년 첫 판을 발행한 이후 3년 만에 10판을 발행하였고, 영어, 프랑스어, 독일어 등 각국의 언어로 번역되어 간행되었다. 당내 실용적 지식인과 당료, 노동조합 지도자, 남부 독일 출신의 사회민주주의 지도자들이 지지 세력을 형성했다. 그러자 파르부스와 로자 룩셈부르크 등 사회민주당 내 좌파들이 베른슈타인의 수정주의를 공격했다. 사회민주당의 이론적 지도자 카우츠키도 뒤늦게 공격에 가담해서 정통 마르크스주의를 옹호했다. 사회민주당 베벨 지도부는 베른슈타인 수정주의론 전파에 제동을 걸었다.

1903년 6월 제국의회 선거에서 사회민주당은 301만 여 표, 31.7%의 득표율을 얻었다. 의원수도 81명으로 의석점유율이 20%을 넘겼다. 이제 의회 내 제2

---

59 셰리 버먼 지음, 김유진 옮김, 앞의 책, 62~64쪽.

60 베른슈타인 수정주의 이론의 배경과 전체적인 내용, 수정주의 논쟁에 대해서는 다음 참조. 피터 게이 지음, 김용권 옮김, 『민주사회주의의 딜레마―베른슈타인의 맑스에 대한 도전』, 한울, 1994, 85~276쪽; 최영태, 앞의 책, 81~275쪽.

당이 되었다.[61] 선거 결과에 고무된 베른슈타인은 독일에서 민주적 방식을 통한 사회주의 건설, 의회제를 통한 노동권력 수립 가능성을 더욱 확신했다. 이제 사회민주당이 제국의회와 주의회에서 의석수에 비례해서 지도적 지위를 맡아야 한다고 주장했다.

1903년 드레스덴 당대회에서는 당지도부가 제출한 수정주의 반대 결의안이 압도적 다수로 통과되면서 수정주의 주장에 제동을 걸었다. 그런데 폴마르를 중심으로 베른슈타인과 비슷한 경향을 갖고 있는 많은 당내 개혁주의자들은 수정주의 논쟁에 거의 참여하지 않았다. 그들은 자신들의 실제 정치 활동, 곧 수정주의적이고 개혁주의적인 실천들이 수정주의 논쟁의 여파로 정통 마르크스주의자들로부터 공격받는 것을 두려워했다. 노동조합의 지도자들과 실천주의자들도 수정주의에 동의하면서도, 논쟁이 당의 분열을 초래하는 것을 바라지 않았다. 특히 사회주의탄압법이 없어졌음에도 빌헬름제국 정부의 반사회주의적 태도는 여전했고, 노동자들의 처우는 크게 개선되지 않아 노동자들의 불만은 지속되었다.[62] 민중들에게 여타 자유주의 정당과의 차별성을 보여야 하는 사회민주당의 입장에서는, 이론적이지만 혁명적 강령과 주장이 필요했다. 진보적 자유주의자들의 주장과 큰 차별이 없는 수정주의를 공개적으로 언급하는 것은 중요하지도 효과적이지도 않았다. 수정주의는 구체적인 정치 활동과 실천 속에서 자연히 수행하면 되는 것이었다.

현실적으로도 독일제국 헌법 체제에서는 사회민주당이 제1당이 되더라도 내각을 구성할 수 있는 가능성이 거의 없었다. 1912년 제국의회 선거에서 사회민주당은 자유주의 정당과의 선거동맹과 선거협정을 적극 추진했다. 그 결과

---

61 박근갑, 앞의 책, 2009, 285쪽.
62 최영태, 앞의 책, 259~275쪽.

사회민주당은 425만여 표, 34.87%의 득표율을 얻었다. 의석수도 전체 397석 중 110의석을 얻어 27.7%의 의석점유율로 제1당의 지위에 올랐다. 의회 선거에서 실질적 결과를 보이면서 당내 우파와 수정주의자들의 입장이 강화되었다. 이전까지 수정주의를 비판하던 카우츠키를 비롯한 정통 마르크스 진영도 의회를 통한 집권과 사회이행의 방향으로 기울어지기 시작했다.[63]

그러나 제국주의 전쟁이었던 제1차 세계대전의 지지 여부를 둘러싸고 독일 사회민주당 내 갈등이 심화되었다. 급기야 1916년 사회민주당 지도부에서 전쟁 정책에 반대하는 사람들이 축출되거나 탈당했다. 여기에는 당내 좌파와 중도파뿐만 아니라 베른슈타인 같은 수정주의자들도 포함되어 있었다. 이들은 1917년 4월 독립사회민주당을 결성했다. 1918년 11월 독일혁명이 일어나면서 사회민주당과 독립사회민주당은 '인민대표자회의'로 명명된 임시정부를 구성했다. 임시정부는 전후의 혼란을 수습하고 신생 공화국의 기초를 다지는 성과를 냈지만, 사회 전반의 반민주 세력 청산과 일부 산업의 사회화 조치를 수행하지 못했다. 그런 가운데 사회민주당과 독립사회민주당의 갈등과 대립은 심화되었고, 임시정부를 구성한 지 두 달도 되지 못한 1918년 12월, 독립사회민주당은 임시정부를 탈퇴했다. 이로써 사회주의자들의 혁명 추진 동력은 약화되었다. 임시정부의 주축이었던 사회민주당은 1919년 1월 스파르타쿠스단의 봉기를 무력으로 진압했다.

1920년 7월 코민테른 제2회 대회 참여 문제로 독립사회민주당은 분열한다. 코민테른에 대한 복종과 카우츠키 등의 배제라는 코민테른이 요구한 가입 조건이 문제였다. 이에 찬성하는 독립사회민주당 내 좌파가 분리하여 12월 독일공산당으로 옮겨갔다. 좌파가 사라지자 독립사회민주당과 독일 사회민주당의

---

63 최영태, 「카우츠키주의와 독일 사회민주당」, 『전남사학』 11, 호남사학회, 1997, 540~547쪽.

재통합이 추진되었다. 1922년 9월 독립사회민주당 다수파와 사회민주당이 통합되었다.

1922년에는 에르푸르트 강령 이후 변화된 정세를 반영하여 독일 사회민주당의 괴를리쯔 강령이 발표되었다. 베른슈타인이 그 초안 작성에 주도적 역할을 담당했다. 그리고 사회민주당과 독립사회민주당이 통합하면서 통합 사회민주당의 강령인 하이델베르크 강령이 1925년 발표되는데, 이번에는 카우츠키가 주도적 역할을 담당했다.[64] 카우츠키가 주도했음에도 강령의 내용은 종래 수정주의, 사회민주주의 주장에 접근해 있었다. 이렇게 카우츠키는 정통 마르크스주의의 대표자에서 수정주의에 접근한 사회민주주의자가 되었다.

3. 국가의 역할과 사회주의로의 이행에 대한 인식 비교

1) 국가의 성격과 역할에 대한 인식

이 절에서는 페이비언주의와 영국노동당, 베른슈타인과 독일 사민당의 수정주의, 카우츠키로 대표되는 정통파 또는 중도파 마르크스주의의 이념과 주장을 국가의 역할과 사회주의로의 이행에 대한 인식을 중심으로 비교사적으로 살펴보고, 이를 다시 물산장려운동 논쟁의 한 축이었던 나경석의 주장과 비교해 살펴보도록 하겠다.

먼저 국가의 성격과 역할에 대한 인식이다. 공산당선언에서는 "정치권력이란 본질적인 의미에서 다른 계급의 억압을 위한 한 계급의 조직화된 권력"이라 하였고, 엥겔스는 "사회주의 사회의 도래와 함께 국가는 소멸"될 것이라 했

---

64 최영태, 앞의 책, 288~297쪽.

다.

이에 반해 페이비언과 영국노동당의 주요 인물들은 국가를 필요선으로 간주했다. 개인은 고립된 단위가 아니며 사회는 상호의존적인 단위들이 살아가는 유기체로서 국가는 사회가 그 의지를 표현하는 기관이고, 국가는 사회 발달에 필수 불가결한 요소로 간주했다. 때문에 역사적 국가란 본래적인 계급 편향성을 지닌 것은 아니며, 오히려 활용하기에 따라서는 얼마든지 유익하고 자비로운, 근본적으로 중립적인 도구가 될 수 있다고 보았다. 국가가 중립적인 위치에서 사회 전체의 조화와 균형을 달성하고 유지시켜주는 역할을 하게 될 것으로 판단했다.[65]

그들은 국가기구가 '계급 압제의 도구'로 사용될 수 있고, 현실적으로 수많은 국가들이 "잔혹한 무력을 사용하여 빈자를 착취하고 노예화하는 거대한 기계"되고 있다고 보았다. 그렇지만 그들은 그 유일한 이유가 국가가 충분히 민주적이지 못하기 때문이라고 파악했다. 그러므로 정치적 민주주의가 진행될수록 모든 국가기구는 사회의 보편적 복지를 위해 활용될 수 있다고 보았다.[66]

이런 점에서 버나드 쇼의 주장처럼 "페이비언협회가 주창하는 사회주의는 오로지 국가사회주의(State Socialism)"였다.[67] 이렇게 국가의 역할을 중요시하기 때문에, 그들은 결정적인 것은 경제적 토대가 아니라 제도적 상부구조이고 이를 위한 민주주의 실현이라고 주장했다. 시드니 웹은 "정치행정에서의 민주주의가 지배적인 원칙인 한 그것의 경제적인 대응인 사회주의의 도래는 자명한 일이며, 프롤레타리아의 정치력이 증가하는 만큼 그것은 그들을 경제적 사회적

---

65 최영태, 앞의 글, 2000, 167쪽; 김명환, 앞의 책, 2008, 46~48쪽.

66 조지 버나드 쇼 외, 고세훈 옮김, 앞의 책, 18쪽.

67 George Bernard Shaw, "Report on Fabian Policy", *Fabiab Tract* No. 70, 1896, p. 5.

으로 보호하는 데 사용"될 것이라고 주장했다.[68] 이런 인식에 따라 그들은 의회와 지방자치정부 선거에 적극 참여했고, 국가와 지방자치정부기구를 장악해서 민주주의를 실현하고자 했다.

독일의 베른슈타인도 고도로 발달한 형태의 국가에서는 마르크스의 국가론이 적용될 수 없다고 보았다. 사회가 거대화 복잡화된 상태에서 인간은 국가로부터 벗어나 살 수 없으며, 국가의 역기능에 대한 해결은 민주주의와 자치의 신장 등과 같은 개선을 통해 해결해야 한다고 했다.[69]

카우츠키는 초기에는 모든 국가들이 지배적인 경제 계급에 유리하게 통치하는 계급 국가이며 계급 지배의 수단이라는 마르크스의 주장을 계승했다. 그는 1892년 출간한 독일 사회민주당 에크푸르트 강령 해설서에서 "근대 국가는 근본적으로 자본주의적 생산방법의 산물이며, 도구에 지나지 않는다"라면서, "일체의 국가와 마찬가지로 근대 국가도 역시 계급 지배의 도구"라고 규정했다. 그렇지만 그는 자본주의가 발전하면서 "자본주의적 생산방법에서 국가에 부과되는 여러 기능이 갈수록 증대"하여 "국가로 하여금 일부분은 자기 보존를 위해, 일부분은 그 기능을 보다 잘 수행하기 위해, 또 일부분은 그 수입을 증가시키기 위해 경영을 점점 그 수중에 결합시키기에" 이르게 되었다고 파악했다.[70] 때문에 근대 국가는 사회 전반, 정치 전반의 이익을 꾀하는 기능을 떠맡게 되었다. 물론 이때도 자본가 계급의 이익과 지위를 해치지는 않으며, 국가가 자본가가 요구하는 이익을 넘어서까지 산업을 국유화하지도 않으며, 앞으로도 그런 일을 없을 것이라고 했다. 그러므로 "국가는 프롤레타리아트, 즉 노동

---

68   조지 버나드 쇼 외, 고세훈 옮김, 앞의 책, 18쪽.

69   최영태, 앞의 글, 2000, 168쪽.

70   칼 카우츠키 지음, 서석연 옮김, 앞의 책, 158~82쪽.

자계급이 지배계급이 될 때, 자본가 계급의 도구임을 중지할 것이며, 그때서야 비로소 국가는 협동적 사회주의 조직으로 전환할 수 있게 될 것"이라고 전망했다. 그리고 "이러한 사실을 인식함으로써, 사회민주당이 국가에 대해여 설정했던 목표가 탄생한다"면서 "노동계급이 정치권력을 끝까지 장악하고, 그 힘으로 노동계급이 국가를 자급자족의 협동적인 공동체 조직으로 전환시킬 수 있을 것"이라고 파악했다.[71] 이렇게 되면서 카우츠키에게 국가는 사멸하고 폐지될 조직이 아니라, 노동계급이 정치권력을 장악해서 협동적 사회주의 조직으로 활용하고 변모시킬 대상이 되었다.

후기에 이르러 카우츠키의 국가에 대한 인식은 더욱 변화했다. 1917년 러시아혁명을 통해 소비에트 국가가 수립되었고, 1918년 11월 독일혁명이 일어나면서 독일 사회민주당과 독립사회민주당이 인민대표자회의 임시정부를 구성했다. 이런 상황을 지켜보면서 사회주의 국가에 대한 카우츠키의 생각은 보다 구체화되었고 현실화되었다. 그는 국가기구의 파괴에 대한 마르크스의 주장은 모든 국가에 적용되지 않고 군사적 군주제에만 적용되는 것이며, 노동계급이 거부할 국가는 모든 국가가 아닌 관료적 군사적 국가기구에 한정된다고 파악했다. 이렇게 국가소멸론을 사실상 포기하고, 카우츠키가 제시한 노동계급이 수립해야 할 국가 형태는 민주공화국 체제였다. 그는 "오직 사회주의가 실현될 수 있는 확실한 국가 형태는 공화국이며, 더욱이 통례적 의미로 민주공화국"이라면서, 1917년 러시아혁명과 1918년 독일혁명 과정에서도 민주공화국체제를 옹호했다.[72]

---

71 Karl Kautsky, *The Class Struggle(Erfurt Program)*, trans William E. Bohn. Askew, Charles H. Kerr & Co, 1910, pp. 110~111; 칼 카우츠키 지음, 이상돈 옮김, 『사회민주주의의 기초』, 백의, 1991, 82쪽.

72 최영태, 「K. 카우츠키의 정치사상」, 『전남사학』 9, 1995, 265~266쪽.

물산장려운동의 논쟁 과정에서 나경석은 "국가라는 것은 계급투쟁의 알력으로부터 출래한 산물인 까닭에 그 정권의 행사는 매양 피압박 계급에게 불리하고 자산 계급의 이익을 보장함이 그 존재의 의의가 되는 것이라"하여 종래 마르크스주의 국가관을 계승하고 있음을 보여주었다. "그러나 일 국가가 타 국가를 정복하였을 때에 그 관계를 지속하는 동안에는 일종 변태의 주예(主隸) 관계가 생하는 것을 우리가 실례에 의하여 확증을 거할 수 있다"하여[73] 제국주의와 식민지 관계에서는 그 양상이 달라질 수 있다는 주장을 했다. 그의 국가에 대한 인식은 단편적이라 확증할 수는 없다.

2) 사회주의로의 이행과 단계, 과정에 대한 인식

페이비언들은 자본주의 경제체제의 모순을 해결하기 위해 생산수단의 사회화를 지지했다. 시드니 웹은 "개혁의 핵심 원칙은 생산수단의 사적 소유권을 집산적 소유와 통제로 대체하는 것"이라 했다.[74] 또한 궁극적으로 페이비언협회의 목적은 "토지와 산업자본을 개인과 계급 소유로부터 해방하여 보편적 이익을 위한 공동체 소유로 전환시킴으로써 사회를 재조직하는 것"이었다.[75] 페이비언주의에서 사회주의 경제를 이끌어가는 주체는 국가와 자치시와 협동조합이었다. 시드니 웹은 페이비언들이 19세기 말에 이르러 "고도로 조직되고 인구 밀도가 높은 모든 공동체에는 그때까지 일반적으로 상정되었던 국가사회주의(State Socialism)와 대비되는 지방정부 사회주의(Municipal Socialism)가 떠안을 수밖에 없는 방대한 영역이 있다는 것과 사회주의 국가에서는 민주적으로 조직되

---

73 나공민,「물산장려와 사회문제」(4),『동아일보』1923. 2. 27.

74 Sydney Webb, "Socialism : True and False", *Fabiah Tract* No. 51, 1894, p. 6.

75 조지 버나드 쇼 외, 고세훈 옮김, 앞의 책, 16쪽.

1장 1920년대 전반 물산장려운동에 나타난 '국내 상해파'의 사회운동론 81

고 실질적으로 자율적인 다양한 지역 관리 조직들이 중요한 역할을 담당해야 한다"는 것을[76] 깨달았다고 한다.

그들은 한 사회의 산업 중 우편업무, 철도, 운하, 석탄과 석유 공급, 은행과 보험, 금속 제련, 여객 수송 등 전국적 통제와 관리가 필요한 부분은 국가가 관리하고, 가정의 소비를 위한 무수한 상품들의 제공은 소비자 협동조합이 담당하며, 나머지 두 종류 사이에 위치하는 공공 서비스의 거대한 영역, 즉 수도, 가스, 전기, 전차, 교통수단과 도로, 주택, 각종 서비스 시설, 병원과 의료기관, 구호, 교육기관 등의 대부분은 자치시가 담당해야 한다고 보았다. 이러한 페이비언들의 인식은 소비자 측면에서 산업을 재조직하는 것으로 협동조합과 자치시, 그리고 소비자 조직으로서의 국가에 주목하여, 그것들의 사회주의적 의미를 부각시키고 성숙시키는 작업을 통해 사회주의로의 이행이 이루어질 것으로 본 것이었다.[77] 곧 그들은 혁명적 방식이 아닌 점진적 개혁을 통한 사회변화를 주장했다. 이와 관련하여 그들은 러시아 전시공산주의 경제 체제를 비판하고, 점진적 사회경제 변화를 추구한 소련 신경제 정책(NEP)을 지지했다.[78]

베른슈타인 역시 진정한 민주주의 사회는 자본주의 사회에서 특권을 향유하고 있는 소수의 자본가 계급들이 타도되고, 모두에게 동등한 정치적 경제적 평등을 부여한 사회라는 데 동의한다. 이를 위해서 그는 정치적 평등인 법 앞의 평등에서 더 나아가 경제적 평등을 위한 생산수단의 사회화가 필요하다고 주장했다. 그러나 그는 그 시행에서 범위와 속도에 신중을 기할 것을 주장했다. 곧 생산수단의 사회화는 능률을 바탕으로 한 것이어야 하는데, 이는 사회

---

76 조지 버나드 쇼 외, 고세훈 옮김, 앞의 책, 55쪽.

77 김명환, 앞의 책, 2006, 100~102쪽.

78 조지 버나드 쇼 외, 고세훈 옮김, 앞의 책, 400~401쪽.

주의가 목표하는 사회가 단순한 평등사회가 아닌, 만인이 보다 높은 복지를 달성한 사회이기 때문이라는 것이었다.[79] 그리고 이는 쉽게, 단시간에 얻어질 수 있는 것이 아니라 장기간의 과정을 통해서만 이루어질 수 있는 것으로 파악했다. 그는 경제의 생산과 분배의 관계에서 분배를 우선시했다. 그럼에도 사회전체의 최고 생산력 문제가 사회주의적 발전의 결정적 동인이 된다는 점에서 양자 간의 관계에서 분배의 문제는 종속적이라고 파악했다. 그는 사회주의 경제에서 생산력 증대의 중요성을 대단히 강조했다. 이 때문에 그는 성급한 사회화를 경고하면서 사유 기업의 즉각적인 사회화와 산업 및 토지의 몰수는 경제 활동의 마비 및 실업을 야기할 것이라 주장했다.[80]

카우츠키는 자본주의의 필연적 붕괴론을 신뢰하였고, 결정론적인 역사관을 가지고 있었다. 그럼에도 일찍부터 생산수단의 사적 소유를 철폐하는 사회혁명이 저절로 이루어지거나, 사람의 고군분투 없이 이루어질 것으로 보지는 않았다. 그는 "혁명은 그것이 일어나는 상황에 따라 다양한 형태를 띤다. 혁명 과정에서 폭력과 유혈의 동반이 필수적인 것은 결코 아니다"라면서, "사회혁명은 한 번에 결정될 필요도 없으며, 그러한 경우는 아마도 결코 없을 것이다. 혁명은 수 년 또는 수십 년의 정치적, 경제적 투쟁을 통해서 준비되는 것"이라고 주장했다.[81] 곧 그는 사회주의 이행이 일거에 이루어지는 것이 아니라 상당 기간의 준비와 투쟁이 동반되어야 한다는 점을 이미 1891년에 주장하고 있었다.

---

79 최영태, 앞의 책, 142~143쪽.

80 최영태, 앞의 글, 2000, 183~184쪽.

81 Karl Kautsky, *The Class Struggle(Erfurt Program)*, trans William E. Bohn. Askew, Charles H. Kerr & Co, 1910, pp. 90~91.

카우츠키는 1905~1906년 독일에서 일어난 대중 스트라이크를 둘러싼 전술논쟁에서도 대중파업을 혁명적 무기로 사용하자는 로자 룩셈브르크(Rosa Luxemburg)의 주장에 동의하지 않았다. 대중파업 전술은 노동자들의 정치적 권리와 선거권을 지키고 확대하는 방어적 수단으로 한정했다. 1912년 독일 제국 의회 선거에서 당내 수정주의자들은 사회민주당과 부르주아 급진 정당인 진보인민당의 선거동맹을 주장했다. 수정주의자들은 자유주의 세력과의 동맹을 통해 의회 권력을 장악하고, 의회를 통해 사회주의를 건설한다는 전망을 제시했다. 사회민주당 내 급진파들은 이 전술을 강력하게 반대했지만, 카우츠키는 수정주의자들의 선거동맹론을 지지했다.[82]

카우츠키는 혁명을 정치혁명과 사회혁명으로 구분했다. 그는 "사회혁명이란 새로운 생산양식을 건설함으로써 사회 전체의 구조물이 근본적으로 변화하는 것을 가리킨다. 그것은 오래 걸리는 일로 수십 년 동안 지속될 수 있으며, 언제 끝날지 시한을 못 박을 수 없는 일이다. 만일 그것이 수행되는 형태가 평화적인 것이라면 그 기간은 더욱 길어질 것"이라고 주장했다. 곧 카우츠키는 베른슈타인과는 다른 맥락에서이지만 사회주의로의 이행에 있어 장기성과 지속성을 강조했다. 그는 사회혁명은 대개 정치혁명을 통해 도입되는데, 정치혁명은 "지금까지 국가권력에서 배제되어 있던 계급이 정부기구를 장악"하는 일로서 "매우 급속하게 수행되어 금방 결말에 도달할 수 있는 돌발적인 행동"이라고 파악했다. 그리고 정치혁명의 형태는 "그것이 이루어지는 국가의 형태에 따라 결정된다. 그 국가에서 민주주의가 형식적으로만이 아니라 실질적으로도 노동대중의 세력에 근거해서 정착되어 있으면 있을수록 정치혁명은 평화적으로 이루어질 가능성이 더욱 커진다. 반면 기존의 지배 체제가 인구의 다수

---

82 최영태, 앞의 글, 1995, 255~258쪽.

에게서 지지를 받지 못하고 단지 군사적인 권력수단을 통해 권력을 장악하고 있는 소수파를 대표하는 것일수록 정치혁명은 내전의 형태를 띨 가능성이 더욱 커진다"라고 주장했다.[83]

카우츠키는 러시아의 경우는 첫 단계 정치혁명의 단계에 적합한 조건에 있으며, 사회주의혁명의 단계는 아니라고 보았다. 왜냐하면 근대적 생산력이 불충분하게 발달된 곳에서는 사회주의의 도입이 불가능할 것으로 보았기 때문이다. 기술적 장애뿐만 아니라, 또한 그러한 곳에서는 프롤레타리아가 너무 약해 경제·사회를 이끌어갈 수 없다고 보았다. 이 때문에 그는 러시아의 10월 볼셰비키 혁명에 대해 비판적이었다. 러시아가 사회주의 국가가 되기까지는 정치적 경제적으로 긴 발달의 기간을 필요로 하며, 그러한 관점에서 당시는 아직 사회주의혁명의 단계가 아니라고 생각했다. 볼셰비키들이 사회주의혁명이 일어날 객관적 조건이 갖추어지지 않은 상태에서 오로지 의지에 의하여 사회주의 혁명 단계를 추진하려 하는데, 이는 필연적으로 위기와 사회혼란을 초래할 수밖에 없다고 생각했다.[84]

나경석은 "유물사관에 관한 마르크스의 유명한 공식 중 그 4절을 인용하면, '가령 현사회의 경제조직은 모든 생산력이 그 조직 내에서 더 발전할 여지가 있을 때에는, 거개(擧皆) 발전한 후가 아니면 결코 전복되지 않는 것이요, 또 혁신이 고도한 생산관계는 그것의 물질적 조건이 구사회의 태내에서 배태되기 전에는 결코 발현되는 것이 아니다"라고[85] 하여 사회이행에서 물질적 조건을 중시했다. 곧 생산력이 발전할 만큼 발전한 연후에야 생산관계의 전복과 변

---

83 카를 카우츠키 지음, 강신준 옮김, 『프롤레타리아독재』, 한길사, 2006, 97쪽.

84 최영태, 앞의 글, 1995, 258~259쪽.

85 나공민, 「물산장려와 사회문제」 (4), 『동아일보』 1923. 2. 27.

화가 이루어진다는 것이다. 그는 "산업이 발달되어 생산관계와 생산력이 충돌되는 사회에서는 혁명 시기에 입(入)하여", "시간이 갈수록 그 혁명이 난숙하여 기회 있는 대로 그 제도의 외피를 탈할 수 있는 것"으로[86] 보았다. 생산력이 발전해서 생산관계와 충돌할 정도가 되어야 혁명 시기에 들어간다는 것이다. 그는 "산업이 어느 정도까지 발전하여 빈부의 양 계급이 서로 이해 상반한 처지에 거하여 도회에서 대치하게 되어야 신경이 영민한 도시노동자가 혁명의 도화선을 작하여 농촌에 전달할 것이니, 이 순서와 계단을 무시하면 이는 공상적 사회주의라 지칭할 수밖에 없다"고 주장했다.[87] 산업이 일정하게 발전해서 자본가와 노동자의 분리와 대립이 분명해져야 도시노동자가 혁명의 도화선이 될 것이고, 그 후에야 농촌으로 혁명의 불길을 퍼트릴 수 있다는 것이다.

또한 그는 "사회혁명 즉 경제 조직을 공산 제도로 변혁함에는 아무리 무산자가 감정상으로 자기의 목전에서 발전되는 자본주의적 생산을 증오하여도, 차는 불가피하는 과정이 되어 있다는 차 원리를 백 번 다시 해석하여도 그 이상은 더할 수 없다. 그러면 '생산력이 충분히 발달하지 못한 사회는 혁명도 하지 못하고 무산자는 한정이 없이 굴복하라' 함인가 하여 노호한다면, 이는 곳 사회혁명이란 것과 정치혁명이란 양개 혁명을 혼동하였다 단언할 수 있다", 그러므로 "생산력이 충분히 발달되지 못한 사회에는 사회혁명을 장래의 목표로 삼은 정치혁명은 일어날 수 있어도, 사회혁명은 즉석에 출현되지 못한다"고[88] 주장했다. 곧 부르주아민주주의혁명 단계의 민주적 과제를 수행하는 정치혁명은 자본주의적 생산력과 생산관계가 발전하지 않아도 지금 당장 일어날 수

86   나공민, 「사회문제와 물산장려」 (4), 『동아일보』 1923. 4. 29.
87   나공민, 「물산장려와 사회문제」 (4), 『동아일보』 1923. 2. 27.
88   나공민, 「사회문제와 물산장려」 (4), 『동아일보』 1923. 4. 29.

있고 추진할 수 있다. 그렇지만 사회주의를 목표로 하는 사회혁명은 자본주의적 생산의 발전을 전제로 하기 때문에 그런 기반 없이는 불가능하다는 것이다.

나경석은 러시아혁명에 대해서 "러시아가 대혁명을 완성하고도 기근과 궁핍에 대중을 일천오백만 명이나 희생되게 한 것은 구사회의 생산력이 충분히 발전되지 못한 까닭이 아닌가", "러시아는 생산력이 여지없이 발전하기 전에 정치적 강압의 반동이 공전한 대전(大戰)의 호기를 승하여 승리를 득한 결과이다", "러시아의 실제 현상을 과학적 사회주의의 학리에 의하여 분해하면 정치적 혁명으로 좇아 경제적 조직을 변혁하게 된 때문에 구사회의 미숙한 생산력의 결함이 신경제 제도를 완성하는 날까지 그 고통을 면하지 못한다 하겠다"고 파악했다.[89] 그는 러시아 볼셰비키혁명에 대해 부정적으로 평가한다. 러시아혁명이 구 사회의 생산력이 충분히 발전되지 못한 가운데 사회주의혁명을 추진했기 때문에 기근과 궁핍으로 수많은 사람들이 희생당했다는 것이다. 볼셰비키가 승리한 것은 제1차 세계대전이라는 호기를 이용하여 승리한 것이고, 그럼에도 러시아의 생산력과 사회경제적 발전이 미약하고 결함이 있었기 때문에 사회주의 경제를 건설하는 것은 그 고통에 처했다는 것이다. 러시아가 신경제 정책을 취하는 것은 그 때문이고, 신경제 정책을 완성할 때야 그 어려움을 벗어날 것으로 보았다.

결론적으로 그는 "러시아의 혁명은 사회혁명이 아니고 정치혁명이기 때문에 완전한 공산 제도가 실시되지 못하고 소위 국가자본주의하에서 산업을 집중하여 구사회에서 발전되지 못하였던 생산력을 확충하기 위해 노력하는 중이요, 그것이 완성되는 날 국가라는 외피를 탈각할 것이 그들의 이상이다. 그런즉 생산력이 발달되지 못한 나라에서는 사회혁명은 되지 못하고 정치혁명

---

89 나공민, 「물산장려와 사회문제」 (5), 『동아일보』 1923. 2. 28.

은 할 수 있다 함이 된다"고 주장했다.[90] 곧 러시아혁명은 사회혁명이 아닌 정치혁명이었고, 국가자본주의적 정책인 신경제 정책을 통해 생산력 확충을 이루는 중이라는 것이다. 그리고 러시아혁명을 보면 생산력이 발전되지 못한 나라들, 곧 식민지 조선에서도 사회혁명은 안 되지만 정치혁명은 할 수 있다고 주장한다.

이상의 나경석의 주장을 보면, 비록 조악한 수준에서 표현이 이루어지지만 카우츠키의 주장과 상당히 유사한 논리 구조를 가지고 있다. 사회주의혁명은 경제적 조건, 객관적 조건이 수반되어야 한다는 인식이나, 혁명을 정치혁명과 사회혁명의 2단계로 구분하여 각기 구별하여 파악했다는 점, 러시아혁명에 대한 유보적 인식 등에서 나경석이 상당부분 카우츠키의 주장을 차용했음을 알 수 있다.

또한 사회주의 경제에서 생산력 증대의 중요성을 대단히 강조했다는 점에서는 베른슈타인의 영향도 엿보인다. 그는 "현대 경제 조직하에서는 환언하면 무산계급이 생산관계의 주관자가 되기 전에는 자본가와 기술자의 기(幾) 없이, 없고는 생산력을 증가하려 하여도 하지 못하게 되어 있다. 그런고로 무산계급은 차에 대하여 대치적 관계와 객관적 지위에 처하여 아무리 차를 증오하더라도 실제는 실제대로 통행할 뿐이니, 무산계급은 그때의 자 계급의 실력과 처지와 형편을 참고하여 즉석에 혁명의 자료를 구할 수 있고, 차를 여하히 이용할까 사량(思量)할 경우도 있는 것이다. 무산계급이 아무 준비도 없고 아무 실력도 없이 테러리스트와 같이 악감만 정점에 달하면 혁명이 되는 것이 아니다. 이것은 오히려 사회혁명에 대하여 아무 성의와 신념이 없는 태도가 아니 될까"[91]라

---

90 나공민, 「사회문제와 물산장려」 (4), 『동아일보』 1923. 4. 29.
91 나공민, 「사회문제와 물산장려―주용건 군 기타 諸氏 씨에 대답하기 위하야」 (3), 『동아일보』

고 주장했다. 곧 현대 경제 조직을 이끌고 가는 것은 자본가와 기술자이니, 이들 없이는 생산력을 증가할 수 없다는 것이다. 때문에 무산계급이 이들을 증오하더라도 현재의 발전 단계를 생각해 이들에 대한 적대를 잠시 유보해야 한다는 것이다. 자본가와 기술자에 대한 즉각적 투쟁은 테러리스트의 무책임한 행동이고, 사회주의혁명에 대한 제대로의 신념과 성의가 없는 태도라고 보았다. 그는 무산계급의 선부른 혁명 주장을 경계했다. 이러한 그의 주장은 베른슈타인의 '사유 기업의 즉각적인 사회화와 산업 및 토지의 몰수'에 대한 경고와도 맞닿아 있는 것이라 하겠다.

4. 민주주의 인식의 비교 및 단계론적 인식

1) 자유와 민주주의에 대한 인식

중산계급 출신 지식인이었던 페이비언들은 그들의 사상을 특정 계급의 이데올로기로 제한시키려 하지 않았다. 그들은 자본주의가 다수의 가난한 대중들을 양산하고 있다는 점을 인정하면서도 이것을 계급적 관점에서 보지 않았으며, 아예 계급 문제를 그들의 관심 대상으로 삼으려 하지 않았다. 그들은 노동조합을 상대적으로 경시하였고, 엘리트주의에 근거해 있었다. 기본적으로 페이비언들은 산업사회를 자본가와 노동자계급 간의 투쟁으로 보기보다는 생산자와 소비자라는 두 지위 간의 이해 갈등으로 파악하고자 했다.

그들은 사회주의를 '산업민주주의', '경제적 민주주의', '산업공화국' 등과 동의어로 사용하였으며, 사회주의는 민주주의가 산업의 영역으로 확대된 것

1923. 4. 28.

으로 보았다. 때문에 산업의 소유와 통제에 중점적인 관심을 가졌으며, 경제적 민주주의를 우선시했다. 웹 부부는 자유를 "천부적 혹은 불가양도의 권리를 의미하는 것이 아니라 인간에게서 능력을 가능한 한 최고도로 발달시키기 위한 공동체 내에서의 존재 조건"이라고[92] 규정하여, 기존 자유주의에서의 자유 개념과 달리 이해했다.

베른슈타인의 자유관은 마르크스주의의 기본적 원칙을 포기하면서 형성된 것은 아니었다. 그는 전통적 자유주의적 견해를 대폭 수용하였지만, 그것은 어디까지나 자유의 문제에 대한 사회주의 이론의 부정적 요소를 시정하는 과정이었다. 그는 계급투쟁의 중요성 및 필요성을 부정하지 않았으며, 노동계급의 정당으로서 사회민주당의 성격에 대해서도 의문을 제기하지 않았다. 그는 자신이 근대 사회에서 계급투쟁이 점점 첨예화되어간다는 상투적인 개념에만 이의를 제기했을 뿐이라고 주장한다.[93] 그는 노동계급이 사회주의 사상의 구현자이며, 사회주의 운동의 중심 세력이자 혁명적 세력이라는 전제를 놓지 않았다. 또한 수정주의 논쟁 이후에도 민주주의란 계급 지배의 폐지를 의미하는데, 이 과제를 완수하는 중심 세력은 여전히 프롤레타리아 계급이라고 주장했다.

그럼에도 베른슈타인은 독일에서 민주주의를 달성하기 위해서는 자유주의자들과 동맹을 맺어야 하고, 사회주의자들이 정권을 잡은 후에도 다른 정당을 인정하면서, 이들과 선의의 경쟁을 하면서 민주적으로 통치해야 한다고 주장했다. 그는 "민주주의는 수단이면서 동시에 목표"라면서 프롤레타리아독재론을 비판했다. 그는 민주주의 제도의 특징을 이야기할 때면 항상 자유와 연관시켜 설명하였고, 기본적인 자유를 포함한 자유의 신장과 양립될 때에만 진정

---

92 Sydney and Beatrice Webb, *History of Trade Unionism*, Longmans Green and Co, 1920, p. 757.

93 최영태, 앞의 책, 180~186쪽.

한 "민주주의는 모두의 최고도의 자유를 의미한다"고 했다. 이는 물질적 분배 외에 노동시간의 단축과 여가시간의 확대로 이어졌다. 그런 측면에서 베른슈타인의 이념을 '자유주의적 사회주의'로 규정하기도 한다. 베른슈타인은 국가와 자치시, 협동조합과 함께 경제주체로서 노동조합의 역할을 중시하였고, 노동자들이 자본의 절대주의를 타파하고 산업 경영에 직접적인 영향력을 행사할 수 있도록 하는 민주주의적 요소로서 노동조합을 이해했다.[94]

카우츠키는 독일 사민당의 수정주의 논쟁 중에서는 수정주의를 비판하면서 정통 마르크스주의를 옹호하는 데 앞장섰다.[95] 그는 "프롤레타리아트는 의식적으로 계급투쟁을 하는 독립된 정당으로 조직되어야 하며, 그러고 나서 자본주의적 생산수단에 대한 사적 소유를 폐지하고, 자본주의적 사적 생산을 폐지하는 것이 그 목적이 되어야 한다. 당은 민주적 사회주의 개혁에 한정된 당이 될 수 없으며, 사회혁명의 당이 되어야 한다"고 주장했다. 그는 계급투쟁을 지지했으며, 혁명을 통한 사회변혁을 주장했다. "우리가 추구하는 사회적 혁명은 정치적 혁명에 의해서만 달성될 수 있으며, 투쟁적인 프롤레타리아트에 의한 정치권력의 장악에 의해서만 달성될 수 있다"라고 주장했다.[96]

그럼에도 불구하고 카우츠키는 의회제에 대해 초기부터 긍정적인 인식을 보이고 있었다. 그는 "대자본가는 통치자와 입법자들에게 직접적으로 영향력을 행사할 수 있다. 그러나 노동자들은 의회 활동을 통해서만 그렇게 할 수 있다. 정부가 명목상 공화정인지 여부는 중요하지 않다"고 하면서, "모든 의회제

---

94 최영태, 앞의 글, 2000, 176~179쪽. 182쪽.

95 정통 마르크스주의자로서 카우츠키의 이념과 혁명론에 대해서는 다음 참조. 송병헌, 「사회주의 개념에 관한 연구—베른슈타인과 레닌을 중심으로」, 서강대 정외과 박사학위논문, 1998, 95~136쪽; 송병헌, 「카우츠키주의적 맑스주의의 성격과 본질」, 『역사연구』 10, 2002.

96 최영태, 앞의 글, 1995, 253~255쪽.

국가에서 세금을 부여하는 권한은 입법기관에 있다. 그러므로 노동계급은 의회에 대표를 선출해 보냄으로써 정부 권력에 영향력을 행사할 수 있다"고 주장했다. 그는 "프롤레타리아는 의회 활동과 관련해서 더 유리한 위치에 있다"면서, "프롤레타리아가 자기 계급의식을 갖고 의회 활동에 참여함으로써 의회주의는 성격이 변화하기 시작한다. 더 이상 의회는 부르주아지의 손에 있는 단순한 도구가 아니다"라고 판단했다. 때문에 "프롤레타리아는 의회의 행동을 불신할 이유가 없으며, 도리어 다른 정부 부문과 관련하여 의회의 권한을 강화하고 의회의 대표성을 최대한 증대하기 위하여 전심전력을 기울일 충분한 이유가 있다"고 하면서, 이를 위해서는 "언론·출판의 자유과 결사 조직의 자유, 그 외에도 보통선거권이 프롤레타리아의 건전한 발전을 위해 필수적인 조건으로 간주되어야 한다"고 주장했다.[97]

카우츠키는 대중파업과 시위전술을 둘러싸고 로자 룩셈부르크 등 당내 급진파와 대립하면서 1910년 이후 중도주의 노선으로 선회했다. 독일 제국의회에서 독일 사회민주당의 급격한 성장은 변화의 계기였다. 카우츠키는 의회 제도를 근대 국가의 필수불가결한 정치 제도로 파악했다. 그가 부정한 것은 부르주아 계급에 의해 지배된 의회였다. 이런 의회 제도에 대한 긍정적 평가는 1918년 독일혁명 이후 노동자 농민들이 자발적으로 조직한 인민대표자회의에 대한 인식에서 보다 명확히 드러난다. 그는 인민대표자회의가 옛 질서를 무너뜨리는 대중투쟁의 효과적 수단이자 국가통제와 반혁명 세력의 공격을 방어하는 데 프롤레타리아에게 불가결한 수단으로 중요하다고 주장했다. 그럼에도 불구하고 이 기구가 국가권력을 대신할 수는 없으며, 의회가 국가권력으로서

---

97 Karl Kautsky, *The Class Struggle(Erfurt Program)*, trans William E. Bohn. Askew, Charles H. Kerr & Co, 1910, pp. 186~188.

의 기능을 수행하는 데 보완적 역할을 담당해야 한다고 생각했다.[98]

카우츠키는 정통 마르크스주의자 시절에도 "노동계급이 자신의 경제적 지위를 개선하기 위해 노력할 때마다 정치적 요구, 특히 언론의 자유와 집회의 권리를 요구했다. 이런 권리는 프롤레타리아에게 삶의 전제조건이며, 노동운동의 빛과 공기이다. 이를 부정하려는 사람은 그의 주장이 무엇이든 관계없이 노동계급의 가장 나쁜 적으로 간주되어야 한다"라며,[99] 민주주의적 제반 자유의 중요성을 인정하고는 있었다. 그렇지만 에르푸르트 강령 해설서 중 '사회주의와 자유'를 설명하는 부분에서는 민주주의적 자유보다 자본주의 사회 노동의 물신성과 기계노동의 비지성적 성격만을 지적하며, 사회주의 승리에 의한 노동시간의 단축, 지식 탐구를 위한 충분한 여가 시간 제공만을 언급했을 뿐이다.[100]

자유에 대한 카우츠키의 이러한 모호함은 독일 사민당이 독일 제국의회에서 성장하고 더불어 민주주의와 그 절차에 대한 관심이 높아지면서 민주주의와 자유에 대한 보다 명확한 입장으로 바뀌었다. 그는 사회주의와 민주주의를 프롤레타리아 계급에게 동일한 가치를 가진 것으로 바라보기 시작했다. 그는 "민주주의가 결여된 채 이루어진 사회적 생산은 인민을 억압하는 족쇄가 될 것이며, 반면에 사회주의적 성격을 결여한 민주주의는 프롤레타리아 계급의 경제적 예속을 영속화시킬" 것이라 주장했다.[101]

특히 1917년 러시아혁명을 지켜보면서 민주주의와 자유에 대한 카우츠키

---

98   최영태, 앞의 글, 1997, 546~552쪽.

99   Karl Kautsky, op. cit., 1910, p. 185.

100   Ibid., pp. 148~158.

101   최영태, 「사회주의에서의 자유의 문제—카우츠키 베른슈타인 룩셈부르크를 중심으로」, 『서양사론』 50, 1996, 144쪽.

의 인식은 보다 확고해졌다. 그가 러시아 볼셰비키들이 주도한 러시아 1917년 10월혁명을 비판하기 위해 쓴 『프롤레타리아독재』는 이 부분에 집중하고 있다. 그는 "사회주의가 우리의 최종 목표, 다시 말하면 우리 운동의 목적이며, 민주주의란 이 목표를 달성하기 위한 단순한 수단일 뿐, 경우에 따라서는 불필요하거나 방해가 될 수 있다"는 주장을 강력히 비판한다. 그가 볼 때 "민주주의와 사회주의는 하나가 목적이고 다른 하나는 수단이라는 점에서 구별되는 것이 아니다. 양자는 모두 동일한 목적을 달성하기 위한 수단일 뿐"이었다. 그는 "프롤레타리아 해방을 위한 수단으로서의 사회주의는 민주주의 없이 생각할 수 없다"고 단정한다. "근대적인 사회주의를 단지 생산의 사회적 조직화로서만 이해하는 것이 아니라, 동시에 사회의 민주적 조직화로 생각"해야 한다고 주장한다.[102] 그는 "민주주의는 사회주의 생산양식의 건설에 없어서는 안 되는 기초"이며, "민주주의의 작용을 통해서만 프롤레타리아는 사회주의를 건설해 나가는 데 필요한 자신의 성숙한 역량을 얻을 수 있다. 또한 민주주의는 프롤레타리아의 성숙을 보장하는 가장 확실한 바로미터를 제공해준다"고 주장한다.[103]

카우츠키는 "프롤레타리아가 정치적으로 권력을 잡았지만, 경제적으로 사회주의가 아직 건설되지 않은 이행 단계"에서는 민주주의가 필요 없다는 주장에도 강력히 반대한다. 그리고 그런 주장의 근거를 마르크스가 말한 '프롤레타리아독재' 개념에서 찾는 것은 잘못된 것이라 주장한다. 그는 프롤레타리아독재가 "통치 형태가 아닌 프롤레타리아가 정치권력을 잡았을 때 어디서나 반드시 거쳐야만 하는 상태"를 말하는 것이라며, "통치 형태로서의 독재와 혼돈하

102 카를 카우츠키 지음, 강신준 옮김, 『프롤레타리아독재』, 한길사, 2006, 57~59쪽.
103 위의 책, 86쪽.

지 않도록 주의"해야 한다고 한다.[104] 곧 프롤레타리아독재는 하나의 프롤레타리아 정당의 여타 정당에 대한 독재를 의미하는 것이 아니라는 것이다. 프롤레타리아독재 상태에서도 각 정당은 민주적 보통선거를 통해 의회의 대표를 선출하며, 폭력을 통하지 않고 민주주의와 다수결의 원칙하에 민주적으로 정치 제제를 운영해야 한다고 주장한다.

카우츠키는 소수파 볼셰비키가 러시아 10월혁명을 성공시킨 후 제헌의회 선거를 거치지 않고 소비에트공화국을 수립했으며, 이를 사회주의로의 이행을 위한 프롤레타리아독재 조직으로 삼았다고 판단했다. 그는 소비에트공화국은 소비에트에 대표자를 파견하지 못하는 각계각층의 정치적 권리를 박탈한 체제로, 인구의 상당수가 국민의 공민권을 가지지 못하게 되었다고 평가한다. 더 나아가 볼셰비키가 모든 정치적 반대파를 소비에트에서 축출하고, 볼셰비키의 독재를 실현하였다고 비판한다. 때문에 볼셰비키가 "프롤레타리아독재라고 내걸었던 요구는 처음부터 프롤레타리아 내부의 한 정당의 독재를 상정"한 것이었다고 비판한다.[105]

카우츠키는 러시아에서 소비에트공화국으로 나타난 프롤레타리아 "독재는 민주주의의 폐기를 통해 만들어지고, 계급의 독재라고 선언되긴 하지만 실제로는 한 당파의 독재이며, 따라서 레닌이 스스로 선언했듯이 몇몇 개인의 독재가 될 수 있을 것"이라고 비판했다.[106] 곧 프롤레타리아독재가 볼셰비키만의 독재를 넘어, 지도자 개인의 독재로 이어진다는 것이다. 이런 그의 주장은 이후 스탈린 독재 체제가 등장하면서 현실화되었다.

---

104 위의 책, 88~89쪽.

105 위의 책, 110~118쪽.

106 위의 책, 152~158쪽.

볼셰비키의 러시아혁명을 지켜보면서, 그의 민주주의에 대한 인식은 확고해졌다. 그는 "프롤레타리아는 어디서나 민주주의에 대해서 가장 큰 이해관계를 가지고 있다. 자신이 다수일 경우 민주주의는 그에게 지배수단이 될 것이다. 그리고 자신이 소수일 경우, 민주주의는 그가 지속적으로 싸워 나가는 데, 그리고 자신을 발전시켜 나갈 수 있는 양보를 얻어내는 데 가장 좋은 토대를 이룬다"고 단언한다. 만약 노동자당이 일시정인 정국을 이용해 정권을 잡은 경우, 이를 계속 유지하기 위해 반대파의 권리를 폐기하는 것은 "가장 근시안적이고 경솔한 정책"이며, 자신의 '유일한 토대'를 스스로 허무는 어리석은 일이라고 판단했다. 이렇기 때문에 제헌의회를 통하지 않고 소비에트를 통해 혁명을 전개한 러시아의 경우, "만일 소비에트공화국이 붕괴한다면 그와 함께 러시아 프롤레타리아가 이룩한 성과도 함께 붕괴할 위험이 있다는 것은 분명한 사실"이라고 지적했다.[107] 20세기 말 소련의 붕괴를 그대로 예견하는 주장이었다.

나경석은 "공상적 사회주의를 리(離)하고, 리얼리즘을 내놓고, 과학적 사회주의를 현실적으로 논증함이 우리가 우리 개인에 대하여서뿐만 아니라 사회에 대하여서도 그런 충직한 분의(分義)를 수(守)할 의무가 있다 하노라"[108] 하고, "과학적 사회주의의 완성은 칼 마르크스의 학설이 기본이 됨으로 우리는 차에서 현실 문제의 논증을 구함이 유일한 방법인 줄 믿는다"고[109] 하여 그의 출발이 마르크스주의에 근거하고 있음을 분명히 했다. 그의 이념적 경향성이 드러나는 문헌들이 거의 없어 확실하지는 않지만, 페이비언과는 차이가 분명했다. 카우츠키와의 친근성이 있지만, 국내 상해파의 일원으로서 활동하는 입장에

---

107   위의 책, 154쪽.

108   나공민, 「물산장려와 사회문제」 (1), 『동아일보』 1923. 2. 24.

109   나공민, 「물산장려와 사회문제」 (2), 『동아일보』 1923. 2. 25.

서 일정한 차이를 보였다.

2) 동아일보에 표출된 단계론적 인식과 물산장려운동에 대한 평가

1923년 3월 동아일보는 물산장려운동을 둘러싸고 사회주의 내부에서 전개된 논쟁에 대해 「물산장려운동에 대한 논쟁—사실을 정관(正觀)하라」라는 사설을 게재했다.[110] 집필자는 알 수 없지만 당시 물산장려운동에 대한 국내 상해파의 입장을 대변하는 내용이었다. 사설은 "무산계급의 해방을 절규함을 오인도 대찬성이라 될 수만 있으면 마르크스주의 혁명계단이 그 계단을 뛰어넘어서라도 속히 실현되기를 갈망하는 바로다"라고 하여 그들이 기본적으로 사회주의 입장에 서 있음을 공공연히 드러냈다. "그러나 우리는 마르크스의 소위 필연을 부정치 못할 바임으로 우리 현재의 경제 계단을 고찰"해야 한다면서, "우리 경제 조직이 소위 자본주의적 단계에 지(至)하였는가 부(否)인가? 또는 무산계급이 투쟁 심리만 양성하면 조선인 전체는 배부르게 살 것인가?"라고 의문을 제기했다. 즉 사회주의혁명을 갈망하기는 하지만, 조선의 경제 발전 단계가 자본주의적 단계에 이르지 못하였기 때문에 무산계급의 계급투쟁으로는 현재의 문제를 해결하지 못한다는 것이었다. 이에 따라 사설은 "세계는 의연히 민족 대 민족국가 대 민족국가의 대대(對對) 문제가 제일의 사실인 것을 오인은 기억"한다면서 현재의 민족혁명 단계에서는 민족 문제가 우선이며, 현재 조선의 무산계급은 "계급의 분열 투쟁을 책하는 것보담은 먼저 조선 사람의 경제적 실력을 배양하는 것이 당면의 문제"라고 주장했다. 즉 현재 세계는 제국과 식민지의 민족 문제가 제일 큰 문제이고, 식민지 조선의 민족혁명 단계에서는 계급의 분열 투쟁을 책하는 것보담은 '먼저 조선 사람의 경제적 실력을 키우는

---

110 「물산장려운동에 대한 논쟁—사실을 正觀하라」, 『동아일보』 1923. 3. 31.

것', 곧 생산력을 발전시켜 자본주의화의 길을 걷는 것이 우선이라는 것이다.

사설은 "물산장려의 결과 그 이윤의 대부분이 일부 유산계급에 농단된다 가정하더라도, 조선인의 부력(富力)이 얼마큼 집중되면 소위 혁명 계단의 대세를 촉진하는 데 유력한 소인이 되지 않을까"라고 판단하면서, "물산장려운동의 결과가 자본주의화의 일보라 하면, 이 역시 필연의 경로라 그 대세를 거역치 못할 것"이라고 주장했다. 즉 사설은 물산장려운동의 전개 과정에서 비록 유산계급이 이윤의 대부분을 가져가더라도, 그를 통해 조선의 자본주의화와 경제력 발전이 일정하게 진전될 것이고, 이는 혁명 단계를 촉진하는 것으로 보았다. 때문에 물산장려운동을 전체 민족혁명 과정에서 거쳐야 할 필연의 경로로 파악하고 있었다. 이런 사설의 주장은 나경석의 주장과 거의 비슷한 논조를 보이는 것이었다. 또한 이전 상해파 공산당이 주장하던 총체적 무산자론에서 일정하게 진전된 것으로, 서구 사회주의 운동에서 주요하게 논의되었던 사회주의혁명의 전제로서 생산력의 문제, 자본주의화 문제들을 조선적 상황에 맞게 재해석한 것으로 볼 수 있다. 또한 계급 문제와 민족 문제, 사회주의혁명과 민족혁명의 단계 설정 문제 등에 대한 고민 역시 엿보이는 주장이었다.

물산장려운동은 사회주의 진영 내부의 격렬한 반대와 일제 총독부의 탄압 속에서 소기의 성과를 내지 못하고 곧 수그러든다. 이에 대해 동아일보는 다음과 같이 파악했다.[111] 우선 "이 사업의 부진의 원인은 어디 있나. 첫째, 이 사업의 주의와 정신이 시대의 요구에 불합하였던가? 아니다. 도리어 이 주의와 정신은 당시 조선인의 대다수에게 공명되었던 것이니, 그것은 물산장려운동이 발생한 지 반 년도 못 된 5월까지 벌서 전국에 357개의 동 주의의 단결이 생겼고, 그 중에는 순전한 농민만의 단결도" 적지 않았다며, "민중의 각 부분에 이 주의가

---

111 XYZ, 「과거 일 년간 민족적 제 운동의 회고와 비판」, 『동아일보』 1924. 1. 1.

침륜되고 공명되었던 것이다. 아마 3월 1일 사건 이래로 이렇게 열광적으로 일반 민중의 분기를 득한 민족적 운동은 없었을 것이다"라고 주장했다. 곧 물산장려운동은 민중의 큰 지지를 받아서 추진된 운동으로 시대와 민중의 요구에 부합한 운동이었다고 자평하고 있었다.

동아일보는 "부진의 원인이 그 주의 자신의 결함에 있는가?"를 반문하면서, 일부 사회주의자들은 물산장려운동이 자본가들의 배를 채우는 운동이라고 비판하지만, 물산장려운동은 전 민족의 참여로 민족적 산업조합을 결성하여 경제적 파멸에서 탈출하고, 산업을 진흥하자는 것으로 사회주의의 원리와 배치되지 않는다고 주장했다. 그리고 "혹은 러시아식 혁명을 운위하나, 그것이 곧 올지도 모르고, 어느 십 년에 올지도 모르는 것이니, 만일 그런 것을 기다리고 당면한 급무를 간과한다면 이것은 나태한 자라고밖에 부를 일이 없을 것이다"라고 비판했다. 즉 막연히 러시아혁명을 기다리는 것은 나태한 운동 태도라면서, 지금 당장의 준비 운동을 해야 하고, 물산장려운동은 바로 이러한 준비 운동의 일환이라는 것이다. 이런 사설의 주장은 19세기 말 서구 마르크스주의 진영이 부딪쳤던 문제, 사적유물론과 계급투쟁론에 근거하여 민중의 제반 정치적 현실적 문제에 대응하지 못했던 상황과 비견되는 것이다. 러시아혁명이라는 식민지조선의 사회 경제 발전 단계에서는 쉽게 올 수 없는 혁명을 기다리기보다는, 현실에 기반한 준비 운동을 해야 한다는 것이다.

이러한 인식 속에서 동아일보가 파악한 사업의 부진은 다음과 같다. 즉 "사업 자신에도 성공 못 될 필연적 결함이 없고, 또 일반 민중에게도 열광적으로 공명이 되었다 하면 다음에 있을 수 있는 원인은 오직 두 가지밖에 없을 것이다. 즉 외위(外圍)의 방해와 인적 조건의 결함, 이 두 가지뿐일 것이다." 그런데 외부의 방해는 크게 불가항력적으로 당한 기억이 없다고 하면서, 실제 운동의 부진 원인을 "당연히 이 운동의 부진의 원인은 인적 조건으로 돌아갈 것"으로 파악했다. 그리고 이 인적 조건의 문제를 "첫째, 물산장려운동의 지도자들이 일반 민중에게 대하여 철저한 신망을 가진 자가 적던 것"과 "둘째, 지도자들이 헌신적으로 무실적으로 노력"하지 않고, "일시적 대 효과를 얻으려고만 급급" 하였기 때문이라고 파악했다. 곧 운동 지도자의 자질과 리더십, 준비 정도, 성실성과 조급성 문제로 운동이 실패했다고 파악했다. 때문에 "조선인의 경제적 자활을 위하여 아무 때나 이 운동은 한번은 성공해야만 할 것이다"라고 전망했다. 이러한 인식은 그들이 여전히 생산력 발전, 자본주의적 발전이 어느 정도 수준에 이르러야 사회혁명이 가능하다는 단계론적 사회이행의 전망에 서 있으며, 그 과정에서 자본가나 부르주아와의 협력도 불가피한 것으로 보고 있다는 것을 보여주는 것이라 하겠다.

물산장려운동을 둘러싸고 조선에서 전개된 주장과 논쟁은 식민지 조선만의 특수한 논의나 논쟁이 아니었다. 사회 경제 발전 단계론 및 생산력 문제, 계급투쟁과 계급협조 문제, 사회이행에서의 국가의 역할, 단계적이고 점진적인 변혁과 대비되는 급진적 사회혁명의 문제, 민족 문제와 혁명 단계론의 문제, 사회주의로의 이행과 과정에 대한 문제, 자유와 민주주의 문제 등 서구와 일본의 사회주의 운동과 사상에서 고민하고 논쟁되었던 것들이 식민지적 특수성을 반영하면서도 비슷하게 표출되고 논의된 것이었다. 때문에 보다 거시적이고 세계적인 차원에서 당시 식민지 조선의 민족운동과 사회운동의 논의와 논쟁을 전반적으로 재검토하는 것이 필요하다.

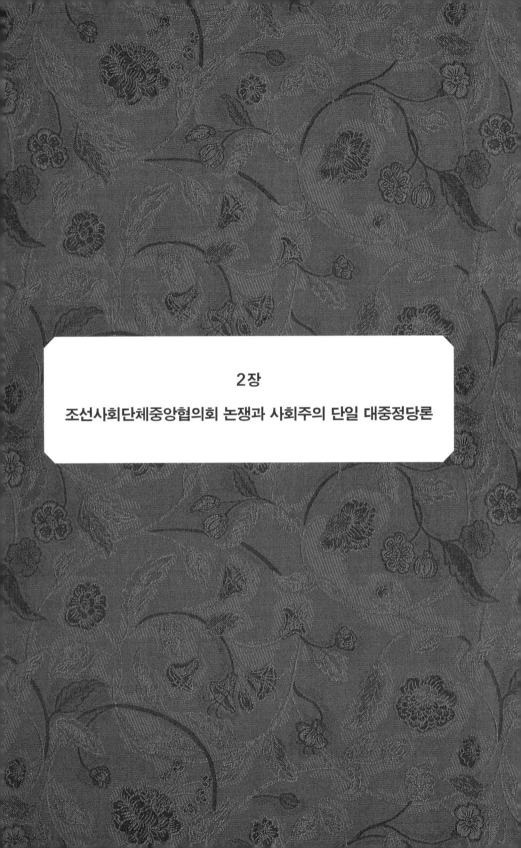

2장

조선사회단체중앙협의회 논쟁과 사회주의 단일 대중정당론

1926년 2월 서울파 전위 조직인 고려공산동맹의 표면 사상 단체인 전진회는 조선사회단체중앙협의회(이하 중앙협의회) 결성을 제의했다. 그리고 1년여가 지난 1927년 5월 16일, 중앙협의회 창립대회가 개최되었다. 창립대회에서는 상설과 비상설을 둘러싸고 논쟁이 전개되었고, 결국 비상설로 결론이 나서 이후 중앙협의회 결성은 사실상 무산되었다.

그동안 중앙협의회에 대해서는 여러 연구가 있었다. 이균영, 이현주, 한상구 등은 신간회 운동과 그 성격, 조선공산당의 민족통일전선론을 설명하는 과정에서 이를 다루었다.[01] 한편 김승은 중앙협의회 결성을 주도하였던 사람들을 서울파 출신 사회주의자들 중에서 통일 조선공산당 결성에 반대하고 끝까지 조선공산당에 참여하지 않은 인물들로, 서울 신파는 물론 서울 구파와도 일정한 차별성을 지닌 서울파 잔류파 정치 세력으로 파악했다. 그들은 합법 무산정

---

01 이균영, 「신간회의 결성에 따른 '양당론'과 '청산론' 검토」, 『한국학논집』 7, 1985; 이현주, 「신간회에 참여한 사회주의자들의 운동론」, 『한국민족운동사연구』 4, 1989; 한상구, 「1926~28년 사회주의 세력의 운동론과 신간회」, 『한국사론』 32, 1994.

당 결성이 가능하다는 판단하에서 전술적 당의 형태로 중앙협의회를 구상했다고 한다.[02] 김형국은 양당론이 서울파 고수파의 논리라는 김승의 견해를 계승하면서, 이들은 전 민족적 단일당이 개량주의 단체로 변질될 것을 우려하여 무선계급운동의 순수성과 대중단체의 지도를 위해 무산정당적 조직을 결성하려고 했으며, 중국국민당 같은 합법적 활동을 염두에 두고 있었다고 파악했다.[03]

전명혁은 엠엘파 조선공산당에 가입하지 않은 서울 구파 세력에 의해 중앙협의회 창립이 추진되었고, 무산계급의 경제투쟁과 정치투쟁의 통일기관, 그리고 민족통일전선 형성을 위한 조직체로서의 위상을 갖고 있었다고 파악했다. 중앙협의회 추진 세력들은 제국주의 시대 식민지·반식민지 특수성 속에서 반제민족해방운동과 무산자계급운동의 연대가 필요하고, 민족적 단일정당 설립이 필요하다는 것을 인정했다. 그렇지만 무산계급과 자본계급의 필연적 분화로 무산계급의 독자적인 정당의 필요성을 주장했고, 무산정당 또는 그 준비 기관을 건설한 후에 민족당과 협동한다는 조직 방침을 가지고 있었다. 이러한 조건 속에서 중앙협의회는 민족당과 계급당(전위당)의 결합이라는 조직적 성격을 가진 것으로 파악했다. 그리고 이런 주장은 엠엘파의 '조선공산당-민족당(신간회) 노선'에 대한 대안으로 '무산정당-민족당' 결합의 노선이었다고 평가했다.[04]

임경석은 1927년 5월 시점에 서울파의 고려공산동맹이 3차례 분해를 거쳐

---

02 김승, 「신간회 위상을 둘러싼 '양당론'·'청산론' 논쟁 연구」, 『역사와 세계』 17, 1993, 545~549쪽.

03 김형국, 「신간회 창립 전후 사회주의자들의 민족협동전선론」, 『한국근현대사연구』 7, 1997, 230~231쪽.

04 전명혁, 『1920년대 한국 사회주의 운동 연구』, 선인, 2006, 418~419쪽.

이미 해체되었기 때문에, 상설론을 주장하던 사람들은 조선공산당 입당을 거절하고 어느 비밀결사에도 속하지 않은 고립된 개인이었다고 파악했다. 또한 논쟁의 성격을 노동자의 독자성과 민족통일전선에서의 헤게모니를 어떻게 관철시킬 것이냐를 둘러싸고 일당론과 양당론이 대립적으로 전개된 것으로 파악했다. 상설론자들은 합법 공개 영역에서 노동자 단일정당을 독립적으로 설립함으로써 노동자의 독자성과 주도성을 보장할 수 있다고 주장한 반면, 비상설론자들은 비밀결사 조선공산당의 역할을 통해 이를 보장할 수 있다고 보았기 때문에 노동자정당이 필요 없다고 해명했다.[05]

필자는 1926년 고려공산동맹과 전진회가 중앙협의회를 처음 제기했을 때와 1927년 중앙협의회 설립을 시도한 사람들을 명백히 구별해야 한다고 생각한다. 곧 1926년의 경우는 김사국을 비롯한 서울파 고려공산동맹이 주체인 반면, 1927년의 경우는 이들이 전면 후퇴하고 임경석이 말한 것과 같이 통일조선공산당에 합류하지 않은 고립된 개인이 제기한 것으로 파악해야 한다. 주체가 바뀐 것이다. 그러므로 중앙협의회에 대한 1926년의 주장과 1927년의 주장에는 차이가 있다. 1927년의 경우는 전명혁이 주장한 것과 같이 중앙협의회를 추진했던 사람들이 조선공산당과 민족단일당(신간회) 노선을 대신해 무산정당과 민족단일당(신간회) 노선을 가지고 있었다고 본다. 이 글에서는 임경석과 전명혁의 주장에서 더 나아가 무산정당과 민족단일당(신간회) 노선이 어떠한 배경에서 제기된 것이고, 어떠한 의미를 갖고 있는 것인가를 해명하고자 한다. 곧 중앙협의회 상설론을 주장하던 이들이 합법적 공간에서 조직 문제를 고려했던 배경과 이유에 주목하려고 한다. 이를 통해 상설론자들이 프롤레타리아 헤게모니의 주체이자 실현자가 공산당이라는 마르크스레닌주의의 일반적 상식

---

05 임경석, 「조선사회단체중앙협의회 상설·비상설 논쟁」, 『역사비평』 128, 2019, 423~429쪽.

과 다르게 운동을 바라보고 있었고, 코민테른의 방침과는 다른 운동 방식을 고려하고 있었다는 것을 해명하고자 한다. 이는 일본 무산정당을 추진했던 일본의 여러 다양한 사회주의 세력들의 문제인식이기도 하고, 더 나아가서 서구 사회민주주의의 문제인식이기도 했다. 이와 관련하여 일제하 한국의 사회주의 운동이 코민테른과의 관계 속에서 마르크스레닌주의 이념의 운동으로만 환원되지 않으며, 서구와 일본 사회주의 이념과 운동의 역사에서 보이듯이 사회민주주의를 비롯한 다양한 사회주의 이념과 운동의 흐름이 식민지 조선에서도 있어왔다는 것을 중앙협의회를 둘러싼 논쟁을 통해 밝히려고 한다.

1. 일본 합법적 무산정당운동의 등장과 조선사회단체중앙협의회 제기

1) 서울파의 중앙협의회 결성 제기와 그 의미

전진회가 중앙협의회 구상을 1926년 2월 발의할 때, 책임위원으로 서울파 고려공산동맹의 지도자 김사국(金思國)과 중앙위원인 임봉순(任鳳淳), 그리고 한신교(韓愼敎)를 선임했다. 3월 23일에는 집행위원회를 열어 창립준비위원 선거 위원으로 박형병(朴衡秉), 장채극(張彩極), 이병의(李丙儀), 임종만(林鍾萬), 조기승(趙紀勝)을 선임했다.[06] 4월 7일에는 창립준비위원이 발표되었으며,[07] 4월 11일에는 창립준비위원회를 구성하여 발기 선언 강령의 기초위원으로 임봉순, 한신교 외에 와병 중인 김사국을 대신하여 박형병을 선임하고, 5개 부서와 부서위원

---

06 『조선일보』 1926. 3. 25.
07 『조선일보』 1926. 4. 7.

을 선임했다. 선임된 위원은 서무부에 한해(韓海), 박종만(朴鍾萬), 배기영(裵基英), 김석현(金碩鉉), 조사부에 김병일(金炳一), 조기승, 신철호(辛哲鎬), 심사부에 이영(李英), 김경식(金瓊植), 안준(安浚), 연구부에 한신교, 박형병, 임봉순, 선전부에 장채극(張彩極), 차재정(車載貞) 외 29인이었다.[08]

4월 17일에는 창립 규정과[09] 기본 강령을 발표했다.[10] 4월 24일에는 노농총동맹의 참가 결의도 있었다.[11] 5월로 창립대회를 예정하고 실무적인 준비도 진행했다. 그렇지만 4월 25일 순종이 사망하면서 대회가 6월로 연기되었다.[12] 한편 정우회도 참가할 것을 결정했다.[13] 6월 27일에는 130여 개 참가단체에 대한 제1회 심사결과도 발표했다.[14] 전국 각지의 각종 단체에서 중앙협의회 참가 결의도 지속되었다. 그렇지만 중앙협의회는 정작 창립대회를 개최하지 못하고 활동은 정지 상태에 들어간다.[15]

당시 서울파가 구상하였던 민족통일전선이 구체화되어 나타난 것은 1926년 7월 발의된 조선민흥회였다. 그렇지만 코민테른이 제시한 '민족혁명 단일

---

08 『조선일보』 1926. 4. 13.

09 『조선일보』 1926. 4. 17.

10 『조선일보』 1926. 4. 24; 『동아일보』 1926. 4. 22.

11 『조선일보』 1926. 4. 25.

12 『조선일보』 1926. 5. 18; 『동아일보』 1926. 5. 18.

13 『조선일보』 1926. 6. 5.

14 『조선일보』 1926. 6. 27.

15 전명혁은 정지의 원인에 대해 6·10만세운동과 조선공산당 검거, 'ML파'의 형성, 서울파의 신·구파 분화에 따른 동력 상실 등을 들고 있다. 전명혁, 앞의 책, 2006, 418쪽. 그렇지만 필자는 이런 정지의 원인이 크게 보아 세 가지가 있었다고 판단한다. 첫째는 코민테른의 조선 민족통일전선 정책, 둘째는 레닌 원전들의 일본어 번역과 유통, 셋째는 일본 사회주의 운동의 동향이다. 자세한 것은 후술 하도록 하겠다.

전선', 민족통일전선 결성을 추진하려는 노력은 이전부터 진행되고 있었다.[16] 이렇게 전위당으로 고려공산동맹이 존재하고 민족통일전선체로 민흥회 등이 상정되고 있었는데, 왜 이들은 별도의 조직으로 중앙협의회를 결성하려고 했을까?

이를 이해하기 위해서는 중앙협의회에 대한 이들의 인식을 살펴볼 필요가 있다. 1926년 2월 중앙협의회의 최초 발의는 중앙협의회에 대해 다음과 같이 결의했다.

> 1. 목하 조선 사회운동 국면에 감(鑑)하여 전(全) 운동의 이론과 정책의 수립을 통일하여, 그 조직과 발달의 일층 충실과 민활(敏活)을 도(圖)하는 동시에 조선 무산계급 운동의 역적(力的) 단결의 최고 조직을 필요로 인(認)함.
> 2. 그 조직 방법은 조선 사회운동 각 부문단체를 망라하여 상설기관을 조직케 하되, 그 기관의 명칭은 '조선사회단체중앙협의회'라 가정함.
> 3. '조선사회단체중앙협의회'의 발기 방법은 전진회의 발의로 사회운동 각 부문의 유력한 동지 단체에 향하여 먼저 찬부를 문의하여서, 다수의 찬성을 득한 후에 발기하기로 하되 (…).[17]

최초 결의에서는 중앙협의회를 "전 운동의 이론과 정책의 수립을 통일"하는 "무산계급 운동의 역적 단결의 최고 조직"으로 규정했다. 곧 중앙협의회는 기존 사상단체의 수준을 넘어서 조선 사회운동과 민족운동의 이론과 정책을

---

16 자세한 것은 다음 참조. 이현주, 「서울파의 민족통일전선운동과 신간회(1921~1927)」, 『한국근현대사연구』 7, 1997, 170~190쪽; 전명혁, 앞의 책, 2006, 339~369쪽.

17 『조선일보』 1926. 2. 19; 『동아일보』 1926. 2. 20.

통일하는 무산계급 운동의 최고 조직으로 상정되었다. 당시 사회주의 운동의 일반론에서 볼 때, 이런 운동조직 규정은 보통 노동계급의 전위정당에게 부여되는 것인데, 중앙협의회 발기자들은 이런 주장을 공공연히 하고 있었다. 당시 지하에 비합법적으로 화요파가 중심이 된 조선공산당과 서울파의 고려공산동맹이 전위당으로 분립되어 결성되어 있는 상황이었다. 그리고 고려공산동맹의 책임자인 김사국이 중앙협의회 발기 책임위원으로 선임되었기 때문에, 이런 주장은 고려공산동맹 측의 당시 사회운동 상황에 대한 타개책으로 제시된 것이라 볼 수 있다.

이런 주장은 4월 중앙협의회 기본 강령이 다음과 같이 발표하면서 보다 구체화되었다.

1. 본 협의회는 조선 사회운동 각 부문단체의 상호 연락과 부조의 원활을 도(圖)함.
2. 본 협의회는 조선 사회운동 각 부문의 조직의 충실과 발달의 민활(敏活)을 도(圖)함.
3. 본 협의회는 조선 사회운동 전체에 관한 이론과 정책의 수립을 통일케 하는 의회적 기능을 도(圖)함.
4. 본 협의회는 조선 무산계급의 최대 이익을 목표로 하여, 내외 각 방면에 긍(亘)한 운동 방법의 연구 급 실현을 도(圖)함.
5. 본 협의회는 조선 사회운동 각 부문의 총 기관을 지도하는 동시에 조선 무산계급 전체를 대표하는 총 기관임을 도(圖)함.[18]

중앙협의회 준비위원회에서 사전발표한 강령은 중앙협의회에 대해 다양

---

18 『조선일보』 1926. 4. 24.

한 층위의 성격규정을 했다. 제1항에서는 '사회운동 각 부문단체의 상호 연락과 부조'의 낮은 수준으로 규정했다. 제3항에서는 '조선 사회운동 전체의 발전에 관한 이론과 정책의 수립을 통일하게 하는 의회 기능'으로 규정했다. 곧 조선 전체 사회운동의 이론과 정책을 통일하는 의회 기구로 그 위상을 격상시켰다. 제5항에서는 더 나아가서 중앙협의회를 조선노농총동맹과 조선청년총동맹 등 조선 사회운동 각 부문의 연합 기관을 지도하는 조직이자 "조선 무산계급 전체를 대표하는 총 기관"으로 상정했다. 이는 노동계급의 전위정당에 버금가는 최고 수준의 조직적 위상을 부여한 것이라 하겠다.

이로 미루어 보면 주도자들은 중앙협의회를 단순히 각 사회단체의 전국적 상호 연락과 부조 기구로 상정한 것은 아니었다. 3항의 수준에서 상정하되, 궁극적으로는 5항의 수준으로 발전시키려 했다고 보인다. 그렇다고 이런 규정들이 노동계급의 전위정당을 의미하는 것이라 보기는 어렵다. 발표된 조직 및 창립 규정은 철저히 대중 사회단체의 독자성을 인정하고 사회단체의 연합체로서 중앙협의회를 상정하고 있기 때문이다. 실제로도 지하에서 전위당으로서 고려공산동맹이 활동하고 있었고, 그 지도적 인물들이 중앙협의회를 제기하고 있었다.

그러면 노동계급의 전위당은 아니지만 전체 대중사회단체의 지도기관이자 무산계급을 대표하는 총기관이라는 발상은 어디에서 나온 것인가? 이를 이해하기 위해서는 무엇보다 중앙협의회를 제기한 1926년 2월 시점이 일본에서 무산정당의 결성이 이루어진 시점이라는 것이 주목되어야 한다. 실제 당시 중앙협의회를 발기한 전진회의 경쟁 단체이자 강달영 책임비서하 조선공산당의 표면 사상 단체인 정우회는 「중앙협의회에 대한 우리의 주장과 태도」라는 문건에서 전진회가 근래 일본 무산정당 출현에 현혹되어 착각 속에서 중앙협의

회를 제기한 것으로 파악하고 있었다.[19]

중앙협의회를 발의한 발상은 사회운동이 민족운동의 영향력에서 벗어나 독자적으로 전국의 모든 사회운동 단체를 망라하여 조선 무산계급 전체를 대표하는 합법적 총기관을 결성하려는 것이었다. 뒤에서 살펴보겠지만, 이는 무산계급이 부르주아지의 정치적 영향력에서 벗어나 자립적이고 독립적인 정치조직을 결성하고, 무산계급의 모든 세력을 협동전선당으로 망라하며, 의견과 경향의 차이를 인정하고, 대중으로부터 유리되는 것을 막기 위해 합법적 형태를 취하는 것 등을 주장한 일본 사회주의자 야마카와 히토시(山川均)의 협동전선당, 단일무산정당 발상과 여러 점에서 연관성이 있는 것이었다. 물론 일본은 정당 결성의 자유가 있어 합법적 무산정당 결성이 가능하지만, 정치적 자유가 결여된 식민지 조선에서는 정당 결성이 불가능했다. 때문에 그 전 단계로서 정당적 지향을 갖는 중앙협의회를 결성한다는 것이었다.

이런 발상을 이해하기 위해서는 1922년에서 1927년까지의 시기가 일본과 식민지 조선 사회운동 전반에서 소위 방향전환론, 노동계급이 부르주아지의 정치적 영향력에서 벗어나 사상적 조직적으로 계급 주체로서 확립하고, 경제투쟁에서 정치투쟁으로 발전해야 한다는 주장이 널리 확산되던 시기라는 점이 고려되어야 한다. 그와 함께 사회주의 운동이 이전의 소수 인텔리 운동에서 벗어나 어떻게 대중운동으로 전개되어야 하는지, 식민지 무산계급이 부르주아지와 민족주의자들의 정치적 영향력에서 벗어나 어떻게 독자적으로 자립해야 하는지, 경제투쟁을 넘어 정치투쟁을 하기 위해서는 어떠한 조직이 있어야

---

19 경성 종로경찰서장,「思想問題ニ關スル調査書類 1. 正友會執行委員會ニ關スル件」, 別紙 2號,「中央協議會ニ對スル我ノ主張ト態度」, 京鍾京高秘 第6569號 1, 1926년 6월 2일, 13쪽. 국사편찬위원회 한국사데이터베이스(db.history.go.kr).

하는지, 무산계급 내의 단결은 어떻게 이루어져야 하는지, 일본에서의 보통선거 실시와 함께 식민지 조선에서도 '우경운동', 즉 자치운동이 일어날 경우 이에 어떻게 대응할 것인지 등의 고민이 그 발상에 들어가 있었다.

중앙협의회를 제기한 사람들은 이런 문제들이 지하에 노동계급의 전위당이 있다고 해서 바로 해결될 수 있는 문제가 아니라고 생각했다. 이는 코민테른과 그에 깊은 영향을 받은 공산주의자들이 공산당의 결성을 무엇보다 우선으로 내세우고, 대중운동에 대한 전위당의 지도 관철 여부를 중요시했던 발상과는 일정하게 궤를 달리하는 것이었다. 광범한 대중운동을 위해 무산계급의 다양한 모든 세력을 망라해야 하며, 이를 위해 조직을 합법적 형태로, 전위당의 지도를 그대로 반영하는 조직인 아닌 의견과 경향의 차이를 인정하는 협동전선적 조직으로 결성하고자 하는 것이 중앙협의회의 발상이었다. 이를 제대로 보기 위해서는 당시 방향전환론을 처음 제기하고 이를 확산시킨 야마카와 히토시의 주장 및 일본의 무산정당 운동과 그 과정에서 제기된 문제들을 살펴보아야 한다.

2) 일본에서의 무산정당 결성과 '단일무산정당'론

일본에서 무산정당 논의가 본격화된 것은 몇 년 전으로 거슬러 올라간다. 1922년 사회주의 운동의 주요 지도자 야마카와 히토시가 『전위』 1922年 7·8월 합병호에 「무산계급 운동의 방향 전환」을 발표했다. 그는 무산계급 운동이 종래의 선각자 중심에서 대중운동으로 나아가야 하고, 이를 위해 무산대중의 당면 생활 개선 운동, 부분적 승리를 목적으로 하는 운동, 부르주아 정치의 개별적 국면에 대항하는 운동을 전개해야 한다고 주장했다.[20] 그의 주장은 큰 논쟁

---

20 『山川均 全集』第4(1921年 9月~1922年 10月), 勁草書房, 1967, 337~345쪽.

을 불러오면서 당시 일본 사회주의 운동 전반에 큰 영향을 미친다. 무산계급 운동이 엘리트 운동에서 대중운동으로 전개되어야 하고, 당면의 정치적 문제에 대응할 수 있는 대중정치운동으로 전개되어야 한다는 그의 주장은 서구 사회주의 운동의 역사에 비추어볼 때 지극히 당연한 것이었다. 그렇지만 독일 사회주의 운동의 전개 과정에서 드러나듯이 그것은 부르주아 의회정치와 자치정부에의 참여를 필수적으로 동반했다. 때문에 그가 부르주아 정치 참여에 대해 조심하고 경계했음에도, 그의 주장은 부르주아 정치, 즉 일본 의회정치에의 참여론으로 받아들여졌다. 야마카와는 일련의 관련 논설을 발표하여 무산계급 운동의 대중정치운동과 의회정치에 임하는 자신의 입장을 정리했다.[21] 그는 코민테른 3회 대회의 '노동자통일전선' 방침을 일본적 상황에 맞게 해석하여 적용했으며, 1923년 말에서 1924년 초에 이르러 '협동전선당'으로 개념화했다.[22]

1923년 들어 일본에서는 영국의 노동당과 같은 무산정당 출현에 대해 언론에서 공공연히 논해졌다. 일본 무산계급의 최대 조직인 일본노동총동맹(이하 총동맹) 지도자인 스즈키 분지(鈴木文治)는 '의회주의'와 '수정주의'에 기반한 '일본노동당' 결성을 주장했다.[23] 이런 가운데 1923년 11월 14일, 총동맹 중앙위원회

21 이와 관련한 야마카와의 관련 주요 논설은 다음과 같다.「'方向轉換'の小ブルジョア的 解釋」,『解放』1923. 1;「無産階級政治運動の出發點」,『解放』1923. 2;「'方向轉換'とその批評」,『前衛』1923. 2·3;「對立的に理解してはならぬ'政治運動'と'經濟運動'」,『進め』1923. 2;「ブルジョアの政治勢力と無産階級の政黨」, 게재지 불명, 1923. 12;「日本におけるデモクラシの發達と無産階級の政治運動」,『改造』1924. 4;「'方向轉換'の危險性」,『マルクス主義』1924. 6;「無産階級政黨 の諸問題」,『政治運動』3, 1924. 6;「ブルジョアの政治と勞動階級」,『中部勞動界』1924. 6(모두『山川均 全集』第5(1922年 10月~1924年 7月), 勁草書房, 1968 수록).

22 岡本宏 著,『日本社會主義政黨論史序說』, 法律文化史, 1978, 127~128쪽.

23 이에 대한 야마카와의 비판이 다음 논설이다.「無産階級政治運動の出發點」,『解放』1923. 2.

는 보통선거 실시 후에는 투표권을 행사할 것을 결정했다. 1923년 12월 18일 시마나가 유우조(島中雄三), 스즈키 모사부로(鈴木茂三郎), 아오노 스에키치(靑野季吉) 등이 중심이 되어 총동맹과 전일본농민조합연합회(아하 일본농민조합) 등의 유력 인사 27명이 모여 정치문제연구회를 발족했다. 이들은 기관지로 『정치운동(政治運動)』을 발간했다.

1924년 1월 기요우라 게이고(淸浦奎吾) 내각이 등장하면서 제2차 헌정옹호운동이 전개되었고, 헌정회·정우회·혁신구락부 3파연합이 결성되었다. 중의원이 해산되었고, 1924년 5월에 실시된 중의원 총선거에서 보통선거 실시를 주장한 헌정회가 151석의 의석을 얻어 제1당이 되었다. 총선거 결과 호헌 3파가 압승하면서 1924년 6월 11일, 헌정회 총재 가토 다카아키(加藤高明)를 수반으로 하는 호헌 3파 연립내각이 수립되었다. 이제 보통선거 실시를 위한 중의원 선거법(보통선거법) 개정입법이 구체적으로 가시화되었다.

1924년 6월 30일 보통선거법 제정을 위해 '3파 보선위원회'가 설치되었다. 위원회를 중심으로 보통선거법안이 마련되었고, 내무성과 사법성에서 작성한 안과 합쳐서 중의원 제출 법안이 작성되었다. 보통선거법안은 1924년 12월 12일 각의에서 결정되었고, 12월 16일 추밀원에 송부되었다. 추밀원은 보통선거 실시에 따른 사회주의 확산을 우려했고, 이는 「치안유지법」 제정으로 구체화되었다. 보통선거법안은 1925년 2월 20일 추밀원을 통과했고, 중의원과 귀족원에서의 수정을 거쳤다. 그 후 1925년 3월 29일, 보통선거법이 중의원과 귀족원을 통과하면서 보통선거 실시가 확정되었다.[24]

이런 정계 변화에 발맞추어 1924년 2월, 총동맹 제13년 대회에서 지도부를

---

24 김종식·윤덕영·이태훈, 『일제의 조선 참정권 정책과 친일 세력의 참정권 청원 운동』, 동북아 역사재단, 2022, 110~117쪽.

이루는 사회주의 우파 주도로 '현실주의'로의 방향전환 선언이 가결되었다. 이들은 노동운동이 대중운동으로 나아가야 하며, 이를 위해 개량적 정책을 적극적으로 이용하고 부르주아 의회에 대한 대책을 세워야 한다고 주장했다.[25] 회의에서 우파의 니시오 스에히로(西尾末広) 등과 좌파의 나베야마 사다치카(鍋山貞親) 등은 치열하게 대립했고, 이후 총동맹의 분열이 노골화되었다.

호헌 3파 연립내각이 수립된 직후, 기존 정치문제연구회를 토대로 1924년 6월 28일 '정치연구회'가 창립총회를 개최했다. 1924년 5월 발표된 정치연구회 설립 취지서는 정치연구회가 "정당 조직에의 일 준비 단계로서" 창설되었고, "무산민중의 정치적 교육과 단체적 훈련을 촉진"하기 위해 "민중적 정치운동의 제1보"를 내딛는다고 주장했다. 그리고 정치연구회 규약에서는 "일본 사회의 합리적 개조를 촉진하는 것을 목적"으로 한다고 표명했다. 정치연구회는 보통선거법안 수정안을 제출하고 강연회를 제출하는 등의 활동을 했다.[26] 식민지 조선의 언론에서는 정치연구회 결성에 대해 정치연구회가 무산정당의 수립을 결의했다고 보도했다.[27]

1924년 9월 일본농민조합에서 무산정당조직준비위원회가 조직되었다.[28] 총동맹도 중앙위원회에서 일본농민조합과 협의하여 조직 결성에 착수할 것을 결정했다. 그 외 노동운동 조직에서도 무산정당 결성 움직임이 일어났다. 이렇

---

25 總同盟50年史編輯委員會, 『總同盟五十年史』 第1卷, 總同盟50年史刊行委員會, 1964, 35~36쪽.

26 法政大学大原社会問題研究所 編, 『日本社会運動史料 原資料篇 第1卷, 政治研究会·無産政党組織準備委員』, 法政大学出版局, 1973, 3~7쪽.

27 『동아일보』 1924. 7. 1; 『조선일보』 1924. 7. 1.

28 法政大学大原社会問題研究所 編, 『日本社会運動史料 原資料篇 第1卷, 政治研究会·無産政党組織準備委員』, 法政大学出版局, 1973, 137~143쪽.

게 당시 사회주의 좌파와 우파 모두에서 무산정당 결성이 주장되었지만, 단일한 무산대중정당 건설은 쉽지 않았다. 가장 유력한 조직기반이 되어야 할 총동맹이 1925년 5월 좌우로 분열되어, 좌파들이 총동맹을 탈퇴하고 별도의 일본노동조합평의회(이하 평의회)를 결성했기 때문이다. 총동맹도 분리되어 나간 평의회도 모두 무산정당 결성을 지지했지만, 그 성격과 주도권을 두고 사회주의 좌우파의 대립이 심화되면서 단일무산정당 결성도 우여곡절을 겪게 된다.

사회주의 좌파 내부에서 무산정당 논의를 주도한 것은 최초 일본공산당에 참여했던 야마카와 히토시였다. 1922년 7월 결성된 일본공산당은 1924년 2월, 코민테른의 허가도 없이 스스로 해산했다. 그때를 전후로 해서 야마카와는 통일전선의 일본적 특수 형태로 '협동전선당', '공동전선당'으로서 '단일무산정당'론을 주장했다. 이는 무산계급이 부르주아지의 정치적 영향력에서 벗어나서 정치 세력으로서 주체를 확립하기 위해서는, 정치적으로 자립적인 정치조직을 독립적으로 결성해야 한다는 주장이었다.[29] 그리고 그 정치 조직 형태로 단일한 무산정당을 제기했다.[30]

야마카와의 단일무산정당론은 이후 보다 구체화되었다. 그는 1924년 9월 일본농민조합 등의 발기로 무산정당 결성 움직임이 구체화되자, 11월 「무산계급정당의 조직 형태」, 1925년 4월 「무산정당 강령의 문제」, 7월에는 「전국적 전계급적 정당으로」, 8월에는 「무산정당은 어떠한 조직을 가져야 하는가」와 「무산정당은 어떤 강령을 가져야 하는가」, 9월 『강령의 문제』 등의 논설을 잇달아 발표하면서[31] 그 내용을 확장시켰다. 그가 주장하는 무산정당은 조직 노동자와

29 山川均, 「日本におけるデモクラシの發達と無産階級の政治運動」, 『改造』 1924. 4.

30 山川均, 「無産階級政黨の諸問題」, 『政治運動』 3, 1924. 6.

31 『山川均 全集』 第6(1924年7月~1926年2月), 勁草書房, 1976.

농민, 미조직 노동자와 농민, 중산계급의 최하층, 식민지 민중까지 포함하여 무산계급의 모든 요소를 포용하고, 전국적 형태를 가지면서 동시에 무산계급 내여러 정치 사회 세력의 공동전선 형태를 갖는 합법적 단일한 무산정당을 의미하는 것이었다.

그의 주장에서 중요한 것은 그가 혁명주의가 대중으로부터 유리되는 것을 극도로 경계하면서 대중적 차원에서 무산정당 결성을 주장하고, 보통선거에 참여할 수 있는 합법적 형태의 당 결성을 주장했다는 점이다. 또한 단일무산정당에 모든 반자본주의적 요소를 포함하기 위해 당은 참여하는 여러 세력들의 이해와 타협의 산물이어야 하고, 의견과 경향의 차이를 허용하여 분파를 공인해야 한다고 한 점이다. 이는 혁명분자나 전위의 전일적 당 지도를 주장하는 볼셰비키 공산당 조직론과 명백히 거리를 두는 것이었다. 당시 코민테른과 공산주의자들은 당면 혁명 과정의 전위로서 공산당의 중요성과 독자성을 강조하고, 비합법적 공산당 결성에 사활적 의미를 두었다. 그들은 전위당으로서 일본공산당 재건을 전제로 당과 별도의 통일전선체로서 무산정당을 상정했다.

반면에 야마카와는 공산당 재건을 보류한 상태에서 장래 단일무산정당의 발전과 내재적 분화 과정에서 자연성장적으로 대중적 규모의 전위당이 결성될 것으로 보았다. 때문에 당면의 혁명은 전위당으로서 공산당이 아닌 합법적 형태의 단일무산정당이 주도하는 것으로 상정했다. 야마카와는 훗날 공산당의 필요성 자체도 부정하게 되었지만 당시에는 그러지는 않았기 때문에, 그의 무산정당 결성 주장은 공산주의자들에게도 지지를 받았다.[32]

---

32 川口武彦 著, 『山川均の生涯 戰前編』, 社会主義協会出版局, 1986, 247~322쪽; 岡本宏 著, 『日本社會主義史研究』, 成文堂, 1988, 124~142쪽; 小山弘健 엮음, 한상구·조경란 옮김, 『일본 마르크스주의사 개설』, 이론과 실천, 1991, 42~58쪽.

야마카와는 이미 이 시기부터 공산주의자로서의 정체성에서 벗어나 사회민주주의적 경향에 가까워지고 있었던 것으로 보인다. 실제로 그는 일본공산당 재건에의 참여를 거부하고 있었다. 1925년 1월 코민테른 상해회의의 결과, 8월 일본 코뮤니스트 그룹(재건뷰로)이 도쿠다 규이치(德田球一)를 위원장으로, 사노 마나부(佐野學), 와타나베 마사노스케(渡邊政之輔) 등이 참여하여 결성되었다. 코뮤니스트 그룹은 야마카와에게 참여를 요청했지만, 그는 시기상조를 내세워 거부했다.[33]

1925년 6월 일본농민조합은 무산정당 조직 준비기관 설립을 무산계급 각 사회단체에 공개적으로 제안했다. 각 사회단체의 찬반 의견이 있었지만, 총동맹과 평의회 등 주요 노동 및 노동단체가 찬성하면서 1925년 8월 무산정당 조직준비위원회(준비위원회)가 결성되었다.[34] 준비위원회는 각 지방협의회 결성을 결의하고 적극적으로 추진했다. 그 결과 9월~10월에 관동지방협의회, 동북지방협의회, 오사카지방협의회, 교토지방무산단체협의회, 중부지방협의회, 시즈오카(靜岡)지방협의회, 시코쿠(四國)지방협의회, 규슈(九州)지방협의회 등이 결성되었다.[35] 준비위원회 지도부는 좌경화된 정치연구회를 비롯해서 무산청년동맹 등 사회주의 좌파 세력 일부를 제외하려 했고, 이를 둘러싼 논쟁이 치열하게 전개되었다.[36]

1925년 12월 1일 평의회와 정치연구회 등 주요 사회주의 좌파 단체가 불참한 가운데, 35개 단체 18만여 명을 대표로 한 일본 최초의 전국적 무산정당인

33 山川菊栄・向坂逸郎 編, 『山川均自伝 ある凡人の記録 その他』, 岩波書店, 1961, 418~420쪽.

34 法政大学大原社会問題研究所 編, 앞의 책, 1973, 149~174쪽.

35 위의 책, 211~215쪽.

36 岡本宏 著, 앞의 책, 1978, 168~181쪽.

농민노동당 결성이 시도되었다. 당시 서기장은 아사누마 이네지로(浅沼稲次郎)였다. 그렇지만 농민노동당은 일부 공산주의적 정책과 공산주의자의 개입을 명분으로 내세운 일본 정부의 해산 명령에 의해 3시간 만에 단명으로 끝나고 만다.

창립이 무산되면서 농민노동당의 강령과 규약은 발표되지 못했지만, 정부 당국의 공산주의 주장과 달리 농민노동당의 노선은 온건했다. 1925년 11월의 준비위원회에서 채택된 강령은 정치 분야에서는 '치안유지법과 치안경찰법 철폐', '언론·출판·집회·결사·시위운동 제한법령 철폐', '만 18세 남녀 무제한 보통선거권 획득', '원로, 귀족원, 추밀원, 참모본부 급 해군군령부의 폐지', 사회경제 분야에서는 '고율 누진 재산세의 창설', '사치세 창설', '토지 국유', '최고 소작료 제정', '경작자의 토지공동관리권 획득', '노동자위원회에 의한 공사기업 감독권 획득', '산업조합의 무산계급화', '단결권, 파업권, 단체협약권 획득', '8시간 노동 확립', '최저임금법 제정', '동일노동 동일임금 지불', '화족 제도 폐지', '여자 교육 및 직업 제한 철폐' 등을 주장했다. 또한 식민 정책과 관련해서는 '식민지 자치 제도의 수립', '식민지 민족의 교육 및 직업에 관한 일체의 제한 철폐' 등을 주장했다.[37] 강령 제정에 평의회와 정치연구회 등 사회주의 좌파 세력이 깊이 개입하지 않았기 때문에 공산주의적 색채를 가진 내용이 포함되지 않았다. 그럼에도 일제는 최초 무산정당의 설립 시도를 허가하지 않았다.

정부의 금지에도 불구하고, 무산정당 결성 움직임은 계속되었다. 일본농민조합, 그리고 총동맹을 비롯한 8개 사회주의 우파 계열의 노동조합이 정당 재조직에 착수했고, 1926년 1월 13일 제1회 준비간담회를 개최했다. 평의회 등 사회주의 좌파 세력은 정부의 설립 금지라는 상황 변화에 따라 이전의 계급적 입

37　法政大学大原社会問題研究所 編, 앞의 책, 1973, 377~378쪽.

장을 유보하고, 단일무산정당 재조직이 시급하다는 입장을 취했다. 지하에서 활동하는 코뮤니스트 그룹은 준비위원회의 개인가입제 주장을 받아들이고, 평의회와 무산청년동맹이 정당 준비 과정에서 당분간 용퇴할 것을 결정했다. 대신에 지방협의회에 집중하여, 이를 개인가맹제에 기반한 각 지역 노동자 농민의 완전한 정치적 협동전선으로 발전시켜 지방 정치투쟁의 모체로 삼고, 무산계급의 전국적 정치투쟁의 촉진 부대로 할 것을 주장했다. 또한 전국적 무산정당이 결성되면, 입당하여 각 지방협의회를 지부로 편입시킬 것을 제안했다. 준비위원회의 우파 지도부는 정부 당국의 금지 이유를 명목으로 1926년 2월, 제2회 회의에서 평의회, 정치연구회, 무산청년동맹, 수평사청년동맹의 회원과 공산주의적 색채가 있는 사람들의 참여를 제한하는 결정을 내렸다.[38] 사회주의 우파들은 합법성을 명분으로 무산정당 결성 과정에서 사회주의 좌파들을 배제하려 했다. 당시 좌파들은 농민노동당의 해산 전철을 고려하여 일시적 후퇴를 했다.

식민지 조선에서 중앙협의회가 제기된 얼마 후인 1926년 3월 5일, 사회주의 우파 주도로 전국적 무산정당인 노동농민당(이하 노농당)이 결성되었다. 중앙집행위원회 의장으로 일본농민조합의 스기야마 모토지로(杉山元治郎), 총비서로 총동맹의 미와 쥬소(三輪壽壯)가 선임되었다. 우파 주도로 결성된 최초의 노농당 강령의 원칙은 다음과 같았다.[39]

1. 우리는 우리나라 국민정서에 입각한 무산계급의 정치적 경제적 사회적 해방의

---

38 岡本宏 著, 앞의 책, 1978, 183~185쪽.

39 法政大学大原社会問題研究所 編, 『日本社会運動史料 原資料篇 第2巻, 無産政党資料, 勞動農民黨』, 法政大学出版局, 1976, 28쪽.

실현을 기한다.

2. 우리는 합법적 수단에 의한 불공정한 토지, 생산, 분배에 관한 제도의 개혁을 기한다.

3. 우리는 특권계급의 이해를 대변하는 기성 정당을 타파한 의회의 철저한 개조를 기한다.

강령은 '국민정서', '합법적 수단', '의회개조' 등의 용어에서 드러나듯이 상당히 온건한 사회민주주의 이념에 기반하고 있었다. 이는 정책에서도 드러난다. 정치 정책은 '보통선거의 철저', '무산계급 운동 억압 제 법령의 개폐' 등을, 사회경제 정책은 '재산세의 고율 누진 과세 부과', '단결권, 파업권, 단체협약권 확립', '경작권 확립', '8시간 노동 확립', '최저임금법 제정', '여자 교육 및 직업 제한 철폐', '거주권 확립' 등을, 식민 정책으로는 '식민지에서의 차별 철폐'를 주장했다.

노농당의 정책은 이전 농민노동당에서 제기된 정책과 비교해볼 때 여러 분야에서 크게 완화되고 후퇴한 것이었다. 정치 분야에서 보통선거와 억압적 법령 철폐 주장이 개괄적이고 모호해졌으며, '원로, 귀족원, 추밀원, 참모본부 급 해군군령부의 폐지' 등과 같은 일본제국의 정체를 바꿀 수 있는 내용들이 빠졌다. 경제 정책에서도 사치세 정책, 주요 토지 정책이 모두 생략되었다. '노동자위원회에 의한 공사기업 감독권 획득', '산업조합의 무산계급화' 등 산업 부문 개조와 관련된 정책들도 생략되었다. 식민 정책에서도 '식민지 자치 제도 수립' 등의 정책이 빠졌다. 전체적으로 대단히 온건한 방향으로 후퇴했다. 규약은 노농당의 구성이 이런 '당의 강령을 존중하는 개인들'로 구성된다고 하

여, 개인가맹제를 분명히 했다.[40]

2. 조선사회단체중앙협의회의 결성을 둘러싼 논란, 관련자들

1) 코민테른의 민족통일전선 정책과 다른 중앙협의회 결성 시도

민족단일당을 표방한 신간회가 1927년 2월 결성되었다. 신간회는 단순히 자치운동에 대항하여 반자치론의 차원에서만 창립된 것이 아니었다. 신간회 운동은 거시적으로 보면 서구와 일본에서 보통선거권 확대와 의회적 정당정치의 정착 과정에서 나타난 근대 민주주의 정치질서 수립운동, 합법적 대중정치운동의 전 세계적 확산 과정과 맥을 같이하고 있다. 구체적으로 제1차 세계대전 전후의 전 세계적인 민주주의 바람, 영국에서의 보통선거제 정착 과정과 이와 밀접하게 관련된 영국노동당의 정치 활동, 1920년대 중반 일본에서의 보통선거 실시와 합법적 무산정당 운동의 전개 등 일련의 국제적 정치변화는 조선에서 민족운동의 방향 전환이라 할 수 있는 대중정치론, 합법적 정치운동론이 전개되는 직접적 계기가 되었다. 코민테른과 사회주의 세력의 통일전선전술도 이러한 전 세계적 정치 환경 변화와 무관한 것이 아니었다. 합법적 대중정치운동의 전개가 서구와 일본에서는 무산정당 형태로, 중국에서는 국공 합작을 통한 단일당 형태로 나타났지만, 식민지 조선에서는 민족유일당 운동으로, 단일한 합법 대중정치 단체인 신간회 결성으로 나타나게 된다.[41]

한국의 사회주의 세력이 신간회에 참여하는 배경과 일련의 과정에 대해서

---

40 法政大学大原社会問題研究所 編, 앞의 책 1976, 29쪽.

41 윤덕영, 「신간회 창립과 합법적 정치운동론」, 『한국민족운동사연구』 65, 2010, 155쪽.

는 일정한 해명이 이루어졌지만, 그것이 사회주의 세력들에게 어떠한 전술 방침에 대한 인식의 발전 과정 속에서 제기된 것이며, 그 한계는 무엇인가에 대한 해명이 보다 정치하게 제시될 필요가 있다. 특히 민족통일전선 방침과 합법적 전술 방침의 관계에 대한 인식이 정립될 필요가 있다. 1920년대 중반 들어서 사회주의 세력들도 민족 문제의 중요성과 민족통일전선 전술의 필요성을 보다 적극적으로 인식했다.

코민테른의 정책도 민족통일전선 결성에 조선혁명단체들이 집중할 것을 주문하고 있었다. 코민테른 집행위원회는 1925년 11월 조선공산당에 보내는 서신에서 "조선공산당이 중국국민당 같은 유형의 민족혁명당을 창설하는 것을 당면 주요 과제로 설정해야 한다"고 하고, "중국 민족해방투쟁의 경험과 중국국민당의 경험은 이 방면에서 구체적인 지시를 제공"한다면서 "이 경험을 서둘러 이용"할 것을 주문했다.[42] 중국국민당으로 중국공산당원이 가입하는 형태의 중국 국공합작 방식은 코민테른의 적극적 개입 속에 이루어졌다. 이런 방식을 준용하여 서신에서 "중국국민당과 같은 유형의 민족혁명당을 창설"하라고 구체적으로 제시하였기 때문에, 이제 조선의 사회주의자들이 앞으로 건설한 민족통일전선의 형태는 중국국민당과 같은 개인가맹제에 기초한 민족단일당 형태의 '민족혁명당'이 되었다. 조선의 사회주의자들이 이와 다른 방식을 생각하는 것은 거의 불가능했다.

당시 사회주의 세력의 대부분은 민족통일전선을 당연히 표면운동, 즉 합법운동 조직으로 구상하고 있었지 결코 비합법 조직으로 결성하려 하지 않았다. 그것은 민족통일전선 전술 방침 자체가 광범한 대중을 당면의 민족혁명 과정

---

42 강성희 편역, 『러시아문서 번역집 21. 러시아국립사회정치사문서보관소』, 선인, 2015, 98~99쪽.

에 참여시키고, 그 과정에서 사회주의 세력의 영향력을 확대하기 위한 방침이기 때문이다. 민족주의 세력과의 정치적 연합을 통해 광범한 대중을 정치운동에 나서게 하고 결집시키는 데 비합법적인 운동 방식은 커다란 한계를 가지기 때문에 당연히 합법적 형태를 가져야 한다고 인식하고 있었다.

이는 코민테른의 민족통일전선 정책에서도 구체적으로 확인되고 있다. 코민테른 집행위원회의 1926년 「3월 결정서」에서는 모든 조선 혁명단체들의 당면 주요 과제에 대해 "합법적 가능성을 총동원하여 민족혁명 통일전선의 형성을 위한 체계적 사업을 전개한다. 이는 현존하는 합법적 민족혁명단체의 대중들 속에서 일치와 연합 및 가장 열정적인 사업 확대의 방법으로 이루어질 수 있다"고 하고 있었다. 또한 "조선공산당은 합법적 대중단체에서의 민족혁명 통일전선의 구축을 돕는 일에 자신의 영향력을 총동원해야 한다. 조선공산당은 다른 한편으로는 합법적 민족혁명단체들의 모든 분열 시도와 가장 단호한 방법으로 투쟁해야" 한다고 지시했다.[43]

코민테른 「3월 결정서」에서 주목되는 부분은 "합법적 가능성을 총동원하여 민족혁명 통일전선의 형성을 위한 체계적 사업", "현존하는 합법적 민족혁명단체의 대중들 속에서", "합법적 대중단체에서의 민족혁명 통일전선의 구축을 돕는 일" 등으로 누차 반복된 합법적 조직과 합법적 방법에 대한 강조이다. 곧 새롭게 결성된 민족통일전선은 비합법적으로 결성되는 것이 아니라 합법의 형태를 갖추어야 하고, 합법적 가능성을 총동원해서 결성되어야 한다는 것이다. 이를 위해 현존하는 합법적 대중단체 속에서 민족혁명 통일전선 구축을 위한 적극적인 활동을 주문했다.

여기서의 활동이 합법적 대중단체를 앞으로 결성될 민족통일전선에 단체

43   강성희 편역, 앞의 책, 2015, 110~111쪽.

로 가입시키는 활동인지, 아니면 합법적 대중단체의 대중들을 민족통일전선에 개인으로 가입시키는 활동인지는 분명하지 않다. 그렇지만 앞서 중국국민당 유형의 민족혁명당을 민족통일전선의 모델로 제시했기 때문에, 그것은 후자일 가능성이 높다. 앞서 살펴보았듯이 비슷한 시기 일본의 사회주의 좌파 세력과 이를 지하에서 지도하던 코뮤니스트 그룹은 노농당 결성에서 개인가맹제를 받아들였다. 「3월 결정서」 방침은 조선 사회주의자들에게 수용되어 관련 활동이 전개된다.[44]

민족단일당으로 신간회가 창립된 직후인 1927년 4월, 코민테른은 「조선문제 결정서」(4월 결정서)를 통해 민족통일전선에 대한 보다 구체적인 방침을 제시했다. 코민테른은 조선혁명운동에서 가장 중요한 임무가 "노동자계급 및 농민들과 함께 수공업자, 지식인, 소부르주아지, 부분적으로 중간부르주아지를 포함하는 광범위한 민족혁명전선의 건설"에 있다면서 "이 민족혁명전선은 합법적으로 존재하는 민족단체를 기반으로 건설"되어야 하고, "현존하는 민족단체들을 더 강력하게 통합하여 그들로부터 중국의 국민당과 같은 유형의 단일당을 창립하는 것에 대한 문제를 제기"해야 한다고 주장했다.[45] 결정서의 지시는 중간부르주아까지 포함한 광범한 세력을 망라한 민족혁명전선이 합법적으로 존재하는 민족단체를 기반으로 건설되어야 한다는 것을 분명히 했다. 이는 당시 결성되어 있는 합법 민족단체인 신간회를 기반으로 민족혁명전선을 건설하고, 이를 '조선식 국민당'으로 발전시켜야 한다는 것으로 해석될 수 있었다.

또한 결정서는 "민족단체들 속에서의 현재 조선공산당의 주요 임무는 이

---

44 김영진, 「1920년대 중반 코민테른과 민족통일전선 — 1926년 3월 결정서에서 1927년 4월 결정서까지」, 『사림』 78, 2021, 306~317쪽.

45 강성희 편역, 앞의 책, 2015, 215쪽.

단체들의 지도적 위치에 당원을 세우는 것이 아니며", "당의 주요 임무는 혁명적 노동자와 농민 분자들에 의지하여 민족주의 단체들을 좌경화시키고, 그들의 지도자들과 함께 그들 전체를 민족혁명 투쟁에 참여"시키는 데 있으며, "이 투쟁은 하나의 정해진 행동 강령을 중심으로 한 민족혁명 통일전선 전술을 기초로 이루어진다"고 지시했다.[46] 이런 지침은 신간회 본부에서 민족주의자들의 주도성을 인정하고 무리하게 중앙지도부를 장악하지 말 것을 사실상 지시하는 것이라 하겠다. 이는 중국에서 중국공산당원들이 자신의 당적을 유지하면서 중국국민당에 개별 가입하고, 중국국민당 중앙의 지도성을 인정하지만, 국민당의 좌경화와 중국 국민혁명을 위해 적극 활동한다는 지침을 적용시킨 것이라 할 수 있다. 또한 이는 일본의 노농당 결성 과정에서 중앙지도부를 장악한 사회주의 우파 지도부의 지도성을 인정하고 개인가맹제를 받아들였으며, 지역에 활동의 중심을 둔 일본 공산주의자들의 활동과도 맥을 같이하는 것이었다. 그러므로 「4월 결정서」에 나타난 코민테른의 정책은 민족혁명전선을 합법적 민족단체인 신간회를 기반으로 건설하고, 장차 '조선식 국민당'의 단일당으로 발전시켜야 하며, 중앙지도부를 섣부르게 장악하지 말고, 혁명적 노동자와 농민에 기초하여 민족혁명전선을 좌경화시켜야 한다는 것으로 정리될 수 있다.

1925년 후반부터 1927년 초반까지 코민테른의 조선 정책에서 나타난 일관된 방침은 중국국민당을 모델로 민족단일당 형태의 민족혁명당을 신간회를 비롯한 합법적으로 존재하는 민족단체를 기반으로 결성할 것, 지하에서 활동하는 조선공산당은 섣부르게 민족단체들의 지도권을 장악하지 말고, 혁명적 노동자와 농민에 의지하여 민족단체들을 민족혁명 투쟁에 참여시킬 것으로

---

46 강성희 편역, 앞의 책, 2015, 216쪽.

정리될 수 있었다. 반면에 중앙협의회 같은 전국적 무산단체 결성에 대한 지침은 없었다. 곧 코민테른이 내린 조선 공산주의자들의 임무는 지하 조선공산당의 확대 발전, 민족단일당 형태의 민족혁명당 건설 활동뿐이었고, 중앙협의회 같은 조직 결성은 전혀 상정되지 않았다.

코민테른의 방침이 이렇게 분명하게 제시되었기 때문에 코민테른의 방침을 따라야 하는 조선의 공산주의자들은 중앙협의회 결성을 제기하면 안 되었다. 이미 합법적 민족혁명단체로 신간회가 결성되었고, 코민테른도 이를 통한 민족혁명 통일전선 건설을 지시하는 마당에 중앙협의회 문제는 더 이상 거론되지 않아야 하는 것이 일반적 상황이었다.

그럼에도 불구하고 1927년 2월 6일, 중앙협의회 창립준비위원회에서는 394개 참여 단체의 심사를 마쳤으며 창립총회가 5월 10일에 개최될 것이라고 언론을 통해 발표했다.[47] 1926년 7월 이후 창립준비위원회의 활동이 거의 드러나지 않아 그대로 잊혀진 것으로 보였는데, 다시 불씨가 되살아났다. 물론 그 사이 각 지역의 사회단체에서는 중앙협의회 가맹 건이 지속적으로 논의되고는 있었다.

창립준비위원회의 발표는 공교롭게도 2월 15일 신간회 창립을 목전에 앞둔 시점이었다. 마치 신간회 창립을 겨냥하여 발표된 것으로 보였다. 실제 중앙협의회 창립총회는 5월 16일로 연기되었다가,[48] 결국에는 기독교청년회관 대강당에서 예정대로 개최되었다. 민족통일전선으로 신간회가 결성되고, 또한 당시 사회주의 운동에 큰 영향을 미치던 코민테른의 방침이 단일 민족통일전선 결성을 지시하고 있었는데, 왜 이런 일이 벌어졌을까? 또한 이를 추진한 사

---

47 『조선일보』, 1927. 2. 6; 『동아일보』, 1927. 2. 7.
48 『조선일보』, 1927. 4. 29; 『동아일보』, 1927. 4. 29.

람들은 어떠한 생각이었을까?

  준비위원회에서 핵심적 역할을 했던 이들은 이항발(李恒發), 한신교, 임봉순이다. 5월16일 창립총회 첫 회의에서 이항발이 사회를 보았고, 한신교가 개회사를 했다. 이후 출석대표 자격 심사위원으로 황신덕(黃信德), 인동철(印東哲), 이평권(李平權), 박종락(朴鍾洛), 김재명(金在明), 이항발 등 7명이 선임되었다. 이후 회의에서 임시집행부를 선임했는데, 의장에 조용관(趙容寬)과 이항발이, 서기에 권태동(權泰東)과 서태석(徐邰晳), 황신덕, 조용문(趙龍門)이, 감찰에 김태균(金泰均), 이방(李芳), 김석천(金錫天), 강정희(姜貞熙), 박은혁(朴殷赫)이 선임되었다. 오후에 속개된 회의에서 임봉순이 회의 순서 보고, 이상학(李相學)이 창립 경과 보고를 했다. 이후 규약 보고 시 조선공산당 쪽의 최익한(崔益翰)이 이의를 제기하는 것을 시발로 반대 의견이 속출했고, 회의는 중앙협의회를 상설로 할 것인가, 임시기관으로 할 것인가의 논쟁으로 변모하여 치열하게 전개되었다.[49] 회의 당시 이항발과 한신교, 그리고 김사국의 부인인 박원희(朴元熙)가 상설론을 적극 옹호하며 토론했다.[50] 한편 창립대회 이후 박원희와 상해파 출신의 김명식은 중앙협의회 상설을 옹호하며 언론에 기고했다.[51]

  중앙협의회 상설을 옹호했던 이들을 서울파 구파로 보는 연구도 있었지만, 김승은 이를 서울 신파는 물론 구파와도 분열하여 조선공산당에 참여하지 않

---

49 경성 종로경찰서장, 「朝鮮社會團體中央協議會創立大會開催狀況竝集會禁止ニ関スル件」, 京鍾京高秘 第2502-1號, 1927년 5월 30일, 15쪽. 국사편찬위원회 한국사데이터베이스(http://db.history.go.kr/id/had_136_0230).

50 『조선일보』 1927. 5. 18; 『동아일보』 1927. 5. 18.

51 박원희, 「제국주의 시대의 민족운동과 사회운동」 (1)~(5), 『조선일보』 1927. 5. 20~25; 솔뫼, 「중앙협의회를 파괴한 이유가 어데 있는가」, 『조선지광』 68, 1927; 「중앙협의회 상설론의 재음미」, 『조선지광』 69, 1927.

은 잔류파라고 했다.[52] 최근 임경석의 연구에서는 통일조선공산당에 참여하지 않은 고립된 개인, 당 외에 존재하는 사회주의자들이라고 했다.[53] 필자는 이들의 주장에 기본적으로 동의한다. 서울파 고려공산동맹 구성원의 다수가 통일조선공산당으로 입당하는 가운데, 이들은 입당을 거부하고 독자적인 길을 찾았다. 1926년 중앙협의회를 발의한 것은 김사국을 포함한 고려공산동맹의 지도적 인물들이다. 반면에 1927년 중앙협의회 결성을 시도한 것은 통일조선공산당에 참여하지 않은 당 외의 사회주의자들이다. 주도 세력이 바뀐 것이다. 이렇게 바뀐 이유는 크게 세 가지 이다.

첫째, 앞서 살펴본 코민테른의 정책 때문이다. 코민테른은 지하의 전위당과 합법적 민족혁명단체 건설만을 지시했다. 중앙협의회는 상정하지 않았다. 때문에 코민테른의 지시를 받는 고려공산동맹, 곧 통일조선공산당에 합류하는 공산주의자들이 중앙협의회를 고집할 수 없었다. 이들이 중앙협의회 논의에서 물러난 것은 지극히 당연한 것이다.

둘째, 1926년부터 레닌의 글들이 일본어로 본격적으로 번역 출간되면서 마르크스레닌주의가 일본과 식민지 조선 사회주의자 전반에 일반화되기 시작했기 때문이다. 서론에서 언급했듯이 1926년 일본에서 레닌저작집간행회위원회 명의로 『레닌저작집』이 일역되어 간행된다.[54] 1927년에는 백양사에서 『레닌총서』가, 공생각에서 『레닌주의 총서』가 역시 일역되어 출간된다.[55] 이를 전후로 다양한 레닌주의 글들이 쏟아져 번역 간행되었다. 이전까지는 일본과 조선

---

52 김승, 앞의 글, 1993, 545~547쪽.

53 임경석, 앞의 글, 2019, 423쪽.

54 レーニン 著, 『レーニン著作集』 1~7, レーニン著作集刊行会, 1926.

55 レーニン 著, 『レーニン叢書』 1~24, 白揚社, 1927~1930; レーニン 外 著, 『レーニズム叢書』 1~12, 共生閣, 1927~1928.

의 소수 사회주의자들만이 레닌의 글들을 직접 접할 수 있었고, 대부분의 사회주의자들은 레닌의 글을 직접 보고 배우지 못했다. 레닌 저작들이 대거 일역되면서 이제는 레닌과 마르크스레닌주의 글들이 일본과 조선 사회주의 운동 이념과 활동의 기준이 되었다. 이에 따라 이전까지 일본과 조선의 사회주의자들에게 큰 영향을 미쳤던 사회주의 사상가이자 이론가인 야마카와 히토시나 사카이 도시히코 등의 영향력은 급속히 쇠퇴했다. 앞서 중앙협의회 발상이 야마카와의 '단일무산정당론'에 일정한 영향을 받고 있음을 말했다. 그렇지만 이런 야마카와의 주장은 마르크스레닌주의와는 상당한 차이를 가졌다. 레닌의 원전이 사회주의자들 사이에서 일반화되면서, 그 차이가 명백하게 드러났다. 야마카와가 마르크스주의자이기는 하지만 레닌주의자는 아님이 분명해졌다. 이제 그의 주장은 일본과 조선의 공산주의자들이 배우거나 참고해야 할 대상이 아니었다.

셋째, 야마카와의 일본 코뮤니스트 그룹 참여 거부와 뒤에서 살펴볼 후쿠모토 가즈오(福本和夫)의 활동 및 야마카와 비판이다. 야마카와는 코뮤니스트 그룹 참여를 거부함으로써 일본공산당 재건에 거리를 두었다. 코민테른 및 공산당과 관계를 정리한 야마카와는 이제 일본과 한국의 공산주의자들에게는 경시와 비판의 대상이 되었다. 이런 가운데 혜성처럼 등장한 후쿠모토는 1926년 6월 코뮤니스트 그룹에 가담했고, 코뮤니스트 그룹의 지지를 받으면서 정력적으로 자기 주장을 전개했다. 이때 그가 가장 비판한 것 중 하나가 야마카와의 주장이었다. 이런 상황 속에서 이전에 야마카와에게 영향을 받았던 많은 일본과 조선의 공산주의자들이 그와 명백히 단절했다. 후쿠모토의 주장에 동의하지 않거나 반대하는 일본과 조선의 공산주의자들은 많았고, 통일조선공산당에 가담하는 고려공산동맹 사람들도 대부분 후쿠모토 주장에 동의하지 않았다. 그럼에도 그와 상관없이 레닌주의자도 아니고 공산당 재건운동 참여도 거부한 야먀카와의 주장은 받아들일 수 있는 것이 아니었다. 코민테른의 권위를 인정하고 공산주의 운동에 참여하는 공산주의자 입장에 서 있는 한, 야마카와에 대한 어떠한 연계나 영향도 허용될 수 없었다. 통일조선공산당에 참여한 고려공산동맹 출신들도 물론이었다.

2) 조선공산당의 저지

중앙협의회가 전례 없이 수많은 가맹 단체를 가질 수 있었던 이유가 조선공산당 덕분이라는 일부 연구의 주장은 부분적으로 사실이다. 조선공산당은 중앙협의회를 무산시키기 위해 자신의 영향력하의 대중단체들을 중앙협의회에 대거 가입시켰다. 1927년 2월 시점에 중앙협의회가 발표한 참여 단체는 394개였는데, 그 후 폭증하여 대회에 임박해서는 중앙협의회가 전국 874단체에 소속회원 32만 5,607인을 망라한다는 발표가 있었다.[56] 대회 당일에는 923개 단체가 되었다.[57] 2월 이후 가입한 단체의 상당수는 이미 지적되었듯이 조선공산당의 영향을 받아 가입했을 가능성이 높다.

그런데 중앙협의회를 지지하고 참여하려고 했던 세력들도 여전히 적지 않았다. 사실 통일조선공산당이 결성되기도 전인 1926년 초반부터 하반기까지 전국 각지 사회단체들의 중앙협회의 참여와 지지가 언론에서 지속적으로 표명되고 있었다. 실제로 당시 대중조직 장악력을 놓고 볼 때, 조선공산당이 전국의 모든 사회단체 대중단체들을 장악하고 있었는지도 의문이다. 조선공산당이 전국의 대중단체 사회단체를 일사불란하게 장악했다면, 그 후 코민테른

---

56 『조선일보』 1926. 5. 15.

57 대회에서는 최종적으로 중앙협의회가 923개 가맹 단체에 32만 9,029인을 망라했고, 282개 단체의 대표들이 대회에 출석했다고 보고했다. 『조선일보』 1927. 5. 18.

및 당재건운동 과정에서 조선공산당에 대해 지적된 여러 조직적 문제들이 나오지 않았을 것이다.

또한 상설 가부 여부의 표결이 조선일보 표현에 따르면 '만장일치', 관헌 자료 표현에 따르면 '대다수', '만장일치와 같은 다수결'로 결정되었다고 하는데, 실제 만장일치로 비상론이 상설론을 압도했다는 것도 의문이다. 창립대회는 1927년 5월 16일 오전 10시 20분에 개회되었다가 출석대표 심사위원만 선임하고 바로 휴회하여 오후 3시 20분에 속개되었다. 그렇지만 상설 비상설을 두고 치열한 논쟁이 전개되었고, 밤12시가 넘어가자 토의를 더하자는 개의에도 불구하고 의장이 동의 여부를 직권에 부쳐 만장일치로 비상설을 결정했다.[58] 밤 늦도록 치열한 논전에도 불구하고 만장일치로 결정된 것은 아마 모양새를 좋게 보이기 위해 다수 쪽을 만장일치로 결정한 것으로 보인다. 회의 진행에서 이런 경우는 종종 나오기 때문에 이를 문자 그대로 믿어서는 곤란하다. 만장일치라 하기에는 양 진영의 대립이 격렬했고 이후에도 합일되지 않았다.

또한 조선공산당 지도자 안광천(安光泉)이 뒤에 중앙협의회를 회고하면서 "발기 정신은 잘못되었지만, 운동상 일대 전환기에 임하여 내외지 사회단체 대표가 골고루 모여서 문제 삼아진 모든 중대 문제를 토로 발표하는 것은 그 순간에 있어서 절대로 필요하였던 것"이라고 했던 것도[59] 신뢰하기 어렵다. 이 주장이 성립하기 위해서는 "사회단체 대표가 골고루 모여서 문제 삼아진 모든 중대 문제를 토로 발표"해야 한다.

그런데 실제 창립대회 진행 과정을 보면 준비위원회가 준비한 안건과 예정된 의안 토의에 들어가기도 전에 조선공산당 쪽에서 중앙협의회 상설과 비

---

58 『조선일보』 1927. 5. 18.

59 노정환, 「조선사회운동의 사적 고찰」 (3), 『현대평론』 6, 1927, 21쪽.

상설 문제를 제기하였고, 그것만 논의하다가 비상설로 결론이 내려졌다.[60] 그 후 조선공산당의 영향력하에 있는 인물들로 의안 작성 위원을 새로 선정하여 의안을 마련했다.[61] 그렇지만 그 안은 토의도 되지 못하고 회의는 종료되고 말았다.[62] 제2일 회의가 금지되자 약간의 반발과 소동이 있었지만, 간담회를 대신하는 것으로 하여 자진 해산했다. 때문에 중앙협의회를 한 번의 모임으로 종료시킨 것 말고는 실제로 아무것도 한 것이 없었다. 당시의 운동과 교통 상황을 놓고 볼 때, 보통 전국적 회합은 전국적 단체를 결성하거나 전국적 투쟁을 할 때나 이루어졌다. 전국의 수많은 단체 대표가 모이는 것은 막대한 인력과 비용이 요구되는 일이기 때문이다. 그런데 이렇게 어렵게 모인 회의가 아무런 성과도 없이 끝나고 말았다.

안광천은 "그 발기 정신은 당면 역사적인 모메트를 정확하게 인식하지 못한 것이었다. 무산계급의 최고 결의 기관으로 하자든 것은 즉 무산정당으로 하자든 것이었나니 그 주장은 결국 '민족단일전선'에 대립한 것이었다. (…) 고로 그것에 참가한 내외 각지 단체 중에는 최초부터 그 발기 취지에 대하여 반대의 의견을 가졌었다"라고[63] 주장했다. 아마 이것이 당시 안광천과 조선공산당의 본심이었을 것이다. 조선공산당의 통제를 받지 않는 당 외의 사회주의자들이

---

60 『조선일보』 1927. 5. 18; 『동아일보』 1927. 5. 18.

61 중앙협의회 대회에서 새로 작성된 의안에 대해서는 다음 참조. 경성 종로경찰서장, 「朝鮮社會團體中央協議會創立大會開催狀況竝集會禁止ニ関スル件」, 京鍾京高秘 第2502-1號, 1927년 5월 30일, 18~26쪽. 국사편찬위원회 한국사데이터베이스(http://db.history.go.kr/id/had_136_0230).

62 새로 선임된 의안 작성위원은 대부분 안광천 책임비서하 조선공산당과 관련 인물이었다. 의안의 내용을 통해 본 당시 조선공산당의 운동 방침에 대해서는 다음 참조. 김영진, 「일제하 사회주의 운동과 정우회」, 성균관대학교 사학과 박사학위논문, 2019, 124~133쪽.

63 노정환, 앞의 글, 1927, 21쪽.

주도하는 전국적 조직 결성을 막기 위해서, 또한 아직 당의 영향력 밖에 있는 전국의 수많은 사회단체와 대중단체에 그들의 영향력이 파급되는 것을 막기 위해서 조선공산당 측이 목적의식적으로 대회에 참여하여 무산시켰다고 보는 것이 합리적일 것이다.

이런 사정에 대해 김명식은 "우리의 전언에는 중압협의회의 존재가 ××××××××× 그러나 파괴시킬 만한 구실이 없어서 고심하는 중 비상설론자가 다수인 것을 간파하여 대회의 개회를 허하였다가 그 목적을 달하게 되매 속히 해산시킨 것이라 한다"라고 기술하고 있다.[64] 때문에 안광천은 중앙협의회가 "조선사회운동상 전례를 보지 못한 역사적 회합"이라고 평가하였지만, 실제로는 중앙협의회 추진자들에 대해서 조선공산당 측과 그와 관련된 조직과 사람들은 도에 지나친 비판과 비난을 쏟아냈다.

이런 상황을 김명식은 다음과 같이 역설적으로 보여주고 있다. "중앙협의회는 어떠한 조직체이었든가? 그가 흑셔츠단인가? 그가 제국주의의 아성인가? 그가 자본주의의 참피온인가? 그렇지 아니하면 그가 배타적 민족적 한계성의 표현인가? 그가 개량주의적 협조주의의 총본산인가?"[65] 그의 주장에서 중앙협의회를 추진한 사람들에게 점잖게는 '배타적 민족적 한계'를 가졌다거나 '개량주의적 협조주의의 총본산'이라는 비판이 가해졌고, 더 나아가 '제국주의의 아성', '자본주의의 챔피온', 파시스트 '흑셔츠단'이라는 과도한 비판이 퍼부어졌다는 사실을 알 수 있다.

---

64 솔뫼, 「중앙협의회 상설론의 재음미」, 『조선지광』 69, 1927, 14쪽.
65 솔뫼, 「중앙협의회를 파괴한 이유가 어데 있는가」, 『조선지광』 68, 1927, 6쪽.

3. 일본과 조선에서의 무산 대중정당론의 확산과 한계

1) 일본 '좌익진출론'과 합법적 무산 대중정당론의 갈등

중앙협의회 상설론자들의 주장을 이해하기 위해서는 노농당 결성 이후의 일본 사회주의 운동과 무산정당의 상황을 살펴볼 필요가 있다.

1926년 3월 노농당 결성 이후에도 일본 정부의 공산주의 탄압과 분열 정책, 이에 편승한 총동맹과 노농당 지도부의 반공적 태도는 여전히 고수되었다. 그러면서 야마카와 히토시가 주장했던 단일무산정당의 혁명적 성격과 의미는 사실상 사라졌다. 당시 사회주의 좌파들은 노농당 결성 과정에서 대중적이고 통일적인 합법정당 결성을 위해 일종의 '용퇴'를 했다. 그렇지만 그들의 생각을 뒷받침했던 야마카와의 기대와는 달리 노농당 지도부가 좌파 배제 정책을 유지하자, 좌파 세력 전반에서 광범한 불만과 당 문호 개방 요구가 일어났다. 그러자 당내 중간파였던 일본농민조합이 중재하여 4월 좌파들의 당 가입이 사실상 인정되었다. 이에 좌파들은 적극적 입당을 통해 지역지부 결성을 촉진하면서 지방에 실재적 거점을 만들려고 했다. 1926년 5월 이후 전국적으로 무산정당 지부 결성이 크게 확산되었다. 평의회 계열 노동조합, 일본농민조합, 정치연구회 지방지부 등이 추진 역할을 담당했으며, 보통선거 실시에 대한 기대 속에 크게 확산된 지역의 정치운동 흐름, 무산단체들이 이에 적극 호응했다.[66]

이때 사회주의 좌파 주장의 이론적 배경이 되었던 것이 '좌익진출론'이었다. 좌익진출론은 반공 정책을 주장하는 사회주의 우파와 노농당 지도부에 대항해, 지부조직 운동을 통해 아래로부터 노농당으로 적극 진출을 주장한 이론

---

66 지역의 동향에 대해서는 다음 참조. 이토 아키라 지음, 후지이 다케시 옮김, 「후쿠모토주의 (福本主義)의 형성—1926년의 좌익 정치운동」, 『역사연구』 15, 2006, 266~269쪽.

이었다. 이는 지하에서 활동하던 일본 코뮤니스트 그룹을 통해 제기되었다. 이후 야마카와가 「노동농민당과 좌익의 임무」 논문을 『마르크스주의』 1926년 9월호에 발표하면서[67] 이론으로 정식화되었다. 당시 야먀카와는 공산당 재건 참여를 거부하였고, 후쿠모토주의자로부터 격렬한 공격을 받고 있었다. 그렇지만 단일무산정당과 노동농민당 문제에서는 야마카와와 공산파가 이해가 일치하고 있었기 때문에 '좌익진출론'은 지도적 역할을 발휘했다.[68]

지부 결성이 급속히 확산되고 무산정당에 대한 관심이 전국적으로 확대된 것에서, 이토 아키라(伊藤晃)가 지적한 것과 같이 좌익진출론은 현실 적합한 측면이 있었다.[69] 그러나 동시에 '좌익진출론'은 사회주의 우파와의 분열과 대립을 심화시키며, 각 정파의 경계선을 고정화시키는 요소를 분명히 갖고 있었다. 실제로 노농당 지도부는 좌파가 결성하는 지부들을 승인하지 않았고, 좌우대립이 극심한 대도시에서는 지부 결성이 어려웠다. 또한 사회주의 우파들도 도쿄나 오사카의 대도시에서 단독으로 지부를 결성했다. 이러한 사회주의 내 좌우파 분열의 강화는 단일하고 통일적인 공동전선당을 주장하던 야마카와의 단일무산정당론을 사실상 무너트리는 것이었다. 그런 점에서 오카모토 히로시(岡本宏)는 이런 야마카와의 좌익진출론이 사실 종래 그의 주장에서 일정하게 변화한 것으로, 후쿠모토의 비판과 사노 마나부(佐野學)의 주장에 비상하게 접근한 것이라고 평가했다.[70] 좌익진출론에도 불구하고 이 시기 야마카와는 여전히 지속적으로 단일무산정당 결성을 주장했다. 이를 위해 노농당 우파 지도

67　『山川均全集』第7(1926年 3月~1927年 7月), 勁草書房, 1966, 102~113쪽.

68　小山弘健 엮음, 한상구·조경란 옮김, 앞의 책, 55쪽.

69　이토 아키라 지음, 후지이 다케시 옮김, 앞의 글, 2006, 269쪽.

70　岡本宏, 앞의 책, 1978, 201쪽.

부의 양보와 좌파 세력의 자제를 동시에 요구하고 있었다.[71]

일제 사회주의 좌파 세력에게 야마카와보다 실제로 더 큰 영향력을 행사하던 이는 일본 코뮤니스트 그룹과 그에 참여한 후쿠모토 가즈오였다. 코뮤니스트 그룹은 1926년 6월 귀국한 도쿠다 규이치(德田球一)를 통해 3월 코민테른에서 승인된 「모스크바 테제」를 전달받았다. 테제는 당재건대회를 개최할 것과 함께, 모든 운동에서 공산주의자의 헤게모니를 수립할 것을 지시했다.[72] 이 테제는 당시 공산파들의 사회주의 우파 공격과 대결 구도의 근거로 인용되었다. 후쿠모토는 1926년 6월 코뮤니스트 그룹에 가담하였고, 『마르크스주의』의 부주필로 활동했다. '결합 이전의 분리', '이론 투쟁', '전위의 의식적 결성과 직접적 개입' 등으로 상징되는 그의 이론과 주장은 사노 후미오와 와타나베 마사노스케 등 당재건운동을 추진하던 코뮤니스트 그룹 지도자들의 지지를 받았다.

당시 코뮤니스트 그룹의 주도하에 여타 사회주의 세력에 대한 가차 없는 비판과 공격이 가해졌고, 야마카와가 주장했던 방식의 노동자 공동전선당, 전국적 단일무산정당 결성 주장은 껍데기만 남은 채 사실상 철회되었다. 야마카와가 회고한 것과 같이 공산주의자들은 무산정당이 공동전선의 당이라거나 전국적인 단일정당이라는 것을 잊어버리고, 공산당의 외곽 단체로서 무산정

---

71 이와 관련한 논설은 다음과 같다. 「單一無産政黨の擁護」, 『改造』, 1926. 9; 「'中間派' 左翼の結成か單一左翼の形性か」, 『マルクス主義』, 1926. 10; 「無産階級運動の左右兩翼の對立」, 『世界』 1921. 1; 「勞動農民黨の'分裂」, 『改造』 1926. 12; 「政黨問題と左右兩翼」, 『解放』 1927. 1; 「無産階級政治全線の混亂」, 『改造』 1927. 1; 「紛糾した無産政黨」, 『世界』 1927. 1; 「勞農總同盟の崩壞作用と無産政黨の問題」, 『報知新聞』 (1)~(7), 1926. 12. 이상 『山川均全集』 第7(1926年 3月~1927年 7月), 勁草書房, 1966 수록.

72 村田陽一 編譯, 『(資料集) 初期日本共産黨とコミンテルン』, 大月書店, 1993, 56~61쪽.

당을 사고했다.[73]

그런데 당시 사회주의 좌파 내부에서 좌익진출론에 반대하는 그룹들이 출현했다. 1926년 3월 창간한 잡지 『대중』을 근거로 활동하던 그룹들로 스즈키 모사부로(鈴木茂三郎), 오야마 이쿠오(大山郁夫), 구로다 히사오(黑田壽男), 다카노 미노루(高野實), 오오모리 요시타로오(大森義太郎), 아다치 가츠아키(足立克明) 등이 중심 인물이었다. 이들은 후쿠모토주의에 비판적 입장을 취했다. 주도적 인물인 스즈키 모사부로는 무산정당 문제에서 좌파가 실패한 원인이 중간파의 중요성을 충분히 인식하지 않았기 때문이라고 주장하면서 중간파의 특별한 중요성을 강조하였고, '중간파 좌익'의 결집을 주장했다.[74] 그들은 합법적인 대중운동을 광범하게 전개하는 것이 필요하다고 하면서, 비합법당과 그 구호는 이를 막는 족쇄라고 생각하는 합법적 사회주의자들이었다. 그들 상당수는 야마카와의 방향전환론의 영향을 받았다. 그렇지만 이 시기에 후쿠모토주의자들의 비판에 대한 대응 과정에서 좌익적 태도를 보이던 야마카와와 일정하게 대립하면서 중간파의 입장을 보이고 있었다. 코뮤니스트 그룹은 이들을 강하게 비판하면서 대대적으로 공격했다.

코뮤니스트 그룹은 노동자 공동전선당, 전국적 단일무산정당으로서 노농당을 공산주의자의 헤게모니로 아래로부터 재구축하려 했다. 의회해산 청원운동을 전개하면서 이를 노농당 지도부를 압박하는 카드로 이용했다. 1926년 10월 좌파의 공세 속에서 일본농민조합이 노농당 우파 지도부가 배제하였던 좌파 단체 회원에 대한 노농당의 문호개방을 결의하였고, 10월 의회해산 청원

---

73 山川菊栄·向坂逸郎 編, 『山川均自伝—ある凡人の記録·その他』, 岩波書店, 1961, 424쪽.

74 小山弘健 엮음, 한상구·조경란 옮김, 앞의 책, 56~57쪽.

운동 전국협의회가 개최되어 노농당 본부를 압박했다.[75] 이렇게 대세가 사회주의 좌파로 넘어가자, 10월 24일 노농당 제4차 중앙집행위원회를 전후해서 사회주의 우파 계열 단체와 인물들이 노농당을 탈퇴했다.[76]

탈퇴한 이들은 당 외곽에 있던 세력들과 연합하여 사회민주주의를 표방한 새로운 형태의 무산정당 결성에 착수했다. 12월 5일 사회민중당이 결성되었는데, 총동맹의 스즈키 분지(鈴木文治) 위원장, 니시오 스에히로(西尾末広) 정치부장, 마쓰오카 고마키치(松岡駒吉) 쟁의부장 외에 관업노동조합, 독립노동협회 등의 인물과 요시노 사쿠조(吉野作造) 등이 참가했다. 기독교사회주의자들인 아베 이소오(安部磯雄)가 집행위원장을, 가타야마 데쓰(片山哲)가 서기장을 맡았다. 아베는 동일 정당 내의 좌우 항쟁이 원수의 양상으로 분열되어 통일전선이 불가능해졌기 때문에 지금의 분열은 현명한 것이라 주장했다. 요시노 사쿠조도 단일정당주의는 편견이라고 주장했다.

사회민중당은 '근로계급 본위의 정치 경제 제도 건설', '자본주의 생산 분배 방법의 합법적 수단에 의한 개혁', '특권 계급을 대표하는 기존 정당 및 사회 진화의 과정을 무시하는 급진주의 정당 배격' 등을 강령에 내세웠다. '근로계급'이란 용어의 사용, '합법적 수단'의 강조, '급진주의 정당 배격' 등에서 보이듯 전체적으로 반공적 경향을 명확히 드러낸 사회민주주의적 성격을 가졌다고 평가되었다.[77]

한편 총동맹 내부에서 아소 히사시(麻生久)를 중심으로 소위 '정의파'라 불리는 총동맹 지도부의 노농당 탈퇴를 반대하는 움직임이 가시화되었다. 그는

---

75 岡本宏, 앞의 책, 1978, 201~203쪽.

76 增島宏, 「日本勞動黨の成立」, 神田文人編, 『社會主義運動史』, 校倉書房, 1978, 257~258쪽.

77 岡本宏, 앞의 책, 1978, 203~204쪽.

일본농민조합 내의 좌익 진출에 반발하던 미야케 쇼우이치(三宅正一) 등과 함께 사회민중당과는 별도의 중간파 성격의 일본노농당 결성을 추진했다. 이에 총동맹은 광부총연합회, 관동합동노동조합 등과 그 지도자인 아소 히사시 등 13명의 간부를 제명했고, 이는 총동맹의 제2차 분열을 가져왔다. 총동맹에서 탈퇴한 세력들은 일본노동조합동맹을 창립했다. 또한 일본농민조합 내의 좌익 진출에 반발하여 탈퇴한 세력들은 전일본농민조합동맹을 결성했다. 이들 두 단체를 기반으로 중립계 노조인 중건동맹이 가담하여 12월 9일 일본노농당이 결성되었다. 아소 히사시는 노농당의 집행위원장인 스기야마 모토지로와 서기장 미와 쥬소를 일본노농당으로 끌어들였다. 그리고 소위 '중앙파이론'이라 일컬어지던 고노 미츠(河野密) 등 잡지 『사회사상』 그룹이 이데올로그 역할을 담당했다.[78]

　노농당은 사회주의 우파 계열 인물들이 대부분 탈퇴하고, 반대로 사회주의 좌파 단체 회원의 가입과 그동안 승인 보류되었던 지역지부의 승인이 한거번에 이루어지면서 급진적 좌익 정당으로 변모했다. 12월 12일 전체대회를 통해 오야마 이쿠오(大山郁夫)가 위원장에, 호소사코 가네미쓰(細迫兼光)가 서기장에 취임했다. 아사노 아키라(淺野晃)가 일본공산당의 프랙션을 이끌었다. 좌파가 장악한 노농당은 의회주의를 배격하고 대중의 일상 정치투쟁을 통해 전 무산계급의 정치적 경제적 사회적 해방을 달성하는 것을 기치로 내세웠다. 당시 재건된 일본공산당이 조직적으로나 실제적으로 노농당을 직접 통제하고 있었다. 물론 오야마를 비롯해서 공산당과 관련이 없는 인물들도 다수 있었으며,

78 일본노농당에 대해서는 다음 참조. 增島宏·高橋彦博·大野節子 著, 『無産政党の研究─戦前日本の社会民主主義』, 法政大学出版局, 1969, 42~162쪽; 增島宏, 앞의 글, 1978, 252~276쪽; 조지 O. 타튼, 정광하·이행 역, 앞의 책, 166~185쪽.

이들은 쁘띠브루주아지를 넘어 부르주아 하층까지 포섭하려 했다.

이렇게 되면서 노농당은 3개의 무산정당으로 분열되었다. 여기에 일본농민당을 더하면 전국적 규모의 일본 무산정당은 크게 4개로 정립되었고, 각 지역에 거점을 둔 군소정당들도 여럿 존재했다.

2) 상설론의 사회주의 단일 대중정당 지향

이제 식민지 조선에서 중앙협의회 상설론자들이 왜 단일한 무산계급의 독립된 진영, 무산정당이나 그 맹아적 정치조직 결성을 계속 주장했는가 하는 측면을 살펴보자. 당시 준비위원회가 준비한 대회 의안 중에서 제2일차와 3일차로 예정된 의안의 다음 내용이 주목된다.[79]

2. 조선 사회운동 방향에 관한 문제

　1) 정치운동론의 내용 검토에 관한 건

　2) 정치투쟁과 경제투쟁의 이론 확립에 관한 건

　3) 비약전환론에 관한 건

4. 민족에 관한 문제

　1) 민족단일당론 가부에 관한 건

　2) 공동전선 구성 방법에 관한 건

---

79 경성 종로경찰서장, 「朝鮮社會團體中央協議會創立大會開催狀況竝集會禁止ニ關スル件」, 別紙 제1號 「준비위원회에서 제작제출한 리플릿 대회순서 및 제안사항」, 京鍾京高秘 第 2502-1號, 1927년 5월 30일, 15~17쪽. 국사편찬위원회 한국사데이터베이스(http://db.history. go.kr/id/had_136_0230).

제3일차 의안

1. 일본 무산정당에 대한 건

2. 언론집회의 자유 보장에 관한 것

3. 악법 반대에 관한 건

의안의 구체적인 내용은 알려지지 않았지만 제목만으로도 대체적 경향을 파악할 수 있다. 제3일차에 일본 무산정당에 대한 건과 중앙협의회가 당면에 전개할 정치투쟁의 방향이 함께 제시되어 있는 것이 이채롭다.

당시 상설론의 주도 인물 중 한 명이었던 이항발은 대회 토의 중에 "자본주의가 국제적 연결이 발달하는 것에 따라 무산계급도 국제적으로 연결 단결하여 대항할 필요가 있으며, 특히 조선에서는 최근 자본주의 발달에 가장 적절한 민족적 단일당이 필요함은 물론 무산계급의 단결도 필요하므로, 상설기관으로 최고 무산계급적 단일당의 설치가 필요하다"고 역설했다.[80]

그의 주장에서 주목할 부분은 임경석도 이미 지적한 바와 같이 무산정당이 여러 개가 아닌 단일당이어야 한다는 점이다. 그런데 무산계급의 다양한 조류와 경향을 망라한 단일당이 되기 위해서는 앞서 일본 야마카와 히토시의 단일무산정당론에서 본 바와 같이 당내의 대화와 타협, 분파가 일정하게 허용되어야 한다. 또한 합법적 공간을 최대한 이용해야 한다. 비합법 공간에서 활동하는 것을 거부하는 세력도 적지 않기 때문이다. 이러한 당의 형태는 당시의 볼셰비키적 전위당의 논리 구조 속에서는 사실상 성립하기 어려운 것이었

---

80 경성 종로경찰서장, 「朝鮮社會團體中央協議會創立大會開催狀況竝集會禁止ニ関スル件」, 京鍾京高秘 第2502-1號, 1927년 5월 30일, 15~17쪽. 국사편찬위원회 한국사데이터베이스 (http://db.history.go.kr/id/had_136_0230).

다. 동시대의 상당수 공산주의자와 코민테른의 논리 구조 속에서 무산정당은 단일당이면 좋지만, 여의치 않으면 꼭 그렇지 않아도 되었다. 무산정당은 지하 전위당의 지도를 받는 것이 무엇보다 중요하기 때문에, 이를 충족하지 못한다면 꼭 단일당일 필요는 없기 때문이다.

다음으로 그는 이 단일당을 무산계급의 최고조직으로 자리매김했다. 이는 이 무산정당이 단순히 지하 전위당의 지령을 받아 수행하는 정당이 아니라, 그 자체로 무산계급의 여러 대중조직들을 지도할 수 있는 최고 수준의 권위 있는 정당이라는 의미를 내포하고 있다. 이렇게 되면 혁명적 전위당, 즉 지하의 공산당이 지금 당장, 꼭 필요한 존재인지 의문이 생긴다. 야마카와가 생각했던 것처럼 무산정당의 발전 과정 속에 먼 장래의 과제로 둘 수도 있기 때문이다. 이는 지하 공산당을 중심에 놓고 활동하던 사람들에게는 자신의 활동을 부정하는 충격적인 주장으로 받아들여졌을 것이다.

상설론에 대해 보다 자세한 논의를 전개한 것은 박원희였다. 그는 대회 토론 중에 "조선이 특수 사정이 있어서 자본주의가 발달되지 못한다 하지마는 사실에 있어서 무산계급과 자본계급이 분립하는 것은 필연적 일이다. 그럼으로 우리는 무산계급의 단일정당을 필요로 한다. 그럼으로 우선 무산정당이 되지 못하면 그 준비 기관이라도 만들어 민족적 단일정당과 협동 혹 대립할 필요가 있는 것이다. 즉 개개인이 산병전을 할 것이 아니라 유력한 정당으로서 행동하여야 될 것이다"라면서[81] 상설론을 강하게 주장했다. 곧 자본주의가 미발달한 식민지 조선도 무산계급과 자본계급이 분립하는 하는 것이 필연적 결과이기 때문에, 무산계급의 개개인이 흩어져서 개별적인 투쟁을 하는 것이 아니라 유력한 무산정당이나 준비 기관을 결성하여 자본계급의 영향력에서 벗어

---

81 『동아일보』 1927. 5. 18.

나 독립해야 한다는 것이다.

정황상 박원희가 비합법적 전위정당의 경험이 전혀 없다고 할 수 없으며, 서울과 고려공산동맹 구성원 대부분이 조선공산당에 가입하는 상황을 전혀 모른다고 볼 수도 없을 것이다. 그런데도 그는 비합법적 전위당의 존재와는 별도로 무산정당이나 준비 기관을 생각하고 있었다. 당시 지하에 건설된 조선공산당은 선진 대중들이 참여할 수 있는 조직이 아니었다. 전국의 사회주의자들 중에서 조직적으로 연결되고 검증된 소수만이 참여하는 비합법 전위정당이었다. 아마 전국 사회운동가 중 상당수는 조선공산당과 직접 연결되어 있지 않았을 것이다. 박원희는 이런 조선공산당과 직접 결합되어 있지 않은 전국의 각계 각층 사회운동가, 사회주의자들을 겨냥하고 있었다. 이들이 흩어져서 개개인적으로 산병전을 하게 해서는 안 되고, 그들 역시 유력한 무산정당 속에서 활동하게 만들어야 한다는 것이다. 일종의 사회주의 단일 대중정당 주장이라 할 수 있다.

조선일보에 연재된 박원희의 글을 좀 더 살펴보자. 박원희는 무산계급의 독립된 진영이 필요한 것은 "제국주의를 대항함에 있어서 신흥 자본계급과 무산계급의 이해가 공통한 점이 있으므로, 그가 같이 대외에서는 일치된 행동을 취할 수 있으나, 대내에서는 이해가 상반한 점이 많기 때문이다"고 한다.[82] 그는 자본주의의 발달 정도와 지리적 관계, 전제정치와 독립 입법기관 존재 여부 등에 따라, 또한 시기와 형세에 따라서 무산계급 운동이 당으로 활동할지 하지 않을지 여부가 결정되어야 한다면서 각국의 사례를 살펴보았다.[83] 이를 기반으로 그는 당에 대해서 "동일한 주의 사상을 가진 자가 동일한 목적의식으로 동

---

82 박원희, 「제국주의 시대의 민족운동과 사회운동」 (1), 『조선일보』 1927. 5. 20.

83 박원희, 「제국주의 시대의 민족운동과 사회운동」 (2), 『조선일보』 1927. 5. 21.

일한 정강 정책을 실행하기 위하여 조직된 어느 형태"라면서 "정강 정책이라는 행동이 없으면 당이 아니다"라고 하고, 사상 단체와 다르게 당은 "행동으로 비롯하여 행동의 성취를 목적으로 한다"고 주장했다.[84] 그는 단일당의 의미에 대해 조선에서 "표면에 나타나는 당은 사유의 당이 아니요 현실의 당"이라면서, 조선의 객관적 현실에서 "기분적의 순수당과 이론적의 이상당(理想黨)은 존재할 수 없"기 때문에 "당으로 보면 순수당의 성취를 촉진하는 과정"이라고 설명한다.[85]

이를 다시 설명하면 무산계급의 당은 단일한 정당이 되어야 하는데, 식민지 조선에서 나타날 무산계급의 당은 표면, 즉 합법적 공간에 나타날 현실의 당이기 때문에 마르크스주의에서 말하는 순수하고 이상적인 형태의 전위정당이 될 수 없다는 것이다. 당에 다양한 조류가 섞일 수밖에 없으며, 순수당, 즉 노동계급 전위당의 성취를 앞으로 촉진하는 당이 될 것이라는 것이다. 여기서 전위당이 현재의 전위당인지, 아니며 야마카와가 상정한 것과 같이 무산정당의 발전 과정에서 장래에 만들어질 전위당인지 여부는 불분명하다. 아무튼 그는 지하의 전위당, 조선공산당과 관계없이 합법적 공간에 단일한 무산정당을 만들어 전국의 사회운동가, 사회주의자들 망라해야 한다고 주장했다.

그는 사회단체나 대중집단의 연합체로 당을 만들려는 중앙협의회의 시도를 조합주의나 비 마르크스주의라고 비판하는 것에 대해서도 반박한다. 그동안 조선에서 당 결성이 여러 써클에 의해 진행되어왔고, 써클들을 통일 통합하는 일 과정이 아니었냐고 반문한다. 그런 측면에서 현재의 조선 '대중집단'이 노동조합이나 농민조합 등을 비롯한 어느 부분에 속한 조직이건 간에 다분히

---

84   박원희, 「제국주의 시대의 민족운동과 사회운동」(4), 『조선일보』 1927. 5. 24.
85   박원희, 「제국주의 시대의 민족운동과 사회운동」(5), 『조선일보』 1927. 5. 25.

써클의 성질을 갖고 있기 때문에, 이들을 묶어 중앙협의회를 결성하는 방식도 사실상 과거의 조직 결성 경험과 큰 차이가 없다는 것이다. 그렇기 때문에 주식회사의 정의와 같이 순수당 이사장이 아니면 비비 ㄷ ㄱ ' 주 당 ㄷ는 ㅅ ㅂ 중앙협의회에 대한 비판은 조선의 현실을 모르는 비판이라는 것이다. 또한 선진 국가나 후진 국가를 막론하고 현실에서 자본당이나 무산당은 이론과 같은 순수당으로 존재하지 않는다고 하면서, 무산계급의 정당 결성에 대해 순수이상 당만을 강요하는 것은 잘못된 것이라고 주장했다. 그 연장선상에서 현재 '정치운동의 단일당'으로 대두한 신간회도 민족운동의 순수당은 아니라고 보았다.[86]

박원희의 주장은 철저히 현실의 조건에 기초해 있다. 전위당인 조선공산당이 비합법의 공간에서만 존재할 수 있고, 또한 사회운동을 하는 전국의 사회주의자들, 무산계급의 선진분자들 중 일부만을 포섭하는 현실을 고려했다. 그의 주장에는 이런 상황 속에서 다양한 성격을 가진 수많은 사회운동가와 선진 대중들을 어떻게 조직화하고 정치투쟁의 장으로 이끌 것인가의 고민이 담겨 있었다. 또한 정치운동의 민족단일당으로 신간회가 제기되었지만, 여기에는 무산계급뿐만 아니라 민족부르주아지와 소부르주아지에 기반한 민족주의운동 세력이 다수 참가하였고, 실제로 이들이 주도하고 있는 상황도 고려했다. 신간회 활동만으로 무산계급이 부르주아지의 정치적 영향력에서 벗어나 독립적이고 자립적인 독자 정치 세력으로 성장할 수 있다는 주장에 대한 의구심과 불안감이 반영되어 있었다.

반면에 조선공산당 세력들은 지하 공산당의 지도 아래 이 모든 우려를 불식시킬 수 있다고 판단했다. 물론 현실적으로 조선공산당이 그만한 조직적 및 대중적 기반과 정치적 영향력을 가지고 있었는가는 의문이지만, 조선공산당

---

86 박원희, 「제국주의 시대의 민족운동과 사회운동」 (5), 『조선일보』 1927. 5. 25.

세력들은 이를 별개의 문제로 치부했다. 지하의 조선공산당이 조선의 사회운동은 물론 민족운동도 지도하고 이끌 수 있다고 자부했다.

그렇지만 실제로 신간회 거의 전 기간 동안 신간회 본부를 주도한 것은 민족주의 세력이었다. 또한 수많은 사회운동가들 중에 지하 조선공산당의 조직원으로 직접 활동한 사람들은 소수였다. 적잖은 운동가들이 여러 가지 이유에서 공산당 외곽에서 고립된 채 개별적으로 운동할 수밖에 없었던 것이 당시의 현실이 아닐까 한다.

다음으로 상해파 출신 김명식의 주장을 살펴보자. 김명식은 『신생활』지 필화 사건으로 옥고를 치르면서 고문으로 건강을 크게 상해 운동전선에서 떨어져 있다가, 1927년 3월에야 신간회 제주지회장으로 다시 사회운동에 등장한다. 그렇지만 지하 당 조직운동에는 참여하지 않았고, 이후 잡지에 많은 글을 기고하면서 신간회 해소 후에는 소위 '잡지사회주의자'로서 활동했다. 필자는 김명식이 당시 지하조직 활동을 하지 않았다고 해서 그의 주장의 가치가 떨어지는 것이 아니라고 생각한다. 당시 조선공산당은 전체 사회운동자의 일부만 포괄하고 있었기 때문이다. 김명식의 주장은 이런 조선공산당과 직접 관련이 없는 수많은 사회운동자들 중 무시할 수 없는 일부의 의견을 보여준다.

김명식은 1926년 11월 정우회선언 이후 파벌청산을 명목으로 각지의 사상단체를 해체하는 현실에 대한 문제제기부터 출발한다. 현재는 "사상단체도 없고, 당도 없고, 대중집단 연합체도 없다"면서,[87] 방향전환과 정치투쟁을 하자고 해놓고 정작 그를 위한 조직은 민족주의자들이 주도권을 갖고 있는 신간회밖에 남겨두지 않은 현실을 개탄한다. 지하 전위당에 소속된 소수의 무리 외에 당 밖의 수많은 사회운동가들이 정치투쟁을 토론하고 실천할 조직은 현실적

---

87   솔뫼, 「중앙협의회를 파괴한 이유가 어데 있는가」, 『조선지광』 68, 1927, 7쪽.

으로 없어졌다는 것이다.

그는 중앙협의회가 "대중의 각 부문집단의 종적 연합체가 아니라 지역적 횡적연맹의 연합체이다. 이것은 ××××(소비에트—인용자)의 연합체와 다르지 아니하다. 다만 지역적으로 횡적 연맹이 성립되지 아니한 곳에 한하여, 종적연맹 혹은 개체 단체의 가입을" 허가 했다고 한다. 그가 이렇게 지역적, 횡적 연합을 주장한 것은 조선의 자본주의가 미발달하여 객관적으로 총인구의 반수 이상이 실업자 상태에 있으며, 각 부분 대중조직도 충실하지 못한 상태이기 때문에, 노동자나 농민, 청년집단에 소속되지 못한 절대 다수의 실업자들을 조직하고 훈련하기 위해 횡적 또는 전선적 조직이 필요하다는 생각에서였다. 실업자 대중들을 이런 조직에 망라하지 않으면 정치운동이 관념적인 운동에 머무를 수밖에 없다고 보았다. 그들에 대한 실제 조직이 진행되지 않으면, 현실적으로 그들은 봉건주의의 유물인 종교단체로 향할 수밖에 없다고 파악했다.[88]

그는 무산계급의 기본 조직이 당과 평의회, 노동조합의 3개가 삼위일체로 조직된 것이라면서, 중앙협의회를 사실상 평의회 조직으로 상정했다. 다만 "그의 지도적 임무를 가진 기관이 불충실하든지 혹은 민족당이 관념적 존재에 불과할 때는" 이를 대신할 수 있다고 보았다. 그는 중국의 예를 들어, 중국 총공회가 당의 역할을 대신한 것을 들고 있다.[89] 곧 중앙협의회는 기본적으로 평의회를 지향하면서, 노동계급의 전위당이나 민족당이 제대로 역할을 못할 때는 이를 대신하여 역할을 담당할 수 있는 것으로 상정했다. 그는 중앙협의회가 이런 역할을 담당하기에는 조직적으로 조잡하다는 지적에 대해서는 동의한다. 그렇지만 비판론자들이 말한 "좀 더 정연하고 질서적, 의식적, 조직적인 것이 됨

---

88 솔뫼, 앞의 글, 1927, 11~12쪽.

89 솔뫼, 「중앙협의회 상설론의 재음미」, 『조선지광』 69, 1927, 19쪽.

에는 상당한 시일이 걸릴 것이 물론이요 그것이 상설이 되어서 부단의 개조와 혁신을" 해야 한다고 파악했다.[90] 곧 중앙협의회가 상설이 되어서 부단한 개조와 혁신을 이룬다면 보다 의식적이고 정치적인 조직으로 발전할 수 있다는 것이다.

김명식은 민족단일당을 부정하지 않았지만, 그 역할은 제한적일 것으로 파악했다. 무산대중과 신흥 자본계급처럼 주의와 사상이 다른 사람들뿐만 아니라 온갖 성격의 사람들이 모여 있기 때문이다. 또한 혹자들이 민족단일당의 모델로 중국의 국민당을 거론하는데, 중국국민당은 삼민주의로 결성된 것이 아니냐면서 그것이 무산대중의 이해를 반영할 수 없다고 판단했다. 앞서 살펴보았듯이 당시 코민테른은 식민지 조선의 민족통일전선의 모델로 중국국민당을 제시했고, 신간회는 이를 모태로 했다. 그렇지만 신간회도 그 모델인 중국국민당도 모두 부르주아지들이 주도권을 갖고 있었다. 이런 상황이기 때문에 그는 무산계급의 독자적 조직 결성은 불가피하다고 파악했다.

중앙협의회에 대한 그의 기대는 다음과 같은 말에서 잘 느껴진다. 식민지 조선에 "사회민주당만 한 것이라도 존재할 수 있으면 얼마나 필요할까? 그야말로 일보전진이 아니며 질적 비약이 아닌가?"[91] 곧 정치적 자유가 거의 허용되지 않는 식민지 조선의 엄혹한 현실에서 무산계급의 이해를 반영할 수 있다면, 공산당이 아닌 사회민주당이라도 일보 전진이고, 질적 비약이라는 주장이다.

3) 노동계급의 독자성과 헤게모니에 대한 인식의 차이
중앙협의회를 추진하거나 지지했던 상설론자들은 무산계급의 이해를 대

---

90   위의 글, 17쪽.

91   위의 글, 16쪽.

변하는 독립된 진영, 수많은 사회운동가와 선진 대중이 참여하는 단일한 무산계급연합체(평의회)나 무산정당이 필요하다고 보았다. 여기서 방점은 '단일한'과 '독립된 진영'이다. 비상설론자들은 비합법 비밀결사인 조선공산당이 무산계급의 독립된 진영을 전적으로 대변한다고 보았다. 이에 반해 상설론자의 입장에서 보면 현재의 지하 조선공산당은 무산계급의 주요하지만 일부인 경향만을 대변하고 있을 뿐이었다. 노농계급의 광범한 선진분자들을 망라하고, 실제적인 투쟁을 담당할 대중적 조직이 여전히 필요하다고 보았다.

여기서 상설론과 비상설론이 노동계급의 독자성과 프롤레타리아 헤게모니에 대한 이해에서 적지 않은 차이를 지니고 있음을 볼 수 있다. 비상설론자들은 비합법 비밀결사인 공산당이 노동계급의 독자성과 프롤레타리아 헤게모니를 전적으로 담보한다고 보았다. 신간회와 같은 민족통일전선에서 노동계급의 독자성과 프롤레타리아 헤게모니의 실현은 조선공산당의 존재와 그 역할에 의해 담보되는 것으로 이해되었다. 당시 코민테른하의 공산당 체제에서는 당연한 논리구성이라 하겠다.

반면 상설론자들은 노동계급의 독자성과 헤게모니가 현재의 소수 비합법적 비밀결사만으로 담보될 수 없다고 생각했다. 무산계급의 광범한 세력과 대중이 참여하는 무산계급의 평의회나 무산계급의 단일한 정당이 결성될 때야비로소 노동계급의 독자성과 헤게모니가 실현될 수 있을 것으로 보았다. 때문에 공산당의 필요성을 부정하는 것은 아니었지만, 그보다는 무산계급의 대부분 세력을 포괄하는 평의회나 단일한 합법당이 무엇보다 시급하고 필요하다고 보았다. 그리고 다수의 무산계급을 단일한 대오로 망라하기 위해서는 규율은 존재하지만 볼세비키적 철의 규율이 아니고, 다양한 세력들의 상호 이해와타협이 존재하는 조직이어야 하며, 철저히 대중적이어야 한다. 또한 이들 조직은 공산당의 지시와 지도를 일방적으로 받는 조직이 아니라, 무산대중의 독립된 의지에 따라 자율적·독립적으로 운영되는 조직이어야 한다고 생각했다.

한편 상설론을 주장했던 사람들은 이미 기존 연구에서 지적된 바와 같이 무산정당이나 그 준비 기관이 식민지 조선에서도 합법적으로 결성 가능할 것으로 판단했다. 민족단일당인 신간회의 결성을 총독부가 허가해주었기 때문에, 무산정당도 합법적 공간에서 활동할 수 있을 것으로 전망했다. 물론 이는 잘못된 정세이해이고 판단이었다. 1920년대 들어 일본 정계에서 특권 세력이 약화되고 정당정치 시대가 도래하였지만, 식민지 조선 지배 정책은 요지부동이었다. 자치는 물론 중의원 참정권조차 부여될 여지가 거의 없었다. 특권 세력과 보수 세력은 물론 일본 정당정치 세력 대부분도 '조선의회'로 상징되는 자치 정책에 부정적이었다. 식민지 조선의 일부 토착 일본인 관료들과 '제국의 브로커' 아베 미츠이에(阿部充家), 일부 식민 정책학자들이 주장하기는 했으나, 일본 정부와 정계에 미치는 영향력은 거의 없다시피 했다.[92] 이렇게 식민지 조선에 정치적 자유가 허용될 여지가 전혀 없는 상황에서 합법적 대중정당을 지향하는 것은 잘못된 일이었다.

그러나 당시 일본의 상황과 연결시켜 보면 이해 못할 바도 아니었다. 1927년 5월 시점에서 보면, 조만간 일본 중의원 보통선거가 예정되어 있었다. 특권 세력과 군부 세력은 약화되었다. 무산정당 결성이 활발하게 진행되어 전국적 규모의 무산정당만 4개가 합법적으로 허용되었다. 뿐만 아니라 지방 차원에서도 많은 무산정당 성격의 조직들이 허가되어 합법적으로 활동하고 있었다. 이런 상황도 그들의 전망에 영향을 미쳤을 것이다.

상설론자들의 존재는 조선 사회주의 운동에도 코민테른과 전위정당인 공

---

92 김종식·윤덕영·이태훈, 『일제의 조선 참정권 정책과 친일 세력의 참정권 청원운동』, 동북아 역사재단, 2022, 131~133쪽, 231~255쪽.

산당의 혁명노선과 다른 사회변혁 노선과 조직 방침, 실천을 생각하고 있는 또 다른 사회주의자들이 있다는 것을 보여주었다. 이들 거의 모두가 이전에는 조선공산당 및 관련 조직에서 활동하던 사람들이라는 점에서, 당시 일본의 사회주의 운동이 그러했던 것처럼 조선의 사회주의 운동가들의 이념과 노선, 활동에 분화가 시작되고 있었음을 보여주는 것이었다. 물론 이들은 통일조선공산당과 달리 제대로 된 비밀결사나 조직도 갖지 못한 고립된 개인들의 연합이었다. 그럼에도 이들의 주장은 소수의 볼셰비키 전위정당이 혁명운동을 지도한다는 코민테른과 공산주의자들의 일반적 노선에 대해, 광범한 무산계급이 참여하는 일종의 사회주의 단일 대중정당을 지향하려 했다는 점에서 이후 사회주의 운동의 전개와 관련하여 의미가 있었다.

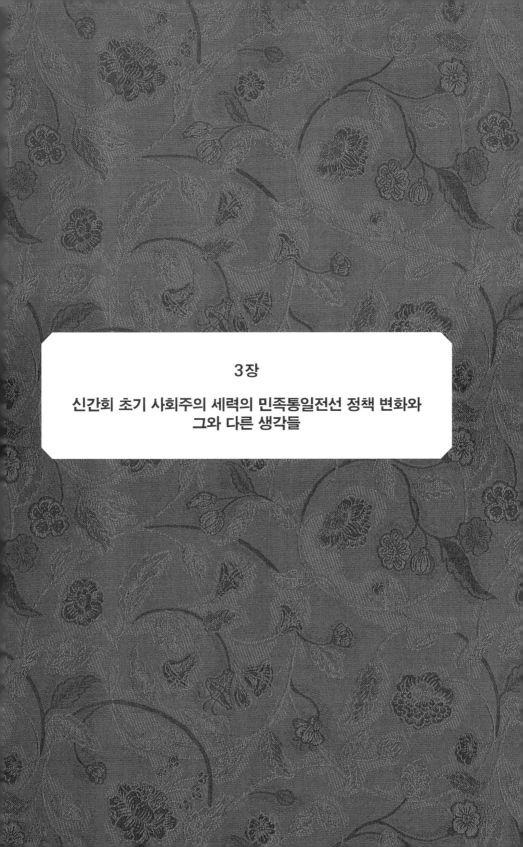

3장

신간회 초기 사회주의 세력의 민족통일전선 정책 변화와
그와 다른 생각들

신간회가 민족주의 세력과 사회주의 세력이 연합하여 결성한 일제하 최대의 민족운동 단체이자 민족협동운동체라는 것은 주지의 사실이다. 신간회는 좌·우 대립과 남북분단 체제를 넘어 통일을 지향해야 한다는 현재적 관심과 맞물려 그동안 많은 조명을 받아왔다. 그 결과 신간회 창립에 이르는 과정과 다양한 논쟁에 대해서는 그동안 상당한 연구가 축적되어왔다.[01] 이러한 연구들을 통해 신간회 창립에 이르게 되는 1920년대 사회주의 세력의 민족통일전선론의 형성·전개 과정과 그 관련성, 신간회를 둘러싼 사회주의 세력 내의 다양한 논쟁 과정 등이 밝혀졌다.

기존 연구들은 대체로 민족주의 세력을 민족주의 좌파와 우파로 나누고,

---

01 신간회에 대한 연구성과 및 과제와 전망은 다음 참조. 강만길, 「신간회운동」, 『한국사연구입문』, 지식산업사, 1981; 역사문제연구소 민족해방운동사 연구반, 『쟁점과 과제 민족해방운동사』, 역사비평사, 1990; 이균영, 『신간회연구』, 역사비평사, 1993; 이현주, 「신간회운동 연구의 성과와 과제」, 『한국근현대사연구』 2, 1995; 윤효정, 「신간회 지회 연구의 성과와 과제」, 『역사문제연구』 18, 2007; 임경석, 「식민지 시대 민족통일전선운동사 연구의 궤적」, 『한국사연구』 149, 2010; 윤덕영, 「신간회 창립과 합법적 정치운동론」, 『한국민족운동사연구』 65, 2010.

우파는 문화운동과 같은 실력양성론에 기반하여 일제에 타협적 자치운동을 추진하는 세력으로, 좌파는 자치론에 대항하여 비타협적 정치투쟁을 강조하는 세력으로 규정하면서, 비타협적 민족주의자들인 민족주의 좌파가 타협적 민족주의 세력들인 민족주의 우파의 자치운동에 대항해서 사회주의 세력과 연합하여 신간회를 창립했다고 보았다. 이런 가운데 신간회 창립 전후의 일본과 중국 정세 변화에 주목하면서 합법적 정치운동이라는 관점에서 사회주의자와 민족주의 세력의 신간회운동론을 살펴본 연구도 일찍부터 제기되었다.[02] 한편 기독교와 천도교 세력에 대한 일련의 연구들을 통해 민족주의 우파 세력으로 지목된 세력들도 신간회에 상당히 적극적으로 참여했음이 밝혀졌다. 홍업구락부 계열은 물론 수양동우회 계열, 심지어는 자치운동의 주체로 지목받았던 천도교 신파의 인물들까지 신간회에 상당수가 참여했다.[03]

신간회 창립은 내용상으로는 사회주의 세력과 민족주의 세력 내에서 1920년대 전반 이래의 민족 문제와 민족통일전선에 대한 인식, 이를 위한 합법적 정치운동에 대한 인식이 발전하면서 만난 접점이었다. 일본에서의 보통선거 실시와 무산정당 운동의 발전에 대한 낙관적 전망, 무엇보다도 1926년 중반 이후 중국국민당군의 성공적인 북벌이라는 긍정적인 국제정세 변화에 고무된 조선의 민족주의 세력과 사회주의 세력은 광범한 대중을 망라한 민족통일전선, 민족적 중심 단체를 결성하려 했고, 이는 신간회 창립으로 나타났다.[04]

---

02 한상구, 「1926~28년 민족주의 세력의 운동론과 신간회」, 『한국사연구』 86, 1994; 한상구, 「1926~28년 사회주의 세력의 운동론과 신간회」, 『한국사론』 32, 1994; 김형국, 「1920년대 한국 지식인의 사상분화와 민족 문제 인식 연구」, 한국정신문화연구원 한국학대학원 박사학위논문, 2003.

03 윤덕영, 「신간회 창립 주도 세력과 민족주의 세력의 정치 지형」, 『한국민족운동사연구』 68, 2011, 107~111쪽.

04 윤덕영, 앞의 글, 2010, 119쪽.

그렇지만 신간회는 곧 변화에 직면했다. 그 변화의 동인은 국내보다는 동아시아 정세 변화와 그에 따른 코민테른과 사회주의 세력의 통일전선 정책 변화에 있었다. 이 장에서는 우선 1927년 중국과 일본에서의 정세 변화와 그 영향을 살펴보려 한다. 그리고 코민테른의 정책 변화에 관련해서는 일본공산당에 대한 「27년 테제」와 코민테른 상해국제위원회에서 작성한 식민지 조선에 대한 새로운 결정서에 주목하려고 한다.

1927년 11월 안광천이 '헤게모니 전취'를 공개적으로 주장하자, 엠엘파 이외의 조선공산당 내 공산주의자, 그리고 비주류 사회주의자들이 대거 비판에 나섰다. 이에 안광천과 엠엘파가 재반박하면서 소위 '프롤레타리아 헤게모니 전취론과 청산론' 논쟁이 전개되었다.[05] 소위 '청산주의자' 또는 '청산주의적 경향'들에 대해, 김형국은 신간회운동에서 프롤레타리아 헤게모니를 주장하는 것은 전술상의 오류이며, 오히려 소부르주아를 포함한 전 민족적인 단일전선의 형성과 모든 부문운동의 지도를 신간회에 맡기자는 논리로 정리했다.[06]

그런데 당시 '청산론'을 주장한 사람들 중 상당수는 '12월당'의 구성원이었다. 때문에 '12월당'과 '2월당'으로 당시 조선공산당이 분열되었다는 것이 정리된 현재의 상황에서는,[07] 이 논쟁을 민족통일전선을 둘러싼 '12월당'과 '2월당'

---

05 그 경과에 내용에 대해서는 다음을 참조. 김승, 「신간회 위상을 둘러싼 '양당론' '청산론' 논쟁 연구」, 『부대사학』 17, 1993, 540~560쪽; 김형국, 「1920년대 식민지 조선의 사회주의 운동론과 '청산론'」, 『청계사학』 10, 1993; 한상구, 「1926~28년 사회주의 세력의 운동론과 신간회」, 『한국사론』 32, 1994, 235~247쪽; 김형국, 「신간회 창립 전후 사회주의자들의 민족협동전선론」, 『한국근현대사연구』 7, 1997, 233~240쪽; 전명혁, 「서울파의 민족통일전선론 연구」, 『역사연구』 6, 1998, 122~124쪽; 김인식, 「신간회운동기 ML계의 민족협동전선론과 신간회 성격규정의 변화」, 『백산학보』 68, 2004, 391~399쪽; 김형국, 앞의 박사학위논문, 2003, 120~139쪽.

06 김형국, 앞의 글, 1997, 235쪽.

07 임경석, 「1927년 조선공산당의 분열과 그 성격」, 『사림』 61, 2017; 임경석, 「1927년 영남친목회

의 공산당 내 논쟁으로 재해석하려는 연구가 제기되고 있다. 김영진은 민족통일전선에 대한 '12월당'과 '2월당'의 주장을 비교하면서, '12월당'이 신간회 단체 가입을 적극 추진해, 신간회 아래로 각 부문운동 단체를 배치하고 신간회가 이들의 투쟁을 정치투쟁으로 전화시키는 역할을 하도록 구상했다고 한다. 반면 '2월당'은 민족운동 내부에서 무산계급 운동의 역량을 강화하는 방안을 제출했고, 노동자·농민을 중심으로 신간회에서 부르주아지를 견제할 세력을 확보할 목적이었다고 하면서, 식민지 통치기구에 참여를 거부하고 인민의 직접 참여를 통한 국민의회를 지향했다고 정리했다.[08]

　이 장에서는 기존 연구들을 고려하면서도, 국제공산당인 코민테른에 의해 지도되는 공산주의 운동 내에서 코민테른 정책과 다른 생각을 하는 '비공산당 사회주의자'가 일본과 조선에서 형성된 계기를 살펴보려 한다. 일본에서의 '노농파' 형성과 무산대중당 활동을 살펴보면서, 그와 관련해 '12월당'과 '청산주의자' 또는 '청산주의적 경향'의 대표 인물인 신일용의 주장을 정리할 것이다.

1. 코민테른 민족통일전선 정책의 변화와 '프롤레타리아 헤게모니 전취론'

1) 중국과 일본에서의 정세 변동과 그 영향

1926년 하반기부터 1927년 초반까지 시기는 동아시아에서의 격변과 희망

반대운동 연구」, 『인문과학』 68, 2018.

08　김영진, 「1927년 하반기 식민지 정치운동 논쟁—청산론 논쟁 재검토」, 『역사연구』 42, 2021, 286~303쪽.

의 시기였다. 그것은 제1차 국공합작에 기반한 중국 국민정부 국민혁명군의 성공적 북벌 진행, 일본에서의 보통선거 실시와 무산정당 운동의 확산, 한국에서 좌우합작에 기반한 신간회 및 민족유일당 운동의 전개 등이 동시에 이루어졌기 때문이다. 이제 새로운 체제와 정치질서가 동아시아에 탄생할 수 있을 것처럼 보였다. 그렇지만 이러한 변화를 저지하고 왜곡할 수 있는 요소들이 외부가 아닌 각국의 내부에서 점차 크게 나타나기 시작했다.

중국 국민혁명군은 1927년 2월 18일, 항저우(杭州)를 점령했다. 이후 상하이 방면으로 진격했는데, 이에 맞추어 3월 21일에는 상하이에서 총동맹 파업과 민중봉기가 일어났다. 이들은 상하이를 지배하던 쑨촨팡(孫傳芳) 군벌군을 물리치고 22일 민중들의 자치적 조직으로 '상하이 특별시정부'를 조직했다. 국민혁명군은 3월 24일에는 난징(南京)을 점령했다. 북벌은 성공적으로 이루어지고 있었지만, 그 과정에서 우한 국민정부를 주도하고 있던 국민당 좌파와 공산당에 대한 장제스(蔣介石) 및 국민당 우파의 갈등은 심화되었다.

장제스는 우한 정부와의 대립, 국민정부 소련 고문단과의 갈등, '난징 사건'에서 보여진 국민혁명에 대한 열강 개입의 우려, 상하이 특별시정부에 대한 부정적 인식 등으로 국민당 우파의 편에 서서 자신의 권력 기반을 확고히 하고자 했다. 이런 가운데 1927년 4월 12일, 장제스는 상하이 쿠데타를 일으켜 상하이 특별시정부를 무력으로 무너뜨리고 공산당 세력을 소탕하기 시작했다. 이런 장제스의 쿠데타에 반발해서 4월 17일 우한 국민정부가 장제스를 모든 직무에서 해임한 데 이어, 국민당에서도 제명했다. 그러나 장제스는 우한 국민정부에 대항해서 4월 18일 후한민(胡漢民)을 주석으로 하는 독자적인 난징 국민정부를 수립했다.[09] 이렇게 국민당 내 좌우대립과 분열이 폭발하면서, 군벌정부에 대

---

09   배경한, 『장개석 연구―국민혁명 시기의 군사 정치적 대두 과정』, 일조각, 1995, 168~189쪽; 이

항하여 국공합작하에 각계각층의 전폭적 지원과 성원 속에서 성공적으로 북벌을 단행 중이던 중국 국민정부와 국민혁명은 최대의 위기를 맞게 되었다.

당시 소련은 중국 우한 국민정부를 지지하고 있었는데, 1927년 5월 말 개최된 코민테른 집행위원회 제8차 전체회의를 계기로 급격한 정책 변화가 이루어지게 된다. 회의에서는 중국의 민족부르주아지가 혁명에서 이탈했으며, 지주의 토지몰수와 국유화를 포함한 급진적 토지혁명을 추진할 것을 결의했다.[10] 이러한 코민테른의 방침은 우한의 국민당 좌파들도 도저히 수용하기 어려운 것이었다. 국민당 좌파 역시 자산가들과 국민당 장교들에 정치적 기반을 두고 있었기 때문이다. 7월 국민당 좌파는 국공합작의 파기를 선언했고, 동시에 국민당 좌우파가 합동하여 공산당에 대한 탄압을 전개했다. 9월 우한 국민정부는 난징의 국민정부로 다시 통합했다. 국공합작 결렬 직후인 1927년 8월 1일, 난창에서 중국공산당 주도로 대규모 무장봉기가 일어났다. 8월 7일 중국공산당 중앙위원회는 한커우에서 회의를 열고 소위 '취추바이(瞿秋白) 노선'에 따라 즉각적인 토지개혁과 농민의 무장봉기를 결의했다. 이후 '추수봉기'를 일으켜 소비에트 정권 수립을 도모했다. 본격적인 제1차 국공내전이 시작되었다.

1926년 12월 사노 후미오(佐野文夫)를 중심으로 일본공산당 재건대회가 열렸다. 후쿠모토 가즈오(福本和夫)는 중앙상임위원이자 정치부장으로 선임되었고, 그의 주장을 크게 반영한 당 방침이 채택되었다. 그렇지만 코민테른 주일대표였던 야코프 얀손(Yakov Yanson)은 그 방침을 비판하고 코민테른에 부정적으로 보고했다. 그와 연결된 기타우라 센타로(北浦千太郎), 그리고 일본공산당 중앙위원

시카와 요시히로(石川禎浩) 저, 손승회 역, 『중국근현대사』 3, 삼천리, 2013, 54~56쪽.

10 김원규, 「초기 중국공산당과 코민테른—농민·토지 문제를 중심으로」, 『역사와 세계』 22, 1998, 510~513쪽.

인 나베야마 사디치카(鍋山貞親), 코민테른에 있던 다카하시 사다키(高橋貞樹) 등이 반후쿠모토파로 대립했다. 양자의 대립이 심해진 가운데 1927년 3~4월 일본공산당 중앙위원들이 모스크바 코민테른으로 소환되었다.[11]

코민테른은 7월 「일본에 대한 테제」(27년 테제)를 결정했다. 테제에서 야마카와주의는 우편향으로, 후쿠모토주의는 좌편향으로 모두 비판되었다. 「27년 테제」는 통일전선에 대해서 "소수의 비합법적 공산당과 노농당, 통일동맹과 같은 합법적 '좌익적' 대중 제조직과의 통일전선을 의미할 뿐만 아니라, 또한 공산당의 영향력하에 있는 대중 제조직과 사회민주주의적 및 중앙주의적인 대중 제조직과의 통일전선을 염두에 두는 것이 필요"하다고 주장했다. 테제는 사회주의 우파인 사회민주당과 사회주의 중간파인 일본노농당과의 통일전선을 인정했다. 그렇지만 그 통일전선의 목표는 "사회민주주의적 또는 중앙주의적 노동자를 획득"하는 것에 있다고 주장했다. 때문에 「27년 테제」는 "통일전선이 엄밀하게 노동자계급의 문제 위에서 이루어지고, 통일전선의 달성을 위한 투쟁은 계급적 입장에서 진행되지 않으면 안 되며, 또한 '원칙적인' 사상적 양보를 해서는 안 된다는 것은 말할 것도 없다"라고 주장한다. 즉 통일전선의 목적이 노동계급에 근거를 둔 다른 정당과의 협력이 아니라, 공산당의 계급적 원칙하에서 이들과 투쟁하면서, 이들의 영향력하에 있는 대중들을 획득하기 위한 것임을 분명히 했다. 이렇게 노동자 대중 획득과 노동자 대중 조직에 대한 영향력을 확대하기 위한 전술로 통일전선을 고려했기 때문에 공산당은 통일전선에 매몰되어서는 안 된다고 주장한다. 「27년 테제」는 "일본의 공산주의자는 중국공산당이 국민당 내에서 범했던 오류를 연구하지 않으면 안 된다"고 주

---

11 伊藤晃, 『天皇制と社会主義』, 勁草書房, 1988, 294~311쪽; 정혜선, 『일본공산주의 운동과 천황제』, 국학자료원, 2001, 60~65쪽.

의했다. "공산당은 통일전선전술을 채용할 때에도 자기의 주체성을 잃지 않아야" 한다면서, "당은 사상적으로도, 조직적으로도 그의 절대적 독립성을 유지하지 않으면 안 된다"고 지시했다.[12] 곧 중국공산당이 제1차 국공합작에서 국민당에 개별 입당함으로써 범했던 오류를 참고해서, 통일전선을 결성할 때도 사상적, 조직적으로 절대적 독립성을 가지고 있어야 한다는 것이다.

「27년 테제」를 통해서 일본을 비롯한 동아시아에서의 통일전선 정책의 방향이 분명해졌다. 제1차 국공합작을 통한 국민당 형태, 곧 단일당 형태의 통일전선 방침은 오류로서 명백히 폐기되었다. 이제 이전과 다르게 통일전선의 대상이 되는 타 정치 세력과의 협력은 부차적인 것이 되었다. 통일전선은 타 정치 세력의 영향력하에 있는 대중과 대중 조직을 획득하기 위한 전술이 되었다. 이를 위해서 공산당이 사상적, 조직적으로 절대적인 독립성을 가져야 하며, 통일전선 정책을 구사할 때도 계급적 입장에서 진행되어야 한다. 사상적인 양보란 있을 수 없었다. 대중 획득을 위해 통일전선의 대상이 되는 타 정치 세력 지도부에 대한 폭로와 공격이 필수적인 것이 되었다. 「27년 테제」는 동아시아에서 코민테른의 통일전선 정책이 이전과 달리 크게 변화하였다는 것을 명백히 보여주었다.

「27년 테제」는 모스크바로 갔던 일본공산당 중앙위원들이 일본으로 귀국하기도 전에 일본에 알려졌다. 「27년 테제」의 요지가 1927년 8월 19일 소련 『프라우다』지에 발표되었다. 곧이어 『프라우다』의 글이 일본 『문예전선』 1927년 10월호, 『대중』 11월호에 잇달아 번역 게재되었다. 그리고 다음 해 『사회사상』 1928년 2월호, 『마르크스주의』 1928년 3월호에 전문이 번역되어 일본 사회에 널리 알려졌다.

---

12 村田陽一 編譯, 『資料集·コミンテルンと日本』第1巻 (1919~1928), 大月書店, 1986, 275쪽.

2) 새로운 「코민테른 결정서」와 민족통일전선 정책의 변화

신간회 창립 후 1927년 중반 어느 시점까지 공산주의자들의 신간회에 대한 정책은 코민테른 집행위원회의 1926년 「3월 결정서」와 1927년 「4월 결정서」를 기본적으로 따르고 있었다. 「3월 결정서」는 현존하는 합법적 민족혁명 단체 속에서 합법적 가능성을 총동원해서 합법적 민족혁명 통일전선의 구축을 지시했다.[13] 「4월 결정서」는 합법적으로 존재하는 민족단체를 기반으로 "노동자계급 및 농민들과 함께 수공업자, 지식인, 소부르주아지, 부분적으로 중간부르주아지를 포함하는 광범위한 민족혁명전선"을 건설할 것을 지시하면서, 그 모델로 중국 국공합작에 기반한 중국국민당 같은 유형의 민족단일당을 제시했다.[14]

그렇지만 중국 정세가 변화하면서 코민테른의 민족통일전선 정책도 점차 변화하기 시작했다. 코민테른 상해국제위원회에서 작성하여 1928년 1월 이정윤(李廷允)이 가져온 「코민테른 결정서」는 이런 변화를 보다 구체적으로 보이고 있었다. 결정서는 통일전선 방침에 대해 다음과 지시했다.[15]

6. 광범한 국민혁명대중당의 출현이 조선공산당의 중심 문제이다. 그 목적을 위하여 기존의 국민혁명 조직을 포함해야 한다. 이 국민혁명의 대중당은 다음 계급과 사회적 제 계급에 기반해야 한다. 노동자, 농민, 소작인, 수공업자, 지식계급, 기타 상업부르주아지의 일정한 부분, 현존 단체(그룹, 산업조합, 사상단체, 농민단체, 반종교단체, 민중대학 등) 등의 대중단체를 포함시켜야 한다. 광범한 대중의 직접 참가가

---

13 강성희 편역, 『러시아문서 번역집 21. 러시아국립사회정치사문서보관소』, 선인, 2015, 110~111쪽.

14 위의 책, 2015, 215쪽.

15 「朝鮮問題に對スルコミンテルン決定書」, 김창순 김준엽 공저, 『한국공산주의 운동사』 3, 청계연구소, 1986, 365~367쪽.

제일의 안전 보장이다. 그런고로 이 대중당은 조선혁명의 도구가 되지 않으면 안 된다. 일개 지도 단체로 침잠하거나 들뜨거나 하지 말고, 중국국민당의 운명을 답습하지 말고, 공산주의자는 기존 혁명 조직에 들어가야만 한다. 공산당은 어떠한 조건하에서도 또한 어떠한 조직하에서도 조직적 관념적 자립성을 반드시 항상 보존하여야 한다. 공산주의자는 국민혁명적 대중당에서 결정적 중요성을 가진 노동자 및 농민 요소에 주목하지 않으면 안 된다. 그 지도하에 있는 농민 및 노동자의 요소가 부르주아적 계급에 향하도록 요하는 국민혁명적 당에서는 공산주의자가 총체적 지도적 위치를 점할 필요는 없다. 다만 공산주의자는 관념적 조직적 영향을 당파 없는 노동자 및 농민 요소에 뿌리박지 않으면 안 된다.

코민테른의 새로운 결정서는 1927년 「4월 결정서」와 비교할 때, 국민혁명적 대중당(민족혁명전선)을 당면의 중심 문제로 두고 일부 부르주아지까지 포함하여 구성하려 한다는 점에서 유사했다. 그러나 몇 가지 점에서 큰 차이를 갖는다.

첫째, 「4월 결정서」가 "민족혁명전선은 합법적으로 존재하는 민족단체를 기반으로 건설"한다고 한 데 반해, 이번 결정은 "기존의 국민혁명 조직을 포함해야 한다"고만 하고 있다. 「4월 결정서」의 '합법적으로 존재하는 민족 단체를 기반'으로 한다는 주장은 명백히 민족혁명전선이 신간회를 기반으로 건설되어야 함을 의미했다. 그렇지만 이번 결정서처럼 "기존의 국민혁명 조직을 포함"한다고 하면, 신간회를 포함하는 것이 필요하기는 하지만 반드시 이를 기반으로 건설되어야 함을 의미하지는 않는다.

둘째, 「4월 결정서」가 "중국의 국민당과 같은 유형의 단일당을 창립"할 것을 주장한 데 반해, 이번 결정은 "중국국민당의 운명을 답습하지 말고"라고 하고 있다. 국공내전이 발발한 중국의 현실을 반영한 당연한 것이라 하겠다. 이

제 개인가맹제에 기반한 단일당 형태의 통일전선 결성은 상정될 수 없는 것이 되었다.

셋째, 「4월 결정서」가 "개별 민족 단체들의 상호 합일을 위한 사업"을 위해 "조선공산당은 모든 단체에 침투하여 일정한 계획을 가지고" 활동할 것을 중심적으로 제시한 데 반해, 이번 결정서는 "광범한 대중의 직접 참가가 제일의 안전보장"이라면서, "국민혁명적 대중당에서 결정적 중요성을 가진 노동자 및 농민 요소에 주목"할 것을 보다 강조하고 있다. 곧 민족 세력과의 협력보다 노동자와 농민의 대중적 참여를 강조하고 있다. 물론 「4월 결정서」에서도 "현존하는 조선의 모든 합법 대중단체들의 내부 사업에 모든 주의를 집중"하고, "조직 내부에서 조선공산당은 노동자 농민 대중들과의 관계를 강화하는 사업"을 수행할 것을 주장하고는 있었다. 그렇지만 이번 결정서에서는 그 중요성의 강조가 훨씬 높아졌다. 이 때문에 「4월 결정서」가 '민족혁명전선', '조선식 국민당'을 사용하여 민족통일전선을 표현한 데 반해, 이번 결정서는 '국민혁명적 대중당'이라고 대중을 강조하는 용어를 사용하고 있다. 이 역시 중국을 비롯한 동아시아의 변동된 상황을 반영한 것이라 하겠다.

넷째, 조선공산당의 독자성과 영향력에 대한 강조가 크게 높아졌다. 「4월 결정서」에서는 합법적 민족단체 "각각의 조직적 자립성을 보장하는 공동의 행동강령을 준비"하고, "이 모든 사업은 조선공산당의 이름이 아니라 조선 독립을 위한 지속적 투쟁의 구호 아래 이루어져야" 한다고 주장했다. 이는 민족적 단일당에 참여하는 민족적 세력을 배려하여 조선공산당은 내세울 필요 없이 조선 독립의 민족 문제만을 전면에 내세우라는 주장이라 하겠다. 반면에 이번 결정서는 "공산당은 어떠한 조건하에서도 또한 어떠한 조직하에서도 조직적 관념적 자립성을 반드시 항상 보존하여야 한다"면서, "우리는 신간회를 프롤레타리아 요소로 형성하여야 한다. 그리고 한편으로는 간부로 하여금 레닌적 정신을 파악하도록 해야 한다. 다른 한편으로는 대중과의 밀접한 관계를 해야만 한다. 총체적 당의 지지를 위해 반드시 적극적으로 투쟁하여야 한다"고 주장했다. 곧 국민혁명대중당을 구성함에 있어서도 "공산당이 조직적 관념적 자립성을 반드시 항상 보존"하는 것이 무엇보다 먼저라는 것이다.

　이제 공산당의 자립성을 유지하는 것, 곧 공산당의 주장을 유지하는 것이 조직 결성과 운용에서 무엇보다 중요해졌다. 이를 보장하기 위해 이번 결정서에서는 신간회를 프롤레타리아 요소로 형성하며, 신간회 간부들도 '레닌적 정신을 파악'하도록 지도해야 한다고 주장하고 있다. 이렇게 되면서 민족통일전선에서 중요한 것은 민족혁명 세력, 민족주의 세력과의 협력이 아니게 되었다. 민족통일전선에서 조선공산당의 완전한 자립성을 보존하는 것이 무엇보다 우선이 되었다. 자립성을 훼손할 수 있는 '민족적 단일당', '조선식 국민당'의 조직 형식은 더 이상 유효한 조직 방식이 아니었다. 더 나아가 민족통일전선의 간부들이 '레닌의 정신'을 이해하고 받아들일 수 있어야 한다. 물론 "국민혁명적 당에서는 공산주의자가 총체적 지도적 위치를 점할 필요는 없다"고는 했다. 직접적으로 민족통일전선의 지도부를 장악할 필요는 없다는 것이다. 그렇지만 그 지도부는 반드시 '레닌적 정신을 파악'한 공산당에 우호적인 사람이어야 한다. 공산당에 반대하는 사람들이나 비우호적인 사람은 간부가 되어서는 안 된다는 것이다. 결론적으로 결정서는 민족통일전선은 "총체적 당의 지지를 위해 반드시 적극적으로 투쟁"해야 한다고 주문하고 있었다. 이는 민족통일전선인 국민적 혁명대중당, 신간회 지도부를 직접 장악하지는 않지만, 그 지도부가 조선공산당을 총체적으로 지지하는 것이 되어야 한다는 것이다. 이는 '프롤레타리아 헤게모니 전취'를 용어만 사용하지 않았지, 거의 명시적으로 적시한 것으로 보인다.

　코민테른 새로운 결정서의 주장은 일본공산당에 대한 코민테른의 「27년 테제」에 나타난 통일전선에의 강조점과도 유사한 점을 보여주고 있다. 앞서 살펴보았듯이 「27년 테제」는 노동자통일전선과 일본 무산정당 운동을 유지할 것을 지시했지만, 동시에 공산당의 독자성을 강조하면서 공산당의 계급적 원칙하에서, 사회주의 우파인 사회민중당과 중간파인 일본노농당과 투쟁하면서, 이들의 영향력하에 있는 대중들을 전취하는 것에 주안점을 두고 있었다. 곧 프롤레타리아 헤게모니 전취의 내용이 반영되고 있었다. 이번 코민테른의 결정서는 식민지 조선이라는 대상만 바뀌었지, 그 주장하는 바는 거의 유사했다.

3) 안광천의 '프롤레타리아 헤게모니 전취론'과 '2월당'의 민족통일전선 정책

코민테른 통일전선 정책 변화는 이미 조선에서 그 조짐이 나타나고 있었다. 조선공산당 내 엠엘파의 지도자 안광천은 1927년 11월, 『조선지광』에 「신간회와 그에 대한 임무」란 제목의 글을 실어 소위 '헤게모니 전취론'을 공개적으로 제기했다. 그는 신간회가 "명확한 지도 정신이 아직 결정되지 못하였고, 따라서 통일된 행도도 전개"하지 못하였기 때문에, "민족적 단일당, 민족적 단일협동전선당의 '매개 형태'라고 규정"할 수 있다고 했다. 신간회가 "농민 및 소부르주아지와 직접 접촉 교섭할 수 있는 특수 조직"이라면서 "신간회에 있어서의 우리의 당면 긴급 임무는 헤게모니의 전취에 있다"고 명시했다.[16]

기존 상당수 연구들에서는 안광천의 주장을 글자 그대로 파악하여 안광천이 신간회에서 사회주의자들이 헤게모니, 곧 지도권을 장악해야 한다는 주장을 펼친 것으로 받아들였다. 심지어 민족주의 세력들과의 제휴를 부정하는 것으로 이해하기도 했다. 그러나 당시 코민테른의 정책이나 일본의 사회주의 운동 상황, 이 시기 신간회에 대한 조선공산당의 정책과 구체적 활동을 전체적으

16　노정환, 「신간회와 그에 대한 임무」, 『조선지광』 73, 1927. 11.

로 살펴보면, 그가 당장 신간회 중앙지도부의 지도권을 장악하려 했다고 보기는 어렵다.

안광천의 글은 당시 중국과 일본에서의 상황 변화를 반영하고 있었다. 다만 안광천이 글을 쓸 11월의 시점에는 일본 「27년 테제」 전문을 볼 수 없었을 것이고, 대체로 8월에 발표된 소련 『프라우다』 기사의 일본 번역본을 접한 정도일 것으로 보인다. 안광천의 글은 일제의 검열 때문에 상당히 많은 부분이 삭제되어 있어 그 전체 내용을 잘 파악할 수 없다. 그러나 남은 부분 중에도 「27년 테제」와 유사한 점을 곳곳에서 찾아볼 수 있다. 예컨대 한편에서는 신간회에서 탈퇴해서는 안 되고 유지해야 한다면서도, 다른 한편으로는 신간회에서 협동하는 조선 부르주아지에 대해 "그럼으로 노동자는 인민을 계몽하여 부르주아 책사의 허위를 폭로하고 피등(彼等)의 말을 믿지 않도록" 해야 한다며 폭로와 공격을 가하는 방식을 강조해서 제시한 것은 대표적 예라 할 수 있다.

안광천의 당시 주장은 안광천 글에 대한 신일용(辛日鎔)의 비판[17]에 대한 재비판 글에서 보다 구체적으로 확인할 수 있다. 안광천은 신일용의 주장이 "계급운동이란 소아병적 환상을 버리고 민족단일당을 결성하여 민족운동을 지지"하자는 것으로 "계급운동을 환상이라 하여 버리기를 요구"하는 주장이라고 규정지었다. 그리고 이를 "계급운동을 폐기한 민족적 단일전선"을 주장하는 '청산주의자', '청산파적 경향'이라고 비판한다. 그는 "부르주아 민족주의자들의 의혹을 겁내어 우리의 계급운동을 청산하여 버리며, 지도를 단념하는 미성생의 사상과 같은 우리 진영의 사상을 무자비하게 추격 극복하는 것이 또한 우리의 당면 급무"라고 주장한다.[18]

17　尾星生, 「신간회와 그의 임무에 대한 비판」 (1)~(5), 『조선일보』 1927. 11. 29~12. 3.

18　盧正煥, 「청산파적 경향의 대두—尾星生을 駁하야」, 『조선지광』 75, 1928. 1.

안광천 글 중에는 자신의 논거로 레닌이 1920년 7월 코민테른 2차 대회에 제출한 「민족·식민지 문제에 관한 테제 잠정 초안」에서 인용한 부분이 있다. 당시 검열 때문에 『조선지광』 잡지 본문에는 대부분이 삭제되어 거의 알아볼 수 없다. 이를 안광천이 인용했을 것으로 추정되는 당시 일어 번역본을[19] 토대로 복원하면 다음과 같다. 밑줄은 안광천이 방점을 찍었던 부분이다.[20]

자본주의하의 제민족의 평화적 공존 및 평등의 가능을 신뢰하는 소부르주아지의 민족적 환상의 붕괴를 촉진시키고, 다시 일층 명백하게 준열하게 그 환상을 폭로해야 한다.(제3항)

위의 이유에서 당연히 공산당 인터내셔널의 민족 문제 및 식민지 문제에 관한 전 정책은 지주 및 부르주아지를 전복하기 위하여 프롤레타리아와 노동대중을 결합하여 공동의 혁명적 투쟁을 향하도록 한다는 것으로써 그 기초를 삼지 아니하면 아니 된다. 여사(如斯)한 결합에 의하여서만 자본주의에 대한 승리를 확실하게 할 수 있다.(제4항)

식민지 및 후진국의 부르주아민주주의와 일시적 연맹을 맺지 아니하면 아니되지마는, 그러나 그 등(等)과 합동할 것이 아니요, 항상 무산계급 운동의 성질을 —비록 그 맹아적 형태에 있어서일지라도—엄격히 보지(保持)하지 않으면 아니 된다.(제11항 5절)

안광천이 레닌의 「민족·식민지 문제에 관한 테제」에서 집중적으로 인용하

19　レーニン 著, 青野季吉 譯, 『レーニン著作集 2. 帝國主義·民族問題』, レーニン著作集刊行会, 1926.

20　盧正煥, 「청산파적 경향의 대두—尾星生을 駁하야」, 『조선지광』 75, 1928. 1.

고 강조한 부분은 "소부르주아지의 민족적 환상"을 폭로하여 그 붕괴를 촉진시키는 것, "지주와 부르주아지를 전복하기 위하여 프롤레타리아와 노동 대중을 결합"하고 이러한 "결합에 의하여서만 자본주의에 대한 승리를 확실하게 할 수 있다"는 것, 부르주아지와 일시적 연맹의 맹아적 형태에서도 "무산계급 운동의 성질을 엄격히 보지"할 것이었다. 곧 그는 민족부르주아지와의 협동이나 민족적 통일전선에 대한 관심보다도, 그 속에서 무산계급 운동의 독자성을 확립하고 협동 대상이 되는 소부르주아지의 민족적 환상을 폭로하고 공격하여 약화시키는 것에 관심을 두었다.[21]

그런데 이런 안광천의 주장을 파악하는 데 있어 주의할 것은 안광천의 주장을 글자 그대로 이해해서는 안 된다는 점이다. 안광천은 정우회 선언 이후 수단적이고 과정적인 타협이나 개량을 통한 정치운동을 적극 강조하였고, 자치운동의 가능성까지 열어두었다.[22] 심지어 1927년 9월 초 일부 친일 세력도 참가해 있던 영남친목회와도 연계하려고 했다. 이렇게 협력에 적극적이었던 안광천이 채 두 달도 되지 않아 '헤게모니 전취론'을 들고 나온 것이다. 이 부분은 '영남친목회 사건'으로 궁지에 몰린 안광천이 취약해진 당내 입지를 만회하기 위해, 반대로 보다 강경한 입장을 표명한 것으로 볼 수도 있다. 이론에 밝고 정세 동향에 민감했던 그는 이에 편승해서 보다 강하게 나갔을 것으로 보인다. '12월당'에 비해 자신의 공산주의자로의 선명성을 드러내고, 코민테른 정책 변화에 적극적인 모습을 보이려 했을 것이다.

안광천의 주장은 엠엘파가 주축이 된 2월당의 「민족해방운동 논강」에서도

---

21 중국 정세의 변화와 안광천의 헤게모니 주장에 대한 민족주의 세력들의 정세 인식과 그 대응으로서 '민족적 총역량 집중론'의 제기에 대해서는 다음 참조. 윤덕영, 「신간회 초기 민족주의 세력의 정세 인식과 '민족적 총역량 집중'론의 제기」, 『한국근현대사연구』 56, 2011.

22 김영진, 앞의 박사학위논문, 61~107쪽.

재차 확인된다. 「논강」은 1927년 중국에서 진행된 혁명의 경험을 바탕으로 기술되어 있다. 「논강」은 "중국혁명의 경험은 조선혁명의 좋은 교훈이다"라고 단정한다. 곧 「논강」의 인식과 주장의 바탕에는 장제스의 쿠데타와 중국국민당 좌파와 공산당의 결별, 국공내전의 발발이라는 상황, 그리고 그에 따른 코민테른의 통일전선 정책의 변화가 깔려 있었다. 그러므로 조선민족해방운동이 "종래의 부르주아 민족주의를 가지고서는 지도할 수 없는 단계에 들어"갔으며, 민족통일전선에서 협력의 대상인 부르주아 세력은 더 이상 믿을 수 있는 대상이 아니었다. 민족해방운동의 "투쟁이 진전하면 부르주아지, 소부르주아지 상층 및 기타는 우경" 분자가, "탈락, 반혁명화하는 것이 필연"인 상황이 되었다. 그러므로 "노동자 및 농민의 역할이 결정적이고 필연적이 되어, 오직 노동자 농민만이 혁명을 지도할 수 있는" 단계에 이르렀다고 판단한다.[23] 곧 「논강」의 현단계 정세 인식의 배경은 중국과 같이 민족부르주아지, 민족주의 세력이 민족혁명운동에서 탈락하고 배반할 가능성이 앞으로 운동의 발전 과정에서 필연적이라는 것이다. 때문에 이들의 탈락과 배반을 기본적으로 상정하고, 이러한 탈락이 가져올 타격에 대비해야 한다. 이들 위해서 공산당은 노농대중을 중심으로 좌익 세력을 끊임없이 조직해야 하고, 민족해방운동에서 프롤레타리아트의 헤게모니를 강화해야 한다는 것이 주요 주장이었다.

이렇게 되면서 민족부르주아지와의 협력이 필요는 하지만 절대적인 것은 아니게 되었다. 보다 중요한 것은 공산당이 민족해방운동의 주체인 노동자와 농민계급을 얼마나 조직하고 끌어들이는가였다. 「논강」의 이러한 논리 구조와 내용은 여러 점에서 앞서 살펴본 일본 「27년 테제」와 유사한 논리 구조와 내

---

23 「民族解放運動ニ関スル論綱(テーゼー)」, 姜德相·梶村秀樹 編, 『現代史資料』 29, みすず書房, 1977, 123~124쪽.

용을 갖고 있었다. 물론 제국주의 국가와 경제적으로 낙후된 식민지라는 차이가 있었기 때문에, 식민지 조선에서는 부르주아 계급 및 노동계급이 아직 성장하지 못했고, 노동계급 내 다양한 정치 세력이 존재하지 않는 상황이었다. 당연히 통일전선 정책의 대상에서 차이가 있었다. 일본의 경우는 무산계급 내 사회민주주의와 중앙파 세력이고, 조선의 경우는 부르주아민족주의 세력이었다. 그럼에도 불구하고 국공합작에서 국공내전에 이른 중국혁명의 경험에 대한 반성, 통일전선을 유지하되 부르주아 세력(사회민주주의 및 중앙파 세력)의 변절과 반혁명성에 대한 경계, 공산당과 무산계급 운동의 독자성 강조, 노동자 및 농민의 일상투쟁 및 계급투쟁 강조, 노동자와 농민 대중의 다수를 조직하고 공산당의 영향력을 강화하는 것에 대한 강조, 통일전선에서의 프롤레타리아 헤게모니 등은 공통으로 주장하는 바였다.

「논강」은 신간회에 대해 "조선민족해방운동의 현 단계에서 적당한 조선의 혁명적 계급 및 계층의 특수한 동맹체"이지만, "아직 광범한 대중을 포함하지도, 광범한 투쟁을 전개하지도 못하는 유약한" 존재라고 규정한다. 그럼에도 "유력한 통일적 대중단체가 될 필연성과 가능성을 갖고 있다고" 평가한다. 때문에 "조선 공산주의자들은 그 속에 들어가 그 투쟁을 지도하여, 이를 대중당으로 완성하기 위하여 노력하지 않으면 안 된다"고 주장한다.[24] 여기서 「논강」이 바라보는, 2월당이 신간회에 대해 가지는 인식을 확인할 수 있다. 그들에게 신간회는 "현 단계에서 적당한 조선의 혁명적 계급 및 계층의 특수한 동맹체"일 뿐이고, '유약한' 존재이다. 이것은 앞으로 코민테른 결정서에서 말한 '국민적 혁명대중당'으로 완성되어야 할 단체이다. 때문에 신간회를 '국민적 혁명대중당'으로 발전시키기 위해서는 민족주의자들과의 상층 연합에 주력해서는

---

24 위의 글, 125쪽.

안 된다는 것이다.

「논강」은 "노동자 농민 및 빈민을 광범하게 획득하는 데 노력"하여, 이들과 그 대중단체가 신간회에 '직접 가입'하도록 하고, 이를 기반으로 '대중적 좌익'을 결성하는 데 노력해야 한다고 주장했다.[25] 곧 신간회에 대한 기계적 점령을 반대하면서도, 노동자와 농민 및 빈민 대중과 대중단체를 신간회에 가입시켜 '대중적 좌익'을 형성하고, 신간회의 우익에 대한 투쟁을 강화하라는 것이다. 이런 주장은 안광천과 엠엘파가 말한 '프롤레타리아 헤게모니 전취'의 실제가 보다 분명하게 드러나는 것이라 하겠다.

2. 코민테른과 다른 생각들

1) 일본 '노농파'의 '대중 무산정당론', 무산대중당과 일본대중당

중국 국민혁명의 좌초 이후 코민테른과 이에 연결된 일본과 한국의 공산주의 그룹들이 통일전선 정책에 일정한 변화를 보이는 가운데, 이런 흐름과 결을 달리하는 흐름들이 동아시아 사회주의 운동 내부에서 표출되기 시작했다.

우선 일본의 경우를 보자. 1927년 12월 스즈키 모사부로(鈴木茂三郎), 구로다 히사오(黑田壽男), 오오모리 요시타로오(大森義太郎), 아다치 가츠아키(足立克明) 등 『대중』지 동인들과, 제1차 일본공산당에는 참여했지만 재건된 제2차 일본공산당에는 참여하지 않은 야마카와 히토시, 사카이 도시히코, 이노마타 츠나오(猪俣津南雄), 아라하타 간손(荒畑寒村) 등이 결합하여 잡지 『노농』 창간호를 발행했다. 이를 계기로 '비공산당 마르크스주의자'들의 조적적 결합으로서 노농파가

---

25 위의 글, 125~126쪽.

형성되었다. 이들은 이후 코민테른을 추종하는 일본공산당과 대립하여 일본 사회주의 운동의 한 조류를 형성했다. 노농파에 대해 공산당 측은 '좌익 사회 민주주의자'로 지칭했지만, 구성원들은 다양한 성향을 가진 비공산당·비코민 테른적 마르크스주의 집단이었다.[26] 노농파 그룹은 일본공산당과 대립한 마르크스주의자들의 연합이라 내부에는 다기한 편차가 있었고, 구성원도 얼마 되지 않았다. 그렇지만 그 영향은 적지 않았다.

일본 노농파 구성원 중에는 일본공산당 관련자만큼 좌파적 경향의 사람들도 있었고, 마르크스레닌주의자를 자임했던 인물들도 있었다.[27] 그렇지만 코민 테른의 입장과 대립되었을 때, 코민테른이 관련된 어떠한 운동도 할 수 없었다. 그들은 공산 세력의 공세 속에서, 그리고 현실 정치 속에서 자의반 타의반으로 사회민주주의 쪽으로 이동할 수밖에 없었다. 때문에 그들은 공산주의자들이 규정했던 좌익 사회민주주의자라는 커다란 틀로 묶일 수밖에 없었다.

『노농』 창간호에는 권두논문으로 야마카와 히토시의 글 「정치적 통일전선으로—무산정당 합동론의 근거」가 수록되었다. 야마카와는 현재 무산계급에게 필요한 정당은 부르주아 지배를 반대하는 모든 세력과 요소를 결합시킨 반부르주아 공동전선의 특수한 한 형태로서의 공동전선당이라 주장했다. 공동전선당은 제국주의 정치 세력에 대항하여 단 하나의 강대한 정치 세력을 결성한다는 조직적 과제를 가지고 있었으며, 민주주의 획득 투쟁이라는 전술적 임무를 갖고 있었다. 혁명적 프롤레타리아와 그 전위분자는 공동전선에 참여하여 자신의 지도를 확립해야 하지만, 당을 기계적으로 지도하거나 지배해서는

---

26 小山弘健 엮음, 한상구·조경란 옮김, 『일본 마르크스주의사 개설』, 이론과 실천, 1991, 176~178쪽.

27 대표적 인물이 이노마타 츠나오(猪俣津南雄)이다. 그에 대해서는 위의 책, 184~201쪽 참조.

안 된다고 주장했다. 이에 따라 프롤레타리아 헤게모니는 사실상 유보되었다. 이는 공동전선당을 준 전위당 내지 좌익 정당으로 변질시키기 때문이다. 그리고 전위당의 독자적 결성은 공동전선당의 자연성장에 따른 과정에서 이루어질 수 있는 것으로 상정되었다.[28] 그의 주장은 사실상 이전에 주장하던 단일무산정당론을 재차 반복하여 강조한 것이었다.

노농파는 일본공산당계에 대항하여 1928년 7월 22일 독자적으로 무산대중당을 결성했다. 무산대중당은 모든 무산정당의 합동을 실현하기 위한 과도기적 신당임을 표명하였고, 전국적 단일공동전선당을 위해 먼저 각 지방에 무산정당 결성을 촉구했다.[29] 사카이 도시히코가 공석인 중앙집행위원장의 역할을, 스즈키 모사부로가 서기장을 맡았다. 그들의 강령 중에는 "우리 당은 합법적 수단에 의해 유산자의 이해관계에 치우친 정치상, 경제상, 사회상의 제 제도를 고쳐 합리적이고 공정한 사회생활을 실현한다", "우리 당은 동일한 사회계층을 대표하는 모든 전국적 및 지방적 무산정당의 합동에 의해 단일 정당을 수립한다"는 것이 제시되었다.[30] 그들이 주장하는 전국적 단일 공동전선당은 야마카와가 주장한 것과 같이 당면의 이해를 위해 여러 반부르주아적 정치 요소를 결합시킨 당으로, 공동전선당에서의 프롤레타리아 헤게모니 관철은 사실상 철회되었다. 헤게모니 문제와 '합법적 수단'에 대한 표명은 일본공산당 계열의 신당준비회와 거리를 두는 것이었다.

노농파에 의해 지도된 무산대중당은 1928년 9월과 10월에 걸쳐 각지의 지방 무산정당들을 통합했다. 그리고 전국적 무산정당들과의 통합을 계속 추진

---

28 『山川均全集 第8卷(1927年 7月~1928年 5月)』, 勁草書房, 1979, 132~172쪽.

29 岡本宏, 『日本社會主義史研究』, 成文堂, 1988, 267쪽.

30 社會文庫 編, 『無産政黨史史料(戰前)後期』, 東京, 柏書房, 1965, 113쪽.

하여 1929년 1월 20일, 전국적 무산정당인 일본노농당과 일본농민당, 그리고 규슈(九州)민헌당과 중부민중당 등 4개 지방 정당들을 합동한 일본대중당을 결성하는 데 성공했다. 위원장에는 가가노 이와사부로(高野岩三郎), 서기장은 일본농민당 출신의 히라노 리키소우(平野力三)가 선임되었다. 그러나 실권은 일본노농당계에 있었다. 일본대중당은 내부에 좌에서 우까지 다양한 세력들이 결집하였고 강력한 지도력이 없었기 때문에, 이해의 대립과 분열의 위험이 상존했다.[31] 노농파 내부에서도 우파의 야마카와와 좌파의 이노마타 츠나오가 대립하고 있었다. 야마카와가 합법적 단일공동전선당에만 집중한 반면, 이노마타는 공산주의자로서의 정체성을 갖고 있었으며, 전위당 결성의 불가피성을 주장했다.

일본대중당은 결당 직후인 1929년 2월, 청당 문제로 분열에 휩싸인다. 실권을 갖고 있던 구일본노농당의 지도자 아소 히사시(麻生久)는 자신에 대한 공격을 반격하는 데 성공했다. 5월에는 그를 비판하는 무산대중당 출신의 스키야마 모토지로(杉山元治郎), 이노마타 등과 일본농민당 출신의 히라노 리키소우 등을 당에서 제명했다. 이에 구 무산대중당계가 집단으로 반발하자, 사카이 도시히코 등 다수를 다시 제명했다. 분열이 계속되면서 일본대중당은 1년 만에 이전의 분열 상태로 다시 돌아갔다.[32] 사실상 일본노농당이 일본대중당으로 변신한 것에 지나지 않게 되었다.[33]

한편 1928년 사회민주주의 성향의 사회주의 우파의 사회민중당에서도 그

---

31 일본대중당에 대해서는 다음 참조. 増島宏·高橋彦博·大野節子 著, 『無産政党の研究—戦前日本の社会民主主義』, 法政大学出版局, 1969, 238~343쪽; 川口武彦·塚本健 編, 『日本マルクス主義運動の出発』, 河出書房新社, 1975, 258~259쪽.

32 岡本宏, 앞의 책, 1988, 307~309쪽.

33 小山弘健 엮음, 한상구·조경란 옮김, 앞의 책, 179쪽.

나마 좌익적 경향을 보이는 사람들이 사회민중당을 탈당하여 전국민중당을 결성했다. 이렇게 해서 일본 사회주의 세력의 중간파와 우파도 다시 분열했다. 우파 사회주의 세력은 사회민중당과 전국민중당, 중간파 사회주의 세력은 일본대중당과 그에서 제명 또는 탈당한 구 무산대중당계 등으로 분열했다. 야마카와는 협동전선당 파괴 이후의 정당 합동에 대한 위기감 속에서 일본대중당을 떠나지는 않았다.

2) 조선에서의 다른 생각들, '청산론'과 '12월당'의 한계

식민지 조선에서도 코민테른의 방침과 다른 흐름들이 나오고 있었다. 일본의 경우는 사회주의 좌파 중에서 재건 공산당에 가담하지 않은 마르크스주의자들을 중심으로 이런 경향이 나타났다. 반면에 식민지 조선의 경우는 주로 공산당에 참여했던 사람들을 중심으로 이런 흐름이 나타났다. 소위 '청산론'이라 불리는 경향이다.

안광천이 '헤게모니 전취'를 주장하자, '12월당'의 권태석(權泰錫)과 최익환(崔益煥), 김규열(金圭烈, 김만규), 허일(許一), 홍양명(洪陽明) 등은 이를 강력하게 비판했다. 당시 조선공산당이 '2월당'과 '12월당'으로 분열되었기 때문에 상호 간의 비판과 투쟁이 격렬하게 전개되고 있었다.

'12월당'이 제3차 당대회 이후 당을 승인받기 위해 김영만(金榮萬)과 김철수가 작성하여 코민테른에 보고한 문건은 과도할 정도로 '2월당'을 공격했다. 이 문건은 '2월당'을 스탈린과 프롤레타리아독재 및 소비에트 권력을 비방하고 후쿠모토와 트로츠키를 신봉하는 '후쿠모토주의자-트로츠키파'라고 규정했다.[34] 트로츠키와 후쿠모토 모두 소련과 코민테른에 의해 그 이론과 주장이

---

34   이완종 편역, 『러시아문서번역집 22. 러시아국립사회정치사문서보관소』, 선인, 2015, 48~72

비판받고 배척된 사람들이다. 트로츠키는 '좌익 반대파'로 스탈린과 대립하다가 패배하여 결국 소련공산당에서 추방당했고, 1928년 초에는 반혁명을 이유로 중앙아시아 알마티로 유형까지 당한다. 후쿠모토도 「27년 테제」를 통해 회복할 수 없는 타격을 받고 몰락한다. 이제 그는 사회주의의 기린아에서 멸시와 조롱의 대상으로 전락했다. '12월당'은 '2월당'을 '후쿠모토주의자-트로츠키파'라고 규정하여 코민테른에 선입견을 입히고, 자기 조직의 정당성을 주장하려 했다. 심지어 '2월당'이 프롤레타리아독재와 소비에트 권력을 부정하고 스탈린을 독재자로 비난했다고 보고했다. 사실 말도 안 되는 비난이지만, 역사 속 공산주의 권력투쟁의 양상을 놓고 볼 때는 그럴 수도 있을 것으로 보인다.

'12월당'의 코민테른 보고 문건의 가장 큰 문제는 '2월당'에 대한 비난에만 초점이 맞추어져 있을 뿐, 정작 자신들이 어떠한 정세 인식하에서 어떠한 정치노선과 투쟁노선을 취하고 있는가를 제대로 표명하지 못했다는 점이다. 12월 제3차 당대회의 결의 내용을 보고하는 부분도 대단히 소략하다. 물론 보고의 특성상 요약 보고는 불가피하다. 그렇지만 보고 문건 전체의 분량에 비해서도 너무 적다. 보고는 민족 문제와 민족통일전선 문제에 대해서 일단 코민테른 1927년 「4월 결정서」에 근거해서 주장을 펴고 있다. 당대회 결의내용 4)항에서는 "노동자, 농민, 소부르주아, 일부 혁명적 공업부르주아들로 민족혁명전선을 결성한다. 집단적 가입 원칙에 의거하여 민족혁명전선의 정치 센터를 조직한다"고 하고 있다.[35] 그들은 신간회의 문제가 민족단일당에의 개별 입당에 있다고 판단했다. 때문에 김영진이 지적한 바와 같이 각 대중단체의 단체가입을 통해 이 문제를 해결하려 했다. 단체가입을 통해 신간회를 민족혁명전선으로 발

쪽.

35 이완종 편역, 앞의 책, 68쪽.

전시킨다는 것이다.

그런데 문제는 코민테른의 「4월 결정서」는 장제스의 쿠데타 이전의 상황을 반영하여 작성된 결정이었다는 점이다. 앞서 살펴본 바와 같이 중국의 국공합작이 붕괴되고 국공내전이 시작되면서, 소련과 코민테른의 동아시아에 대한 정세 인식과 통일전선 정책은 크게 변화했다. 민족통일전선에서 혁명적 민족부르주아지와의 협력이 더 이상 중요사항이 아니었다. 보다 중요한 것은 그들의 변절과 반혁명에 대비하여 노동계급운동의 독자성을 유지하는 것이고, 노동자 농민 대중운동, 계급운동을 적극적으로 전개하여 광범한 대중을 공산당이 획득하는 것이었다. 통일전선에서도 상층 협력보다는 협력하는 대상에 대한 폭로와 비판을 통해서라도 그들에게 속한 대중들을 전취해오는 것이 중요해졌다. 이는 일본 「27년 테제」와 조선 문제에 대한 코민테른 1928년 1월 새로운 결정서에서 분명하게 드러났다.

이런 상황임에도 '12월당'의 보고에는 이런 상황 변화가 반영되어 있지 않았다. '영남친목회 사건'에 집착하면서 자치운동에 대한 반대만을 중시하고 있다. 민족통일전선에서 노동계급의 독자성과 헤게모니에 대한 언급이 거의 없다. 이는 6)~7항)의 노동자–농민운동에 대한 보고에서도 드러난다. 그들은 노동운동과 농민운동을 어떻게 광범한 대중운동으로 전개할 것이며, 공산당이 이에 어떠한 역할을 하고, 어떻게 결합하여 뿌리내릴지에 대한 언급을 거의 하지 않았다. 대신 '2월당' 비판과 노동총동맹과 농민총동맹의 프로핀테른(적색 노동조합 인터내셔널)과 크레스틴테른(농민 인터내셔널) 가입만을 언급하고 있다. 물론 보고 문건이라 이 부분을 생략할 수도 있지만, 그조차 당시 코민테른이 무엇을 중시하고 있는지를 제대로 알지 못했음을 반증하는 것이라 하겠다.

그들은 세계 정세 변화와 코민테른을 비롯한 동아시아에서의 통일전선 정책 변화를 제대로 파악하지 못하고 있었다. 그렇지만 이런 정세 인식과 노선의 문제는 1927년 일본공산당 대표단이 코민테른에 불려가서 맞이했던 상황처럼, 코민테른과 직면하면서 바로 시정될 문제였다. 비록 시간이 걸리겠지만, '12월 당'의 구성원들 다수는 국제공산당인 코민테른의 지도와 지시를 받는 것에 이의가 없고, 이를 따르는 사람들이기 때문이다. 국제권위주의가 작동하는 당시의 시점에서, 코민테른의 지부인 각국 공산당은는 코민테른의 정책과 다른 주장을 할 수 없었고, 하더라도 바로 시정되어야 했다.

일본공산당이 그러했던 것처럼, 훗날 코민테른의 조선에 대한 「12월 테제」가 제시되었을 때 거의 모든 조선의 공산주의자들이 이를 따라 운동을 했던 것처럼, 실제 당시 '청산론' 논쟁이 1927년 말부터 1928년 초에 걸쳐 잠시 진행되다가 계속될 동력을 얻지 못한 채 사실상 찻잔속의 태풍처럼 지나가고 만 당시 상황은 이를 잘 보여주고 있다.

그런데 문제는 이들 중에서 코민테른의 통일전선 정책 변화를 이후에도 받아들이지 않는 사람들이 있었다는 점이다. 당시 언론에 '청산론'적 주장을 한 사람 중에 신일용을 제외하더라도, '12월당'의 구성원인 권태석, 최익환, 허일, 홍양명 등은 이후 조선공산당이 해체된 후 전개된 조선공산당 재건운동에 참여하지 않고 이와 거리를 둔 활동을 한다. 이 중 허일은 다음 장에서 살펴볼 1920년대 말 1930년대 초 조선청년총동맹을 중심으로 전개된 '합법운동론'에서 주요한 역할을 담당한다. 심지어 권태석과[36] 최익환은 해방 후에는 조선공

---

36 권태석은 '12월당' 사건으로 구속되었다. 1929년 4월 6년형을 언도받고, 대전형무소에 복역하다가 1934년 6월 출옥했다. 그는 출옥 후에는 공산주의 운동과 거리를 두게 된다. 1945년 8·15 해방 직후 조선건국준비위원회(건준)에 가담하여 건준과 민족주의 세력 간의 협력에 앞장섰다. 그러나 그의 활동은 무위로 돌아갔고, 그는 건준에서 탈퇴하였는데, 여운형은 물론 안재홍과도 거리를 두었다. 정당통합운동의 산물로 신한민족당 결성에 최익환 등과 적극 참여했다. 1946년 '모스크바 3상 결정'으로 좌우가 격렬하게 대립하는 시점에 그는 우익의 비상정치회의주비회에서 적극적으로 활동하여 비상국민회의에 참석할 대표를 심사하

산당은 물론 조선인민당 등 사회주의 우파와도 거리를 두고, 신한민족당 등 중간파 민족주의 정당에서 활동한다. 그들 변화의 단초가 청산론 논쟁 과정을 통해 드러난 것인가는 앞으로 연구과제이다.

이런 점에서 '청산론' 논쟁을 단순히 '12월당'과 '2월당' 사회주의 세력의 노선투쟁으로 정리하는 것은 문제가 있다. 김규열(김만규) 등을 제외하고 당시 언론을 통해 '청산론'을 공개적으로 주장한 사람들은 비록 공산당 활동에 몸을 담고 있더라도, 국제공산당인 코민테른의 지도를 사실상 거부하는 '다른 사회주의자'들이었다. 당연히 이들은 이후 공산주의 운동에서 떨어져 나올 수밖에 없었다. 조선의 사회주의 운동에 마르크스레닌주의가 정착되면서, 그리고 스탈린주의로 나아가면서, 이전에 공산주의 운동에 가담했던 '다른 사회주의자'들은 주객관적으로 더 이상 공산주의 운동에 참가하여 활동할 수 없었다. 그럼에도 불구하고 이 주장들이 중요한 것은 식민지 조선의 사회주의 운동 내부에서도 코민테른의 지침과 다른 경향의 세력들이 일정하게 존재하며, 이들이 식민지 조선 사회주의 운동의 독자성과 특질을 보여주고 있다는 점이다.

는 심사위원에 선임되었다. 1946년 전반 우익정당 통합운동이 전개되자, 그는 한국독립당으로 합당에 적극 관여하였고 통합 한국독립당의 조사부장이 되었다. 1947년 5월 제2차 미소공동위원회 참여를 주장하다, 한독당 전당대회에서 제명당했다. 이후 6월에 김일청(金一靑)과 함께 민주파 한독당을 창당했다. 1947년 12월 민족자주연맹 결성에 참여하여 중앙집행위원, 중앙상무집행위원, 총무국 차장에 선임되었다. 1948년 4월 남북협상에 민족자주연맹 대표로 참가했다. 그러나 8월 북한의 '8·25선거'에 참가하기 위해 해주로 갔다가 객사했다. 권태석의 행적에 대해서는 다음 참조. 박순섭, 「권태석의 항일투쟁과 민족통일」, 『한국민족운동사연구』 101, 2019.

3. 다른 생각의 대표적 인물, 신일용

1) 신일용은 무슨 생각에서 어떤 주장을 한 것일까?

이 책에서는 당시 '청산주의자', '청산파적 경향' 중 신일용을 집중적으로 살펴보려고 한다. 장일성(張日星), 신일성(申一星), 미성생(尾星生) 등은 모두 그의 필명이다. 1894년 전북 부안 출신인 신일용은 1925년 9월, 조선일보 정간 사태를 불러온 「노농 로국과 조선의 정치적 관계」 필화 사건의 필자로 수배를 받게 되자 중국 상하이로 피신했다. 1926년 말 만주로 이주하여 광동병원을 경영하면서, 서울파와 연계 관계를 갖고 있던 신민부의 민정파에 참여했다.[37]

신일용은 1927년 11월, 동아일보에 「당면의 제 문제」, 「민족문제」 등의 논설을 기고하여, 안광천과 엠엘파 세력의 민족혁명론과 통일전선론을 선두에 서서 비판했다. 이 때문에 안광천과 엠엘파 세력들로부터 '청산론자'라고 집중적 공격을 받았다. '2월당'은 신일용과 '12월당'을 연결시켜 같이 비판했다.[38] 이에 반해 '12월당' 김영만은 코민테른 집행위원회에 한 보고에서 그를 '중도주의적 이데올로기의 표현자'라고 하면서 "장일성에게는 추종자가 없습니다. 그는 지금은 당내에 자신의 분파를 조직하고 있지 않습니다"라고 평가했다.[39] 김영진이 이미 지적한 대로, '청산론' 논쟁 당시의 신일용은 국내 조선공산당과 조직적으로 연계되어 있었다고 보기 어렵다.[40]

---

37 신일용의 신민부 활동에 대해서는 다음 참조, 박순섭, 「1920년대 신일용의 이론 투쟁과 통일전선운동」, 『한국민족운동사연구』 94, 2018, 89~95쪽.

38 김영진, 앞의 글, 2021, 283~284쪽.

39 이완종 편역, 『러시아문서번역집 22. 러시아국립사회정치사문서보관소』, 선인, 2015, 54쪽.

40 김영진은 신일용에 대해 "'12월당'과 '2월당' 모두에게 상대방을 비판하기 위한 유용한 도구에 불과했다. 특히 청산론=신일용='12월당'의 구도는 정치운동=자치운동이라는 프레임에

이 책에서 신일용을 자세한 살펴보는 것은 그가 당시 '청산론'을 처음으로 제기한 대표주자이기도 하지만, 기존 연구에서 그의 주장에 대해 다루지 않은 부분들이 적지 않기 때문이다. 기존 연구에서 다룬 부분들은 과감히 생략하고, 이 책의 주제와 관련한 부분만 집중적으로 살펴보자.

신일용이 1927년 11월 동아일보에 연재한 「당면의 제 문제」 논설은 '계급표식의 철거'라는 점 때문에 마르크스주의와는 다른 주장으로 공격받거나 평가받기도 했다. 그러나 그는 자신이 마르크스주의자이자 레닌주의자임을 글 곳곳에 은연중 보이고 있다. 레닌의 여러 저작을 인용하여 자신의 주장 근거로 제시하고 있다. 그는 엠엘파, 안광천으로 대변되는 세력이 마르크스와 레닌을 잘못 이해하고 있다는 비판을 여러 곳에서 하고 있다.[41] 사회주의 운동가들이 자기 주장의 정당성과 근거를 찾기 위해 마르크스와 레닌을 끌고 오는 것은 사실 일반적이다. 그러나 일본 노농파의 여러 인물들에서 드러나듯이, 아무리 자신이 레닌주의자임을 강조하더라도 현실의 정치, 소련과 코민테른에서 정식화된 레닌주의가 아니면 레닌주의자로 존재할 수 없고 공산당에 남아 있을 수가 없으며, 결국에는 사회민주주의와 협력하게 되는 것이 역사적 현실이다. 그럼에도 불구하고 신일용의 이런 주장을 언급하는 이유는, 그의 주장을 분석하기 위해서는 그의 사상적 지반과 근거가 어디에 있으며 그가 마르크스와 레닌을 어떻게 이해했는가를 파악하기 위해서이다.

그의 논의는 다음 두 가지 점에서 출발했다. 첫째는 조선의 사회주의 운동이 지식인들의 사상운동을 벗어나 노동자 농민 대중에 기초한 마르크스주의

서 벗어나기 위해 안광천 과 '2월당'이 의도적으로 만든 새로운 프레임이었다"고 주장했다. 김영진, 앞의 글, 2021, 285~286쪽.

41 장일성, 「당면의 제 문제」 (12), 『동아일보』 1927. 11. 29.

운동으로 전개되어야 한다는 점이다. 그는 마르크스주의나 레닌주의를 공부하고 배운다고 마르크시스트나 레닌이스트가 아니라면서, 정우회로 표현되는 세력들이 대중운동의 경험이 없는 책상머리 서생들로 마르크스주의를 이론적으로만 알고 실제 실천운동의 경험 속에 체득하지 못했기 때문에 많은 오류를 범하고 있다고 주장한다. 그는 그동안의 조선의 마르크스주의자들이 무산계급에서 생산된 인텔리가 아니라 사회 변동이 생산한 마르크스주의사상가였다면서 이들의 정치적 결합이 사상단체라고 파악했다. 이는 일본 유학생이 간부를 맡고 있었던 정우회는 말할 것도 없고, 전진회나 기타 사상단체 모두 동일했다고 평가한다.[42] 아마 이런 그의 평가는 상당부분 조선 사회주의 운동의 현실을 보여주는 것이고, 국외나 코민테른의 평가와 크게 다르지 않을 것이다.

신일용은 정우회 선언에서 '선각자들의 목적의식의 결핍'이 조선 사회운동 부진의 중요 조건이라는 평가를 전면 부정한다. 그는 조선은 식민지라는 특수성 때문에 산업혁명과 농민분해가 되지 않아, 농민이 83%을 점하고 공업 인구가 12%에 불과하며 소수 노동자의 교육 정도와 조직 정도는 미약해, 노농총동맹과 노동자들이 유기적 관계를 갖고 있지 못한 것이 현실이라고 진단한다.[43] 그런데 이렇게 조선의 노동계급이 미약하고 노동자들의 자연성장적인 조합주의 운동이 시작되기도 전에, 민족 혁명인텔리들에 의해 운동이 정치화되었다고 판단한다.[44] 그는 "조선 운동이 전형적 경제투쟁-조합주의적 운동으로서 출발하지 않고 민족적 혁명층에서 출발"하였기 때문에 "그들 선각자들에게 불완전하였지만 정치적 지배 과정에 대한 투쟁의식은 십이분 가지고 있었다

---

42 장일성, 「당면의 제 문제」 (7), 『동아일보』 1927. 11. 13.

43 장일성, 「당면의 제 문제」 (6), 『동아일보』 1927. 11. 12.

44 장일성, 「당면의 제 문제」 (8), 『동아일보』 1927. 11. 16.

고 단언"할 수 있다고 한다.[45] 그러므로 엠엘파가 조선의 지난 사회주의 운동을 조합주의 운동이라 비판하며 사상단체를 조합주의로 비판하는 것은 타당하지 않다고 반박했다.[46] 그가 볼 때 그동안의 조선의 운동은 도리어 조합주의 운동, 노동과 농민운동이 미약한 것이 문제였다. '민족적 혁명층'의 혁명성과 투쟁성에 의미를 부여하는 그의 주장은 특징적이라 할 수 있는데, 누구를 의미하는 것인지에 대해서는 구체적으로 언급하지 않았다. 대체로 신간회에 참여한 민족주의 세력을 의미한 것이 아닌가 한다.

둘째는 사회운동은 철저히 현실 속에 뿌리박고 진행되어야 한다는 점이다. 신일용은 엠엘파가 조선의 실정도 제대로 모르고 실제 운동에 인연이 없이 일본에서의 사회주의 논쟁, 특히 후쿠모토의 주장을 그대로 모방하여 운동을 전개하고 있다고 비판한다.[47] 그는 국부적 경제투쟁에서 전 계급적 정치투쟁으로의 방향선환론에 대해 "운동을 통일한 점에 있어서 방향전환은 가장 의의가 있고 가치가 있었다. 여기에 이론을 말한 사람은 없을 것이다"[48]라고 하여 방향전환론에 대해서는 동의한다. 앞서 살펴보았듯이 일본에서의 방향전환론은 야마카와 히토시의 주장을 계기로 1922년부터 등장했다. 그리고 무산정당운동이 전개되면서부터는 일반화되었기 때문에 이런 그의 동의는 당연한 것이라 하겠다.

문제는 정치투쟁의 구체적 내용이다. 그는 방향전환의 의미가 무산계급 운동이 노동자의 조합운동으로부터 정치운동으로 진출하는 과정이며, 경제투

---

45 장일성, 「당면의 제 문제」 (12), 『동아일보』 1927. 11. 29.

46 장일성, 「당면의 제 문제」 (7), 『동아일보』 1927. 11. 13.

47 장일성, 「당면의 제 문제」 (8), 『동아일보』 1927. 11. 16.

48 장일성, 「당면의 제 문제」 (2), 『동아일보』 1927. 11. 8.

쟁에서 정치투쟁으로 나아가는 것이라고 파악한다. 이는 노동조합운동이 전국적 단위로 발전하는 과정에서 상부 건축인 정치와 법률 문제를 자각하고, 노동조합법, 노동보험법, 보통선거법 등을 요구하면서 정치적 성격을 갖고, 당을 조직하여 전면적인 투쟁으로 나아가는 투쟁의 과정이라고 설명한다.[49] 이 점에서 엠엘파는 구체적인 내용을 전혀 갖고 있지 못하면서 공허한 정치투쟁만 주장하고 있다고 비판했다. 그는 농민운동을 예로 들어 일부 '병자관념주의자'들이 자기가 농민의 이해를 대변한다고 착각하지만, "농민들이 지금 요구하는 것은 당면의 이해관계이다, 경작군의 보장, 소작료 기타 부담의 경감 등 경제 이익을 떠나서 그들을 우리 편으로 할 무기가 어디 있는가"라고 반문한다. 즉 농민들의 일상적 이해와 요구에 기초한 당면 투쟁을 이들이 소홀히 하고 있다는 것이다.

또한 그는 당시 문예운동 일각에서 제기되고 있는 방향전환과 목적의식성 강조에 대해서, "현재 조선의 신흥 문단—자연생장성의 문예가 얼마나 대중에로 침투되었으며, 양으로나 질로나 얼마나 다량의 다질의 자연생장성의 문예를 생산하였기에 그것이 벌써 자기비판을 요구하게 되었는가"라고 질타한다. "하물며 작품들은 극소수의 지식계급 간에서 이렇고 저렇고 문제를 잡았을 뿐이지, 대중 우리의 주요 부대인 농민이나 민족혁명 군중과는 몰교섭의 상태에 있는 것이 자인치 못할 것"이라고 일갈한다. 곧 사회주의문학 자체가 양과 질에서 아직 미약하고, 얼마 되지 않는 작품들도 지식계급에 머물러 대중 속으로 파고들지 못하고 있다는 진단이다. 그는 먼저 문예가 "우리의 운동이 아직 대중화 농민화하지 못하고 인텔리겐챠에 국한할 만한 상태에 있는 것으로 보아 일반적으로는 민족적 대중적이며, 특수적으로는 농민적인, 자연생장적인 문

---

49 장일성, 「당면의 제 문제」 (5), 『동아일보』 1927. 11. 11.

제로서 그들의 자연생장적인 감격을 일으켜야" 한다고 주장한다. 그리고 그 후에 "정치운동을 전개하여서 이것을 목적의식성으로 결정할 것이다"라고 주장한다. 그는 "문예가 정치운동의 수단이 되기 때문이 아니라 그의 생성 과정이 재생산을 요구하기 때문이다. 긴말은 할 것 없이 러시아의 혁명 전후의 문학을 보면 알 것이다"라고 주장했다.[50] '민족적 대중적이며', '농민적인, 자연생장적' 사회주의문학 작품을 농민들에게 광범하게 보급하여 '자연생장적인 감격'을 일으킨 후에야 정치운동이 가능하다는 것이다.

신일용은 기존의 조선 사회주의 운동이 대중과 현실에 뿌리박지 못했기 때문에 큰 문제가 있다고 보았다. 그는 "일부에서는 정치운동이라면 자치운동이 아니냐, 아닐까 속단 추단하여 가지고 우경화니, 추락이니, 개량주의자니 하고 떠든 전진회, 무산청년회들도 가관이 없으려니와, 자기들의 입론이 하등의 구체론이 아님에도 불구하고 전지를 향하여 정치운동 부인론자이니 조합주의자이니 하고 응사한 정우회의 대변자들도 또한 동일한 속단에 빠져" 있다고 비판한다. 그는 정우회와 전진회의 논의에 대해 "더 노골적으로 말하면 신구 세력의 권력 다툼의 구실에 불과한 현상"이라고 냉소했다.[51] 그는 당연히 전개되어야 할 정치운동을 우경화, 개량이라고 비판하는 전진회와 무산청년회도 비판한다. 동시에 이에 대립하면서 정치운동 부인자와 조합주의자로 상대방을 비난했던 정우회를 동시에 비판한다. 둘 다 권력 싸움의 구실로 이를 주장했을 뿐이라는 것이다. 이런 그의 지적은 당시의 현실을 놓고 볼 때는 상당히 타당한 지적이라 할 수 있다. 일본에서 정치운동과 무산정당운동이 일반화되고 코민테른도 이를 지지하는 현실에서, 전진회가 정치운동의 유효성과 필요

---

50 장일성, 「당면의 제 문제」 (13), 『동아일보』 1927. 11. 30.
51 장일성, 「당면의 제 문제」 (9), 『동아일보』 1927. 11. 18.

성 자체를 부정할 수는 없기 때문이다. 때문에 전진회를 '정치운동 부인론자'라고 비난하는 정우회의 주장도 사실 성립하기 어렵다.

재미있는 것은 신일용이 중앙협의회를 비상설로 한 문제를 재론한다는 점이다. 그는 엠엘파가 주장하는 비상설의 이유에서 중앙협의회가 파벌주의의 기관이라 하는 주장은 대의명분에 지나지 않고 실제로는 유치한 이유라고 일축한다. 중앙협의회가 협의기관이지만 단일당의 기능을 하면 청총, 노총 등의 기능을 멸살시킬 것이라는 주장도 당의 기능과 '종단적 조직체'(전국적 대중조직)의 기능을 제대로 이해하지 못한 것이라 주장한다. 그는 단일당이 만들어진다고 일체의 표면단체를 해제하여야 된다는 것은 이론으로 성립될 수 없다면서, 군중 단체의 협의 기관과 당의 기능은 다르다는 것을 중국의 예를 들어 설명한다. 중국국민당이 국민혁명의 단계를 대표하는 유일당이지만, 별도로 총공회, 농민연합회, 학생회, 청년회, 부녀회 등의 협의 기관으로 각계 연합회를 두고있다는 것이다. 그러면서 국민당이 5·3운동 같은 군중을 동원한 배외운동을 지도할 때 이런 기관을 통하여 많은 작전상 전술적 효과를 보고 있다면서, 이런 조직에 대한 간접지도를 통해 당을 성장시키고 당원을 훈련해야 한다고 주장한다. 그는 독일에서도 일반연합회를 통해 시위운동이나 선거운동, 당원훈련에 많은 효과를 보고 있다고 지적한다. 러시아의 경우도 각 직업연합회와 소비에트, 중앙정부와 당이 별도로 존재 활동하고 있다면서 비상설론자들의 주장을 반박한다.[52]

물론 그가 상설론에 동의한 것은 아니었다. 그는 우리 운동이 '계급적'이란 도그마를 버리고 민족유일전선으로 방향을 전환하는 의미에서 현 단계에 있어서 그런 계급적인 표면기관을 둘 필요가 없으며, 유일전선이 완성되어 통일

---

52 장일성, 「당면의 제 문제」(4), 『동아일보』 1927. 11. 10.

당이 실현된다면 시기를 보아서 우리가 자진하여 그런 기관을 필요로 할 수 있을 것이라 주장했다.[53] 여기서부터 그는 민족운동과 사회운동에 대해 여타 다른 사회주의자들과 다른 관점과 주장을 보이기 시작한다.

신일용은 기존 조선에서는 사회운동과 민족운동이 대립된 서로 다른 운동으로 인식되어왔다면서, "우리가 정치운동으로 진출하는 제일보는 운동으로서 사회 민족 양계 진영이란 관념을 버리고, 오직 민족유일전선을 지어야 되겠다. 이런 견지에서 나는 사회운동이 '계급적이란' 개념을 버리고 이런 견지에서 모든 당면 문제만으로 표식으로 하자"고 주장했다. 그는 이 주장의 이론적 근거는 마르크스의 방법으로 민족 문제를 학리적으로 분석함으로써 명백해질 것이라고 자신했다. 그는 자신의 주장이 현재 엠엘파가 민족단일당의 실현을 주장하는 것과 다르다면서, 단일당 인식은 당연히 '무산계급적'이란 표식의 철거를 요구함에도 엠엘파가 이에 미련을 가지고 있어 문제라고 주장한다. 더 나아가 "'운동으로서 무산계급적 운동이나 사회운동이란 자를 지하실로 몰아넣자' 이것이 조선 운동의 현 계단이 요구하는 슬로건이다"라고 제시한다. 때문에 '무산계급적', '사회운동'이란 용어의 사용을 중지할 것을 주장했다. 그는 이런 주장이 무산계급 운동의 존재를 없앨 것이라며 회의하고 분노하는 사람들이 있겠지만, 이는 레닌의 '다수파주의'를 이해하지 못하는 것이라고 일축한다. 그는 "사회운동이 지하실로 간단 말은 더 대중화하기 위하여서이다. 그리하여 당면의 부분적 투쟁에 참가하여 그 이익을 전취하면서 군중을 조직 훈련 획득하여 부단히 양양 결정하고 전 민족적 정치투쟁을 전개 촉진하는 것을 당면 임무로 할 것뿐이다"라고 하면서 사회운동자가 이와 같은 태도를 결행하는

---

53 장일성, 「당면의 제 문제」 (4), 『동아일보』 1927. 11. 10.

것이 정치운동으로 출발하는 제1보라고 주장했다.[54]

신일용의 주장은 국공합작 붕괴 이후 변화된 코민테른의 동아시아 통일전선 정책과 정면으로 배치되는 것이었다. 더군다나 '계급적'이라는 개념을 버리고 '무산계급적' 표식의 철거를 요구하는 것은 이전 코민테른의 「4월 결정서」에 비교해봐도 훨씬 더 나아간 파격적 주장이라 할 수 있다. 물론 레닌의 주장을 인용하여 노동대중의 다수파를 점해야 한다는 주장이나, 이를 위해 당면 요구와 이해를 내걸고 투쟁해야 한다는 것, 이를 통해 대중을 전취하고 조직 훈련한다는 부분은 마르크스레닌주의나 코민테른의 일반적 방침이기 때문에 문제가 되지 않는다. 문제는 이를 위해 '무산계급적' 표식의 철거를 주장하는 점이다. 이는 당시 공산당운동을 하는 사람 입장에서는 상상할 수도 없을 주장이었다.

신일용은 그동안은 타협과 비타협을, 자치와 혁명을 다만 대립된다는 관념으로서만 인식하였지만, 현실적으로 상호관계의 공통성과 모순점을 분석해야 한다고 주장한다. 그런데 이런 분석은 "자치가 목적이냐 수단이냐", "자치와 혁명은 어떠한 관계를 가지고 있는가", "자결권과 자유분리권은 여하한 관계를 가지고 있는가"를 공공연히 토의할 수 없는 상황과 "봉건적 비과학적인 절개주의로서 현실운동으로의 진출을 덮어놓고 추락시켜보고 침을 뱉듯이 버리는 (墜落視唾棄) 경향이" 무시하지 못할 세력으로 잠재하는 것이 난관이라고 지적한다. 이런 그의 주장은 자치와 혁명이 대립되는 것이 아님을 말하면서, 사실상 자치의 공간이 주어진다면 이를 최대한 이용해야 한다는 뜻으로 해석할 수 있었다. 그는 현재의 난관을 돌파하기 위해서는 "현실의 궁극한 생활에 처한 조선 민족이란 지위", 그리고 각각 개인이나 집단이 여하한 모순으로 대립할지

---

54 장일성, 「당면의 제 문제」 (9), 『동아일보』, 1927. 11. 18.

라도 조선 민족의 당면 이해에 그 목적이 있다는 것을 자각하는 것이 문제 해결의 관건이라고 주장한다.[55]

그 구체적 방법으로 "합법적으로써 하는 부분적 투쟁과 정치적 폭로, 군중의 조직 훈련, 의식의 앙양" 등을 목표로 "우리의 대표를 조선에 있어서도 가능한 한도까지 조선 정치와 관계가 있는 인민적 기관으로 내어 우리의 당면 이익을 주장하면서, 항쟁의 보조를 힘의 원천으로 향하게" 하여야 한다고 주장한다. 그리고 이런 기관을 획득하기 위해서라도 항쟁하여야 하며, "노동자의 대표가 자본가의 정치 기관에 들어간다고 매수·추락·동화되지 아니하는 것은" "실제 사실로 증명"한다면서, 러시아에서 짜르 의회에 대표를 보내는 것을 기피한 '소환파의 실패'가 이를 반증하는 것이라고 한다. 그는 의회 참여에 의한 매수·동화·추락을 경계할 필요는 있지만 그것을 두려워할 필요는 없다고 주장했다.[56] 이런 그의 주장은 의회 전술, 또는 참여 전술의 필요성을 적극적으로 표명하는 것이라 할 수 있다.

이런 입장에 있었기 때문에 신일용은 서로에 대해 '우익'과 '좌익'이라고, '개량적'과 '비타협'이라고, '자치운동이 될 것이니 배격하자' 는 등의 관념적 추상적 논법을 앞세우지 말자면서 다음과 같이 주장한다. "우리는 무엇을 먼저 결정할까, 그것은 민족유일전선 결성으로서 대동 세력의 집약을 단행하여야 하겠다. 그리고 우리는 먼저 중심 세력을 결성하자."[57] 좌와 우, 타협과 비타협으로 서로 배격하지 말고 민족유일전선으로 민족 중심 세력을 결성하자는 그의 주장은 사실 당시 민족주의 세력이 주장하던 민족적 중심 세력론, 민족적

---

55 장일성, 「당면의 제 문제」 (10), 『동아일보』 1927. 11. 19.

56 장일성, 「당면의 제 문제」 (11), 『동아일보』 1927. 11. 20.

57 장일성, 「당면의 제 문제」 (10), 『동아일보』 1927. 11. 19.

190 또다른 사회주의—한국 사회민주주의의 역사적 기원

중심단체 건설론과[58] 거의 유사하게 보였다.

신일용의 주장은 조선의 사회주의 운동이 인텔리 운동에서 벗어나 노농 대중에 기초한 실천 운동이 되어야 하고, 현실에 기초한 운동에 되어야 한다는 점에서는 기존 사회주의의 일반적 원칙에 제대로 충실한 것이라 할 수 있다. 대중의 일상적 경제투쟁을 강조하고 노농 대중의 이해를 반영하는 운동 형태와 투쟁을 제기하는 것도, 또한 정치 투쟁으로의 발전을 제기하는 것도, 당시 사회주의 운동의 일반적 경향과 부합했다. 그러나 현실을 강조하고 대중화와 단일한 운동 대오를 강조하다 보니, '무산계급 운동의 독자성', '무산계급적 표식', '헤게모니' 등 당시 코민테른과 사회주의 운동에서 대단히 중요하게 생각하던 부분을 과감히 후퇴시켰고, 이는 당시 사회주의 운동 분위기에서는 크게 문제가 되었다.

자치운동과 합법적 운동에 대한 부분은 엠엘파 역시 이런 공간을 이용하려고 했기 때문에 사실 큰 문제는 아니었다. 다만 민족유일전선을 무조건 먼저 결성하자는 주장이나, 대동 세력의 집약으로 민족 중심 세력을 결성하자는 주장은 국공합작 붕괴 이후 동아시아 정세 변화와 코민테른 정세 인식 변화를 간과하는 것이었다. 중국에서 여실히 드러난 민족부르주아지의 반동성을 경계하던 코민테른 및 당시 사회주의자들의 일반적 정서와도 상당한 괴리를 가졌다. 이미 정우회 선언 이후에 보여졌던 민족단일당 결성에의 적극성이 이미 사회주의 운동가들 사이에서 적잖이 사라진 상태였다.

---

58 이에 대해서서는 다음 참조. 윤덕영, 『세계와 식민지 조선의 민족운동—한국 자유주의의 형성, 송진우와 동아일보』, 혜안, 2023, 249~274쪽, 315~330쪽, 362~378쪽.

2) 신일용의 인식 기반과 조선 민족운동의 특수성

신일용의 주장에 대해 엠엘파에서 당장 반박이 나오는 것은 불문가지였다. 잘 알려져 있다시피 안광천이 직접 나서서 신일용을 공격했고,[59] 그 외의 논자도 등장했다.[60] 이 부분은 기존 연구를 참고하도록 하고, 여기서는 이들 공격에 대응하여 신일용이 민족 문제 및 민족단일전선에 대한 자신의 주장을 가다듬어 동아일보에 발표한 글을 좀 더 살펴보도록 하자.

신일용은 레닌주의를 마르크스주의를 발전 심화시킨 것으로 보았는데, 그가 주목했던 심화의 측면은 민족 문제에 대한 레닌의 주장들이었다. "마르크스에 의하여 단초가 열린 민족 문제에다가 구체적 이론적 체계를 부여한 것"이기 때문이다.[61] 그러면서 레닌이 1920년 코민테른 2차 대회에서 발표한 「민족·식민지 문제에 관한 테제」를 거론하고 있다. 그런데 앞서 살펴본 안광천은 논설에서 레닌이 코민테른 2차 대회에 제출한 「민족·식민지 문제에 관한 테제 잠정 초안」을 직접 인용하여 자신의 논거로 삼고 있었다. 반면에 신일용은 레닌이 쓴 「민족·식민지 문제에 관한 테제」가 아니라, 1924년 스탈린이 출간한 『레닌주의의 기초』를 1927년 일역한 책의[62] 내용 중 제7장 '민족 문제'의 내용으로 이를 대신하고 있다. 신일용이 인용한 주요 부분은 다음과 같다.[63]

---

59 노정환, 「청산파적 경향의 대두—尾湜生을 駁하야」, 『조선지광』 75, 1928. 1.

60 GH生, 「계급 표식 철거자의 '당면의 제 문제'를 박(駁) 함」 (1)~(13), 『동아일보』 1927. 11. 27~12. 17; GH生, 「인식 착란자의 '당면의 제 문제' 비판」 (1)~(11), 『조선일보』 1927. 12. ?~1. 17.

61 장일성, 「민족문제」 (6), 『동아일보』 1927. 12. 17.

62 スターリン著, 千葉太郎譯, 『レーニン主義の根本問題』, 白揚社, 1927.

63 장일성, 「민족문제」 (6)~(7), 『동아일보』 1927. 12. 17~18.

4) 종속적 제 민족 중의 대부분은 지금 벌써 [민족해방]운동의 단서(端緒)를 개(開)하고 있다. 이것은 필연적으로 세계자본주의[위기]를 재래(齎來)할 것이다.

5) 선진 제국의 프롤레타리아운동의 이해관계와 식민지 제국의 민족운동의 이해관계와는 공히 이 2개의 [혁명적] 운동이 공통의 적인 제국주의에 대하여 공동전선을 주장하는 것을 요구하게 되는 것이다.

6) 선진 제국의 노동계급의 승리는 제국주의에 의하여 지배되는 피압박 민족의 해방과 공히 일종의 [혁명적] 공동전선을 결성함이 없이는 그 목적을 달하기 불가능할 것이다.

7) 이 [혁명적] 공동전선의 결성은 다만 압박국 측의 프롤레타리아가 그 본국의 제국주의에 반항하는 피압박 민족의 국민적 해방운동을 직접으로 단호한 결의로써 [지지]하고 있는 경우에만 가능할 것이다.

8) 위의 지원은 본국으로부터 분리하여 자기 자신으로서 자립한 국가를 구성코자하는 민족적 [구호]에 관한 원칙을 보장하고 적용코자 함이다.

스탈린이 『레닌주의의 기초』를 출간한 것은 중국공산당과 국민당의 제1차 국공합작이 추진되고 식민지의 민족부르주아지와 민족주의 세력의 혁명성에 대해 긍정적인 평가가 이루어지던 시기였다. 스탈린의 저작은 이런 상황을 배경으로 종속국과 식민지 민족운동에 대한 낙관적 인식하에서 민족 문제에 대해 논하고 있었다. 신일용은 이 부분을 가져와 자신의 논거로 인용했다. 그는 여전히 1920년대 전반의 코민테른 민족통일전선론과 통일전선 정책의 입장에 서 있었다. 1927년 중국 국공분열과 국공내전 상황이 전개되었음에도, 그는 기존의 입장을 고수했다. 그런 점에서 그의 주장은 당시 급속하게 변화하고 있는 코민테른의 통일전선 및 식민지 해방운동 정책과 크게 달랐으며, 충돌했다.

신일용이 민족 문제에 대한 조선 사회운동의 인식 과정을 정리한 부분도 이런 인식을 뒷받침하고 있다. 그는 지난 4~5년의 조선 사회운동의 역사에서 민족 문제는 '협동'과 '제휴'라는 초보적 관념에 불과하였다고 한다. 1926년에 이르러 민흥회가 발기되어 "민족적 총역량 집중의 필요로서 사회 민족 양 운동론의 협동전선의 결성을 제창하게 된 것은 이 문제 발전상 일대 전기를" 만든 것이라면서, 『현대평론』 창간호에 발표된 김준연(金俊淵)의 「조선의 금일 문제」 논문이 그 시기 민족 이론을 대표할 새로운 견해였다고 회고한다. 신간회가 창립되고 민흥회와 합동이 실현되었을 때, 홍명희(洪命熹)가 『현대평론』에 「신간회의 사명」을 발표한 것에 대해서는, "신간회의 갈 길을 표시함에 민족운동으로서는 가장 좌이오, 사회운동과의 관계를 보면 그 중간 길"이란 식으로 소박한 경험주의적 인식으로 표현하여 이론적인 진전이 전혀 없었다고 평가했다. 그는 정우회 선언에 의해 제창된 방향전환론이 민족운동과의 제휴에 의한 정치운동으로 진출을 제기했지만, 그들의 '번역주의적 소아병적 인식'에 따라 민족이론에 많은 모순과 왜곡을 가져왔다고 한다. 그들의 주장은 '단일당 실현의 촉성' 표식만 표면에서 지지하는 것에 불과하고 민족이론은 등한시했다는 것이다.[64]

엠엘파, 그중에서도 일월회 출신들에 대한 그의 평가는 냉혹했다. 그는 정우회의 민족 문제 인식 방법이 기회주의적이고 비마르크스주의적이며, 조잡하고 유치하다고 비난한다. 종래의 협동사상에다 번역적인 방향전환과 관념적인 정치적 진출을 갖다 붙인 것에 지나지 않는다고 혹평한다.[65]

신일용의 주장에서 가장 특징적인 것은 그가 무산계급의 해방운동을 운동이 속한 나라의 사회경제적 발전 및 무산계급 대중의 정치적 성장에 따라 다르

64 장일성, 「민족문제」 (2), 『동아일보』, 1927. 12. 7.

65 장일성, 「민족문제」 (3), 『동아일보』, 1927. 12. 8.

게 보고 있고, 그에 따라 운동의 방향을 결정하고 있는 점이다. 그는 선진국과 후진국, 반식민지와 식민지 등의 운동을 명백히 구분한다. 그는 선진 자본주의 국가에서는 무산계급이 독자의 계급으로 집단적으로 발달하였지만, 식민지 자본주의가 발달되지 못한 나라에서는 무산계급이 독자의 계급으로 발달할 수 없는 까닭에, 민족적 단일전선을 통해서만 혁명적 및 정치적 투쟁을 전개할 수 있다고 주장한다.[66] 또한 반식민지와 식민지 중에서도 인도와 중국같이 비교적 무산계급이 발전한 나라에서는 일정한 단계를 지나서는 무산계급의 헤게모니의 가능성이 실현될 수 있다고 보았다. 그러나 조선과 같이 집단적 무산계급 운동이 발달하지 못하여 어느 시기까지 독립한 계급운동으로 진출하지 못한 경우에는 민족적 단일전선 결성이 마르크스주의자의 당면 임무라 주장한다. 그는 조선이 당면한 현 단계는 무산계급이 독자의 정치적 및 혁명적 역할을 하는 계급으로서 아직 서 있지 못한 상황이고, 이에 대해서는 일월회의 관념주의 일파를 제외하는 조선의 마르크스주의자 모두 동의한다고 주장한다. 이런 조선의 경제적 미발전 단계를 사회운동 단계와 연결시키는 발상은 앞에서 살펴본 1920년대 전반 국내 상해파가 물산장려운동을 전개하는 발상과 일맥상통하는 것이라 할 수 있다.

신일용은 조선의 현 단계가 "1926년 3월 20일 이후 중국국민당 내부에서와 같은 계급분해의 과정", 즉 장제스의 '중산함 사건' 이후 국공합작이 분해되는 과정을 지나서 재편성을 요구하는 단계에 있는 중국의 상황이 아니라, "민족적 부르주아지와 타협하여 단일전선을 지어야 될 초기"에 있다고 판단한다.[67] 곧 조선과 중국의 상황은 다르기 때문에 중국에서 국공합작이 붕괴되고 국공내

---

66   장일성, 「민족문제」(9), 『동아일보』 1927. 12. 21.
67   장일성, 「민족문제」(10), 『동아일보』 1927. 12. 22.

전이 일어났다고 해도, 조선에서는 '단일전선당'에서 후퇴해서는 안 된다는 것이다. 그는 레닌의 주장을 인용하여 '단일전선'이 "전체주의적 지배에 대한 항쟁적 요소의 각층 노동자, 소중 농민, 수공업자, 소상인, 지식계급의 일부(마르크스 및 자유주의 소부르주아를 포함), 청년학생, 생산업적 부르주아(이것도 어느 시기까지는 자체의 이해관계상 상품경쟁, 관세 등의 관계로 반전체주의적 요소로 된다), 부녀 기타 피압박 계층 등으로서 결성된(민족적 표식하에서 결성되는) 항쟁적 조직체-단일전선당"이라고 하며, 이것이 혁명적 임무를 수행할 수 있는 동안에는 무산계급 기반의 전위적 조직체와 노동계급은 민족적 부르주아를 지지하여야 한다고 주장한다.[68] 코민테른의 동아시아 통일전선 정책이 변화하였음에도 그는 여전히 민족 부르주아의 혁명적 성격을 인정하는 계급·계층론을 견지하고 있었다.

신일용이 「당면의 제 문제」 논설을 발표하였을 때 가장 많은 비판과 공격을 받은 부분이 '계급표식의 철거' 부분이다. 그는 이 부분을 이렇게 해명한다. 그는 단일전선당에서 계급적 표식을 표면에 내세우는 것은 "다수파주의자의 전술을 적의 앞에 폭로하여 스스로의 성장 발전을 저해 침체하는 결과"를 초래하고, 결성 중인 "단일전선을 파괴할 위험이 십이분 존재하는 것"이라고 비판한다. 이는 미숙한 마르크스주의자의 태도이며, 관념적이고 기분적인 행동에 지나지 않는 것이라면서, 헤게모니 전취를 주장한 안광천의 「신간회와 그의 임무」 주장을 기분적 반동적 사상을 표지하는 것이라 비판한다. 그는 "우리 다수파는 관념주의자의 일단과 같이 민족단일전선을 지지하여 혁명적 임무를 수행할 동안까지는 계급적 표면 표식을 민족적 목표와 혼동 대립시켜서"는 안 된다고 주장한다. 때문에 "관념적인 계급적 표식을 버리고 그 대신에 민족적 표식을 또한 당면의 이익을 위한 구체적 표어를 지지하는 것이 당연하다"

---

68 장일성, 「민족문제」 (8), 『동아일보』 1927. 12. 20.

고 주장한다.[69] 그의 주장에 따르면 그의 계급 표식 철거 주장은 단일전선을 유지하고 다수파를 점하기 위한 일종의 전술적 후퇴이자 유보라고 볼 수 있다.

그는 신간회에 대해 '단일당', '단일당의 매개 형태', '협동전선당' 등 다르게 규정하고 있다면서 관련된 용어를 정리할 필요를 제시한다. 그는 단일당은 민족적 정치적 운동으로 진출하는 과정에 있어 민족적 역량의 집중체로서의 정당을 의미하는 것인데, 단일당은 용어상으로는 근거가 없는 용어이며, 레닌은 '단일전선'이란 용어를 사용했다고 레닌의 글을 인용한다. 또한 인식상으로도 당은 어떤 계급의 이해를 대변하는 것인데, 각 계급 각층이 모여 있는 혼합체를 단일당으로 표현할 수는 없다고 주장한다. 이런 견지에서 그는 1차 국공합작기의 중국국민당으로 나타난 '단일당'보다는 각계급과 각층이 민족적 목표를 위해 연합한 '단일전선당'이라고 규정하는 것이 옳다고 주장한다. 마지막으로 그는 당면의 운동 목표와 표어를 다음과 같이 제시한다. "신간회를 지지하여 단일전선의 완성을 기하자!", "단일전선당의 촉성 실현을 기하자!" "신간회의 깃발 아래로 민족적 총역량을 집중하자!" "단일전선당을 촉성하여 구체적 정치투쟁으로 진출하자!"[70]

신일용은 운동의 대중성과 현실성을 운동의 우선 기준으로 잡고 운동론을 전개할 것을 주장했다. 그렇지만 그의 주장은 국공내전 이후 변화하는 동아시아 사회주의 운동과 대중운동의 현실을 인정하지 않았다. 때문에 그의 주장은 변화하는 코민테른의 방침, 그리고 이를 추종하는 조선의 사회주의 운동과 충돌했다. 그가 이를 극복하기 위해서는 코민테른의 영향력을 극복할 수 있는 노농 대중에 기반한 독자적인 운동 세력과 대중 기반을 구축했어야 하는데, 이는

---

69 장일성, 「민족문제」 (8), 『동아일보』 1927. 12. 20.

70 장일성, 「민족문제」 (12), 『동아일보』 1927. 12. 26.

현실적으로 불가능한 것이었다. 일본의 경우 노농파는 일본공산당에 대항하여 독자적으로 무산대중당을 결성했다. 이에 비해 신일용은 국내 조직적 기반이 없는 국외자일 뿐이었다.

3) 신일용의 이후 행적과 활동의 한계

1927년 초부터 진행된 만주 지역의 민족유일당운동은 1928년 5월 민족유일당회의에 이르러 단체본위조직론을 주장하는 전민족유일당협의회와 개인본위조직론을 주장하는 전민족유일당촉성회로 분열되었다. 정의부 주류파와 신민부 민정파, 참의부 심용준(沈龍俊) 계열, 화요파 만주총국 및 예하 단체 등 협회회를 지지하는 사람들은 9월에 민족유일당조직동맹을 결성했다. 1929년 1월 길림에서 열린 제2회 중앙집행위원회에서 현익철(玄益哲)과 김이대를 대표로 선출하고 8개의 집행부를 개선했는데, 이때 신일용은 선전부 위원으로 임명된다. 당시 화요파의 김찬(金燦)이 황기룡이란 이름으로 청년부 위원이자 주석단에 선임되었다. 김상덕(金尙德)의 회고에 따르면 당시 민족유일당조직동맹은 정치·이론적인 전략·전술 및 선전 분야를 강화하기 위해 서울파 사회주의자 신일용과 화요파 사회주의자 김찬을 초빙했다고 한다.[71]

협의회를 지지하는 세력들은 3부통일회의를 열고 1929년 4월 국민부를 성립시키고, 5월 현익철을 중앙집행위원장으로 하는 집행부를 선임한다. 1929년 10월 민족유일당조직동맹은 '조선국민당' 명의로 선언과 강령 등을 발표한다. 이는 이 조직을 토대로 조선국민당이란 이름의 민족유일당을 결성한다는 내용이었다. 그러나 12월 20일, 당이 창건되었을 때는 당명을 조선혁명당으로 바꾸어 결성했다. 국민부와 조선혁명당은 '이당치국' 원칙에 따라 행정부와 지도

---

71   김상덕, 「만주운동의 회고」, 『擊鼓』 2, 1940, 29쪽.

당의 표리일체적 관계로 운용되었다. 1929년 9월 국민부 1회 중앙의회에서 고이허(高而虛)가 보고하고 결정된 「세계 정세와 조선 정세에 대한 결정서」, 12월 국민부가 발표한 「조선 정세에 대한 결정서」 등은 세계 자본주의가 파멸기에 들어갔고, 소비에트 러시아와 코민테른이 사회주의혁명을 지도하는 것을 조선 정세의 특질로 언급하는 등, 사회주의 진영의 정세 인식과 민족해방운동 방법론을 상당수 반영하고 있었다.[72]

그렇지만 사회주의자들은 국민부와 조선혁명당의 실제 운동에서 배제되고 있었다. 코민테른에서 「12월 테제」가 채택되고 만주와 국내에 전해지면서, 1929년 상반기부터 만주 지역 사회주의 운동의 좌선회가 본격화되었다. 이는 당시 확산되고 있던 중국공산당과 국민당의 국공내전과 맞물려 더욱 확대되었다. 만주 지역 엠엘파에 이어 화요파에서도 민족유일당운동에 대한 불신과 민족주의 세력에 대한 공격이 확산되었다. 사회주의 세력의 확산에 두려움을 느낀 민족주의 세력도 사회주의 세력에 대한 공격을 시작했다. 1929년 9월 국민부 1회 중앙의회가 김찬을 중앙집행위원에서 해임했고, 10월에는 사회주의자가 주도하는 남만한인청년총동맹을 국민부가 공격하여 관련자들을 사살했다.

신일용의 행적은 현재까지는 알 수 없으나, 그 역시 배제되었을 것으로 보인다. 일제 기록에도 "작년(1929년) 국민부의 성립과 함께 구세력이 자파의 세력 유지를 위해 공산파를 압박하여 중앙부로부터 공산 계열 인물들을 전부 축출했다"고 되어 있다.[73] 그렇지만 김찬은 민족주의 세력과의 협력 철회와 공격에

---

72 장세윤, 『1930년대 만주지역 항일무장투쟁』, 독립기념관 한국독립운동사연구소, 2009, 43~44쪽.

73 「在外朝鮮人の關爭, 1920~1931年」, 『現代史資料』 29, みすず書房, 1976, 590쪽.

는 반대했고, 더 나아가 일국일당 원칙에 따른 만주 지역 조선공산당 당원들의 중국공산당으로의 입당도 반대했다. 그 결과 그는 1929년 12월 화요파 조선공산당 만주총국 간부에서 해임된다.[74]

1929년 3월 서울 상해파의 조선공산당재건설준비회가 발기되었고, 6월에 이르러 김철수(金錣洙)를 책임자로 하여 조직을 결성하고 선언과 강령을 발표했다. 9월에는 '만주부'를 조직했다. 신일용은 이에 가담한다. 재건설 그룹은 중국공산당 가입에 소극적이었다. 1930년 1월 길림에서 김동삼(金東三), 손정도(孫貞道) 등의 민족주의자들과 윤자영(尹滋英)·신일용·최환(崔煥) 등의 재건설 그룹 간에 김동삼을 위원장으로 하는 재만한인반제동맹이 결성된다. 신일용은 조직부장이자 정치부원으로 선임되어 활동했다. 반제동맹은 길림과 반석현, 돈화 등 남만과 북만에 하부 조직을 결성하였고, 1930년 3월에는 전만한인반제국주의대동맹 창립주비회를 결성했다. 이들은 국내 신간회나 사회운동 단체와 연결하려 했으며, 반공 성향을 노골화하는 국민부와 한족총연합회와는 대립했다.[75]

1930년 1월 중국공산당 중앙의 개입하에 만주성위원회와 조선공산당 만주총국 대표들이 모여, 일국일당 원칙에 따라 만주 지역 조선공산당 당원들의 중국공산당 가입을 합의했다. 1930년 6월 코민테른 동양부는 조선공산당재건설준비회의 해체와 중국 지역 단체와 시설의 중국공산당으로의 이전을 지시했다.[76] 중국공산당 중앙위원회도 6월 29일 만주성위로의 지시 서한에서, 조선공

---

74 박순섭, 「1920~1930년대 김찬의 사회주의 운동과 민족협동전선」, 『한국근현대사연구』 71, 2014, 73~77쪽.

75 박한용, 「일제강점기 조선 반제동맹 연구」, 고려대 사학과 박사학위논문, 2013, 105~110쪽.

76 최규진, 『조선공산당 재건운동』, 독립기념관 한국독립운동사연구소, 2009, 55~64쪽.

산당 당원들은 개인 자격으로 중국공산당에 가입하고, 조선인의 별도 모든 조직은 해체할 것을 지시했다.[77] 8월 재건설 그룹이 이 지시를 받아들여 중국공산당에 가입하면서, 이들이 주도한 재만반제동맹도 사실상 활동을 마감했다.

신일용은 1930년 5월 30일 중국공산당이 리리싼(李立三) 노선에 따라 무장폭동을 일으키자, 이와 관련하여 중국 관헌에 5월과 8월 두 차례에 걸쳐 체포된다. 그는 훗날 "이립삼의 정책으로 나는 이것을 일종의 무리한 강간적 행위라고밖에 더 평가할 수 없었다. 어째서 그러냐 하면 그때 시기는 도저히 이러한 행동을 필요로 하는 계단에 도달치 못하였는데 객관 정세를 잘못 살핀 이립삼 코-쓰는 후일 코민테른의 비판과 여(如)히 중대한 과오를 범하였든 것이다"라고 비판했다. 실제 폭동과는 아무런 관계가 없음에도 그는 중국 관헌에 체포되는데, 이는 국민부 중앙집행위원장인 현익철과의 대립적 관계와 무고 때문이었다.[78] 그는 길림감옥에서 1년여간 수형 생활을 하다가, 1931년 9월 일제가 만주를 침략하면서 길림을 점령하자 석방되었다.[79] 길림감옥 수감 중 그는 사상과 문예 서적을 주로 보았고, 중국어도 공부했다. 당시 중국 감옥은 도서와 잡지, 신문 반입이 자유로워서 어느 정도 독서 욕망을 채울 수 있었다고 한다.[80] 1931년 11월 초 그는 길림에 온 조선일보 만주동포위문사 양원모(梁源模) 등을 맞이했다.[81] 1932년 4월 그는 만주에서의 활동을 접고 서울로 귀국한다.[82]

---

77 김춘선, 「조선 공산주의자들의 중공 가입과 '이중사명' 연구」, 『한국근현대사연구』 38, 2006, 55쪽.

78 신일용, 「길림감옥 탈출기」, 『삼천리』 4-7, 1932.

79 『조선일보』 1931. 10. 4.

80 『삼천리』 4-7, 1932.

81 『조선일보』 1931. 11. 10.

82 『동아일보』 1933. 7. 21.

1932년 조선일보에서는 경영권 분쟁이 일어나는데, 신일용은 그에 휘말리게 된다. 3월 조선일보 사장 안재홍(安在鴻)이 만주동포 위문금 횡령 사건으로 구속되고, 4월 사장에서 물러났다. 이때 조선일보 판권을 담보로 채권을 가졌던 고리대금업자 임경래(林景來)가 조선일보의 판권을 주장하고, 이에 조선일보 사원들이 반발하면서 경영권 분쟁이 일어났다. 임경래는 6월 조선일보의 편집 발행권 인수를 총독부에서 허가받았다. 임경래는 6월 21일 부사장으로 취임하면서 신문 간행과 신 편집진용을 발표했는데, 이때 주필로 신일용이 선임되었다.[83] 그러나 임경래는 조선일보 사원들의 반발로 견지동 사옥에서 신문을 발행하지 못했다. 명치정 동순태빌딩에서 조선일보를 간행하였고, 기존 사원들도 신문을 간행하여 두 곳에서 신문이 발행되기도 했다.[84] 신일용이 주필로서 어떠한 논설을 썼는지는 알 수는 없다. 경영난을 이기지 못한 조선일보는 8월 1일자로 휴간에 들어가게 되는데, 그에 따라 신일용도 조선일보에서 물러나야 했다.

신일용은 1932년 1월 『삼천리』에 기고한 논설에서 기존 사회의 지배층에 직접 대항적 지위에 있는 사회층이 소농과 신흥 노동자층, 그리고 그들과 운명을 함께할 주의자라면서, 이들과 함께 "사회에는 적어도 대외적 관계만에 한하여는 이 부분의 사회층과 동반자 노릇 할 사회층이 있으니, 그것은 시대적 정세의 파지(把持)에 명민한 중간계급의 전투적 분자, 진보적인 민족주의자 및 지식계급 활동적인 지사군의 일부가 즉 그것이다. 기중에는 대내적 관계에 있어서도 최후까지 전자와 동반자 노릇할 분자도 적지 않다"고 하여,[85] 중간계급

---

83 『조선일보』 1932. 6. 22.

84 조선일보 사사편찬위원회편, 『조선일보 50년사』, 1970, 134~141쪽.

85 신일성, 「지사류의 사회관 비판」, 『삼천리』 4-1, 1931, 89쪽.

과 진보적 민족주의자들이 여전히 노농계급의 동맹자임을 주장했다. 당시 합법적 공간에서도 프롤레타리아 문화운동을 주장하며 좌선회하고 있던 사회주의자들과 달리, 신일용은 이 시기에도 이전의 민족통일전선적 인식과 주장을 여전히 갖고 있었다. 그렇지만 신간회가 해소되었기 때문에 그가 참여할 운동 공간은 없었다.

1933년 7월 22일 신일용은 1925년 9월 조선일보의 정간 사태를 불러온 『노농로국과 조선의 정치적 관계』 필화 사건의 필자로 9년 만에 기소되어 법정에 서게 된다.[86] 9월 경성지방법원에서 징역 1년 6개월에 3년 집행유예가 선고되었다.[87] 1934년 4월 여자의학전문학교 준비위원회에 상무위원으로 참여했다.[88] 7월에는 과학지식보급회의 발기인으로 참여했다.[89]

1934년 11월 『개벽』이 신간을 발행하면서, 그는 두 차례에 걸쳐 국제정세에 대한 분석 논설을 게재한다. 그는 '세계적 위기'란 말이 유행어가 되어 있는데, 이 위기는 "정치적 체제 급 경제적 기구의 일반적 동요로부터 배태된 바, 국가적 국민적 내지 계급적 지배의 위기와 아울러 열강 상호 간의 모순적 대립의 결정적 표현으로서의 국제적 협조주의의 일반적 파국 상태를 의미하는 것"이라고 규정하면서, 세계적 위기의 추진력은 "세계관의 대립—국민주의 세계관 대 사회주의적 세계관—과 열강 상호 간의 모순의 증대—권력 수단의 강고화 및 악성의 공황 극복을 위한 적극적 침략에서 제약되는 필연성"이라고 분석했

---

86 『동아일보』 1933. 7. 21; 7. 24.

87 『동아일보』 1933. 9. 7; 『조선일보』 1933. 9. 7.

88 『동아일보』 1934. 4. 12.

89 『동아일보』 1934. 7. 3.

다.[90]

그 이후 신일용의 언론 기고나 활동은 거의 찾아볼 수 없다. 1938년 8월 그는 중국 베이징으로 가서 신화사라는 인쇄소를 경영하였는데,[91] 80명의 직공을 고용했다고 한다.[92] 해방될 때까지 중국에 거주하다가 1946년 5월 29일 귀국하여[93] 한국민주당에 가담했다. 그렇다고 완전히 사상적 전향을 한 것도 아니었다. 이후 그는 사회민주주의를 표방한 조소앙이 결성한 사회당에 참여하였고, 무소속으로 제2대 국회의원 선거에 출마했다.

90 장일성, 「세계적 위기의 전면적 의의」, 『개벽』 신간 3호, 1935.

91 『사상통제사』 221, 국사편찬위원회 한국사데이터베이스(http://db.history.go.kr/).

92 『삼천리』 11-7, 1939.

93 『동아일보』 1946. 5. 31.

4장

1930년대 초반 '좌익 사회민주주의'와 신간회·청총 해소 반대론

1928년 2월, 일본에서 제1회 중의원 보통선거가 실시되었다. 무산정당의 의회 진출을 큰 위협으로 받아들인 일제 권력 집단은 '3·15탄압 사건'을 일으켜 공산당에 대한 대대적 탄압과 함께 노농당 등 공산당 관련 합법 단체들을 해산시켰다. 탄압은 1929년 '4·16탄압 사건'으로 이어졌고, 재건된 일본공산당은 큰 타격을 받았다.

코민테른 제6회 대회 전후 국제 공산주의 운동이 '계급 대 계급' 전술로 이행했다. 동시에 스탈린파가 주장하던 자본주의 위기론, 사회파시즘론과 사회민주주의 타격론, 당에 대한 철저한 복종, 이를 거부하는 기존의 공산주의자를 우익기회주의자로 숙청하는 활동이 국제 공산주의 운동에서 광범하게 전개되었다. 전 세계 수많은 공산주의자들이 투항을 강요받았고, 상당수는 당에서 제거되었다. 각국 공산주의 운동의 자주적 움직임은 말살되었고, 스탈린과 코민테른의 지시에 충실한 자들이 각국 공산운동의 지도부를 이루었다. 그리고 그 영향이 일본과 조선의 사회주의 운동에도 큰 영향을 미쳤다. 일본공산당은 합법적 무산정당 재결성 방침을 철회하고, 노농동맹을 중심으로 반합법 비합법 투쟁으로 이행했다. 이때 합법적 노농당 결성을 주장하던 세력들은 일본공산당에서 제명되었고, 이들은 1929년 11월, (신)노농당을 결성했다. 1930년 들어 대중폭동 전술로 이행한 일본공산당은 8월 들어 노농당 해소운동을 전개하였지만, 해소에는 실패했다.

이렇게 일본에서 합법운동인 무산정당운동을 둘러싼 논쟁과 분열, 대립이 전개되던 시기, 식민지 조선에서도 합법운동과 민족통일전선을 둘러싼 논쟁이 본격화되었다. 1928년 코민테른의 「12월 테제」 지시와 조선공산당 승인 취소로 조선의 공산주의 세력은 혁명적 노동운동과 농민운동에 기반한 조선공산당 재건운동으로 전환했다. 신간회에 대한 적극적 의미부여 및 개입이 크게 약화되었고, 민족부르주아지와 민족주의 세력과의 협력도 철회되었다. 그런데 이런 동향에 반발하여 조선청년총동맹(이하 청총)과 신간회에서 활동하던 사회주의자들을 중심으로 합법정치운동 및 민족협동전선운동의 지속을 주장하는 세력들이 형성되었다. '사회주의 우익' 또는 '좌익 사회민주주의'라 불리는 이들이었다. 공산주의 계열은 이에 대해 강력히 비판하였고, 합법운동에서의 철수를 제기했다. 이는 신간회와 청총의 해소운동으로 나타났다.

이 시기 사회주의자들의 운동과 동향에 대해서는 그동안 적지 않은 연구들이 진행되었다. 우선 당시 사회주의자들의 활동 기반이 되는 정세 인식에 대해서는, 임경석이 국제정세 인식과 당시의 특징적 인식인 '혁명적 시기론'과 '대중폭동 전술론'을 살펴보았다.[01] 신간회 해소와 관련해서는 초기에는 코민테른 6회 대회와 「12월 테제」 등의 영향을 크게 받은 것으로 지적되었다.[02] 그렇

---

01 임경석, 「세계 대공황기 사회주의·민족주의 세력의 정세 인식」, 『역사와현실』 11, 1994.

02 김창순·김준엽, 『한국공산주의 운동사』 3, 고려대학교 출판부, 1973; 김명구, 「코민테른의 대한 정책과 신간회」, 스칼라피노·이정식 외, 『신간회연구』, 동녘, 1983.

지만 미즈노 나오키의 문제제기를[03] 전후하여 내적인 계기에 대한 연구가 지속적으로 이루어졌다. 이균영은 코민테른 6회 대회와 「12월 테제」, 프로핀테른 「9월 테제」, 국제공산청년동맹의 테제를 검토하면서, 그와의 관련성보다는 신간회 당적 조직상의 문제, 중앙간부진의 온건화 경향, 민중의 급격한 진출 등의 운동의 내재적 발전상에서 신간회 해소가 대두된 것으로 파악했다. 그는 신간회 지회의 해소운동과 당재건운동과의 관계를 상세히 추적하여 각 지회에서의 해소운동 양상을 복원했다.[04] 이애숙은 공산주의 세력이 '민족주의 좌파 고립화 전술'로 전환하는 양상과 공산주의 각 그룹들의 신간회 해소 정책을 해명하고, 신간회 해소를 둘러싼 논쟁의 내용과 특징, 해소운동의 전개 양상을 전체적으로 살펴보았다.[05] 최규진은 코민테른 6차 대회에서의 통일전선 전술의 변화를 조선 공산주의 각 그룹이 어떻게 수용하여 적용시켰는가를 비교사적으로 살펴보고, 신간회 해소 문제에 대한 대응 양상을 살펴보았다.[06] 윤효정은 국제선 재건운동 그룹과 태평양노동조합 계열의 신간회 해소론의 형성 과정과 신간회 해소대회에서의 역할을 살펴보면서, 신간회가 대중적 역량이 취약해지고 사실상 '해체'된 상태에서 해소운동이 전개되었기 때문에 실패할 수밖에 없었던 내적 요인을 고찰했다.[07]

---

03 水野直樹, 「코민테른의 민족통일전선론과 신간회운동」, 『역사비평』 2, 1988.

04 이균영, 『신간회연구』, 역사비평사, 1993.

05 이애숙, 「세계 대공황기 사회주의 진영의 전술 전환과 신간회 해소 문제」, 『역사와현실』 11, 1994.

06 최규진, 「1920년대 말 30년대 초 조선 공산주의자들의 신간회 정책」, 『대동문화연구』 32, 1997; 최규진, 「조선 사회주의자들의 운동 노선과 합법공간 진출(1929~1945년)」, 『대동문화연구』 56, 2006.

07 윤효정, 「신간회 해소론과 전체대회 연구—국제선 재건 그룹과 태평양노동조합 계열을 중심으로」, 『한국민족운동사연구』 105, 2020.

한편 청총의 해소 과정에 대해서는 이애숙의 연구가 유일하다.[08] 그는 광주
학생운동의 연장선상에서 청년운동이 고조되는 양상과 조직화의 진전 상태를
살펴보고, 공민권 획득 주장으로 표출된 '합법운동' 노선의 대두와 '합법운동
파'의 존재, 이들의 청총 지도부 장악과 이에 대한 지회의 반발이 청총의 해소
운동을 불러왔다면서, 지방청년동맹을 중심으로 해소운동의 전개 양상과 해
소론 주장을 해명했다.

이 장에서는 기존의 연구에서 제대로 해명되지 못한 부분들, 즉 코민테른
의 '계급 대 계급' 전술을 거부한 조선과 일본의 '좌익 사회민주주의자'들의
형성과 활동, 이에 대한 공산주의자들의 비판과 반비판, 일본 (신)노농당 해소
운동의 전개와 실패, 조선에서의 신간회 및 조선청년총동맹 해소론의 대두 과
정과 그에 대한 반대 주장 등을 해명하려고 한다.

1. 국제노선을 거부한 사회주의자들의 '합법운동론' 주장

1) 식민지 조선에서 '좌익 사회민주주의'의 표면화와 '합법운동파'의 성격

서구와 일본의 사회주의 운동이 그러했던 것과 같이, 조선에서도 「12월 테
제」 이후 공산주의 세력의 노선 전환과 좌편향의 일반적 흐름 속에서 이를 반
대하는 일군의 사회주의자들이 형성되었다. 이에 대해 김경재(金璟載)는 1930년
의 사회주의 운동을 개관하면서, 사회주의 운동에 두 경향이 있는데 "그 가운
데에서 하나는 철두철미 비합법의 정신적 기반 밑에서 테러화하고 있는 경향

---

08   이애숙, 「1930년대 초 청년운동의 동향과 조선청년총동맹의 해소」, 한국역사연구회 근현대
     청년운동사연구반, 『한국근현대청년운동사』, 풀빛, 1995.

과 다른 하나는 합법적으로 점진적으로 당면의 문제를 위주(爲主)하야 투쟁하려는 경향, 이렇게 두 가지의 경향이럴까, 세력이럴가가 흐르고 있음을 명백히 인지하고 포착할 수 있다"고 했다.[09] 곧 「12월 테제」에 기초하여 '계급 대 계급' 전술에 입각해 운동을 전개하는 흐름에 대항하여 합법적 점진적으로 사회주의 운동을 전개하는 흐름이 명백히 포착되고 있다는 것이다.

한편 청총 중앙위원인 KH生도 "1930년은 조선 사회운동이 일보를 전진하여 과학적 입장에 서서 과연 좌우 양익으로 분열되려는 분기봉에 돌입한 감이 잇다. 소위 좌익으로서의 전국적 슬로간으로는 '공장, 직장, 농촌으로 드러가자!', '××는 농민에게!', '8시간 노동제'(노동자 농민의 ××의 기초××××××××××)이라고 볼 수 있고, 세상에서 우익이라 혹은 좌익 사회민주주의라고 부르는 운동의 전면적 슬로간으로는 '공민권의 획득', '일선인(日鮮人) 차별대우 철폐', '언론 출판 결사 집회의 자유 획득' 등이라고 볼 수 있다"고 하고 있다.[10] KH生은 김경재가 말했던 점진적이고 합법적이며, 당면 문제 위주로 투쟁하는 흐름이 구체적으로 공민권의 획득, 일선인 차별대우 철폐, 언론 출판 결사 집회의 자유 획득 등의 민주주의 요구를 슬로건으로 하는 운동을 전개하고 있으며, 사회주의 우익, 또는 좌익 사회민주주의로 불린다고 전하고 있다.

이들은 구체적으로 누구일까? 이애숙은 1930년대 초 청년운동을 다루면서 경기도경찰부의 자료를 인용하여[11] 이들은 '합법운동파'로 서울계 구파에 속하는 허일(許一)과 이항발(李恒發)이 주도하였고, 청총 중앙간부 김재한(金在漢),

---

09 김경재, 「올해 一年 조선은 어떻게 動햇나?―1930年 제 운동의 총결산, 1930년 중의 사회운동」, 『별건곤』, 35, 1930. 12, 12쪽.

10 KH生, 「조선은 어데로 가나?―사회활동」, 『별건곤』, 34, 1930. 11, 5쪽.

11 京畿道警察部, 『治安狀況』, 1931; 박경식 편, 『조선문제자료총서』 6, アジア問題研究所, 1982, 286~287쪽, 428~430쪽.

윤형식(尹亨植), 추병환(秋炳桓), 임윤재(任允宰), 김약천(金若泉) 등이 속한다고 파악했다. '합법운동파'는 청총 중앙의 다수파로 일제의 공세를 피하면서 광범한 대중과 함께할 수 있는 방안으로 합법운동을 구상했다. 그렇지만 "'합법운동론'은 아무리 투쟁 조건을 유리하게 이끌기 위한 일시적 전술이라 하더라도 일제의 법률 테두리 안에 청총의 운동을 제한한다는 측면에서 올바른 전술이 될 수 없으며, 투쟁을 통해 합법 공간을 쟁취, 확대하려는 선진적 청년 대중의 동향과도 동떨어진 것이었다. '합법운동파'는 자치운동과 자신들을 차별화시키지 못했으며, 청총 지도노선을 위로부터 전환시키고자 하는 패권주의적 우를 범했다"는 것이 이애숙의 평가였다.[12]

김형국은 당시 합법운동은 신간회 집행부에 의해 주도되고 있었다면서, 이들 중 박문희, 이항발, 이주연, 한병락, 서정희 등이 사회주의자들로, "이들은 볼셰비키 노선과 신간회 반제 협동전선론의 결성을 주장하던 사회주의자들과는 다른 독자적인 정세 판단으로 1920년대 후반 이후 제기되었던 합법적 정치운동론을 계승하여 합법운동을 전술로서 채택하고 있었다. 그리고 신간회 운동을 이전보다 강화하여 법의 테두리 안에서 민족대표 단체로 강화해야 한다는 전술적 입장을 갖고 있었"다고 파악했다.[13]

기존 이해와 평가의 당위성을 확인하기 위해서는 1930년 등장한 청총의 '합법운동파' 세력의 실체와 그 노선이 그 이전의 청총의 노선과 활동에 비해 어떠한 차이가 있는가가 먼저 확인되어야 한다.

1926년 조선 사회주의 운동에서 정치운동으로의 방향전환론이 제기된 이후, 청년운동에서도 무산계급의 청년운동을 전 민족적 청년운동으로 방향전

---

12 이애숙, 앞의 글, 1995, 400쪽.

13 김형국, 「1929~1931년 사회운동론의 변화와 민족협동전선론」, 『국사관논총』 89, 2000, 273쪽.

환하자는 주장이 제기되었다. 1927년 6월 청총 제4회 집행위원회에서는 이를
신운동 방침으로 수립하였고, 8월 중앙집행위원회에서 이를 확정했다. 청총
은 "청년 대중의 정치적·경제적·민족적 이익의 획득을 기함" 등의 강령과 함
께 "전 민족적 단일당 결성의 촉진", "언론·출판·집회·결사의 자유", "조선 민족
을 특수적으로 취급하는 제령 및 기타 악법안 철폐" 등 20개항의 당면 정책을
수립했다. 신간회 창립을 계기로 정치운동, 민족운동의 적극적 참여를 결정한
것이었다. 또한 다양한 형태의 청총 가맹 단체들을 군·부 지역 단위의 청년동
맹으로 재편하였는데, 1929년 말에 이르면 청총 가맹 단체 203단체 20,782명 중
174단체 19,160명이 청년동맹으로 재편되었다. 단체의 86%, 회원의 92%가 동맹
체제로 개편된 것이다. 청총은 민족협동전선에 나서는 가운데 기본적으로는
청년운동에서 마르크스주의적 입장을 여전히 견지하고 있었다.[14]

　한편 조선공산당 관련 및 사상 사건, 광주학생운동과 관련하여 청총 간부
들이 잇달아 피검되면서 청총 중앙간부 진용에 변화가 생겼다. 1930년 2월 24
일 중앙집행위원장 대리에 박일형(朴日馨)이 선임되었다.[15] 1930년 4월 6일에는
중앙집행위원회 간담회를 열어 위원을 보선했는데, 집행위원장 대리에 김재
한, 상무서기 박호진(朴昊辰), 박제영(朴齊榮), 조직부 윤형식, 추병환, 교양부 윤영
철(尹永轍), 조사부 박두언(朴斗彦), 장봉(張烽), 체육부 조사원(曹士元), 부녀부 박호
진, 소년부 박승극(朴勝極)을 선임했다.[16] 중앙위원은 박호진, 박제영, 윤형식, 추
병환, 윤영철, 박두언, 장봉, 조사원, 박승극, 김재한 등이었다.[17]

14　박철하, 『청년운동』, 독립기념관 한국독립운동사연구소, 2009, 65~86쪽.

15　『동아일보』 1930. 2. 28.

16　『조선일보』 1930. 4. 8. 기사 내용 중 상무서기 박제업(朴齊業)은 박제영의 오기임.

17　「현유 세력 조사—신간, 농총, 노총, 청총, 근우, 천독, 기독교, 불교」, 『삼천리』 9, 1930. 10.

조직적 측면에서 보면 청총의 '합법운동파'는 어느 날 갑자기 나타난 새로운 세력이 아니라 기존 청총 지도부를 이루었던 세력이었다. 곧 1920년대 중반 이래의 기존 청총 중앙간부들이 1930년 들어 '합법운동파'로 불리게 되었다. 또한 그들의 운동노선이 이전과 달리 급격하게 변화한 것도 아니었다. 그들은 큰 변화 없이 1920년대 중반 이래의 신운동 방침 노선을 고수하고 있었다. 그런데 공산주의의 국제적 노선이 변화하면서 그들의 노선이 이제는 타협적 합법운동 노선으로 평가받게 되었던 것이다. 그리고 '합법운동파'란 범주 구분 자체가 이들을 반대하는 세력, 「12월 테제」에 따른 운동의 좌경화를 이끌었던 세력들에 의해 명명되어, 일제에 의해 차용된 것이라는 점도 주의해야 한다.

신간회 중앙에서의 '합법운동파'를 살펴보자. 이를 파악하기 위해서 당시 신간회 중앙지도부의 변화가 제대로 인식되어야 한다.

1929년 6월 복대표대회를 통해 허헌(許憲)을 집행위원장으로 하는 새로운 신간회 중앙집행부가 꾸려졌다. 당시 선임된 중앙상무집행위원은 다음과 같다. 김동선(金東鮮), 김명동(金明東), 김장환(金長煥), 김항규(金恒圭), 박문희(朴文熹), 안철수(安喆洙), 이주연(李周淵), 이춘숙(李春塾), 임서봉(林瑞鳳), 조치기(趙致基), 한상준(韓相駿), 홍명희(洪命熹) 총 12명이다. 허헌 집행위원장하의 실무를 담당하는 각 부서를 보면 다음과 같다. 서무부장 황상규(黃尙奎), 부원 이주연·김세진(金世鎭), 재무부장 김병로(金炳魯), 부원 김동선, 조직부장 김항규, 부원 임서봉, 김장환, 선전부장 이종린(李鍾麟), 부원 조치기·안철수, 조사부장 이춘숙, 부원 이주연, 교육부장 조병옥(趙炳玉), 부원 박문희, 출판부장 박희도(朴熙道), 부원 안철수이다.[18] 중앙검사위원장에는 권동진(權東鎭)이, 상무검사위원에 이항발과 조헌

18 『조선일보』 1929. 7. 6; 『동아일보』 1929. 7. 6.

영(趙憲泳)이 선임되었다.[19]

이들 가운데 사회주의자는 중앙상무집행위원 중 박문희, 이주연, 조치기, 한상준이었고, 각 부장과 부원 중에는 박문희, 이주연, 조치기, 상무검사위원 중에는 이항발이 해당된다. 그러나 이주연을 제외하고는 이들 대부분 당재건 운동이나 혁명적 노동농민운동과는 거리가 있었다. 이주연을 제외한 이들이 대체로 신간회 내 '합법운동파'라고 할 수 있다.

허헌 중앙집행부에서는 중앙집행위원과 검사위원에 사회주의자들이 대거 진출했다. 이균영은 중앙집행위원과 중앙집행위원 후보, 중앙검사위원 78명을 조사하여 그중 38명이 사회주의자로, 허헌 집행위원장 시기의 지도부가 거의 사회주의자들에 의해 장악되었다고 주장했다.[20] 그렇지만 그도 시인했듯이 실제 조직을 운영하는 중앙상무집행위원과 각 부서장은 민족주의자들이 거의 다수를 점했다. 허헌 자신도 이 당시는 민족주의 세력과 보다 가까운 명망가였다.[21]

한편 이균영은 「복대표 규약」을 통해 지회로부터의 요구가 수용되어, 신간회가 '아래로부터의 조직'으로 개혁되었다고 보았다. 그는 규약 개정과 사회주의자의 대거 진출로 신간회 활동이 이전과 달라져 적극적인 투쟁에 나서게 되었다면서, '민중대회 사건'을 그 예로 들고 있다.[22] 이에 대해 윤효정은 규약에 대한 구체적 분석을 통해, 부분적으로 지회의 자율성이 확보되었지만 전체적으로 위로부터의 통제를 위한 중앙집권화의 범주에 있었다고 파악했다. 민중

---

19 『동아일보』 1929. 7. 26.

20 이균영, 앞의 책, 1993, 180~186쪽.

21 윤효정, 「복대표대회 전후 신간회 본부의 재편과 활동」, 『한국독립운동사연구』 63, 2018, 69쪽.

22 이균영, 앞의 책, 200~216쪽.

대회 계획도 이례적인 '불법적' 시위운동을 계획했다는 점에서 주목을 받아왔지만, 기본적으로 본부 지도부의 기본적인 활동 방식 범위 내에 있었다. 민중대회는 광주학생 사건에 대한 신간회의 여론 형성 활동의 일환이었고, 이를 통해 본부 지도부의 민족주의 세력의 대표성을 드러내고자 했다고 파악했다.[23]

필자도 허헌 집행부 시기에도 민족주의 세력이 신간회 중앙을 이끌었고, 민중대회 계획을 포함한 신간회의 제반 활동은 이전 시기, 더 나아가 이후 시기와도 그 기본 기조에서 큰 차이가 없었다고 본다. 「12월 테제」는 "대중적 공개적 정치투쟁에 진출하는 방법과 도정을 궁구해야 할 것"과 "모든 합법적 가능을 이용하는 문제"를 적극 제기하고 있었다. 또한 "신구 대중적 민족혁명의 단체인 (혹은 반종교적인) 신간회, 형평사, 천도교 기타에 사업하여야 할 것이다"라고 지시했다. 이에 따라 신간회 지회는 '모든 합법적 가능'을 이용할 수 있는 공간이며, 노동자 농민 대중이 '대중적 공개정치투쟁'에 진출하는 유효한 공간으로 아직은 인식되었다. 복대표대회에서 사회주의자들이 지회 및 중앙집행위원에 대거 진출한 것은 그런 연유이다.

그렇지만 신간회 중앙집행부에 참여하여 민족주의자들과 상층 통일전선을 구성하는 것에는 조심스러울 수밖에 없다. 「12월 테제」는 신간회에서 사업의 방향은 "이러한 단체에서 노동대중을 위하여 투쟁하면서 공산주의자는 민족개량주의자와 기타 타협적 지도자의 중도변절과 불철저를 폭로하여야 할 것"에[24] 두어져야 한다고 지시했다. 곧 신간회와 같은 민족혁명단체에서 활동하는 이유는 민족주의 세력과 협력하기 위해서가 아니었다. 도리어 그 단체의 중앙을 이루는 민족주의 세력의 한계를 폭로하고 투쟁하여 그들의 대중 영

---

23 윤효정, 「신간회운동연구」, 고려대 사학과 박사학위논문, 2017, 172~173쪽.

24 「계급투쟁」 1호, 36쪽. 박경식 편, 『조선문제자료총서』 7, 東京: アジア研究所, 1982.

향력을 약화시키고, 그들 영향력하의 대중들을 전취하기 위한 것이었다. 이렇게 「12월 테제」에서 민족주의 세력에 대한 주요 타격방침이 정해진 이상, 신간회 같은 민족혁명당 조직의 중앙에서 민족주의 세력과 협력해서 상층 민족통일전선에 기초한 민족운동을 전개하는 것은 사실상 힘들어졌다. 「12월 테제」의 지침이 명백히 제기되었기 때문에 허헌 중앙집행부 시기의 사회주의자들은 중앙집행부에 진출하는 것을 자제했다. 아니, 할 수가 없었다. 때문에 중앙에 진출한 사회주의자들도 상당수가 '합법운동파' 내지 '좌익 사회민주주의자'였다.

허헌 중앙집행부는 이후에도 큰 변동이 없었다. 1929년 7월 중 이관용(李灌鎔)이 중앙상무집행위원에 선임되었고, 7월 25일에는 이종린이 선전부장을 사임하고 대신해 김장환이 선임되었다.[25] 9월 9일에는 조병옥이 중앙상무집행위원으로 보선되었고 교육부장을 겸임했다. 그리고 이관용이 중앙상무집행위원에서, 박희도가 출판부장에서 각각 사임했다.[26] 11월 24일에는 중앙상무집행위원에 한병락(韓炳洛)과 정종명(鄭鍾鳴)을 보선했으며, 중앙상무집행위원을 사임했던 이관용이 조사부장에, 홍명희가 출판부장에 선임되었다. 그리고 재정부원에 박명환(朴明煥), 조사부원에 김진옥(金振玉)을 추가 선임했다.[27]

허헌 집행부는 광주학생운동을 지원하기 위한 민중대회 모의 사건으로 1929년 12월 13일부터 간부 상당수가 체포되었다. 일경은 신간회뿐만 아니라 주요 사회단체 인물들의 검거에 나서, 체포된 인원은 70여 명을 넘었다. 그렇지만 대부분 곧 석방되었고, 12월 24일 허헌, 홍명희, 조병옥, 이관용 등 11인은 구

25 『동아일보』 1929. 7. 27.

26 『조선일보』 1929. 9. 12.

27 『동아일보』 1929. 11. 26.

속 상태로, 송진우(宋鎭禹), 안재홍(安在鴻), 이시목(李時穆)은 불구속 상태로 검사
국에 송치되었다.[28] 구속된 11인 중에서 1930년 1월 6일 경성지방법원 검사국에
서 보안법이 아닌 제령 위반으로 예심에 회부된 사람은 허헌, 홍명희, 조병옥,
이관용, 이원혁(李源赫), 김무삼(金武森)의 6인이었다.[29]

구속된 6인중 신간회 관련자는 허헌 집행위원장, 출판부장 홍명희, 교육부
장 조병옥, 조사부장 이관용 총 4명이었다. 여기에 서기장 겸 서무부장인 황상
규가 고문 후유증으로 활동에 문제가 있었다고 한다. 집행부 8명 중 5명의 유
고가 생긴 것이다. 때문에 집행부가 타격을 받은 것은 분명하다. 반면에 신간
회의 의결 기관인 중앙상무집행위원 14명 중에는 조병옥만 구속되었다. 이들
을 제외하고 기존 중앙상무집행위원이 그대로 남아 있었다. 이런 조직 상황이
기 때문에 이후 신간회 중앙본부는 집행부가 아닌 기존 중앙상무집행위원회
체제로 운영되었다.

2) 1930년 전후 '자치운동' 전개론 재검토

1930년 전후 '합법운동파' 내지 좌익 사회민주주의 세력을 살펴보기 전에
먼저 정리할 것은, 1930년 전후의 민족운동 양상과 신간회 및 청총 해소를 바라
보는 기존의 두 가지 입론들이다. 첫째는 당시 조선총독부가 '조선의회'로 상
징되는 자치 정책을 전개하였다는 주장이다. 둘째는 이에 근거하여 최린과 천
도교 신파뿐만 아니라, 이들을 매개로 기독교계의 수양동우회와 기독신우회,
동아일보, 물산장려회 등의 민족주의 세력, 신간회 김병로 지도부와 근우회, 청

---

28 『조선일보』 1929. 12. 28.

29 『조선일보』 1930. 1. 8.

총 중앙지도부 등이 자치운동과 연결되어 있다는 주장이다.[30] 몇몇 일제 관헌 사료에서 이를 자치운동으로 기술했기 때문에 이런 입론은 기정사실처럼 인식되었다.

첫 번째와 관련해서는 1930년 전후는 물론 식민 지배 전 기간을 통해 일제와 조선총독부가 '조선의회'로 상징되는 자치 정책을 입안하지도 추진하지도 않았다는 점이 인식되어야 한다.[31] 사이토 총독이 총독부 관료들을 동원하여 1929년 말 대단히 기만적인 '조선지방의회' 안을 비밀리에 만든 것은 사실이다. 그렇지만 '조선지방의회' 안은 '조선의회'와는 달리 실질적인 법률 제정 권한도 없었고, 법률과 제령에서 정하는 것을 제외한 조선 지방비에 속한 1929년도 전체 총독부 예산의 7%만을 심의할 수 있는 기구였다. 그것조차도 무력화시킬 수 있는 온갖 장치가 마련되고, 총독부에 의해 철저히 통제되는 기구였다. 그것도 10년 후에나 실시한다는 대단히 기만적인 안이었다. 그런데 이런 기만적인 자치안조차 사이토 총독은 본국 정부가 반대하자 곧바로 폐기한다. 이 과정은 비밀리에 진행되었으며, 공개된 적이 없다. 그리고 부·읍의 의결기관화로 상징되는 제2차 지방 제도 개정만을 시행한다.[32]

일제는 식민지 시기 내내 조선을 대륙 진출을 위한 전략적 교두보로 인식하고 있었고, 이런 전략적 중요성을 위협하는 식민 정책의 변화를 결코 용납하지 않았다. 그런데 식민지 조선에 조선인이 상당수 참여하는 '조선의회'가 수

---

30 박찬승, 『한국근대정치사상사연구』, 역사비평사, 1992, 343~351쪽; 이균영, 『신간회연구』, 역사비평사, 1993, 382~385쪽.

31 일본에서의 참정권 정책의 동향과 조선총독부의 자치 정책을 중심으로 한 참정권 정책, 친일 정치운동 세력의 참정권청원운동을 종합적으로 분석한 다음 연구 참조. 김종식·윤덕영·이태훈, 『일제의 조선 참정권 정책과 친일 세력의 참정권 청원운동』, 동북아역사재단, 2022.

32 위의 책, 292~313쪽.

립된다면, 일제의 대륙 진출 정책은 위협받을 것이고, 이는 일제의 특수한 정치 구조상 군부 및 특권 세력의 약화를 반드시 가져오기 때문에, 이들은 '조선 의회' 같은 조치를 결코 허용할 수가 없었다.[33] 현지 총독의 권한도 제한적이었다. 본국의 허가가 없었기 때문에 자치 정책은 추진되지도 않았다. 조선 총독부 내 하에누키 관료, 즉 토착 일본인 관료들 중 일부와 식민 정책학자 일부, 아베 미츠이에(阿部充家) 같은 '대륙의 브로커'만이 자치 정책을 주장했으나, 일제 시기 내내 정책으로 성립되거나 실시되지 못했다.[34]

1930년 일제의 식민지 지방 제도 2차 개정은 이런 제국과 식민지 상황을 반영한 결과물이었다. 지방 제도 개정 결과로 조선자치제 실시가 물 건너갔다는 것이 분명해졌다. 1930년 전후 총독부는 자치운동과 관련한 정책을 집행하거나 지원 행동을 하지 않았다. 지원한 주체도 없다. 아베 미쯔이에도 이 시기에는 거의 영향력이 없었다.[35] 이런 상황을 놓고 보면, 1930년 전후 총독부와 연계된 광범한 자치운동이 전개되었다는 주장은 성립할 수 없는 가설이 된다. 실제 총독부가 자치 정책을 추진하지도 않고 지원하지도 않는데, 무엇을 근거로 자치운동이 전개되겠는가? 심지어 당시 친일 정치 세력 중에서도 자치운동을 구체적으로 전개한 세력은 없었다. 친일 정치운동 세력도 움직이지 않는데, 민족운동 세력이 아무런 근거나 기반도 없이 자치운동으로 움직였다는 것은 성립하기 어려운 가설이다.

두 번째와 관련해서는 동아일보 계열과 기독교 계열의 연구들을 통해, 자

---

33 위의 책, 220쪽.

34 위의 책, 206~214쪽, 231~255쪽, 258~261쪽.

35 이형식, 「1920년대 중후반 아베 미쓰이에(阿部充家)의 조선에서의 정치 행보」, 『민족문화연구』 78, 2018, 180~188쪽.

치운동을 전개한 천도교 신파와 달리 이들은 이 시기 자치운동과 관련되지 않았다는 것이 일정하게 해명되었다. 1920년대 송진우를 중심으로 한 동아일보 계열은 광범한 대중을 민족운동으로 끌어들이기 위해 합법적 정치운동을 전개해야 한다고 주장했고, 이를 위해 타협과 협상은 불가피하다고 보았다. 그들은 조선의회나 조선지방의회 같은 자치제도 조건이 되면 받을 수 있다는 입장이었다. 타협과 대결의 경계선을 걷고 있었다. 그렇지만 그들은 1930년 초반 일본 중의원 제2차 보통선거의 결과와 식민지 지방 제도 2차 개정을 통해 조선에서 자치의회가 불가능해졌다고 판단했고, 합법적 정치운동에서 사실상 후퇴했다.[36] 1920년대 후반 들어 기독교 세력들도 농촌부를 설치하는 등 민중에 대한 영향력 강화에 나섰다. 기독신우회는 전국 각지에 지회를 결성해 신간회에 상응하는 기독계의 협동전선으로 구상되었지만, 실제로는 경성지회를 결성하는 데 그쳤고 실제 활동은 미미했다. 자치운동과 관련되었다는 박희도와 주요한(朱耀翰) 등 기독교계의 주요 인물도 신간회에서 활동하였고, 자치운동과 관련성은 없었다. 1930년에서 1931년 신간회 해소기까지 기독교계의 사회운동과 민족운동 자체가 사회참여에 반대하는 기독교 보수 세력과의 갈등 속에 침체 상태에 있었다.[37]

1930년 2월 16일, 신간회 본부는 중앙상무집행위원회를 열고 천도교 신파의 신간회 입회를 김병로와 채규항(蔡圭恒)이 권유하기로 결정한다.[38] 신간회 본부의 이런 결정에 대해 많은 연구들이 이를 당시 김병로 중앙집행부의 타협주

---

36 윤덕영, 『세계와 식민지 조선의 민족운동—한국 자유주의의 형성, 송진우와 동아일보』, 혜안, 2023, 427~434쪽.

37 장규식, 『일제하 한국 기독교민족주의 연구』, 혜안, 2001, 186~204쪽; 윤덕영, 앞의 책, 2023, 421~426쪽.

38 『동아일보』 1930. 2. 21.

의적 행동이자, 천도교 신파의 자치노선으로 경사된 행위였다고 주장했다. 그런데 주의할 것은, 우선 이 결정이 김병로의 단독 결정과 접촉이 아니라 중앙상무집행위원회의 결정으로 천도교 신파와의 협력을 결정한 것이라는 점이다. 다만 사전 협의를 통한 것이 아니라 말 그대로 권유였고, 당시 천도교 신파는 이를 거부한다.

1920년대 중반 민족주의 세력 내에서 민족적 중심단체 결성 주장이 제기될 때부터, 그리고 신간회 창립 때부터 천도교 신파와의 협력 여부는 늘 뜨거운 감자였다. 당시 민족운동 전체에서 가장 강력한 조직력과 규모를 가진 천도교 신파와 천도교 청년당을 포함해야 한다는 주장은 동아일보 계열을 비롯해서 민족주의 세력 내부에서 지속적으로 제기되었다. 심지어 신간회 창립 전의 서울파 사회주의자들, 신간회 창립 후 '12월당'의 사회주의자들도 천도교 신파와의 협력을 주장했다. 그렇지만 이종린을 비롯한 천도교 구파, 그와 가까운 안재홍을 비롯한 일부 민족주의 세력은 이에 강력하게 반발했다. 때문에 1930년 2월 신간회의 결정은 이들이 신간회 본부에서 밀려났음을 보여주는 것이라 할 수 있다.

다음으로 권유하는 교섭위원으로 김병로 외에 채규항이 선출된 것도 간과할 수 없다.[39] 그는 1926년 조선공산당에 입당하였다가 검거되었고, 2년이 넘는 옥살이 후에 1929년 1월 출옥했다. 그는 조선노동총동맹 중앙집행위원으로 있으면서, 1929년 11월에는 김단야(金丹冶)가 지도한 '조선공산당조직준비위원회' 산하 야체이카의 책임자로 활동했다. 1930년 1월에는 권오직(權五稷) 및 박민영

---

39 채규항이 중앙상무집행위원이라는 자료도 있지만, 확실하지는 않다. 다만 노동총동맹과 함께 신간회 본부에서도 적극적으로 활동한 것 같기는 하다. 「인재순례, 제2편 사회단체, 신간회본부」, 『삼천리』 5, 1930. 4.

(朴珉英)과 함께 당재건 조직을 이끌면서, 부산방적 동맹파업을 선동하는 활동을 했다. 2월에는 3·1운동 11주년을 기리는 격문을 배포하기도 했다.[40] 곧 채규항은 당시에 지하에서 조공 재건운동에 적극 참여하면서도, 외부적으로는 조선노동총동맹과 신간회 본부에서 활동하던 인물이었다.

기존 주장과 같이 천도교 신파에 대한 신간회 입회 권유가 최린이 주도한 일제와 타협한 자치노선으로 경사한 것이라고 규정한다면, 채규항의 활동은 이런 타협운동에 앞장선 것이 될 것이다. 그렇다면 결과적으로 김단야가 지도한 화요파 계열의 당재건운동이 일제에 타협한 운동과 야합한 것이라는 말도 되지 않는 결론에 이르게 된다. 이를 채규항의 개인적 일탈이라고 할 수도 없다. 이 부분에 대한 당재건운동자 내부의 비판과 공격은 확인되지 않는다. 당재건 조직의 지도적 인물이었던 채규항은 1930년 3월 초 3·1절 격문 사건과 관련하여 체포되었다가, 당재건 사건이 발각되면서 재판에 넘겨졌다. 1931년 10월에 경성지방법원에서 징역 5년을 선고받고 복역한다.[41] 이런 민족운동가를 일제에 타협해서 자치운동을 한 사람이라고 할 수 있을까? 이러한 상황은 당시 일부 조선공산당 재건운동에서조차도 신간회의 이런 결정과 행동을 천도교의 자치노선에 영향을 받은 것으로는 전혀 생각하지 않았다는 것을 보여준다.

「12월 테제」의 지침을 따르는 당재건운동가들의 상당수는 신간회와 청총의 해소를 반대하는 사람들, 합법적 정치운동을 주장하는 사람들을 가리켜 자치운동자, 일제에 타협한 사람들이라고 비난했다. 이 시기를 연구하고 살펴보는 연구자들이 당시 일제가 적극적 자치 정책을 추진하고 자치운동을 지원했

---

40   최규진, 『조선공산당 재건운동』, 독립기념관 한국독립운동사연구소, 2009, 100~103쪽.

41   『조선일보』 1931. 10. 29.

으며, 광범한 세력이 자치운동을 전개하였다는—실증적 근거가 거의 없는—잘 못된 선입견을 가지고 있으면, 당시의 운동 상황과 각 세력의 운동 주장에 대해 객관적인 분석과 판단을 할 수 없다. 당시 전개된 갈등 관계나 상호 비난의 주장에서 벗어나야 한다. 당시의 상황을 객관적으로 파악하면서 당시의 논쟁을 정리해야 한다.

3) 또 다른 통일전선론: '합법운동론'과 '민족당론'

당시 청총과 신간회에서 합법운동을 주장하던 세력은 어떠한 인식과 입장에서 어떤 주장을 한 것일까? 이전의 청총 노선과는 어떠한 점에서 유사점과 차이점을 보이고 있는가? 이를 가장 체계적으로 주장하는 것이 1930년 4월 작성된 위수춘(魏水春) 명의의 「현 단계의 조선」 팸플릿이다.

위수춘은 자신의 사상적 근거와 주장이 마르크스주의와 레닌에 있다고 한다. 레닌의 주장을 차용하여 팸플릿 곳곳에서 언급하면서 자신의 주장 근거로 삼고 있다. 또한 "10월혁명 승리의 결과로서 세계 경제는 2대 원칙적 적대 진영, 즉 제국주의 국가의 진영과 소비에트 연방인 프롤레타리아독재로 분립되었다"고 하면서 "세계 노동계급은 자기의 국가인 유일의 프롤레타리아 계급적 조국인 소비에트 연방의 존재 급 활동이 전 세계 피압박 대중에 파급하는 세계적 영향은 그 자신이 세계 자본주의 관계에 가장 심각한 위기와 사상 미증유의 계급투쟁의 확장과 첨예화를 명확하게 표명하는 것"이라고 주장했다.[42] 소련에 대해서도 '유일의 프롤레타리아 계급적 조국'이라면서 우호적이다. 이런 점에서 그가 사상적으로는 서구와 일본의 사회주의 우파의 계급협조주의적 사

---

42   魏水春, 「현 단계의 조선」, 박경식 편, 『조선문제자료총서』 7, 東京: アジア研究所, 1982, 3~4 쪽.

회민주주의와 거리를 두고 있으며, 기존의 공산주의 운동과 일정한 친화성을 가지고 있다는 것을 엿볼 수 있다. 저자는 기존 공산주의 운동에서 활동하다가 어느 시점에, 또는 당재건운동이 시작되면서 떨어져 나온 인물일 것이다.

위수춘은 식민지 문제에 대한 레닌의 주장을 인용하여 "식민지 민족운동은 영주국 프롤레타리아운동과 합류할 것이요, 프롤레타리아당의 지지에 의하여 피압박 민족투쟁의 후원 없이 [민족 평등]을 제창하는 것은 우자의 공문구"라고 한다.[43] 그는 "일본[혁명]은 세계[혁명]에서, 조선[혁명]은 일본[혁명]에 합류할 것"이라면서 영주국인 제국주의 일본에서의 혁명 과정을 중요하게 생각한다. 이에 따라 그는 일제와 일본혁명의 계급적 관계를 중요하게 먼저 분석한다. 일본 부르주아지는 "노동자와 농민의 대중적 반항을 진압하여 그 제국주의적 지배를 유지하기 위하여 반동적 지주 세력과 새로운 동맹을 결성하기를 강요"하였다고 한다.[44] 또한 "[반동] 자본가계급은 명치 20년대에 의회를 획득하여, 지금까지 30년간의 투쟁으로 인하여 정당내각주의 정치를 실현하는 동시에, 정치적 지배 권력은 완전히 자신 계급의 수중에 장악하였다"고 파악했다. 이에 따라 일본 거대 정당 세력인 "정우회, 민정당은 차등 자본가계급을 본질적으로 대표한 정당"이라고 주장한다.[45] 일본 경제사와 일본제국에 대한 이런 그의 인식은 구체적으로 제기된 것은 아니지만, 봉건적 유제를 강조하는 일본 강좌파의 일본 인식과는 일정한 차이를 보인다. 그보다는 노농파의 일본 인식에 더 가까운 것으로 보인다. 실제 「현 단계의 조선」의 내용과 논리 중 상당수는 당시 일본 노농파의 주장에서 차용한 것이 많다.

---

43 위의 글, 2~3쪽.

44 위의 글, 9쪽.

45 위의 글, 13쪽.

일본제국사와 계급관계에 대한 이런 인식 속에서 그는 당면 부르주아민주주의적 권리 획득을 대단히 중요시하고 있다. "무산계급이 차등 세력과 투쟁함에 있어서 정치적 해방을 성취하는 것은 그 내부적 분해 작용에 의하여 금융자본으로 하여금 정치적 지주를 실(失)케 하는 것이요, 무산계급의 정치적 자유를 획득하는 것은 곧 자본주의 지배하에서 [해방]하고, 자기의 경제적 빈곤을 연기(捐棄)하자는 것이다. 그 정치적 자유는 즉 부르주아 '데모크라시'를 운위(云謂)함"이라고 주장한다.[46] 곧 그는 무산계급이 정치적 자유를 획득하는 것을 부르주아민주주의를 획득하는 것으로 규정하면서, 이를 무산계급이 자본주의 지배에서 해방되는 것으로 연결시켰다. 그는 과거의 "부르주아 데모크라시는 자본주의를 개화 발전시킴을 조건하였지만, 현 단계의 부르주아 데모크라시는 차기 사회에로 추진하는 과정 조건이다. 이것은 곧 전자의 극한은 후자의 단초를 운위함이니, 물론 부르주아지의 정치적 지위를 확고히 하기 위한 수단이 아닐 것은 번론(煩論)할 필요도 없을 것이다"라고[47] 주장한다. 곧 현재의 부르주아민주주의는 과거와 달리 사회주의 사회로 이행하는 과정 조건이라는 것이다.

이렇게 부르주아민주주의가 부르주아를 위한 무기가 아니라 사회주의 이행의 과정과 조건으로 위치 지어지면서, 노동계급이 부르주아민주주의를 대하는 태도도 달라진다. 그는 혁명프롤레타리아는 부르주아 데모크라시를 요구한다고 하면서, 그 이유는 "노동계급은 부르주아지의 정치적 자유를 이용하여 자기의 투쟁 조직을, 투쟁력을 승고(昇高)시키자는 의도"라는 것이다. 또한 "설혹 이것이 부르주아지의 무기라 할지라도 차를 ○○하는 데에 있어서만 노

---

46 위의 글, 14쪽.

47 위의 글, 15쪽.

동계급 해방의 전제 조건으로, 발달 조건으로 필요한 것"이라고 주장한다. 때문에 "전대에 있어서는 부르주아 데모크라시 획득의 주체가 부르주아 자신이었으나, 현 단계에 있어서는 그 주체가 프롤레타리아계급이 될 것"이라면서 "부르주아 데모크라시 획득은 [혁명] 프롤레타리아의 당면한 역사적 임무"이고, "노동계급이 모든 반항 세력의 선두대로서 역할할 지도적 임무"라고 주장한다.[48] 곧 부르주아민주주의의 의미가 현재에 와서 바뀌었기 때문에, 그 주체가 부르주아지가 아닌 프롤레타리아 계급이라는 것이다. 때문에 노동계급과 그 전위는 부르주아민주주의를 쟁취하는 데 앞장서야 하고, 이것은 모든 반항세력의 선두대로 서기 위한 지도적 임무라는 것이다.

위수춘은 부르주아민주주의, 곧 정치적 자유를 획득하기 위한 구체적 내용과 방침을 다음과 같이 제시한다. 18세 이상 남녀 평등선거권, 언론 출판 결사의 자유, 치안유지법 및 치안경찰법 폐지 또는 철회, 법률에 없는 체포 감금 심문 금지, 관리 공선(公選) 자유, 부·현회 해산권, 예산 삭감권, 출병 청구권, 원안 집행권, 거주 불가침의 권리, 신서(信書) 비밀 자유, 신교의 자유, 부인의 정치적 권리 등이다.[49] 이런 위수춘의 주장은 비록 일본 본국의 혁명운동을 대상으로 정치적 과제를 제기한 것이지만, 당면의 민주주의적 과제를 중시하고 강조한다는 점에서 이후 조선의 민족운동에도 유사하게 적용될 수 있는 것들이었다.

위수춘은 조선혁명에 대해서도 유사한 인식 구도로 바라보았다. "교묘한 제국주의자는 식민지 부르주아지를 포섭하고 프롤레타리아트를 고립케 하는 일종 양보적 정책을 사용할 것이니, 이것은 곧 영토 분할적인 자치권 양보일

---

48 위의 글, 15쪽.

49 위의 글, 16쪽.

것이다. 그러면 조선 부르주아지가 차를 부담할 역량이 있을 것인가?"라고[50] 자문한다. 곧 일제가 자치권 양보를 통해 부르주아지를 포섭하고 노동계급을 고립시키려 하겠지만, 조선의 부르주아지가 이런 일제의 정책을 감당할 만한 역량이 있느냐는 것이다. 그는 통계 자료를 인용하여 "조선 부르주아지는 자주적으로 독립할 만한 능력이 불가능함으로 인하여, 조선 부르주아지는 금후 부르주아민주주의 획득의 원체(元體)가 되지 못한다"고 대답한다.[51] 곧 조선의 경우는 부르주아 세력이 극히 미약하여, 당면의 부르주아민주주의 획득을 위한 정치혁명을 수행할 수 없다는 것이다. 그는 프롤레타리아트만이 이를 주도할 수 있다고 주장한다.

그는 레닌이 정치적 자유에 대해 언급한 글을 다음과 같이 인용한다. "사회주의 최초의 요구는 즉 정치적 자유이다. 우리는 정치적 자유, 즉 국회에 대한 선거의 자유, 집회의 자유, 인쇄의 자유가 일시에 인민의 고통과 박해를 해방할 수 없음을 잘 안다", 이렇게 "정치적 자유는 일시에 노동하는 인민을 빈곤에서 해방만을 하지 못한다. 그러나 그것은 빈곤과 투쟁하기 위한 무기를 노동자에게 주는 것이다." 곧 선거권과 집회의 자유 등 정치적 자유가 인민 해방을 직접적으로 가져다주지는 못하지만, 해방을 위한 무기를 가져다준다는 것이다.

그는 이 주장에 근거하여 "정치적 자유는 피압박계급으로 하여금 과정적 불가결의 조건인 것을 잘 알 수 있나니, 공민권은 곧 영주국 정치 제도하에서 민족적 평등을 요구하는 데모크라시의 필요적인 일반적 전술"이라고 주장한다.[52] 곧 일본인에 대한 조선인의 민족적 평등한 권리를 주장하는 공민권 요구

---

50   위의 글, 17쪽.

51   위의 글, 18쪽.

52   위의 글, 33~34쪽.

는 일제 치하 식민지 조선의 정치적 자유를 위한 주장이고, 부르주아민주주의의 필수적인 일반전술이라는 것이다. 그리고 공민권의 구체적인 내용으로는 '일선인 차별대우 철폐', '언론·출판·결사·집회 자유 획득'을 제시한다. 그는 "일선인 차별대우 철폐는 즉 무엇을 가르침인가? 이는 곧 조선 사람도 일본 사람과 같이 정치적 공민권을 인정하라는 요구일 것이다"라고 주장한다.[53] 이렇게 보면 그가 주장하는 공민권은 일본에서 주장하는 부르주아민주주의, 정치적 자유를 위한 요구의 식민지판이라 할 수 있다. 일본에서 주장된 정치적 자유 요구에 식민지민의 차별 철폐가 더해진 것이다.

위수춘은 이런 공민권이 "부르주아지가 믿는 바와 같이 영원적 범주가 아니요 일시적 범주일 것이며, 모든 사회 현상과 같이 일정한 역사적 한계를 갖게 되는 것"이라 단정한다.[54] 즉 그는 정치적 자유와 민족적 차별 철폐, 그를 위한 투쟁이 지속적이고 근본적인 투쟁이 아니라, 사회주의혁명의 과정에서 수행되는 일시적이고 과정적인 전술이라는 것을 인정한다. 더 나아가 그는 "영주국에 대한 그 종속적 관계를 확립 또는 지속하기 위함이 아니요, 감인(甘認)함이 아닐 것이다. 이 공민권에 대한 당위적 설교를 운위할 자는 그야말로 영주권의 변건이요 호위병일 것이다"라고 비판한다.[55] 이는 그가 공민권의 의미와 한계를 인지하고 있었다는 의미이며, 이것이야말로 민족적 차별 철폐를 주장하는 민족주의자들과 구별되는 점이라 할 수 있다. 또한 이는 공민권 주장을 자치권 주장과 유사한 것으로 파악하여 이를 공격하는 여타 사회주의자들에 대해, 그 차이를 보여주는 주장이라 하겠다.

---

53 위의 글, 36쪽.

54 위의 글, 34쪽.

55 위의 글, 34~35쪽.

그러면 이런 한계가 있음에도 공민권 획득 투쟁을 주장하는 이유는 무엇인가? 이에 대하여 그는 공민권 획득 요구가 "어느 단계에 지(至)하여는 이것이 비약하여 프롤레타리아 데모크라시로 변혁하게 된다"고 한다.[56] 곧 "우리의 이 공민권 획득은 한 투쟁적 전술이요, [사회주의]로 추이(推移)하는 필요적 조건임으로써 차를 요구하는 것이다. 그리고 투쟁 대립을 선명케 하며, 투쟁 조건을 유리하게 인도하려는 까닭이다. 이 공민 획득은 프롤레타리아트 데모크라시로 불가피적 내재적 필연적 변증법적 발전을 이해함으로써 차를 요구함이요, 오배(吾輩)는 노동자 농민의 이익을 위하여 이를 요구하는 것이다"라고 주장한다.[57] 곧 일본혁명에 있어 프롤레타리아 민주주의로 나아가는 과정에서 노동계급이 중심이 되어 부르주아민주주의 요구인 정치적 자유를 주장한 것과 같이, 식민지 조선에서도 역시 프롤레타리아 민주주의로 나아가는 과정에서 노동계급이 중심된 정치적 자유와 민족적 평등 요구 주장을 하게 되었다는 것이다. 그는 "금일 공민권 획득은 노동자와 농민이 주체로 하여 소시민, 소부르주아지의 정치적 동맹을 실현시키는 근본적 계기일 것"라고 주장한다. 곧 공민권 획득을 매개로 소시민 및 소부르주아지와의 정치적 동맹을 이룰 수 있다는 것이다.[58]

이러한 위수춘의 주장을 보면 '공민권'이란 용어를 사용해서 그렇지, 그 내용상으로 1926년 이래 조선에서 정치운동으로의 방향전환론에서 주장하던 내용과 큰 차이가 없다. 민족부르주아 세력이 공감하는 민주주의적 요구와 민족차별 철폐 주장을 공민권으로 다시 개념화한 것으로 보인다. 그리고 이는 이미

---

56 위의 글, 35쪽.

57 위의 글, 35쪽.

58 위의 글, 35쪽.

신간회의 창립으로 구현된 것이기도 하다. 그러면 위수춘은 왜 1930년 시점에서 이런 주장을 다시 하게 된 것일까?

첫째, 기존 신간회운동에 대한 반성이다. 그는 "민흥·신간 합동은 곧 조선 정치운동사상에 처음 되는 대중 조직의 표현이라 볼 수 있는 것이다"라고[59] 신간회의 탄생에 큰 의미를 부여한다.[60] 그렇지만 창립 후 3년이 지난 신간회의 모습에 대해 그는 다음과 같이 정리한다.

> 현하 신간회는 이상과 같은 제 조건을 결(缺)하고 있어서 전 민족을 대표한 당이라고 할 수가 없다. 다시 말하자면 일부를 대표한 편당(偏黨)이요 파트이다. 조선민족당으로 주체 요소인 노동부대를 흡수하지 못하였고, 학생 대중과 하등 관련이 없다. 그러므로 민족주의 집단인 천도교청년당과 관련 단체, 기독교대부대, 불교 세력 등이 아직까지 원외에 있어서 어느 한 대립적 행동에 나아갈 우려도 없지 아니하다. 이것은 신간회의 당무자로서, 아니 전회까지의 간부로서 배타적, 분열적, 고립적, 종교적, 소아병적 의식에서 타 세력의 입당을 불허하였든 것이요, 투쟁은 그네의 비겁과 무정견에서 회피하였던 것이다.[61]

그는 신간회가 창립 후 3년이 지났음에도 가장 주체 요소인 노동운동 세력을 흡수하지 못했고, 학생 대중 세력과 관련이 없어 기초가 불안정한 상태라고 진단한다. 또한 최대 민족주의 세력인 천도교 신파의 천도교청년당과 관련 단

---

59 위의 글, 23쪽.
60 민흥회가 합류하여 신간회가 창립된 것을 민흥회와 신간회의 합동으로 묘사하고 이에 큰 의미를 부여한 것으로 볼 때, 그가 구 서울파 출신인 것은 분명한 것 같다.
61 魏水春, 앞의 글, 1982, 28쪽.

체, 기독교와 불교계의 민족주의 세력들도 포섭하지 못하였을 뿐만 아니라, 이 때문에 이들 세력이 신간회와 대립적 행동으로 나아갈 우려도 있다는 것이다. 이는 당시 천도교 신파가 천도교청년당을 중심으로 독자적인 민족단일당을 건설하여 신간회에 대항하려 했던 상황을 언급한 것이라 하겠다.[62] 그는 이런 상황이 초래된 것은 타 세력의 입당을 불허하였던 신간회 간부들의 배타적이고 분열적, 고립적, 소아병적인 태도 때문이라고 비판한다. 이는 당시 '12월당'을 중심으로 사회주의 세력이 각종 부분운동 대중단체의 신간회 단체가입을 추진한 것을 신간회 내 중앙간부진이 저지한 것을 의미하는 것으로 보인다.[63]

또한 "신간회의 당무자로서, 아니 전회까지의 간부로서 배타적, 분열적, 고립적, 종교적, 소아병적 의식에서 타 세력의 입당을 불허하였던 것이오"라는 구절을 놓고 보면, 지금은 신간회 당무자가 아니지만 신간회 전회까지 중앙간부였던 어떤 사람이 "배타적, 분열적, 고립적, 종교적, 소아병적 의식에서" 타 세력의 입당을 극렬 반대한다는 것을 알 수 있다. 위수춘이 지적한 사람이 누구일까 하는 것은 사실 어렵지 않게 찾을 수 있다. 전임 허헌 집행부 중앙간부 중에서 현재는 간부가 아닌 자, 그리고 사회주의자가 아닌 민족주의자, 현재 감옥에 있지 않는 사람, 종교적 성향을 가진 자를 추리면 된다. 그렇게 공통분모를 따지면 한 사람이 등장한다. 허헌 집행부에서 선전부장을 역임했던 천도교 구파의 이종린이다. 그의 주장은 신간회와 천도교 신파와의 교섭을 저지한 신간회 내 천도교 구파와 그와 관련된 민족주의자들의 행동을 지적한 것으로

---

62 성주현, 『근대 신청년과 신문화운동』, 모시는 사람들, 2019, 232~236쪽.

63 '12월당'의 1928년 코민테른 보고 문건에는 이 부분에 대한 보고내용이 있다. 자세한 것은 보고 문건과 김영진의 다음 논문 참조, 김영진, 「1927년 하반기 식민지 정치운동 논쟁—청산론 논쟁 재검토」, 『역사연구』 42, 2021, 291~292쪽.

도 보인다.[64]

신간회의 활동과 관련해서 신간회 내 일부 민족주의자들에 대해서 그는 부정적이다. 그는 다음과 같이 비판한다.

지난 신간회 2주년 기념회석상에서 현 신간회 본부간부 이종린 씨의 축사와 같이 "두 살 먹은 어린 아이에게 사업을 요구하는 것은 무리한 일이다. 10년이나 20년이나 장성한 후에 사업에 착수하자"고 하는 말을 들었나니, 산삼을 산속에 묻어두고 10년 20년 후에 일시에 역발산 같은 약효를 보려함인지 참으로 구토의 감을 금치 못하겠노라. 금일의 조선 대중이 이와 같은 몰상(沒常)한 투쟁 회피자들의 계룡 정도령이니, 무슨 도령이니 신의(神義)의 도움이니 하는 환멸의 미몽으로 사기적 술책에서 속을 리가 없을 것이며, 만일 맹종하는 자 있다고 하면, 이야말로 사해(死骸)일 것이니, 비겁에서 떨고 우는 제군이여! 제군도 대중의 벗이 되어보려면 차등 미몽에서 꿈 깰 것이며, 양심적 소유자가 되어야 할 것이다.[65]

그는 천도교 구파의 대표 인물인 이종린의 말과 행동을 대표적 예로 들면서, 그간 신간회의 준비론적, 투쟁 회피적 태도를 직설적으로 비판하고 있다. 기존 일부 연구에서는 이종린을 비타협적 민족주의자이자 전투적 민족주의자로 평가하기도 했다. 그렇지만 그와 같이 신간회를 했던 사람들, 곧 당재건운동과 혁명적 노동·농민운동을 하는 사람들에게 합법운동자라고 비판받은 사람들조차도 이종린을 다르게 평가하고 있었다. 기존의 천도교 구파 인식과 당

---

64 이에 대해서는 다음 참조. 윤덕영, 「1930년 전후 합법적 정치 운동의 퇴조와 신간회를 둘러싼 민족주의 세력의 동향」, 『한국학연구』 64, 2022, 135~140쪽.

65 魏水春, 「현 단계의 조선」, 28쪽.

시 사람들의 인식은 간극이 적지 않아 보인다.

더 나아가 위수춘은 "현하 신간회를 중심으로 한 조선 민족 투쟁은 어느 구체적 논강하에서 원칙된 전술 전략이 없이 하등성등(何等成等)이 없는 관념 운동이었고, 소아병적이었음을 알아야 할 것이다. 과연 신간회의 창립 이래 대중에게 미친 그 사업이 무엇 있는가?"라고 반문한다.[66] 신간회가 제대로된 강령과 투쟁 방침, 전략 전술 없이 진행되어온 것을 통렬히 지적한다. 그가 볼 때 현재의 신간회는 관념 운동으로 진행되었다. 때문에 대중에게 큰 영향을 미치지 못했다는 것이다.

위수춘의 그간 신간회 활동에 대한 평가는 냉혹하다. "제3, 제4의 조선[공산]당의 대탄압과 그 후 지속부절의 학생, 청년, 기타 지방 등등에까지 전투부대의 탈거(奪去)는 조선 정치 전선을 여지없이 위축케 하였고, 평소에 신뢰한 바는 아니나 민족주의자의 비겁, 공포, 무정견 등등과 프롤레타리아트의 전투 정력과 역량을 시기 ×××××—현하 신간회의 어떤 간부라는 이가 영웅적 환상에서 [제국]주의에 대한 투쟁은 고사하고 그 존재적 가치까지도 망각케 한 것이다. 신간회는 탄생 4개성상에 과연 그 소업이 그 무엇이드냐? 우리는 그 신간회를 운전하는 운전수 그네들을 엄숙하게 질책하지 않을 수 없는 것이다"라고 비판한다.[67] 그는 신간회가 일제의 사회주의 운동에 대한 탄압, 또한 각 지역과 각 부문운동에 대한 탄압에 무대응하였고, 이에 대해 투쟁하지 못했다고 신간회 본부를 주도한 민족주의 세력을 맹렬히 비판한다. 이런 그의 비판은 「12월 테제」이후 당재건운동가들의 신간회 비판과는 맥을 전혀 달리한다. 그럼에도 그 비판의 강도는 결코 작지 않다.

---

66 위의 글, 30쪽.

67 위의 글, 23쪽.

둘째, 현재의 정치 정세가 혁명 세력에게 불리해졌다는 판단이다. 위수춘은 레닌의 '후퇴 전술'을 인용하면서, 또한 혁명 직후 소련이 브레스트-리토프스크 독·러 강화조약를 통해 굴욕을 참아가며 타협한 것을 인용하면서,[68] 후퇴 전술의 필요성을 제기한다. 그가 보는 정세는 다음과 같다.

> 금일 조선의 정치 정세는 세계적 백색 테러를 반영하여 탄압은 그 극에 달하였고, 정치적 진세는 위미(萎靡)부진에 함(陷)하여, 구출의 여지가 없는 지리멸렬의 상을 정(呈)하였나니, 이에 수반하는 대중심리도 활로를 탐구하는 정치적 요망에서 좀 더 구체적 방략을 갈망하는 바이요, 상공 부르주아지의 정치적 각성에 아울러, 조선에 주거를 유(有)하는 일본인의 정치적 참여운동과 [제국]주의자의 좌익에 대한 우익의 대립 정책은, 차등 제 조건에 대한 노골성을 부여하는 것이니, 무비판한 대중 세력이 어느 상매(商賣)적 정상배에게 지령 또는 좌우된다고 하면, 우리 맑시스트의 과오라 아니할 수 없는 것이다.[69]

위수춘은 일제의 조선혁명운동에 대한 탄압이 극에 달하였고, 이에 사회주의 운동 세력이 크게 타격을 받아 지리멸렬한 상태에 놓여 있어, 대중에 대한 장악도 크게 떨어져 있다고 파악했다. 이에 대중운동은 그 활로를 찾기 위한 구체적 방략을 갈망하고 있다고 보았다. 반면에 상공 부르주아지가 정치적으로 진출하려 하고, 재조일본인들의 참정권 청원운동이 전개되고 있으며, 일제는 좌익과 우익의 대립 분열 정책을 취하고 있다. 이에 대중이 친일 정치 세력이나 상공 부르주아 출신의 정상배들에게 좌우될 우려가 커졌다. 때문에 이런

---

68 위의 글, 29~30쪽.

69 위의 글, 31쪽.

상황을 방치하는 것은 사회주의 운동가들에게는 과오라는 것이다.

그의 이런 정세인식은 전반적 일반위기 3기론에 따라 낙관적 정세인식 속에서 혁명 세력의 주도하에 노농계급의 혁명적이고 폭력적인 계급투쟁을 강조하는 코민테른과 당재건운동자들의 인식과는 큰 차이를 갖고 있었다. 노농계급이 혁명적으로 진출하기 때문에, 무장폭력투쟁을 포함하여 적극적으로 투쟁해야 한다는 것이 이들의 주장이었다. 반면 위수춘은 사회주의 운동이 탄압으로 인해 대중에 대한 조직력이 미약한 반면, 반동 세력과 부르주아 정상배들이 정치적으로 진출하여 대중들이 이들에게 휘둘리고 있는 상황이라고 인식했다. 이렇게 현재의 주객관적 조건이 불리하기 때문에 여타 계급 및 세력과의 동맹을 불가피한 것으로 인식했다. 이에 "공민권 획득은 노동자와 농민이 주체로 하여 소시민, 소부르조아지의 정치적 동맹을 실현시키는 근본적 계기일 것이니, 차가인대회, 봉급생활자대회, 소구예금자대회 등으로써 소시민층을 노동계급의 층으로, 민족당 내로 유인하는 방략일 것"이라 주장한다.[70] 공민권 획득 주장이 불리한 정세 속에서 여타 계급과 세력을 노농계급에 결집시키는 역할을 할 것이라는 것이다.

위수춘의 주장 중에서 특징적인 것은 조선공산당 재건과 관련된 언급이 전혀 없다는 점이다. 조선공산당이 해체된 이후, 조선 공산주의자들의 최대 목표는 노동자와 농민계급에 기초한 당 재건이었다. 당시 혁명적 노동·농민운동을 전개하던 공산주의자들 다수는 당 재건을 염두에 두고 운동을 전개했다. 위수춘의 글에는 이와 관련된 내용이 전혀 없다. 대신에 민족당에 대한 주장만이 여러 곳에 흩어져 누차 제기되고 있다. 당시 당 재건운동자들 거의 모두가 민족통일전선 구상에서 민족단일당 방침을 명백히 폐기한 지 1~2년이 되어갔다.

---

70   위의 글, 35쪽.

일시적인 대중적 차원의 민족협동전선을 구상하거나, 이조차 폐기하는 상황에서, 위수춘은 여전히 민족단일당으로 민족당 정책을 고수하고 있었다.

위수춘은 「대중과 정당」이란 소제목하에서 정당과 대중의 관계, 정당의 특성에 대해 살펴보면서 "정당은 계급이 아니며, 계급의 극히 적은 일부분이며, 곧 계급의 두뇌"이고, "계급과 정당은 두뇌와 인체 전부로 구별할 수 있을 것"이라고 주장한다.[71] 이는 정당을 선진적 전위분자로서 정의하는 것이다. 이에 따라 그는 "민족당은 가장 전 민족적으로 진보하고 훈련 있는 전위분자의 당이라야 할 것이다"라고[72] 규정한다. 그리고 이 민족당은 "농민, 노동자, 학생, 자유직업자 급 소매상인계급에 강한 기초"를 두고, "차등 종종의 분자가 피차 특수의 표시와 목적으로써 더 한층 자유롭게 민족운동의 속에서 발견하면 할수록 민족운동은 더 강력적으로 될 것이다"고 주장한다.[73] 즉 민족당이 농민, 노동자, 학생, 자유직업자 및 소상인계급에 기초를 두되, 종종 여타의 계급과도 동맹함으로서 더욱 강력하게 될 것이라는 것이다. 그는 "민족당 조직은 사실상 농민단체 급 조합, 노동조합 급 청년단체(학생 포함) 기타의 기초 위에 가장 유효하게 수립될 것"이라고 한다. 그리고 이 조직은 "강력적인 중앙 지도기관과 지방 세포단체 결성으로써 민족투쟁을 수행하기 위한 인민당의 골조를 조출(造出)할 것"으로 보았다.[74]

위수춘이 상정하고 있는 민족당은 민족해방운동을 지도하는 전위조직으로서의 정당이었다. 그리고 각계각층 대중조직의 기초 위에서 수립되는 정당

---

71 위의 글, 26쪽.

72 위의 글, 26쪽.

73 위의 글, 26쪽.

74 위의 글, 26~27쪽.

이며, 강력한 중앙기관과 지방 세포를 가진 조직이었다. 이 정당이 당면의 민족운동을 수행한다. 이런 그의 민족당론은 코민테른과 당 재건운동자들을 포함한 당시 일반적 공산주의자들과의 인식과 큰 차이를 갖는 것이었다. 코민테른과 당 재건운동자들은 민족해방운동의 전위를 지하의 공산당으로 상정했다. 신간회를 포함해서 민족협동전선은 전위의 지도를 받는 대중단체 또는 대중단체의 연합체였다. 신간회에 대한 인식은 시기에 따라 변화해왔지만, 전위당으로서의 지하공산당-(대중적) 민족통일전선의 기본 구도는 신간회 창립부터 이 시기까지 지속되었다.

위수춘의 주장은 코민테른과 조선공산당 재건운동자들의 이런 기본 구도를 사실상 부정하는 것이었다. 왜냐하면 민족당이 전위정당의 위상을 갖게 되면 혁명적 프롤레타리아 전위당, 즉 지하의 공산당이 지금의 혁명 단계에서 당장 필요한 존재인가 하는 의문이 들게 되기 때문이다. 현재의 부르주아민주주의혁명 단계, 민족혁명 단계에서 전위당이 2개 중첩되어 있을 필요가 없었다. 2개의 전위당이 존재하면 당면 혁명에서 혼란만 초래할 수 있다는 생각도 가능하다. 앞서 살펴본 일본 사회주의자 야마카와 히토시(山川均)가 생각했던 것처럼, 현재의 혁명 단계에서는 단일무산정당만이 반드시 필요하고, 사회주의혁명을 수행할 공산당은 앞으로 무산정당이 발전하는 과정 속에서, 사회의 혁명이 진전되는 과정 속에서, 사회주의혁명이 도래하는 먼 미래의 과제로 둘 수 있기 때문이다. 이는 또 앞에서 살펴본 조선사회단체중앙협의회 상설론을 주장하던 사람들 중 이항발의 문제의식이기도 했다. 위수춘의 주장에서 조선공산당 재건에 대한 언급이 전혀 없는 것은 이 같은 맥락이다. 현재 민족혁명 단계, 부르주아민주주의혁명 단계에서는 민족당이 중요하고, 공산당은 차후의 과제일 뿐이다.

위수춘의 주장은 4년째에 이르는 신간회운동에 대한 반성 속에서, 또한 엄혹한 탄압으로 주체적 역량이 크게 약화되었다는 정세인식 속에서 나온 것이다. 기존 청총의 신운동 방침, 신간회를 성립시켰던 정치운동론을 재해석, 재규정한 것이라 할 수 있다. 그가 제기한 공민권 획득은 기존에 주장하던 부르주아민주주의 요구, 정치적 자유에 대한 요구와 투쟁, 민족적 차별 철폐에 대한 주장과 큰 차이가 있는 것이 아니었다. 정치적 수세기에 여타 계급과 정치 세력을 보다 적극적으로 끌어들이기 위해 과정적이고 일시적 요구로서 공민권 획득 주장을 한 것이다. 다만 조선공산당 재건의 전망은 없었으며, 민족적 전위로서 민족당의 구상만이 제기되고 있었다. 그의 구상은 이전 조선사회단체 중앙협의회 상설론을 주장했던 이항발 등의 주장과 맥을 같이했다. 또한 일본 좌익 사회민주주의자들의 주장과도 연결되었다.

2. '합법운동론' 비판과 논쟁

1) 당재건운동자들의 '합법운동론' 비판

위수춘의 소책자는 당 재건운동자들의 즉각적인 반발에 부딪혔다. 차석동의 주장을 중심으로 이를 정리해보자. 차석동은 1930년 8월에 집필했다는 글에서 위수춘의 소책자가 "스파이 허일을 중심으로 하는 일단의 계급적 타락분자 그룹이 민족개량주의의 일련의 수령배들과 결탁하여" 이 책자를 발간했으며, "민족개량주의의 정치적 진출, 제국주의의 정치적 기만 정책에 호응하는 그들의 정치적 활동의 표시"라고 맹비난 했다.[75] "민족부르조아지와 소부르조아 상

---

75 차석동, 「민족개량주의의 반동적 도량을 분쇄하라」, 『무산자 팜프렛』 3, 1931. 배성찬 편역, 『식민지시대 사회운동론연구』, 돌베개, 1987, 281쪽.

층을 망라한 민족개량주의의 제 그룹"이 "대중에게 자신들의 정치적 활동을 전개하고, 정치적 주장을 선전하기 위해서 [공산]주의적 외모로 가장"하였고, "[공산]주의 진영으로부터의 이탈자인 모든 형태의 청산주의자들은 민족개량주의자들의 이러한 욕망을 실현시켜줄 수 있는 가장 적합한 유능한 일꾼"이 되었다고 혹평한다.[76]

위수춘은 스스로 사회주의자, 마르크스주의자의 정체성을 가지고 있었다. 그렇지만 당 재건운동자들은 그를 공산주의적 외모로 가장한 '제국주의 스파이'이자 '계급적 타락분자'로 단죄했다. 상대방의 주장에 대해 이렇게 단정하고 논박하면 사실 논쟁으로 정리할 여지는 거의 없다. 적과 무슨 논쟁을 하겠는가? 그럼에도 살펴보려는 것은 위수춘 류의 주장에 대한 당시 당 재건운동가들의 우려와 위기의식이 어떤 내용으로, 어떻게 표출되고 있는가 하는 점이다.

차석동은 "현 단계의 민족해방운동의 도상에서 민족개량주의는 모든 [혁명]적 대중의 최대의 적"이며, "대중의 [혁명]적 투쟁을 개량적 타협과 청원으로 해소시키려고 하는 개량주의에 대한 투쟁은", "모든 [혁명]적 대중에게 무조건적으로 요구되는 최대의 임무"라고 규정한다.[77] 이제 일제보다도 그들이 개량주의라고 규정하는 세력들이 혁명적 대중의 최대 적이 되었다. 그들에 대한 투쟁이 다른 무엇보다 중요한 임무가 되었다. 당시 스탈린주의가 전 세계 사회주의 운동을 지배하면서 나타난 사회파시즘론, 사회민주주의에 대한 타격 방침이 식민지적 버전으로 나타나고 있었다. 이런 그의 주장이 당시 당 재건운동가 일반의 주장을 어느 정도 대표하는지는 알 수 없지만, '합법운동파'에 대한

---

76 위의 글, 281~282쪽.

77 위의 글, 283~284쪽.

그들의 전도된 인식을 보여주는 것이라 하겠다.

그는 위수춘의 '민족당 수립' 주장에 가장 민감하게 반응한다. 조선 민족해방운동은 오직 노동자계급의 전위정당인 조선공산당의 지도에 의해서만 이루어질 수 있는 것인데, 위수춘은 조선공산당 재건에 대해서 아무런 언급도 없이 민족당 수립만을 주장하고 있기 때문이다. 따라서 그는 위수춘의 주장이 "민족공동의 정당이라는 가식 앞에 민족부르주아 정당의 수립과 이 정당에로의 [혁명]적 대중의 획득이야말로 그들의 정치적 목적"이라고 판단한다.[78] 앞서 살펴보았듯이 위수춘의 주장에서 조선공산당 수립은 장래의 일로 유보되어 있었다. 민족당은 조선공산당의 지도를 받는 대중협동전선이 아니라, 그 자체가 "농민, 노동자, 학생, 자유직업자 급 소매상인계급에 강한 기초"를 둔 전위정당으로 위치지워졌다. 일본의 상황과 연결시켜 보면 야마카와 히토시가 주장하는 단일한 전국적 무산정당 수준으로 구상되었다. 조선공산당 재건을 최고의 목표로 삼고 있는 당 재건운동가들이 이에 강력히 반발하는 것은 어찌 보면 당연한 일이었다.

차석동은 '공민권 획득'에 대해서 "최대한 해석하더라도 자치운동 이상의 것을 의미할 수 없다"고 평가절하한다. 물론 이런 주장은 앞서 살펴본 바와 같이 사실과 명백히 다르다. 또한 "일체의 투쟁을 전적으로 합법적 범위 내에 한정시킬 것을 주장"하였다고 파악한다.[79] 주목되는 것은 이에 대한 그의 비판이다. 그는 "현재 조선의 상황에서는 모든 [혁명]적 투쟁은 거의 합법적 활동의 가능성을 박탈당하고 있다. 따라서 투쟁 분야는 오히려 비합법적 범위 내에 광범하게 존재하게 된다"고 하면서, "대중투쟁의 강력한 발전은 언제나 교묘하

---

78 위의 글, 285쪽.

79 위의 글, 286쪽.

고 광범한 [비]합법적 활동의 수행과 비례하였"다고 주장한다. 때문에 "제국주의 극악한 백색 [테러]하에서 합법의 범위 내에 투쟁을 국한하는 것은 모든 [혁명]적 투쟁의 완전한 포기를 의미하는 것이며, 제국주의에 대한 투쟁을 제국주의에 대한 항복으로 교체하는 것을 의미"한다고 주장한다. 결론적으로 "현재 조선에 있어서 합법주의는 [혁명]운동의 가장 증오스런 적"이라고 단정한다.[80]

「12월 테제」는 '계급 대 계급' 전술에 입각해 있었지만, 여전히 "대중적 공개적 정치투쟁에 진출하는 방법과 도정을 궁구"하며, "모든 합법적 가능을 이용하는 문제"를 제기했다. 그렇지만 차석동의 주장 어디에도 합법투쟁과 합법운동에 대한 언급은 없다. 합법운동에 대한 노골적인 비판과 비합법 투쟁에 대한 강조뿐이다. "제국주의로부터 투쟁의 합법성을 일보일보 탈환하기 위해서 싸워야 한다"고 하여[81] 합법은 투쟁에 의해 쟁취하는 것으로 사고했다. 비슷한 시기에 나온 그의 다른 글들도 거의 비슷한 기조를 유지하고 있다. 이를 놓고 보면 당시 당 재건운동가들이 당시를 혁명적 정세로 인식하면서, 노농대중의 혁명적 투쟁을 과대평가하던 양상이 그대로 드러난다.

한편 차석동은 "현재 우익 민족개량주의는 동아일보를 중심으로 하는 일련의 우익 개량주의 그룹에 의해 대표되고 있으며, 좌익 민족개량주의자는 신간회의 지도부를 중심으로 하는 일련의 소부르주아 상층부대인 좌익 민족주의자에 의해서 대표되고 있다"고 파악한다. 그렇지만 "좌익 민족개량주의자들이 아무리 끊임없이 [혁명]적 말투를 사용하고, 자치주의에 대한 관념적인 반항을 하더라도, 그들의 현실적 행동이 [공산]당의 방향에 반대하고, [혁명]적 민중을 [공산]당으로부터 멀어지게 하려는 한에 있어서 그들의 모든 정치적 활

---

80 위의 글, 286~287쪽.

81 위의 글, 286쪽.

동은 민족해방투쟁의 [혁명]적 발전에 대한 저해(沮害)와 반대이며, 민족개량 주의, 자치주의에 가세하는 것이며, 민족개량주의적 실천"이라고 판단한다. 그 가 볼 때 신간회 지도부를 이루는 좌익 민족주의자들도 민족개량주의와 자치 주의자이며, 그들의 활동도 결국 민족개량주의적 활동이라는 것이다. 그 결과 "오늘날의 정세에서는 좌우익 민족개량주의자는 모두가 민족개량주의의 대 변자 이외의 어떤 것도 아니다"라고 단정한다. 때문에 공산당은 우익 민족개량 주의에 반대하여 투쟁하는 "그 이상으로 좌익 민족개량주의에 대한 투쟁을 하 지 않으면 안 된다"고 주장한다.[82] 이제 그에게 민족주의 세력 내의 좌우 구분 은 무의미했다. 우익은 물론 신간회 지도부를 이루는 좌익 민족주의자도 더 위 험한 적이 되었다. 서구에서의 사회파시즘론이 조선에서도 그대로 재현되고 있었다.

한편 최희는 위수춘의 글에 대한 비판 글에서 그의 글이 야마카와 히토시, 사카이 도시히코(堺利彦), 이노마타 츠나오(猪俣津南雄) 등 '사회민주주의적 청산 주의자'이자 '계급투쟁에서 탈락해버린 자'들이 발간한 『노농』지에서 대부분 의 내용을 표절했다고 하면서 그 구체적 내용을 적시했다.[83] 실제로 「현단계의 조선」은 노농파의 주장을 상당히 차용하고 있다. 일본 자본주의 분석과 세계 정세 인식, 식민지 인식에서 노농파의 주장과 많은 점에서 유사하다. 문장과 용어를 그대로 가져와 사용한 경우도 있었다. 위수춘으로 표상되는 합법운동 파 그룹들이 일본 노농파의 주장에 상당히 기대고 있었음을 볼 수 있다.

---

82 위의 글, 288~289쪽.

83 최희, 「「현단계의 조선」을 읽고」, 『조선지광』 92, 1930.

2) 지속되는 '합법운동론' 주장들

당 재건운동가들의 반발과 공격에도 불구하고 합법운동론에 대한 주장은 지속되었다. 1930년 9월 10일 작성되었다는 KH생의 글은 위수춘의 글에 근거하면서도 현실 정세에 바탕해서 논리를 전개하고 있다. KH생은 조선 사회운동이 과학적 입장에 서서 좌우 양익으로 분열되었다고 파악한다. 이는 "당면 투쟁 목표에 대한 이론의 현격한 차이는 있을지언정, 그 이론의 근저와 또는 기본적 투쟁의 목표(전략적 기초이론)는 동일한 바를 발견할 수 있는 것"이라고 판단한다. 즉 당면 투쟁 목표는 현격한 차이를 보이지만, 그 이론의 근저는 마르크스레닌주의이며, 기본적 투쟁 목표인 전략적 이론도 사회주의혁명을 전망하는 2단계 부르주아민주주의혁명론이라는 것이다. 그럼에도 이런 현격한 차이가 나타나는 것은 "당면 투쟁 목표에 대한 이론적 차이는 다만 현 단계의 객관적 조건에 대한 견해의 상위에서 출발한 것인 것을 인식할 수 있다"고 파악한다.[84] 곧 객관적 조건에 대한 정세 인식의 차이가 이런 투쟁 목표의 차이를 나타나게 했고, 나아가 사회주의 세력이 좌와 우로 나뉘었다는 것이다.

그는 우선 "'공장 직장 농촌으로 들어가자'란 슬로간은 물론 노동자 농민의 경제적 또는 정치적 이익을 대표하여 투쟁하는 자로서 언제나 가져야 할 것임으로 이를 부정할 바 없을 것이며, '[토지]를 농민에게'라 하는 슬로간도 또한 조선 운동이 프롤레타리아 주체 밑에서 조직 발전되어야 할 필요를 가졌"다고 하고, "토지 문제의 해결이 없이는 조선 문제의 해결을 기할 수 없게 되는 까닭에 그 최고 슬로건으로 지당할 것이다"라고 인정한다.[85] 그가 볼 때 조선 사회주의 세력의 좌와 우는 모두 조선의 사회주의 운동이 공장과 직장, 농촌으로

---

84 KH生, 「조선은 어데로 가나?─사회활동」, 『별건곤』 34, 1930. 11, 6쪽.

85 위의 글, 7쪽.

들어가서 노동자 농민대중의 기초 위에서 전개되어야 한다는 데 의견을 같이 한다는 것이다. 또한 토지 문제 해결, 곧 토지혁명이 최고의 목표이고 중요한 일이라는 점에는 모두 동의한다.

그렇지만 현 정세는 이런 운동이 전개되기 어려운 상황이라는 것이 그의 판단이다. 이는 "현 단계에 있어서 노동운동, 농민운동, 청년운동, 민족운동 등의 운동이 통일되지 못하고, 분산적 형태에서 하등의 구체적 투쟁이 없음은 [반동]테러의 ××과 ××의 최후적 난무로써 그 지도적 부대의 거의 전부를 상실하였음으로 대중적 조직이 무력화되었으며, 대중의 지도자며 아지테타이며 조직자인 지도적 이론이 대중 속에 침유(滲誘)되지 못하였음이 내재적 원인이 될 것이다"라고 판단한다. 곧 현재 운동이 일제의 탄압으로 운동의 지도부가 거의 전부 상실되었고, 대중 조직이 무력화되었으며, 각 부분 운동이 분열된 상황이라는 것이다. 때문에 "이러한 궁박한 과정에서 고도의 운동 과정으로 약진하는 유일한 투쟁 방법은 관념적 투쟁에서 현실적 투쟁 영역으로 들어가야 할 것이며, 투쟁 대상에 대하여 전면적 진출을 하여야 할 것이다. 아무리 적은 부분이라도 이를 이용할 수 있다면 이용하여야 하며, 투쟁 대상의 정체를 폭로할 만한 기회와 시간이 있다면 버리지 말고 침입하여야 할 것"이라고 주장한다.[86] 곧 투쟁 방법에서 관념적으로 '토지를 농민에게'라는 최고 목표의 투쟁만 주장할 것이 아니라, 현실적인 영역에서 가능한 투쟁 대상과 내용을 찾아 적은 부분이라도 이를 이용해야 한다는 것이다.

그러면 이런 부분적이지만 현실적인 투쟁의 내용은 무엇일까? 여기서 그는 "언론 출판 집회 결사의 자유 획득을 힘있게 외치지 아니하면 안 될 것이다. 이것이 운동의 초보적 형태(모든 집단의 재조직기)에 있어서는 유일한 전투적 슬

---

86   위의 글, 8쪽.

로간일 것"이라고 주장한다.[87] 언론 출판 집회 결사의 자유 같은 정치적 자유, 민주주의적 주장이 운동의 재조직에 있어 전투적 슬로건이 된다는 것이다. 그리고 이를 포함하여 토지혁명과 같은 '전면적 투쟁 목표'로 나아가는 과정에 있어 부수적 슬로건으로 '공민권 획득의 운동'이 필요하다는 것이다. 그는 이런 "부수적 투쟁이 없이는 현 단계에 있어서 그 전면적 투쟁 목표를 향하야 진출할 수 없을 것"이라고 판단한다. 위수춘이 제기했던 '공민권 획득'이 다시 등장한다.

한편 KH생은 이런 부수적 투쟁과 활동을 할 때 민중이 전면적으로 진출해야 하는데, 이런 "민중의 전면적 진출은 비합법적인 종파주의에 흐르지 말고 합법적 활동으로써 광범히 대중과 접근하는 것을 의미한다"고 주장한다. 곧 "합법적 활동이란 대중과의 관계를 가장 긴밀히 할 수 있는 최대한도의 활동"이라는 것이다. 이는 광범한 대중을 운동에 참여시키기 위해서는 합법적 활동이 반드시 필요하다는 주장이다. 이런 합법적 활동의 기반 위에서 그는 "우리는 협동적 투쟁의 기본 전술에 의하여, 소시민 급 일부 부르주아(혁명적)를 포괄함에는 불가피적으로 그들과 공통되는 전면적 슬로간(정치 자유 획득의 수단으로써)을 게양하지 않을 수 없는 것이다"라고 주장한다. 그는 공민권 획득 운동을 "정치적 자유 획득 투쟁전선에 대한 전면적 진출을 위하야 협동적 조직과 협동적 투쟁을 위한 시간적 전술"로 파악하고 있다. 그는 "부르주아 데모크라시의 획득을 과정적 투쟁 목표로 하는 국가에 있어서는 이에 대한 투쟁 요소와 제휴하기 위하야 그들과 공통되는 슬로간을 게양함과 같이 우리들의 과정적 동맹자의 전선에 놓여 있는 요구를 노농민의 헤게모니 밑에서 제출하는 것은

---

87 위의 글, 8쪽.

결코 망단(妄斷)이 아닐 것"이라고 주장한다.[88]

그는 부르주아민주주의 획득이 필요한 조선의 현실에서, 이에 이해를 같이하는 세력, 곧 소시민 및 일부 부르주아와 제휴하기 위해서는 공통되는 슬로건이 제출되어야 하는데, 그것이 '공민권 획득운동'이라는 것이다. "노동자 농민의 투쟁의식을 앙양 결정시키기 위하야 그들의 광범한 층을 조직권 내에 결성케 하여야겠고, 이러한 조직적 투쟁을 더욱더 힘있게 하기 위하여 정치적 자유의 획득을 기하여야겠으며, 이를 위하여 전 민중을 동원시키기 위한 일시적 수단으로서는 공민권의 획득 운동을 제기하여야 할 것"이라면서 "공민권 획득운동은 과연 여기에 그 의미가 있는 바를 단언하는 바이다"라고 하고 있다.[89] 곧 공민권 획득 운동이 부르주아민주주의 요구에 이해를 같이하는 제 세력을 결집시키는 일시적 수단으로 의미를 가진다는 것이다.

다음으로 조선사회단체중앙협의회 결성 과정에서 중요한 역할을 담당했고, 조선공산당 측과 대립적 입장에서 논지를 전개했던 이항발의 주장을 살펴보자. 이항발은 1930년 11월, 신간회 '전체대회 대행 제3회 중앙집행위원회'에서 김병로를 중앙집행위원장으로 하는 새로운 중앙지도부가 구성될 때 참여했다. 상무집행위원 겸 조사부장으로 선임되었다.[90] 그는 1931년 3월 작성한 글에서 '당면 이익 획득 운동'에 기반한 민족협동전선운동의 전개를 주장했다. 그가 자기 주장의 근거로 삼은 것은 앞서 살펴본 신일용과 같이 1924년 스탈린이 출간한 『레닌주의의 기초』를 1927년 일역한 책이다.[91]

---

88 위의 글, 8쪽.

89 위의 글, 9쪽.

90 경기도 경찰부, 『治安狀況』, 1931. 박경식 편, 『조선문제자료총서』 6권, 319쪽.

91 スターリン著 千葉太郎 譯, 『レーニン主義の根本問題』, 白揚社, 1927.

이항발은 "민족적 협동[전선]의 발전의 가능성이 첫째 조선 운동이 [반제국]주의적 반봉건적인 민족적 [혁명]운동인 것을 천명하는 데서, 둘째로 농민층에 대한 프롤레타리아트의 [헤게모니]의 확립에 의하여서, 셋째로 (略—원문) 및 제식민지 [혁명]운동의 경험을 섭취하는 데서만 결정될 수 있는 것"이라고 주장한다.[92] 여기까지만 놓고 보면 그의 주장과 당 재건운동자들의 주장은 큰 차이가 없다.

그렇지만 구체적 내용에 들어가서는 일정한 차이가 보였다. 이항발은 레닌의 1905년 러시아혁명의 전략 이론을 프롤레타리아트가 주체가 되어 범 농민세력을 제1동맹군으로 하여 노농동맹을 결성하였고, 신흥 부르주아 세력의 중립화를 주요 세력 방향으로 한 것으로 파악했다. 내용 중 그는 제1동맹군의 농민 부분에 '빈농만이 아니었다'라는 문구를 넣어 설명한다. 그리고 앞으로의 과제에 있어서도 농민조합(빈농), 농민협회(중농층의 조직체), 농민위원회(소작 급 자작농의 연합체)의 결성 활동을 촉진해야 하며, 이 활동의 확대 강화가 협동적 전선으로의 진전을 의미한다고 주장한다.[93] 그는 노농동맹에서 빈농뿐만 아니라 중농층, 자작농층과의 연합을 여전히 중시했다. 이는 이애숙이 이미 지적한 바와 같이 농민 문제에 있어 빈농 우위를 주장하는 당 재건운동자들의 생각과는 차이가 있는 것이었다.[94] 당시 혁명적 농민운동에서는 부농을 제외하는 것은 물론 중농조차도 점차 배제해 나가고 있었다. 이런 그의 주장은 그가 코민테른 제6회 대회 이후 세계 공산주의 운동의 통일전선 정책 변화를 받아들이지 않고 있으며, 여전히 이전의 코민테른 민족통일전선론과 통일전선 정책의 입장

---

92 이항발, 「민족협동전선에 대한 당면 임무」, 『삼천리』 14, 1931, 4쪽.

93 위의 글, 3쪽.

94 이애숙, 앞의 글, 1995, 378쪽.

에 서 있다는 것을 보여준다.

청총의 조직부장을 거쳐 1930년 11월 청총 중앙집행위원장을 맡게 된 윤형식(尹亨植)도 논의에 가담했다. 그는 1931년 4월 잡지 기고문에서 "전 민족의 공통되는 근본적 요구는 원칙상 있을 수 없는 것이다. 전 민족의 공통되는 이익이란 것은 그야말로 특정의 순간에서, 독자의 계급적 활동이 확대되는 한에서만, 경제적 또는 정치적 이익에 대한 전술적 협동을 위하여, 시간적으로 공통되는 요구 조건을, 대중의 기분에 적응하게 제시하는 바일 뿐"이라고 한정한다. 그는 "노농민의 협의적 조직 밑에서 좌익 민족주의적 집단과 협동을 한다는 것은 프롤레타리아트의 기만적 외교에 의하여 협동이 되는 것이 아니다"라며, "노농 대중의 요구가 좌익 민족주의자 등과 시간적으로 공동되는 한에서만 성립될 수 있는 것이다"라고 주장한다. 곧 전 민족의 공통되는 이익이란 것은 특정의 시기에 각 계급과 세력의 경제적 또는 정치적 이해가 공통되는 지점이고, 민족협동전선은 이런 공통의 이해의 기반 위에서 성립할 수 있다는 것이다. 그렇기 때문에 이런 민족협동전선이 내세울 슬로건은 근본적 요구에 대한 슬로건이 아닌 부분적 요구에 대한 슬로건이고, 이는 "반드시 민중의 생활의 표현인 구체적 ××적 ××적 조건이 되는 동시에, 근본적 제 문제의 부분적 표현이 되여야 할 것"이라고 한다.[95] 곧 민족협동전선은 토지혁명과 같은 근본적 요구를 주장하기보다는 민중의 생활과 조건에 기초한 구체적 요구, 부분적 요구를 제시해야 한다는 것이다.

이에 따라 현 시기에는 "생활의 불안을 느끼는 도시의 소시민 급 노동력 판매를 위하여 방황하는 실업군, 토지를 떠난 농민, 산업 합리화에 의하여 노동력의 강제적 증진을 불가피적으로 수(受)하고 있는 노동자 등등의 시간적 요구

---

95 윤형식, 「부분적 요구에 대한 당면 임무」, 『삼천리』 14, 1931, 7쪽.

조건 등이 민족적 부분적 요구 조건"이 된다고 주장한다. 그는 이런 당면의 공통되는 이해에 근거한 당면의 슬로건을 다음과 같이 제시한다. "1. 노동자에게 일을 주라! / 1. 실업자의 생활보장 / 1. 최저임금의 제정 급 실업수당 지불 / 1. 일하는 농민의 토지 보장 / 1. 모든 인민의 언론, 출판, 집회, 결사의 자유 등."[96]

윤형식의 주장은 '공민권 획득'이라는 용어는 사용하지 않았지만, 그 주장이 갖고 있던 문제의식을 그대로 담고 있었다. 그는 부분적이고 일시적인 수단으로서의 민중 생활의 당면 요구 조건과 정치적 자유 문제를 제기하고 있다. 특히 세계대공황 이후 악화되고 있는 노동자 농민, 실업자의 경제적 처지와 요구를 반영하여, 이를 민족협동전선의 당면 내용으로 제기하고 있었다.

3. 해소론 제기의 국제적 배경

1) 일본 무산정당의 동향과 (신)노농당 해소 문제

1930년 2월 20일 두 번째 보통선거로 제17대 일본 중의원 총선거가 치러졌다. 결과는 민정당 273석, 정우회 174석으로 민정당의 압승이었다. 무산정당은 사회민중당이 2석, 일본대중당이 2석, (신)노농당이 1석, 총 5석에 불과했다. 당시 일본 무산정당은 사회민중당, 사회민중당 좌익이 탈당하여 결성한 전국민중당, 일본대중당에서 탈퇴하였던 구 무산대중당 출신들이 중심이 되어 노동대중당과 동경무산당 등 지방 무산정당을 규합하여 결성된 무산정당전선통일전국협의회, (신)노농당, 비합법의 공산당까지 '7화(花)8열(裂)' 상태였다.[97] 무산정

96 위의 글, 7쪽.

97 太田雅夫, 「全國勞農大衆黨と中間派勞動組合」, 渡部徹・飛鳥井 雅道(編集), 『日本社會主義

당은 이제 찻잔 속의 태풍 신세가 되었다.[98]

당시 식민지 조선의 민족운동 세력들의 상당수는 일본 무산정당의 광범한 의회 진출을 통해 일본 정계의 변화가 이루어지고, 그 결과로 조선 식민 정책의 큰 변화가 일어나기를 기대하고 있었다. 그렇지만 1930년 2월 중의원 총선거 결과를 보면서 이런 기대는 이제 점차 약화되어갔다.[99]

중의원 총선거에서 무산정당 측이 패배하면서 무산정당운동 세력 내부에서 분열에 대한 반성과 함께 다시 합동의 주장이 나오기 시작했다. (신)노농당은 1930년 2월 27일 무산정당의 합동을 주장하며, 무산정당합동촉진연락협의회 구성을 제의했다. 3월 3일에는 요시노 사쿠조(吉野作造)와 가가와 도요히코(賀川豊彦) 등을 발기인으로 사회민중당, (신)노농당, 동경무산당, 일본대중당의 지도부가 모여 무산정당합동촉진협의회를 개최했다. 그렇지만 사회민중당은 시종일관 사회민주주의를 기조로 하는 대 우익의 통일을 주장하였고, (신)노농당은 사회민주주의를 극복한 대 좌익의 결집을 주장했다. 6월 1일 중간파 성격의 일본노동조합동맹과 노동조합전국동맹이 중간파 노동조합들을 규합하여

運動史論』, 三一書房, 1973, 311쪽.

98　동아일보는 선거 결과가 전해지자마자 무산정당의 선거 결과에 대해 사설을 통해 상세히 분석했다. 사설은 보선 전에 기성 정당이 미증유의 추태를 노정하였음에도 무산정당이 예상보다 훨씬 적은 총 5명의 당선자만 낸 것이 놀람을 넘어 '怪異'하다면서, 그 주된 원인을 대중의 무자각과 기성 정당의 매수 정책에 돌리는 것에 반대했다. 그보다는 지난 선거보다 득표율에서는 3만 표 이상을 얻었음에도 의석을 적게 얻은 것은 지도자의 책임, 즉 분열과 대립, '不協定과 無讓步'가 최대 원인이라고 분석했다. 이제 무산정당은 기성 정당의 위협거리가 되지 못할 뿐 아니라 운동의 기초공사조차 완성하지 못한 상태에 있게 되었다고 하면서, 대중의 무지를 탓할 게 아니라 지도자의 과오를 자각하고 합동으로 나아갈 것을 주장했다. 「일본 무산계급 운동 전망—분열에서 합동?」, 『동아일보』 1930. 2. 26.

99　자세한 내용은 다음 참조. 윤덕영, 앞의 책, 310~314쪽, 411~414쪽.

전국노동조합동맹을 결성하였고, 무산정당의 합동을 주장했다.[100]

1930년 7월 20일에는 일본대중당과 전국민중당, 무산정당전선통일전국협의회가 합동하여 전국대중당을 결성했다. 위원장에는 아소 히사시(麻生久)가 선임되었는데, 결성 당시의 당원은 38,300여 명이었다.[101] 당은 분열주의를 극복하고 공동전선당으로서 위치지웠다. 중간파 노동조합인 총연합과 전국노동조합동맹이 전국대중당을 지지했다.[102] 『노농』지도 이전의 입장에서 벗어나 야마카와 히토시의 입장을 반영하여 전국대중당에 우호적 논설을 내보냈다. 전국대중당은 세계대공황의 여파 속에서 노동자 농민의 생활 방위, 실업 반대, 제국주의 전쟁 반대, 자주적 노동조합법 획득, 농촌 궁핍 타파 등을 내걸고 '노동의회' 운동을 전개했다.[103]

두 번째 중의원 보통선거 직후인 1930년 2월 26일, 공산주의 세력에 대한 일본 정부의 대대적인 검거가 다시 전개되었다(2·26탄압 사건). 다나카 기요하루(田中淸玄)와 사노 히로시(佐野博) 등이 중심이 되어 재건한 일본공산당은 다시 타격을 받았고, 일본공산당의 비합법 무장투쟁도 격화되었다. 1930년 4월, 동경시전(東京市電) 쟁의, 종연(鐘淵)방적 쟁의 등에서 일본공산당은 적극적인 무장투쟁 전술을 구사했다. 메이데이투쟁에서는 전국 각지에서 무장봉기를 단행했다. 일본공산당은 노농동맹을 당의 투쟁 도구로 활용했다. 그들은 노동조합 및 농민조합 제일주의와 무산정당 반대를 주장하며, 무산정당운동 흐름에 제동을

---

100 增島宏·高橋彦博·大野節子 著, 『無産政党の研究―戦前日本の社会民主主義』, 法政大学出版局, 1969, 339~343쪽; 太田雅夫, 「全國勞農大衆黨と中間派勞動組合」, 渡部徹·飛鳥井 雅道(編集), 『日本社会主義運動史論』, 三一書房, 1973, 311쪽.

101 川口武彦·塚本健 編, 『日本マルクス主義運動の出発』, 河出書房新社, 1975, 328쪽.

102 太田雅夫, 앞의 글, 311쪽.

103 川口武彦·塚本健 編, 앞의 책, 329~330쪽.

걸었다. 그 결과 노동현장에서는 전국대중당과 (신)노농당 및 전국노동조합동 맹을 지지하는 세력들과 조합제일주의와 무산정당 반대를 주장하는 일본공산 당과 일본노동조합전국협의회(전협) 세력들이 격렬하게 대립했다.[104]

그런 가운데 1930년 8월 29일, (신)노농당 오사카 지부가 지부 해소 선언을 제기한다. 선언에서는 노동쟁의, 반제국주의 전쟁, 실업 반대 투쟁 등의 실행에 있어 노농당이 아무 역할을 하고 있지 못하다고 비판하면서 해소를 선언했다. 그런데 다음 날인 8월 30일 (신)노농당 본부의 서기장인 호소사코 가네미쓰(細 迫兼光)가 '해당의견서'를 당 기관지인 『노동농민신문』에 발표했다. 의견서에는 노농당이 극히 선량한 의도로 결성되었지만, 농민운동단체 내에서 노농당 지 지파와 일본공산당계 지지파로 대립하고, 노농당 지지파의 다수가 일본공산 당계 전협에 대해 절대 배격을 고수하고 있는 상황이라면서, 노농당 제일주의 를 극복하기 위해 노농당을 해소하여 노동조합 및 농민조합으로 나아가야 한 다고 주장했다.[105] 가와카미 하지메(河上肇)도 해소 성명을 발표했다.

그렇지만 서기장이 주도했음에도 (신)노농당 해소운동은 원활히 진행되지 못했다. 해소 당원이 2,255명인 데 반해, 해소 반대파가 4,714명에 이르러 해소 파가 패배했다. 실권을 장악한 오야마 이쿠오(大山郁夫)는 호소사코와 가와카미, 고이와이 기요시(小岩井淨) 등 해소파를 제명했다.

한편 교토시, 니가타현, 군마현, 오카야마현 등의 지역에서는 (신)노농당, 전 국대중당, 사회민중당의 지방 조직들이 '3당합동촉진동맹' 또는 '무산정당합 동촉진협의회'를 결성하여 무산정당의 합동을 추동했다. 이에 따라 무산정당 합동의 여론이 확산되어 1930년 12월, (신)노농당 제2회 당대회에서 전국대중당

---

104 위의 책, 330~331쪽; 정혜선, 『일본 공산주의 운동과 천황제』, 국학자료원, 2001, 146~151쪽.

105 川口武彦·塚本健 編, 앞의 책, 331쪽.

과의 무조건적 합동이 결정되었다.[106] 1931년 2월과 3월에는 전국대중당과 사회민중당 및 노농당의 합당준비모임이 각각 결성되었다. 7월에 전국대중당과 노농당, 사회민중당의 합당파들이 모여 전국노농대중당을 결성했다. 아소 히사시가 서기장에 선임되었다.

2) 프로핀테른 「9월 테제」와 해소의 길

일본에서 (신)노농당 해소운동이 전개되는 시점에 식민지 조선에서도 신간회 및 청총의 해소 운동이 태동하고 있었다. 1930년 8~10월에 걸쳐 일본에서 전개된 (신)노농당 해소운동을 바라보면서 조선의 당 재건운동자들과 혁명적 농민·노동운동자들의 상당수도 신간회와 청총의 해소를 바로 떠올렸을 것이다. 문제는 해소 운동을 뒷받침해줄 수 있는 권위 있는 주장이다. 명분은 여러 가지로 만들 수 있지만, 운동의 논리와 근거는 모든 운동가들이 납득할 만한 권위를 가진 곳에서 제기되어야 하기 때문이다.

'계급투쟁 그룹'의 일원인 김민우는 1930년 5월, 「조선에서 반제국주의 협동전선의 제 문제」 논설을 집필하여 『무산자 팜프렛』 2집에 수록 출간한다. 김민우는 신간회는 좌익 민족주의자들이 지도하는 정당으로, 현재의 부르주아 민주주의혁명 단계에 있어 공산당의 반대당파라고 하여, 신간회에 대한 해소, 해체를 주장했다.[107] 김민우가 엠엘파 출신 당 재건운동자 중 지도적 인물인 양명(梁明)이라고 한다면, 그의 주장은 엠엘파 출신자들 내에서 상당한 공감대를 형성하고 있었다고 볼 수 있다. 그럼에도 그의 주장은 당 재건운동이나 혁명적

---

106 위의 책, 331~332쪽.

107 김민우, 「조선에서 반제국주의 협동전선의 제 문제」, 「インタナショナル」編輯部 編, 『朝鮮問題』, 戰旗社, 1930. 배성찬 편역, 『식민지시대 사회운동론연구』, 돌베개, 1987, 266쪽.

농민·노동운동을 전개하는 여타 그룹과 인물들에게 그대로 관철될 정도의 권위를 가진 것은 아니었다. 신간회 해소 방침이 전체 운동가들의 운동 방침이 되기 위해서는 보다 구체적인 권위가 필요했다. 특히 코민테른이 국제공산당으로 세계 공산당을 지배하던 당시의 상황에서는 코민테른이나 그 관련 기관에서 지침이 제기되어야 했다.

이런 상황에서 국제공산당의 방침이 조선의 공산주의자들에게 제시되었다. 잘 알려진 1930년 8월 프로핀테른 제5회 대회 이후, 9월 프로핀테른 집행국에서 발표한 「조선의 혁명적 노동조합운동의 임무에 관한 테제」(9월 테제)이다. 「9월 테제」는 당시 상황에서 조선의 공산주의자들에게 민족통일전선과 신간회 문제에 대한 권위 있는 지침서로 다가왔을 것이다.

「9월 테제」에서 민족주의 세력에 대한 타격 방침은 더욱 강화되었다. 「9월 테제」는 "민족개량주의적 부르주아지와 그들 단체 『조선일보』, 『동아일보』, 및 천도교의 일부는 장제스와 중국의 반혁명을 모방할 만한 선례로 생각하고 있다. 그들은 일본 제국주의와의 협력을 요구하고 반소비에트 사주(使嗾)를 행하고 있다. '신간회'도 역시 마찬가지로 민족개량주의적 단체이다"라고 주장했다.[108] 이제 조선일보와 동아일보를 중심으로 활동하던 민족주의 세력과 천도교 일부는 일제와 협력하고 장제스의 반혁명을 모방하려는 반혁명 세력으로 규정되었다. 더 나아가 이전에 민족협동전선당, 민족협동전선의 혁명 단체로 다루었던 신간회도 이제는 '민족개량주의적 단체'라고 명백히 규정하기 시작했다. 반혁명적인 민족개량주의 단체로 규정된 이상, 공산주의자들이 신간회에서 활동하는 것은 사실상 용납되기 어려워졌다.

---

108 「조선의 혁명적 노동조합운동의 임무에 관한 테제」, 이반송·김정명 저, 한대희 편역, 『식민지시대 사회운동』, 한울림, 1986, 251쪽.

「9월 테제」가 합법적 활동을 부정하고 계급투쟁과 혁명적 활동만을 주장한 것은 아니었다. "합법적 활동과 비합법적 활동과의 교묘한 결합은 좌익의 성공적 활동을 위한 하나의 전제조건이다. 좌익은 노동자구락부·노동조합구락부·야학교 및 유사한 합법단체를 설립해야 한다. 그때 끊임없이 고려해야 할 점은 이러한 보조조합이 결코 노동조합의 대용물로 될 수는 없다는 것이다"라고 지시했다.[109] 최규진이 이미 언급한 것과 같이 프로핀테른은 '이 표면적 보조 단체'가 노동자 정치 영역에서 중요한 역할을 담당할 수 있음을 지적하면서, 동시에 사회주의자들이 '보조조합'에만 매달리는 합법주의를 경계했다.[110] 프로핀테른이 적극적 합법공간 모색을 지시한 것은 분명하지만, 문제는 합법공간에서의 활동이다. 사실 사회주의 운동에서 공산주의자들이 영향력을 확대하기 위해 민중들의 다양한 합법공간을 이용하고, 합법적 활동을 하는 것은 가장 기본적인 활동 방침이다. 때문에 이런 활동 자체로는 노선과 활동 평가의 기준이 되지 못한다. 그보다는 그런 합법공간과 합법적 활동에서 어떠한 내용으로 어떻게 활동하느냐가 평가의 기준이 된다.

이런 점에서 「9월 테제」의 합법적 활동을 보면 1920년대 중반과는 상당히 달라진 것을 볼 수 있다. 우선 기존 노동운동의 전국적 기관으로 노동운동에서 주요한 역할을 했던 조선노동총동맹(이하 노총)에 대해 대단히 비판적이다. 「9월 테제」는 노총이 "노동자의 착취 강화를 통한 자본축적의 합리화와 싸우지 않았으며, 실업 이익을 대표하지 않았으며, 프롤레타리아트의 경제투쟁을 조직한다든가, 정치투쟁들을 더더욱 프롤레타리아 계급투쟁의 정신으로 그 조합

---

109 위의 글, 255쪽.

110 최규진, 「조선 사회주의자들의 운동 노선과 합법공간 진출(1929~1945년)」, 『대동문화연구』 56, 2006, 260~261쪽.

원을 교육하고 스트라이크 투쟁을 지도하는 것 등에는 생각조차 미치지 않았다"라고 비판한다. "조합원대회 등은 전혀 소집되지 않았는데, 그 이유는 우선 일본 관헌으로부터의 금지를 고려했기 때문이며, 또 청산파적 합법주의에(일본의 경찰지배에 대한 완전한 굴복) 근거한 때문이다"라고 평가한다. 「9월 테제」는 노총의 전 조직이 개량주의적이라 보지는 않았지만, 지도부가 개량주의적이어서 "총동맹은 쟁의를 할 경우 조정 제도를 노동자에게 권한다든가, 기업가, 상업회의소, 경찰서 및 총독부에 대해 탄원서를 제출"하는 방법에 머무르고 있으며, "그들은 혁명적 계급투쟁 방법은 완전히 포기해버렸다"고 단정한다. 때문에 노총이 "개량주의적 단체로서 특징"을 가지고 있다고 판단했다.[111] 곧 노총의 활동을 개량주의적이라 단정하고 부정한 것이다.

그런 판단 위에서 「9월 테제」는 노총 내부에 좌익을 결집시켜 조직하는 것을 가장 중요한 임무로 지시했다.[112] 좌익 분파를 별도로 결성한다는 것은 기존 노동운동의 지도부와 명백히 선을 긋겠다는 것이며, 기존 대중운동 지도부의 이제까지의 활동 방향을 사실상 부정하겠다는 것이다. 또한 노동 대중의 일상적 이해를 옹호하는 합법적 노동조합 외에 공장 경영에까지 일정한 영향을 줄 수 있는 공장위원회 설립을 주장한 것은, 그러한 조치가 경영 침범에 민감하게 대응하는 자본가의 격렬한 저항과 일제 권력의 탄압을 불러올 수밖에 없다는 점에서 상당히 급진적인 내용이었다. 그리고 이러한 활동을 비판하거나 거부하는 노총의 지도부를 개량주의로 공격함으로써 지도부의 대중에 대한 영향력을 약화시키고, 좌익 분파가 노총 내 대중을 장악하려고 했다. 노총 내에 좌

---

111 「조선의 혁명적 노동조합운동의 임무에 관한 테제」, 이반송·김정명 저, 한대희 편역, 앞의
     책, 252쪽.

112 위의 글, 252쪽.

익 분파를 결성해야 한다든지, 노총 지도부를 개량주의로 공격하는 것은 당시 국제적으로 확산된 스탈린주의의 정책을 식민지 조선에 거의 그대로 적용시 킨 것이라 하겠다.

「9월 테제」에 신간회나 청총을 해소하거나 해체하라는 구체적 지시는 없 었다. "노동조합에서는 여성 노동자 및 청년의 독자적인 지도하에 특별한 청년 부가 설립되어야 한다"고 하여[113] 노동조합 내 청년부 설치만을 지시했다. 「9월 테제」의 작성 과정에는 태평양노동조합 계열의 김호반(金鎬磐)과 함남 함흥노 동연맹 및 신간회 함흥지회 간부인 한병류(韓炳琉)와 장희건(張會建)이 참가한다.

「9월 테제」와 신간회 해소 문제에 대해, 기존의 연구들은 의견이 엇갈렸다. 미즈노 나오키와 최규진은 「9월 테제」가 신간회 해소론을 유도하는 역할을 했 다는 입장이다.[114] 반면에 이균영과 윤효정은 「9월 테제」와 신간회 해소는 연결 시킬 수 없다는 입장이다.[115]

필자는 「9월 테제」가 신간회와 청총의 해소에 적잖은 영향을 주었다는 데 동의한다. 1928년 10월 코민테른 집행위원회의 일본공산당의 당면의 임무에 대한 결의에서도 일본 합법 무산정당운동에 대한 반대나 해산 지시는 없었다. 그렇지만 이를 받아들이는 일본의 공산주의자들은 그 결의가 합법 무산정당 추진에 반대하고, 일본공산당의 주도하에 일시적인 공동행동만 허용하는 것

113　위의 글, 255쪽.

114　水野直樹,「코민테른의 민족통일전선론과 신간회운동」,『역사비평』2, 1988, 82~84쪽; 최규 진,「코민테른 6차 대회와 조선 공산주의자들의 정치사상 연구」, 성균관대학교 사학과 박사 학위논문, 1996, 275쪽.

115　이균영,『신간회연구』, 역사비평사, 1993, 433~439쪽; 윤효정,「신간회 해소론과 전체대회 연 구—국제선 재건 그룹과 태평양노동조합 계열을 중심으로」,『한국민족운동사연구』105, 2020, 118~119쪽.

으로 인식했다. 그 후 몇 년 동안 일본공산당은 합법 무산정당과 합법적 수단에 의한 투쟁을 배격하고, 노농동맹에 기초한 폭력적인 무장투쟁으로 나아갔다. 그 사이에 코민테른에서 이것이 잘못되었으니 시정하라는 지시는 내려오지 않았다.

「9월 테제」를 당시의 당 재건운동자들과 혁명적 농민·노동운동가들이 어떻게 받아들였을까를 고려해본다면, 일본에서와 같이 해소 운동의 지침으로 받아들이거나, 이용했을 것으로 보인다. 더구나 그 시점은 일본에서 (신)노농당 해소운동이 전개되었던 시기로, 조선에서도 해소 운동을 생각하게 하는 때였다. 바로 그때 「9월 테제」가 조선의 공산주의자들에게 제시되었다. 불을 붙이기에 좋은 권위 있는 불쏘시개였다.

4. 신간회와 청총의 성격과 해소 반대론

1) 신간회 김병로 중앙집행부의 구성과 성격

신간회와 청총의 해소와 관련하여 1930년 10월 청총의 중앙간부 개선, 11월 신간회 전체대회 대행 중앙집행위원회에서의 중앙간부 개선이 논란이 되었다. 기존 연구들은 '합법운동파' 내지 '온건파'가 신간회와 청총의 실권을 장악하였고, 이에 대해 각 지회가 반발하면서 해소의 직접적 계기가 되었다고 파악했다. 실제 그러한가? 먼저 신간회를 살펴보자.

'민중대회 계획 사건' 이후 신간회 본부를 주도하고 1930년 11월 대행대회를 준비하고 진행했던 핵심인물은 김병로와 박문희, 이주연이었다.[116] 조선공

---

116 윤효정, 「민중대회 사건 이후 신간회 중앙본부 주도 인물들의 결집과 활동」, 『한국근현대사

258 또다른 사회주의—한국 사회민주주의의 역사적 기원

산당 사건을 비롯해서 각종 민족운동 사건을 변호하여 민족변호사로 명망이 높았던 김병로는 허헌 중앙집행부에서 재무부장을 역임하고, '민중대회 계획 사건' 이후 신간회 중앙집행위원장을 대행하면서 신간회를 이끌었다. 그는 동아일보 계열의 핵심 인물인 송진우와 긴밀한 사이였다.[117]

반면 단천 농민운동의 지도자인 이주연은 허헌 집행부 때부터 중앙상무집행위원 및 서무부원으로 활동한 사회주의자였다.[118] 그렇지만 합법운동의 필요성과 중요성을 강조하는 사회주의자였으며, 신간회 내 민족주의자들과의 관계도 나쁘지 않았다. 1930년 초 김병로 중앙집행부가 들어선 이후에는 가장 핵심적 위치에서 김병로와 협력하여 활동했다. 특히 최린과 접촉하면서 자치운동 추진의 의혹을 받아 공개적으로 논란이 되었던 '합법운동파' 박문희를 공개 옹호하기도 했다. 다만 1931년에 들어서는 단천 농민조합 운동을 적색농민조합 운동으로 전환시키고, 신간회 해소를 주장하는 글을 발표한다.

논란이 된 박문희는 1929년 신간회 복대표대회에서 중앙집행위원에 선임되었고, 허헌 집행부에서 교육부원으로 활동했다. 그는 1930년 7월 이전 자치운동을 추진하던 천도교 신파의 최린과 김기전(金起田)을 만나기도 했고, 자치운동을 이용하는 것에 대해 의견을 피력하기도 했다. 그렇지만 당시에는 주변의 만류로 없었던 일이 되었다.

1930년 11월 9일 신간회는 '전체대회 대행 제3회 중앙집행위원회'를 열어 김병로를 중앙집행위원장으로 선출하고 40명의 중앙집행위원을 선임했다.[119]

연구』, 51, 2009, 328쪽.

117 김병로와 송진우의 관계에 대해서는 다음 참조. 윤덕영, 앞의 책, 94~95쪽.

118 강만길·성대경 엮음, 『한국사회주의 운동 인명사전』, 창작과비평사, 1996, 374쪽.

119 『동아일보』 1930. 11. 11; 『조선일보』 1930. 11. 11.

16일에는 중앙검사위원회를 개최해 양봉근(楊奉根)을 중앙검사위원장에, 유진태(俞鎭泰)와 현동완(玄東完)을 중앙상무검사위원으로 선임했다.[120] 19일에는 제4회 중앙집행위원회를 개최하고, 서기장 겸 서무부장에 김항규(金恒圭), 회계 겸 재무부장에 김용기(金容起), 조사부장에 이항발, 조직부장에 서정희(徐廷禧), 출판부장에 백관수(白寬洙), 중앙상무집행위원에 이항발, 이관구(李寬求), 서정희, 백관수, 김상규(金商圭), 한병락을 선임했다.[121] 신문에는 이주연도 중앙상무집행위원으로 선임되었다고 보도되었다.[122] 일제 관헌 자료는 김병로 이하 대부분이 온건파(합법파)라고 파악했다.[123] 그런데 이런 파악이 제대로 된 것인가? 실제 그러했는가?

신임 중앙 집행부에서 민족주의 세력은 동아일보 주도 세력과 가까운 김병로와 백관수, 홍업구락부계의 이관구, 물산장려회의 김용기, 민흥회 출신의 민족주의자 김항규와 김상규 등이다. 사회주의 세력은 '합법운동파' 또는 '좌익 사회민주주의자'에 속하는 이항발, 서정희, 여기에 단천 지역 사회주의 운동을 이끌던 이주연, 정평 지역 사회주의자로서 '조선공산당조직준비위원회'에 가담했던 한병락 등이 있었다. 한병락은 당 재건 야체이카 소속으로 1930년 2월 일제 경찰에 체포되어 검사국에 송치되었으나, 증거불충분으로 4월 30일 석방되었다.[124] 그 후에도 조선농민총동맹과 신간회 본부에서 계속 활동하였는데, 11월 전체대회 대행 중앙집행위원회에서 이주연 등과 함께 주도적으로 활

120 『동아일보』, 1930. 11. 19; 『조선일보』, 1930. 11. 20.

121 경기도 경찰부, 『治安狀況』, 1931. 박경식 편, 『조선문제자료총서』 6권, 319쪽.

122 『조선일보』, 1930. 11. 21.

123 경기도 경찰부, 『治安狀況』, 1931. 박경식 편, 『조선문제자료총서』 6권, 314쪽.

124 『조선일보』, 1930. 5. 2.

동했다.

　1930년 11월 전체대회 대행 중앙집행위원회에서 선출된 신간회 김병로 중앙집행부는 허헌 중앙집행부와 비교할 때 사실 그 인적 구성과 조직 성격에서 큰 차이가 없었다. 민족주의자들이 주도권을 갖고 있었지만, 일부 사회주의자들도 적극 참여했다. 그들 중에는 '합법운동파' 내지 '좌익 사회민주주의자'라 불리는 인물들도 있었고, 당 재건운동과 혁명적 농민 노동운동에 참여하던 공산주의자들도 있었다. 그러나 이들 사회주의자들 사이에는 합법적 정치운동의 필요성과 중요성에 대한 공감대가 있었다. 때문에 인적 구성과 조직 성격, 활동 양상에서 허헌 중앙집행부는 비타협파이고 김병로 중앙집행부는 타협파라는 주장은 성립할 수 없다. 허헌 중앙집행부 때나 김병로 중앙집행부 때나 거의 비슷한 수준에서 사회주의 세력 내의 '합법운동파'가 민족주의 세력과 협력하여 중앙집행부의 방향을 이끌고 있었다. 1930년 김병로 집행부 체제의 신간회는 실제 활동 양상에서 일제의 강력한 탄압 때문에 위축되고 일제와 직접적 대결을 자제하기는 했지만, 합법운동과 온건노선에만 매몰된 것은 아니었다. 민중대회 사건 때문에 허헌 중앙집행부의 투쟁성이 과도하게 평가되고 있지만, 앞서 언급한 바와 같이 그 사건조차 본부 지도부의 기본적인 활동 방식 범위 내에 있었다.

　김병로 중앙집행부가 허헌 중앙집행부 때와 차이가 있다면 민족주의자들 중에서 천도교 신파에 적극 반대하던 이종린 등 천도교 구파의 일부 인물과 그들과 가까운 인물들이 상임간부에서 배제되었다는 점이다. 천도교 구파의 이종린은 1930년 4월 12일 개최된 신간회 경성지회 임시대회에서 구속된 조병옥의 뒤를 이어 집행위원장에 선임된다.[125] 이후 신간회 경성지회는 천도교 신파

125　『조선일보』 1930. 4. 14.

와 대립하던 천도교 구파 세력의 근거지가 된다.

당시 천도교 신파와 구파는 1930년 10월 16일과 11월 11일, 수뇌부의 비공식 회합을 거쳐 합동준비위원회를 구성했다. 이후 절충을 거쳐 12월 23일, 신·구파의 합동대회를 개최해 전격 합동을 결의했다. 1931년 2월 16일에는 신파의 천도교청년당과 구파의 천도교청년동맹이 합동하여 천도교청우당을 결성했다.[126] 천도교 신파는 합동을 통해 본래 신간회를 대신하여 민족적 중심단체로서 자신들의 천도교청년당과 그들을 뒤이은 천도교청우당을 위치지우려는 노선을 천도교 전반에 관철시켰다. 한편 이런 합동은 구파 입장에서도 필연적인 것이었다. 신파가 대폭 양보했을 뿐만 아니라, 당시가 신파에 대항하기 위해 자신들이 협동의 대상으로 선정했던 공산주의 세력들이 자신들과 협동하기보다는 고립화 전술, 타격 전술을 통해 자신들을 공격해 들어오는 상황이었기 때문이었다.[127]

신구교 통합 과정에서 신간회 경성지회장 이종린의 천도교 내의 영향력은 확실히 약화되었다. 이종린과 그의 세력들은 자신들이 소외된 이런 합동에 반대하고 있었다. 그리고 이전에도 그러했던 것처럼 그들은 교단 내의 위상 약화를 외부 활동으로 만회하려 했다.[128] 그들은 경성지회를 근거로 신간회 본부에 대한 공격을 강화했다. 신간회 경성지회는 12월 15일 집행위원회를 열고, 신간회 전체대회 대행 중앙집행위원회에서의 중앙간부 선임을 부인하는 결의문을

---

126 이런 합동이 가능했던 것은 최린과 천도교 신파가 압도적 교세의 차이에도 불구하고 대폭 양보하여 교직을 신·구 양파에 균분하자는 조건을 제시하고 박인호(朴寅浩)의 승통기념일을 천도교의 기념일로 하는 것을 받아들였기 때문이었다. 성주현, 앞의 책, 194~195쪽.

127 조규태, 「신간회 경성지회의 조직과 활동」, 『국사관논총』 89, 2000, 255쪽.

128 성주현, 앞의 책, 194~195쪽; 윤덕영, 앞의 책, 416~419쪽.

채택했다.[129] 그런데 그 이유가 박문희의 중앙집행위원 재선임이었다. 1930년 상반기의 일을 다시 끄집어낸 것이다.

박문희를 둘러싼 논란은 더 확대되었다. 신간회 경성지회는 1월 9일 회의를 열고 신간회 중앙집행위원장 김병로와 조사부장 이항발을 제명하였고, 서정희는 무기 정권에 처할 것을 결의했다.[130] 박문희 건을 매개로 신간회 본부 자체를 부정한 것이다. 경성지회는 각계와 언론사에 통의문을 보냈는데, 통의문에서는 '박문희 반동 사건'이라는 제목하에 박문희가 자치운동에 가담하여 ① 지방 친우들에게 서한을 보내 그 운동을 권유했으며,② 자치운동 논문을 써가지고 모 잡지사에 보냈으며,③ 문제의 모씨를 중심으로 자치단체 조직을 획책했다고 주장했다.[131]

박문희는 이에 대하여 ① 지방 친지에게 그 운동에 대한 의견을 교시하여 달라는 의미의 서한을 보낸 것이며,② 계급적 운동자의 입장으로 그것을 어떻게 이용할 것이냐의 논문을 모 잡지사에 보냈으며,③ 모씨를 만나 그에 대한 의견을 들어본 것과 재경 사회운동자를 회합하여 그에 대한 의견을 교환하려 했다는 말을 한 것은 인정하나, 조직을 결성하려 한 것은 절대 아니라고 부인했다.[132]

윤효정이 이미 지적한 바와 같이,[133] 박문희가 최린 등이 주도한 자치운동에 가담하지 않았던 것, 그리고 박문희의 주장이 신간회 본부와는 교감하지

---

129 『조선일보』1930. 12. 20.

130 『동아일보』1931. 1. 12, 『조선일보』1931. 1. 12.

131 『조선일보』1931. 1. 19.

132 『조선일보』1931. 1. 21.

133 윤효정, 앞의 박사학위논문, 2017, 190~191쪽.

않은 개인 생각으로, 통일 조선공산당 시기의 자치운동 구상과도 같은 맥락에 있다는 것은 분명하다. 특히 1930년 중반은 사이토 총독과 총독부 관료들의 식민지 자치의회 구상이 좌절되고 지방행정 제도 개선으로 귀결되면서 조선에서 자치제 실시가 물 건너갔음이 확정된 시기였고, 이에 따라 합법적 정치운동을 추진했던 동아일보 계열 등 민족주의 세력들조차 자치제 실시에 대한 기대를 버리고 총독부를 비판하던 시점이었다.[134] 이런 시점에 신간회 본부가 자치운동에 가담하려 했다는 근거 자체가 성립하기 어렵다. 또한 박문희의 주장을 보아도 그가 자치운동을 하려고 했다기보다는 합법적 정치공간을 이용해야 하고, 민족 당면 이익을 위한 협동전선을 재조직할 필요가 있기 때문에 농민대중에게 영향력이 큰 천도교청년당과의 제휴하기 위해 천도교청년당을 장악하고 있는 천도교 신파와 접촉한 것으로 보인다.[135]

박문희 사건은 이미 1930년 7월 이전에 있었던 일이었다. 그때는 크게 문제가 되지도 않았다. 그런데 1930년 말에 들어가자 다시 끄집어내졌다. 그 총대를

---

134 자세한 것은 다음 참조. 윤덕영, 앞의 책, 394~403쪽.

135 김경재는 박문희가 "신간회 운동에 헌신하였으며 그 후 신간회 해소 당시에 이르기까지 그는 언제나 실제 운동선에서 잠시도 떠나지를 않았다. 그만큼 그는 객관적 정세에 뒤지지 않았고 그의 이데올로기가 발전하야온 것"이라고 평가하면서, "신간회 해소 당시를 전후하야 박문희 군은 최린 씨와 공모하고 자치운동을 책동한다 하여 세간에 풍문이"이 있었는데, "박군이 최씨와 수삼 회 만났던 것은 사실이나, 그런 정치적 의미의 회합이 아니였던 것"이라고 판단했다. 그는 박문희가 "남의 말을 너무 무비판적으로 받아드리는 경향이 있어 도리어 이편의 호의가 저편으로 하여금 악선전의 재료로 제공하는 일이 간간히 있으니 그는 인간된 것이 너무 도에 넘치는 호인인 까닭"이라면서 "경성은 정치도시인 만큼 경성의 운동자에게는 진실성이 적다. 시골에 있어서는 현인군자도 남의 구설이란 꿈에도 모르는 사람도 경성에 와서 있으면 여러 가지의 험구가 나고 이간과 중상에 빠져서 나갈 길을 모르고 허덕이고 있다"고 하여 박문희에 대한 세평을 비판했다. 김경재, 「장자풍의 박문희씨」, 『삼천리』 4-8, 1932.

맨 것은 이종린이 회장으로 있는 신간회 경성지회였다. 신간회 해소 시기 신간회 본부와 경성지회의 대립은 단순히 민족주의 세력과 사회주의 세력의 대립으로만 보아서는 결코 안 된다. 또한 신간회 중앙의 '합법운동파' 사회주의 세력과 경성지회의 '계급운동파' 사회주의 세력 간의 대립만도 아니었다. 신간회 중앙에서 밀려난 천도교 구파의 이종린과 그와 연관된 세력들의 신간회 중앙에 대한 공격도 주된 요소 중 하나였다. 또한 이종린을 "배타적, 분열적, 고립적, 종교적, 소아병적 의식"을 갖고 신간회 외연 확대를 반대한 인물로, 투쟁회피론과 준비론의 대표자로 비판하던 좌익 사회민주주의 합법운동파들에 대한 이종린 측의 반격이기도 했다.

그런데 이런 활동은 당시 신간회 해소를 추진하던 사회주의 세력들의 행동에 영합한 것이기도 했다. 1930년 12월 6일, 신간회 부산지회에서 신간회 해소가 제기되었다. 부산지회의 해소 제기는 결의로까지 이어지지 않고 보류되었지만 해소 논쟁의 도화선이 되었다. 12월 14일, 신간회 이원지회에서 신간회 해소가 처음으로 가결되었다. 모두 사회주의자들이 주도한 것이었다. 이로써 신간회 해소론도 공론의 장에 나오게 되었다. 경성지회는 이런 상황을 이용했다. 경성지회는 부산지회와 이원지회에서 신간회 해소 문제를 제기하자마자 기다렸다는 듯이 움직였다. 잠들어 있던 박문희 건을 다시 끄집어냈다. 그리고 신간회 중앙간부를 제명하면서 판을 키웠다. 이에 앞장섰던 경성지회와 그에 연결된 민족주의 세력들은 신간회를 해소하려는 의도는 없었을 것이다. 해소론 제기에 편승해서 현재의 신간회 중앙간부들을 부정하고, 새롭게 신간회 중앙간부진이 구성되면서 자신들이 복귀하는 것을 노렸을 것이다. 그들은 자신들의 행동이 신간회 중앙에 다시 진출하게 하는 것이 아니라 신간회 자체를 아예 없애버리는 데 크게 일조하게 된다는 것을 아마 예측하지 못했을 것이다.

신간회 해소를 추진하는 사회주의자들 입장에서 이런 상황은 환영할 만한 것이었다. 해소의 명분이 될 뿐만 아니라 해소 운동의 추진 동력으로 이용할 수도 있기 때문이다. 이에 그들도 뒤늦게 적극적으로 박문희의 행적을 문제 삼았다. 신간회 해소는 어느 한 측면으로만 단순하게 파악될 것이 아니다.

2) 조선청년총동맹 중앙집행부의 성격과 해소론의 대두

이제 청총의 중앙집행부에 대해 살펴보자. 신간회와 달리 청총의 해소는 당 재건운동 그룹 사이에서는 이미 1929년부터 논의되고 있었다. 이에 대해 이애숙은 '모스크바 그룹'과 ML계 공청 그룹 등의 사례를 고찰하면서 "1929년 초에 이미 공산주의자 그룹은 공청의 표현 기관으로서의 청총 역할을 부정했다. 하반기 무렵에는 청총을 소부르주아 청년 대중단체로 규정했다. 그들은 노농 청년의 대중적 결성과 훈련, 노농청년을 통한 노농운동 강화와 청년운동에서의 노동계급 영도권의 관철을 청년운동의 당면 과제로 설정했다. 이는 노농청년을 노농조 청년부로 집중시키고, 청총 안에 혁명적 반대파를 결성하려는 조직 방침으로 구체화되었다"라고 했다. 또한 혁명적 농민·노동운동에서의 청년부 설치 사례를 살펴보면서 "1929년 하반기~1930년 전반기 노농조 청년부는 청총·청맹 안의 혁명적 반대파 결성 구상과 맞물려 있었으며, 청총·청맹으로부터의 조직적 분립 형태로 나타난 것은 아니었다"라고 정리했다.[136]

필자도 대체로 이 견해에 동의한다. 청년동맹과 그 연합체로서 청총에 대한 당 재건운동자들의 평가는 소부르주아 청년 대중단체로 절하되었고, 농민조합과 노동조합 내부에 청년부를 설립하여 이를 대체하려 했다. 그렇지만 1930년 전반기에는 아직 청총의 해소 주장까지는 이르지 않았다. 현실적으로 혁명적 농노조를 새롭게 만드는 것이나 기존의 합법적 농노조를 혁명적 농노

---

136 이애숙, 앞의 글, 1995, 375쪽.

조로 개편하는 것도 쉽지 않은 일이었다. 또한 그 내부에 청년부를 설립하는 것은 더 어려운 작업이었다.[137] 이렇게 혁명적 농노조와 그 산하에 청년부도 제대로 만들어지지 않은 상태에서 청총 해소를 언급한다는 것은 어불성설이기 때문이다.

1929년 말 1,433개 단체, 회원 총수 81,582명이던 청년단체는 1930년 말 1,509개로 증가했다. 1929년 말 청총에 가맹한 청년단체는 203단체, 회원 총수 20,782명이었다. 1931년 2월 청총의 가맹단체는 147단체, 31,732명이었다. 1930년을 거치면서 가맹단체는 가맹단체 정리사업의 결과로 1929년보다 줄어들었지만, 회원 수는 50%, 1만여 명이 증가했다. 청총 가맹단체 중 135단체, 92%가 청년동맹 형태였고, 평균 맹원수도 크게 증가했다.[138] 이런 증가세에도 불구하고 청총 중앙의 활동은 일제의 집회 금지로 제대로 이루어지지 않았다.

이런 상황에서 함북 경성청년동맹의 발의로 '전국 부군청년동맹대표회의'가 발의되었다. 1930년 3월 20일 개최 예정이었지만, 개최 주관을 맡은 함북도연맹의 준비 부족과 일제의 집회 금지로 대회 개최가 연기되었다.[139] 대회 소집에는 17개 지역 동맹이 동의했다.[140] 청총 중앙은 4월 6일 중앙집행위원 간담회를 열어 앞서 살펴본 바와 같이 김재한을 집행위원장 대리로 신임 집행부를 선임했다. 그리고 함북도연맹과 협의하여 '전국 부군청년동맹대표회의'를 청총이 인수하여 소집하기로 결정했다. 이에 7개 동맹 이상 있는 도는 4명, 그 밖의

137 지수걸, 『일제하 농민조합운동 연구—1930년대 혁명적 농민조합운동』, 역사비평사, 1993, 153~158쪽.

138 박철하, 『청년운동』, 독립기념관 한국독립운동사연구소, 2009, 106~107쪽.

139 『조선일보』 1930. 2. 24; 『동아일보』 1930. 2. 24.

140 『조선일보』 1930. 3. 27.

도는 2명씩 준비위원 선임을 각도연맹에 위임했다.[141]

1930년 5월 25일에는 부군청년동맹대표회의 준비위원회가 개최 예정되었다. 각도연맹에서는 준비위원을 선임하여 경성으로 파견했지만, 일제 경찰이 청총 중앙집행위원 박호진, 윤형식, 박두언 등을 구금하고 지방대표에 퇴거령을 내리면서 회의가 무산된다.[142] 이후에도 청총 중앙과 부군청년동맹대표회의 준비위원회 활동은 계속 금지되었다. 기존 일부 연구들은 청총 중앙이 '전국 부군청년동맹대표회의'를 반대한 것으로, 부군청년동맹회의를 의도적으로 열지 않고 자신의 뜻대로 중앙간부 인원을 개편한 것으로 보고 있는데, 이는 사실과 다르다. 일제의 탄압으로 회의 소집 자체가 불가능했다. 이는 중앙간부 개편에 반대하는 세력들 모두 공히 인지하는 바였다.

이런 가운데 1930년 10월 20일, 청총은 제3회 중앙집행위원회 임시집행위원 간담회를 열고 중앙집행위원을 개선했다. 전형위원으로 김재한, 윤형식, 임윤재, 박제영, 심치녕(沈致寧)을 선임하고 신 중앙간부를 선임하기로 결정했다.[143] 회의 결과 김재한, 추병한, 심치녕이 중앙집행위원 개선 전까지 임시 사무를 집행하기로 했다. 일제 관헌 기록에 따르면 김재한, 윤형식, 임윤재, 추병환은 '합법파'이고, 박제영과 심치녕은 '반대파'였다.[144] 이후 '합법운동파'인 김재한, 윤형식, 임윤재, 추병한 등이 각도를 나누어 지방을 순회하면서 인선을 협의했다. 11월 21일에는 윤형식을 중앙집행위원장에, 김약천과 추병환을 상무서기에 선임하여 발표했다. 중앙집행위원으로 김기태(金基泰), 김장열(金章烈),

---

141 『조선일보』 1930. 4. 8.

142 『조선일보』 1930. 5. 27; 5. 29.

143 『조선일보』 1930. 10. 23; 『동아일보』 1930. 10. 22.

144 京城 鍾路警察署長, 京鍾警高秘 제15256호, 「[朝鮮青年總同盟] 集會取締 狀況報告」, 1930년 10월 21일. 국사편찬위원회 한국사데이터베이스, http://db.history.go.kr/id/had_146_0810.

김재한, 김정옥(金貞玉), 김창식(金昌湜), 김창윤(金昌允), 김태수(金台洙), 김학호(金鶴浩), 박광수(朴光秀), 박재두(朴載斗), 백남철(白南哲), 서재익(徐在益), 심치녕, 윤성우(尹星宇), 윤영철(尹永轍), 이몽웅(李夢雄), 장선명(張善明), 정규찬(丁奎燦), 정윤시(鄭允時), 진상용(陳相庸)을 선임했다. 후보위원으로 김두환(金斗煥), 박청수(朴淸壽), 부건(夫健), 윤평(尹平), 조충구(趙忠九)를 선임했다. 중앙검사위원에는 이주철(李柱轍), 박제영, 윤귀영(尹貴英)을, 후보위원에 정학현(鄭學鉉), 정형순(鄭亨淳)을 선임 발표했다.[145]

12월 6일 제4회 중앙집행위원 간담회에서는 조직부 김창윤, 교양부 윤형식, 조산부 김약천, 여자부 김정옥, 체육부 추병환, 소년부 심치녕으로 상무집행위원을 선임했다.[146] 윤형식 집행위원장은 각군 동맹을 해소하고 이를 지부로 변경하여 본부에 직속시키는 조직제 변경안을 제안하였으나, 논란이 되어 결론 없이 산회했다. 당시 간담회에서 발표한 6개 정책은 다음과 같다.[147]

1. 청총은 '맑시스트'의 독자적 조직이 아닌 것과 합법적 대중적 조직체인 것을 명확히 인식하여야 할 것이다.
1. 청총을 고립 분권의 조직에서 통일적인 단일 조직으로 그 조직체를 변경하여야 할 것이다.
1. 청총은 현 단계의 기본적 투쟁을 취행(取行)할 수 있는 광범한 층의 절일적(絶一的) 결합을 기(期)하는 동시에 조선 청년 대중의 일상생활의 공통되는 경제적 사회적 화익(和益)의 획득을 위한 투쟁 과정에서 민족적 협광(協纊)적 투쟁을 광대

---

145 『조선일보』 1930. 11. 22; 『동아일보』 1930. 11. 23.
146 『조선일보』 1930. 12. 7.
147 『조선일보』 1930. 12. 14.

(廣大) 강화시켜야 할 것이다.

1. 청총이 대중적 합법적 조직이니 만큼 과거와 같은 청총으로 하여금 계급적 전위적 조직을 산출케 하는 전제적 활동을 기(期)하는 단체주의적 경향을 깨끗이 청산하여야 할 것이다.

1. 청총은 조선 청년 대중의 교육적 임무와 청년으로서의 모든 투쟁은 민족적으로 통일을 기(期)하여야 할 것

1. 청총은 조선 청년 대중의 의의(意義)적 훈련과 과학적 교육을 기(期)하여야 할 것이다.

윤형식 집행위원장 등 청총 지도부가 추진한 청총의 이런 정책 변화는 「현 단계의 조선」에서 주장했던 합법운동론과 민족당론에서 더 우측으로 나아간 것이었다. 청총은 공공연히 언급되지는 않았지만, 1927년 청년동맹으로 지역 조직을 개편하면서 암묵적으로 마르크스주의 사상적 기반하에 있었다. 또한 조선공산당이나 고려공산청년동맹의 대중단체로서의 역할도 종종 수행했다. 청총의 신방침은 이런 틀을 깨버리겠다는 것이었다.

이해가 안 되는 것은 아니다. 1929년 말 기준 전국의 청년단체 중 청총에 소속된 단체는 14% 정도였고, 회원 수는 25%정도였다.[148] 1930년 들어 청총의 회원 수가 급증했지만, 여전히 상당수의 청년단체와 청년들이 청총 밖에 있었다. 이 청년단체들은 종교계와 생활 개선을 표방하는 개량적 청년단체, 그리고 관제 청년단체들이었다. 종교계와 개량적 청년단체들을 포괄하기 위해서는 이 념적 색체를 지우는 것이 필요했다. 그리고 대중적 합법적인 성격을 강조하고, 일상생활에 관련된 투쟁을 통해 광범한 대중이 참여할 수 있도록 외연을 확대

---

148   이애숙, 앞의 글, 1995, 371쪽.

하고자 했다.

그런데 마르크스 조직임을 포기하고 합법적인 대중조직임을 강조하면서 계급적 전위적 조직과 관련한 경향을 청산한다는 이런 주장은, 당시 공산주의 운동가들에게는 받아들일 수 없는 충격적 주장이었다. 그들은 마르크스레닌주의의 기반하에서 프롤레타리아 헤게모니와 공산당 지도를 당연하게 여기고 있었기 때문이다. 특히 코민테른 6회 대회와 「12월 테제」 방침 이후 좌경화하던 조선의 공산주의자들에게 이러한 청총 신임 집행부의 주장은 참을 수 없는 가히 반동적인 주장으로 받아들여졌다. 더구나 지역의 청맹 조직을 해소하고 이를 중앙에 직속되는 지부로 개편하겠다는 것은 변화된 노선을 각 지역에도 관철시키겠다는 뜻으로 여겨졌다. 당연히 공산주의자들의 영향력이 큰 각 지역의 청맹과 도연맹을 중심으로 청총 중앙의 정책 전환에 항의하는 결의와 성명서, 중앙간부 불신임 주장이 줄을 이었다. 논란이 되자, 윤형식 집행위원장과 상무서기 김약천과 추병환, 중앙집행위원 김재한이 사직원을 제출했다.[149]

청총 집행부의 개편과 신임 집행부의 섣부른 정책 전환은 지역 청맹과 도연맹들의 즉각적이고 폭넓은 반발을 불러일으켰다. 그리고 그 반발은 이제 청총의 존립 여부로, 해소운동으로 확산된다. 당시 조선공산당 재조직 준비위원회에서 활동했고, 농총 중앙간부이기도 했던 한병락은 조선일보 1931년 신년호에서 "비계급적 청년동맹의 해소와 조합 청년부로의 편입"을 공개적으로 주장했다.[150] 청총 해소 주장이 공론의 장에 나오게 되었다.

이런 흐름과 맞물려 사회주의 비합법 그룹들에서도 신간회와 청총에 대한 해소 방침이 보다 구체화되기 시작했다. 비록 조직적으로 크게 활동을 못했지

---

149 京畿道警察部, 『治安狀況』 1931. 박경식 편, 앞의 책, 435쪽; 『조선일보』 1930. 12. 18.

150 『조선일보』 1931. 3. 1.

만, 1930년 11월 경성에서 서울 상해파 출신의 이운혁(李雲赫)이 조직한 '조선공산당재건설정리위원회' 그룹이[151] 작성한 「민족해방협동전선에 관한 테제」에서는 "민족해방협동전선은 ×××의 당면 반제반봉건 슬로간과 행동강령 아래 대중적 참가에 의해 신간회 기타 내부에 두는 것이 아니라, 그 외부에 공동위원회, '노동운동협의회', '농민운동협의회', '청년운동협의회' 등의 조직으로 설치하는 것이 적당하다고 보이며, 더불어 일시적 조직을 시기에 따라 형성해야 한다"고 주장했다. 신간회에 대해서는 해소(해체, 소멸)하는 것이 근본 정책이라고 하면서, 신간회 본부와 각 지부를 내부에서 분해하는 투쟁을 통해 대중을 획득하고, 노동자 농민 대중은 조합에 참가시켜야 한다고 했다. 또한 노동청년과 농민청년은 노동조합과 농민조합 청년부를 결성하여 견인하고, 조선청총은 최근 동요하는 소부르주아 지식청년들로 만원을 이루어 개량주의적으로 나아갔고, 청총 본부는 공민권 획득 운동의 본영이 되었기 때문에 노농청년들이 참가하여 결국 해소시켜야 한다고 주장했다.[152] 11월 19일 이운혁, 오성세, 송동호와의 2차 회합에서는 "신간회, 근우회, 노총, 농총, 형평사 등 각 단체를 해소하여 산업별 직업조합으로 조직하여 확대 강화한다"고 결정했다.[153]

김단야가 지도한 '조선공산당 조직준비위원회'와 그 후속인 콤뮤니스트 그룹의 경우, 최규진은 이들 조직이 신간회에 대한 구체적인 전술 계획을 수립하지 못했다고 보면서, '좌익 반대파' 전술을 적용하려 했을 것으로 보았다. 태평양노동조합 계열도 구체적인 계획이 없었던 것으로 파악했다.[154] 반면에 이

151 　이운혁 그룹에 대해서는 다음 참조. 이균영, 앞의 책, 452~456쪽.

152 　梶村秀樹·姜德相 共編, 『現代史資料』 29, 朝鮮 5, みすず書房, 1972, 312~314쪽.

153 　위의 책, 299쪽.

154 　최규진, 앞의 글, 1997, 291~295쪽.

애숙은 이들 그룹과 연결된 경성, 인천, 평양 등지의 신간회 지회 활동을 분석하여 이들 그룹이 해소에 적극적으로 관여했다고 보았다.[155] 윤효정은 태로계 활동가들은 신간회를 시종일관 일제와의 투쟁을 회피하는 개량주의 지도노선 하에 있는 단체이자 '대중 없는' 대중단체로 파악해서 무관심하다가, 해소론이 제기된 이후부터 적극 개입하기 시작했다고 파악했다.[156] 당 재건운동을 전개하던 공산주의 각 그룹의 신간회 및 청총 해소와 관련한 정책 및 방침, 활동에 대해서는 아직 확실하지는 않다.

3) 사회주의 세력 내의 반해소론과 사람들

신간회 해소에 대해 사회주의 세력들이 찬성했고, 민족주의 세력들이 반대했다는 구도가 일반적으로 통용되었다. 그렇지만 민족주의 세력 중에서 천도교 신파를 제외하고라도 명제세(明濟世)와 같이[157] 신간회 해소에 찬성하는 사람들도 여럿 있었다. 앞서 살펴보았듯이 경성지회를 중심으로 한 민족주의 세력들과 같이 해소운동에 편승해서 신간회 중앙간부들을 부정하다가, 정작 신간회 해소가 구체화되자 이에 반대하는 사람들도 있었다. 또한 사회주의 세력 중에서도 신간회 해소에 반대하는 사람들이 적지 않았다. 신간회 해소를 사회주의와 민족주의로 구분하여 평가하는 것은 신간회 해소를 둘러싼 당시의 복잡한 지형을 제대로 이해하지 못하게 할 뿐 아니라, 사회주의 세력 내의 다양한 경향을 간과하는 문제를 낳게 한다.

---

155 이애숙, 앞의 글, 1994, 63~65쪽.

156 윤효정, 앞의 글, 2020, 114~124쪽.

157 명제세, 「조선 운동은 협동乎 대립乎, 신간회 '해소운동' 비판—無사업이면 해체도 무망」, 『삼천리』 12, 1931.

이 책에서는 신간회 해소에 반대하는 사람들 중 공산주의 운동과 거리를 두고 좌익 사회민주주의자의 길을 걸었던 사람들의 주장을 살펴보도록 하겠다. 그들 중 1927년 말 1928년 초 '청산파' 논쟁에서 '12월당'의 일원으로 '청산파적 경향'의 주장을 했던[158] 홍양명의 신간회 해소 반대 주장과,[159] 그 외 김동수(金東秀)의 주장에[160] 대해서는 다른 연구들에서 이미 분석을 했기 때문에,[161] 기존 연구에서 제대로 분석하지 않은 사람들을 살펴보도록 하겠다.

신간회 내 '합법운동파'의 대표적 인물인 박문희도 현재의 신간회에 대해서는 비판적이었다. 그는 "신간회 자체가 투쟁을 통하여 구성되지 못하고, 대중의 토대 위에 서지 못하고, 구체적 행동강령과 현실적 투쟁 방침이 수립되지 못하였음으로, 창립 이후 4개 성상이 지난 오늘날까지 특별히 지적할 만한 하등의 소업(所業)이 없었다. 현 신간회 운동은 극히 부진한 상태에 함(陷)하야 이 현상대로 나아간다면 신간회는 해소를 주장하지 않더라도 자연 해소될 것이라고 관측"된다고 평가했다. 그는 현재 신간회 운동이 극히 부진한 상태에 있는 이유를 지방 순회의 경험을 바탕으로 언급한다. 우선 신간회 지회가 일제 경찰의 감시로 제대로 회의를 열거나 활동을 할 수 없어 별로 하는 사업이 없고, 농민조합이 신간회 지회의 역할을 다 담당하기도 한다고 파악한다. 또한 신간회 창립 전에는 농민조합이나 사상단체들이 계급의식 주입을 했었는데,

---

158 홍양명, 「조선 운동의 특질—번역주의의 극복과 특수조선의 인식」 (1)~(18), 『조선일보』 1928. 1. 1~1. 29.

159 홍양명, 「계급연맹의 역사적 제한성의 문제」, 『삼천리』 11, 1931, 17~18쪽.

160 김동수, 「해소론과 해소론 비판」 (1)~(9), 『조선일보』 1931. 1. 6~1. 14; 「각 사회단체 해소론— 그 발전 방향의 재음미」, 『혜성』 1-3, 1931.

161 김기승, 「언론에 나타난 신간회 해체 논쟁의 전개 과정」, 『신간회와 신간회 운동의 재조명』, 선인, 2018.

사상단체가 모두 해체되어 신간회로 모였지만 신간회 이름에서는 이런 교육이나 투쟁이 이루어지지 않아, 도리어 계급의식을 말살시키는 역효과가 나고 있다고 주장한다. 그리고 천도교청년당 등 신간회에 가입하지 않은 유력 방계조직이 존재하기 때문이라고 분석했다. 때문에 "막연한 강령과 형태를 가진 신간회로서는 협동전선의 역할을 완전히 수행할 수 없다"고 단정한다.[162]

이런 인식은 앞서 살펴본 위수춘 등이 진단한 신간회 인식과 거의 유사하다. 신간회가 노동자와 농민 등 대중을 흡수하지 못해 대중의 토대 위에 서 있지 못해 기초가 불안전하며, 천도교 신파의 천도교청년당을 흡수하기는커녕 신간회와 대립적 행동으로 나아가고 있다는 것이다. 그는 더 나아가 신간회가 노동자 농민대중을 계급의식으로 각성시키는 데 제대로 역할을 못하고 도리어 방해가 되고 있다고 진단한다.

박문희는 협동전선이 "[전략상] 노동자, 농민(빈농) 무산 시민의 합동당이 아니면 안 된다"고 주장한다. 그리고 "현 과정에 있어 민족적 협동전선은 무산계급 입장으로 보아 [전술상으로] 영원적이 아닐지라도 어느 과정까지 일시라도 민족의 당면 이익을 위하여 목표로 하고, 민족적 각 집단, 예를 들면 노총, 농총, 청총, 근우회, 신간회, 형평사, 천도교(청년당, 총동맹), 기독교청년회, 불교청년회, 시천교청년회, 상공협회, 수양동우회, 교육자회, 기자단, 변호사협회, 협동조합, 농민사, 학생회, 기타 반동적이 아닌 유력한 집단을 총 망라하야 협동전선을 재조직(협의 기관으로 유리하게 되면 더욱 좋고)하는 것이 좋을 것 같다"고 주장한다.[163] 박문희가 생각한 신간회의 재조직은 신간회를 각 사회단체 및 대중단체, 종교단체의 협의체 내지 연합체로 개편하자는 것이었다. 1930년 11월 신간회

---

162 박문희, 「전국적 해소와 시기」, 『삼천리』 11, 1931, 17~18쪽.

163 위의 글, 18쪽.

전체대회 대행 중앙집행위원회에서 개인가맹제로 되어 있는 신간회의 조직 규정을 단체가입이 가능하도록 허용하는 문제로 논쟁이 전개되었을 때, 그는 이에 찬성하면서 기독교 단체 등 제 종교 단체도 조직 내로 끌어들어야 한다고 주장했다.[164]

이런 박문희의 주장에서 특징적인 것은 첫째, 협동전선에 있어 노동자, 농민, 무산시민의 '합동당'이라는 당적 형태의 조직 형태를 여전히 고수하고 있는 점이다. 당시 공산주의자들 거의 전부가 코민테른의 지침에 따라 당적 형태의 협동전선을 부정하고 있는 상황에서, 여전히 당적 형태를 주장하고 있다. 박문희는 이에 대해 구체적으로 논의하지 않았지만, 아마도 위수춘이 주장하는 민족당 주장과 그 역할에서 큰 차이가 없었을 것이다. 곧 당면의 민족 형태를 이끌어가는 전위적 역할을 하는 당 형태의 협동전선이 존재해야 한다는 주장이다. 그리고 이는 앞서 언급하였듯이 당면 혁명에서 공산당의 필연성을 유보시키는, 사회민주주의적 단계론으로 연결될 수 있는 것이었다.

둘째, 각종 대중단체뿐만 아니라 천도교 신파의 천도교청년당, 시천교청년회를 포함하고, 부르주아 세력으로 구성된 상공협회 등 반동적이지 않은 유력한 집단을 총망라하여 민족적 협동전선을 결성해야 한다는 주장이다. 이는 당시 공산주의자들이 부르주아지와 부농의 혁명적 역할을 부정하는 것을 넘어 소부르주아지의 역할도 부정하고, 이들을 타격함으로써 노농 대중을 획득하기 위한 방침으로 협동전선의 목적을 규정하는 것과는 완전히 다른 태도이다. 공산주의자들의 통일전선은 그 범위와 내용이 더욱 더 좁아지고 좌편향하는데 반해, 박문희의 주장은 반대로 그 폭을 더욱 넓혀가고 있었다.

신간회가 해소된 후, 박문희의 태도는 바뀌어갔다. 그는 1932년 2월 집필하

---

164 김기림, 「신간회 전체대회, 대행 중앙집행위원회 광경」, 『삼천리』 11, 1931.

여 『삼천리』에 기고한 글에서, 세계 자본주의 경제가 심각한 위기의 단계로 계급대립이 첨예화되었으며, 조선 토착 부르주아지는 사회적 근거가 미약하여 식민주의와 타협하여 무산계급 운동과 대립하고 있다고 보았다. 또한 소부르주아지는 금융자본의 공세에 몰락하면서도 무산계급 운동의 대두를 견제하기 위해 토착 부르주아지에 합세하여 식민주의와 불가피하게 타협하고 개량주의 운동을 전개하고 있다고 파악했다. 때문에 무산계급은 식민주의, 토착 부르주아지, 의식화한 소부르주아지를 투쟁의 대상으로 삼고 있다고 분석했다. 그는 "이상과 같은 객관적 또는 주관적 조건하에서 민족협동전선인 신간회는 자체 내의 대중적 요구로서 정당한 해소의 과정을 하게 된 것"이라고 신간회 해소를 긍정적으로 평가했다. 그리고 "전 민족단체 재건 운운은 그들 의식적 소부르주아적 책동, 타협 반동적 소사(所事)가 아니면 일시적 인식착오에 불과"하다고 비판했다. 그는 재만동포 구제 활동도 "개량주의적 타협적 명예적 구제사업에 불과"하다고 혹평했다.[165] 신간회가 한계가 많아도 필요하다면서 해소를 반대하는 입장이었다가, 이제는 해소는 불가피했다는 입장으로 선회한 것이다.

이렇게 생각과 주장이 바뀌었음에도 그가 당 재건운동이나 혁명적 농민노동운동에 참여하는 것은 사실상 불가능했다. 사회주의 운동가들에게 개량주의자로 낙인 찍혀 있었기 때문에 그를 받아주거나 같이 운동하려 하는 조직이 없었을 것이다. 국내 현실 운동의 벽에 가로막힌 그는 해외 운동으로 눈을 돌린다. 1932년 8월 중국 난징으로 가서 매부 김원봉(金元鳳)과 동생 박차정(朴次貞)을 만났고, 김원봉이 추진한 조선혁명간부학교 설립에 참여한다. 당시 김원봉은 안광천이 주도한 레닌주의정치학교 운영에서 발을 빼고 있었다. 베이징에서 난징으로 운동 근거지를 옮겨, 중국국민당의 지원을 모색하는 상태였다.

---

165 박문희, 「조선 운동의 현단계」, 『삼천리』 4-4, 1932.

박원희는 국내로 일시 귀국해 동래 출신 청년들을 중심으로 조선혁명간부학교 1기 입교생 5명을 모집하고, 다시 출국해 합류했다. 1933년 다시 귀국하여 입교생 추가 모집 활동을 하다가 1기 졸업생 문길환, 김영배, 이무용과 함께 1934년 1월 일제 경찰에 체포되었다.[166] 3명은 석방되고 박문희만 송국되었다.[167] 6월 부산지방법원에서 징역 2년을 선고받았다.[168] 만기복역을 하고 1936년 6월 출옥했다. 이후 그는 사회운동에 거리를 두고 동아일보 동래지국을 경영했다. 그리고 해방 직후 한국민주당에 가담한다.

다음으로 신간회 중앙집행부 내 '합법운동파'의 대부인 서정희의 주장과 활동을 살펴보자. 서정희는 조선노동공제회 광주지회 집행위원장을 거쳐 조선노농총동맹 창립 시 중앙상무집행위원, 북풍회 집행위원을 역임했다. 1925년 12월 그는 '제1차 조선공산당 사건'으로 구속되어 신의주형무소에 수감되었다. 1926년 5월 15일 신병 때문에 보석으로 풀려났다.[169] '제1차 조선공산당 사건'의 예심결정을 앞두고 최종심문이 진행되면서 서정희는 1927년 3월 7일 보석이 취소되어 서대문형무소에 재수감되었다.[170] 그렇지만 1928년 2월 경성지방법원에서 조선공산당 가입과 활동에 대해 무죄판결을 받아 풀려났다.[171] 1928년 6월 그는 조선교육협회 총회에서 평의원으로 선출되었다.[172]

1929년 1월 개최된 신간회 경성지회 임시대회에서는 임시부의장으로 회의

---

166 『동아일보』, 1934. 1. 27; 『조선일보』, 1934. 1. 29.

167 『동아일보』, 1934. 3. 15.

168 『동아일보』, 1934. 6. 23.

169 『조선일보』, 1926. 5. 16.

170 『동아일보』, 1927. 3. 8.

171 『조선일보』, 1928. 2. 14.

172 『동아일보』, 1928. 6. 18.

를 진행했다.[173] 신간회 허헌 중앙집행부 시기인 1929년 11월, 신간회 중앙상무집행위원회에서 중앙집행위원회와 각 부문운동의 연락을 위해 신설한 연락부장에 선임되었다.[174] 1929년 12월 광주학생운동 지원을 위한 민중대회 사건으로 신간회 본부 임원들이 대거 구속될 때 같이 구금되기도 했으나, 그는 곧 풀려났다. 이후 재무부장 김병로 중심으로 임시 중앙집행부를 구성할 때 교육부장을 겸임했다.[175] 1930년 11월 신간회 전체대회 대행 중앙집행위원회에서 중앙집행위원에 선임되었고,[176] 이후 상무집행위원 및 조직부장에 선임되었다.[177]

신간회 부산지회와 이원지회에서 해소론이 제기되자, 서정희는 "해체론이라는 것이 너무도 조선의 현실을 무시한 일이 아닌가 생각"한다면서[178] 이를 비판했다. 조선일보의 1931년 1월 1일 신년담화에서 그는 신간회가 창립된 이래 하여야 할 역할을 수행하지 못한 것은 신간회 조직 자체가 너무 산만하였던 점에 있었다고 진단하면서, 앞으로 신간회의 조직 각 층을 구별하여 긴밀하게 규율적으로 편성해야 한다고 주장했다. 또한 내부에서 제기된 신간회 해소 문제에 대해 신간회의 역할 그것의 의미가 다하였다는 의미와 신간회가 현하 조선의 운동에서 부과될 만한 역할이 없다는 의미에서 제출된 것이라 평가하면서, 신간회가 자체의 역할을 제대로 수행하고, 노동운동과 농민운동의 토대 위에서 신간회 운동을 매진하는 것이 신간회에 부과된 과제라고 주장했다.[179]

---

173 『동아일보』 1929. 1. 21; 『조선일보』 1929. 1. 21~22.

174 『조선일보』 1929. 12. 3.

175 『조선일보』 1930. 1. 1.

176 『동아일보』 1930. 11. 10~11.

177 『조선일보』 1930. 11. 21.

178 『동아일보』 1930. 12. 18.

179 『조선일보』 1931. 1. 1.

『별건곤』 1931년 2월호의 '신간회 해소 가부론' 조사에서 서정희는 "신간회는 소부르주아적 정치운동의 민족주의 단체요 결코 계급투쟁의 사회주의 단체는 아니다. 조선의 정세로 보아서 어느 정도 어느 시대까지, 사회주의자가 민족주의자와 협동전선에 나서서 최고 이상을 도달하도록 상호 협력을 할 것은 물론이나 원래에 그 주의를 말살하거나 망각할 수는 없는 것"이라 하면서 어느 단계까지 사회주의자와 민족주의자의 협동전선이 필요하다고 주장했다. 그는 "외세의 불리로 그리 되었던지, 내재적 역량의 불급(不及)으로 그리 되었던지, 신간회가 큰 역할을 수행치 못한 것으로 사실이나, 신간회 자체가 해소론자 등의 운운함과 같이 농민운동이나 기타 각 부분 운동을 방해하거나 말살식힌 것"은 아니라고 비판한다. 그는 "일보를 양(讓)하야 해소를 용인한다 하야도 현하 조선의 정세에 있어서 그 이상의 더 좋은 단체를 산출할 수 있을" 것이냐를 반문하면서, "기왕 합동을 하였다면 그 내부의 조직을 현재보다 더 충실하고 힘있게 하고 각 부분으로 나아가서 노동운동이나 농민운동으로 적극적 진출을 하도록 하는 것이 당연할 것이오 그냥 맹목적으로 해소만 한다면 그보다 이상의 오류는 없을 줄로 안"다고 주장했다. 그는 "나는 어디까지 해소론을 부인하는 동시에 노동운동을 토대로 삼아 신간운동의 신 진로를 전개"할 것을 주장했다.[180] 그의 주장은 신간회보다 더 좋은 협동전선 조직을 만들 수 없기 때문에 맹목적 해소론은 오류이며, 현재의 조직을 개선하자는 지극히 현실론적 인식에 근거하고 있었다.

　그렇지만 서정희의 바람과는 달리 신간회 해소론은 더욱 확산되었다. 신간회 지도부는 중앙간부들을 각도에 파견하여 각 지회의 해소 움직임을 통제

180 　『별건곤』 37, 12쪽.

하려 했다. 서정희는 함경도로 파견되었고, 그는 함경도 각 지회를 순회했다.[181] 그는 한 달 반가량의 순회를 마치고 2월 27일에야 귀경했다.[182]

신간회가 해소된 후 1931년 7월 만보산 사건이 발생하고, 9월에 일제가 만주를 침략하면서 만주 문제가 큰 이슈가 되었다. 서정희는 만주조난동포위문협의회 조직에 참여하여[183] 서무 상무위원에 선임되었다.[184] 그는 위문사절단 대표로서 11월 5일 만주로 파견 가서, 12월 4일에야 귀국했다.[185] 그는 기행문을 잡지에 게재했고,[186] 이 운동에 대해 큰 기쁨과 감격을 느꼈다고 했다.[187] 그러나 구제금 처리에 대한 '조선일보 횡령 사건'과 서정희 관련설, 이를 기회로 한 협의회에 대한 사회주의 세력의 공격 등으로 그는 곤란을 겪기도 했다.[188] 한편 그는 1932년 1월 안재홍, 이종린, 조만식 등이 시도한 민족단체 재건운동 모의에 참여하기도 한다.[189] 잘 알려져 있다시피 이런 시도는 사회주의자들의 방해로 무산되고 만다.

그 후 서정희는 특별한 사회활동 없이 언론사들의 문답에 응하며 지냈다. 당시 그와 교류가 잦은 인물들로는 김병로, 이인, 여운형, 허헌, 홍명희, 유진태,

181 『조선일보』 1931. 1. 12.

182 『동아일보』 1931. 2. 28.

183 『동아일보』 1931. 10. 29; 『조선일보』 1931. 10. 29.

184 『동아일보』 1931. 10. 30; 『조선일보』 1931. 10. 30.

185 『조선일보』 1931. 12. 6.

186 서정희, 「재만 조난동포를 보고 와서」, 『삼천리』 4-1, 1932.

187 『조선일보』 1931. 1. 4.

188 자세한 것은 이성규, 『항일 노농운동의 선구자 서정희』 하, 지식산업사, 2006, 219~249쪽 참조.

189 朝鮮總督府警務局 編, 『最近に於ける朝鮮治安狀況』, 1936, 93쪽.

안재홍 등이 있었다고 한다.[190] 사회주의 운동가들과는 거리가 멀어졌고, 민족주의자들과의 교류가 많아졌다. 1935년 3월에 삼천리사에서 '조선 민족의 지도자 총람'이란 특집으로 11명의 필자들에게 자신들이 생각하는 조선 민족의 지도자 한 명씩을 선정하여 그 이유를 쓰도록 의뢰했다. 서정희는 필자로서 조선교육협회 회장을 역임했던 민족주의자 유진태를 추천했다. 그는 유진태가 '우리 사회의 유일의 구제사업가'라면서 민립대학 발기인과 조선일보 사장 등으로 활동이 많았다고 했다.[191] 이는 그가 민족주의자들과도 두루 가까웠다는 것을 보여주는 일면이라 하겠다. 그는 "교육, 산업, 문자 보급, 단체 조직 등"의 일이 필요하지만, 그중에서도 교육이 제일 중요하다면서 '교육제일주의'로 해야 한다고 주장했다.[192] 민중 계몽과 관련하여 교육 문제에 대한 그의 관심을 보여준다. 1930년대 후반에는 전라도 광주에서 작은 광산을 운영하기도 했다.[193] 1941년부터는 포천군 설운리로 낙향하여 지냈다. 그는 장남 서범석(徐範錫)과 사위 김경재의 일제 말 변절과 친일 행위에 큰 낙담을 하였다고 한다.[194] 서정희도 해방 직후 한국민주당에 가담한다.

1930년 12월 청총 중앙집행위원 간담회에서 청총의 조직개편을 제기하면서 해소 운동을 촉발한 윤형식 전 중앙집행위원장의 주장을 살펴보자. 그는 『삼천리』 1931년 2월호의 신간회 해소에 대한 설문조사에서 "신간회는 [투쟁]을 회피하는 소부르주아지가 지도적 지위에 서 있는 집단이니 만큼 노동자나

---

190   이성규, 앞의 책, 284쪽.

191   『삼천리』 7-3, 1935.

192   『삼천리』 8-2, 1936.

193   『삼천리』 9-5, 1937.

194   이성규, 앞의 책, 295~298쪽.

농민 대중은 신간회에 대하야 하등의 기대를 갖지 아니 하였다"고 비판한다. 때문에 "노농 대중은 자기의 [혁명]실천적 경험에서 또는 객관적 제 상세(狀勢)에 의하여 신간회를 해소하여야 하겠다고 하는 것은 필연적 역사적 사실이 아닌가 합니다"[195]라고 하여 노농 대중이 신간회 해소를 제기할 수밖에 없는 상황을 이해한다고 한다. 곧 신간회 중앙지도부가 투쟁을 회피하는 소부르주아지에 의해 장악되어 제대로 활동하지 못했기에 해소론이 제기되었다는 것이다.

그런데 신간회에 대한 그의 이런 비판적 인식은 당 재건운동자의 비판 관점이라기보다는, 앞서 살펴본 위수춘의 신간회 비판 인식과 거의 유사한 것이었다. 때문에 그의 신간회 비판 인식은 바로 해소론으로 연결되는 것이 아니었다. 그가 "해소에 대한 방법론이 아직 출현하지 아니하였으니 '신간회의 해소운동'에 대하야 거척(拒斥) 또는 긍정을 표명할 수 없습니다"라고 한 것도 이러한 맥락이다. 그는 아직 신간회의 개편 가능성을 염두에 두고 있었다. 이는 2달여 뒤 『삼천리』 14호의 '당면 이익의 획득 운동과 그 비판' 기획논설에 수록한 논설에서 여전히 부분적이고 일시적인 수단으로서의 당면 요구조건과 정치적 자유 문제를 제기한 것에서도 드러난다.[196]

그렇지만 이후 윤형식의 인식과 행로는 바뀐다. 앞서 살펴본 박문희와 서정희는 '합법운동파' 또는 좌익 사회민주주의자의 길을 걷다가, 공산주의와 절연하고 민족주의 세력과의 협력을 강화한다. 결국 해방 직후 한국민주당에 참가하게 된다. 이에 반해 윤형식은 '합법운동파' 또는 좌익 사회민주주의자에서 공산주의에 다시 접근하여, 공산주의자로서의 정체성을 유지하는 길을 걸었다. 합법운동에서도 완전히 후퇴하였고, 심지어 일본 무산정당에 대해서도 "소

---

195 윤형식, 「노동자 농민은 별무 기대」, 『삼천리』 12, 1931.

196 윤형식, 「부분적 요구에 대한 당면 임무」, 『삼천리』 14, 1931. 7쪽.

부르주이의 팟쇼화의 결정체"라고 부정적으로 평가했다.[197] 소련의 경제개발 5개년계획의 성과와 사회주의화 경제발전을 적극적으로 평가하는 논설을 발표하기도 한다.[198] 일제 말기 변절의 과정을 걷기도 했지만, 해방 직후에는 장안파 공산당 결성에 참여했다. 반박헌영 비주류이지만 조선공산당에서 활동하다가 1947년 월북한다.[199]

신간회 해소에 대한 각 지회의 태도에서 볼 때, 신간회 해소와 관련한 결의나 의사가 언론에 보도된 지회 중에는 반대를 표명하거나 입장을 보류한 지회도 적지 않았다. 윤효정의 조사에 따르면 총39지회 중에서 찬성 지회는 21개로 과반을 넘었다. 명백히 해소 반대를 표명한 지회는 6개, 보유하거나 연구부 설치를 결의한 지회는 11개, 미상 1개였다.[200] 반대하거나 보류한 지회들도 사회주의자들이 주도하는 지회가 다수였다.[201] 일본 (신)노농당 해소운동이 공산주의자 주도로 진행되었고, 「9월 테제」가 청총과 신간회 해소 문건으로 이해되는 당시 상황에서, 이에 반대하거나 유보하는 것은 결코 쉽지 않은 일이었다. 그럼에도 신간회 해소 유보나 반대가 적지 않게 있었다. 이들의 입장은 앞으로 더 면밀히 살펴봐야겠지만, 국제 노선에 추종하지 않는 다양한 경향의 사회주의자들이 전국적으로 존재하고 있었음을 보여주는 것이다.

1930년부터 1931년 사이 식민지 조선에서 '합법운동파', '좌익 사회민주주

---

197 「무산당, 정우회, 민정당 삼정당 중에 우리는 어느 정당에 관심을 가질 것인가」, 『삼천리』 4-5, 1932.

198 윤형식, 「쏘베트연방의 경제적 발전과 극동무역」 (1)~(8), 『조선일보』 1931. 10. 23~11. 5.

199 중앙일보 동서문제연구소 편, 『북한인명사전』, 중앙일보사, 1990, 256쪽; 강만길·성대경 엮음, 『한국 사회주의 운동 인명사전』, 창작과비평사, 1996, 312쪽.

200 윤효정, 앞의 글, 2020, 127쪽

201 이균영, 앞의 책, 322~337쪽, 504~522쪽.

의자'는 다양한 모습으로 나타났다. 이후의 행적에도 차이가 있었다. 그들은 그동안의 신간회가 소부르주아지 내지 민족주의 세력에 의해 주도되었으며, 분명한 강령과 목표 제시도 없었고, 별다른 투쟁 없이 조직 보존에만 급급해왔다는 사회주의 세력 일반의 신간회 비판에 동의한다. 때문에 해소론 제기 배경도 상당부분 공감한다. 그렇지만 그들은 현재의 시기가 혁명적 시기가 아니라 민족운동의 수세기라고 파악했다. 때문에 민족주의 세력과의 협력이 필요하고, 다양한 세력들을 포괄하고 운동의 대중적 저변을 확대해야 한다고 주장했다. 이를 위해 각계각층이 공감할 수 있는 부르주아민주주의와 그에 따른 각종 민주주의적 제반 권리, 민족적 불평등과 권리 차별 등을 현 민족혁명 단계의 주요 투쟁 목표이자 내용으로 주장했다. 당 재건운동자들이 소부르주아와 좌익 민족주의 세력에 대한 주요 타격, 빈농 중심의 농촌 정책으로 전환한 데 반해, 이들은 여전히 이전의 계급 정책과 민족통일전선 정책을 고수했다. 당적 형태의 통일전선 정책이 폐기된 지 2년여가 지났음에도 여전히 당적 형태의 협동전선, 곧 '민족당' 결성을 주장했다. 그리고 이를 민족운동의 전위 조직으로 발전시켜야 한다고 했다.

이런 좌익 사회민주주의자들의 주장은 당연히 코민테른과 공산주의 운동으로부터 배척받았다. 당 재건운동자들과 혁명적 농민·노동운동자들은 이들에 대해 개량주의자, 더 나아가 제국주의의 스파이라고 공격했다. 일본의 경우는 공산당을 제외하면 정당 결성의 자유가 있었기 때문에, 공산주의 운동에서 떨어져 나간 세력들이 자연히 합법적 무산정당, 사회민주주의 성향의 정당으로 결합해갔다. 반면 조선의 경우는 정치적 자유가 없었기 때문에 독자적 사회민주주의 세력으로 형성될 수 없었다. 신간회가 해소되면서 이들은 운동 일선에서 자연히 물러날 수밖에 없었다. 개별화되고 파편화되었다. 그렇게 잠재되어 있다가 해방 직후에 다시 나타나게 된다.

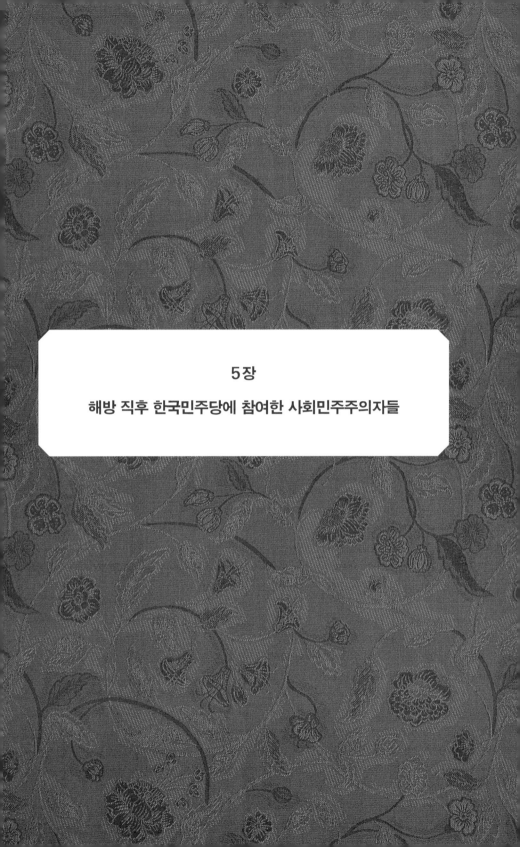

5장

해방 직후 한국민주당에 참여한 사회민주주의자들

이 장에서는 사회민주주의의 특징 중 하나인 진보적 정책과 반공주의가 공존하는 양상을 8·15해방 직후 한국민주당에 참여한 사회민주주의자들의 참여 과정과 활동 등을 통해 해명하려고 한다. 해방 직후인 1945년 9월, 광범한 우익 세력들을 망라하여 한민당이 결성되었다. 한민당에 대해서는 지주·자본가 정당, 민족운동의 역사성이 없는 친일 세력의 정당, 미군정의 이해를 대변하는 수동적 정당, 이승만을 지지하다가 버림받은 정치 세력 등으로 파악하는 경향이 아직도 남아 있다. 이런 인식은 한민당에 대한 연구가 그 전사를 이루는 일제하 민족주의 세력에 대한 연구에 비해 빈약하기 때문이었다. 한민당에 대한 본격적인 연구는 오래 전 심지연의 연구[01] 이래 제대로 이루어지지 않아 아주 적은 편이고, 그 역시도 일제하의 민족운동 조망 속에서 해방 후를 연결시켜 분석하지 못하고 있다.[02]

---

01 심지연, 『한국민주당연구』 I, 풀빛, 1982; 심지연, 『한국현대정당론—한국민주당연구』 II, 창작과비평사, 1984.

02 한민당에 대한 연구사 정리는 다음 참조. 윤덕영, 「1946년 전반 한국민주당의 재편과 우익정당 통합운동」, 『사학연구』 121, 2016, 316~320쪽.

2010년대 들어 필자는 일제하 동아일보 계열을 비롯한 민족주의 세력의 운동과 활동에 대한 분석을 바탕으로 한민당에 대한 일련의 연구를 통해 기존과 다른 해명을 했다. 한민당은 일제하 주요 민족운동 세력 중 동아일보 계열과 호남 지역 정치 세력이 주도하고, 기독교 계열 양대 세력 중 하나인 흥사단·수양동우회 계열 및 서북 지역 정치 세력이 다음으로 참가했으며, 또 다른 세력이었던 동지회·흥업구락부 계열 및 기호 지역 정치 세력의 일부도 가담하여 결성되었다. 그 밖에 경상도를 비롯한 각 지역의 민족주의 세력도 참여했다. 결성 당시 한민당(발기회 포함)과 자매단체인 국민대회준비회 부장급 이상 간부 36명 중 약 90% 이상이 민족운동 관련자들이었다.[03]

그런데 초기 한민당에는 원세훈(元世勳), 김약수(金若水), 유진희(兪鎭熙), 정노식, 서정희 등 일제하에서 사회주의 운동을 했던 인물들도 적잖이 가담했다. 이들은 공산주의를 반대한다는 점에서는 우익과 입장을 같이했다. 또한 해방 정국에서 좌우 대립 구도가 극명해지면서는 대부분 우익 영역에서 활동하고, 거의 남한 단정에 참여한다. 그럼에도 불구하고 이들 사회주의 운동 출신자들의 상당수는 일반적 우익 세력들과는 일정한 차이를 보이고 있었다. 그들은 사회민주주의자로서의 정체성을 가지고 있었다. 1946년 하반기 좌우합작운동을 둘러싸고 한민당이 보수화되자, 대부분 한민당을 탈당하여 민중동맹 결성에 참여하거나 기타 중간파 조직에서 활동했다. 이들은 김준연이나 장덕수와 같이 일제하 사회주의 운동의 지도적 인물이었다가 명백히 우익으로 전향한 사람들과도 달랐다. 때문에 해방 직후의 정치와 사상 지형을 재구성하는 데 있어 이들의 엄밀한 구분이 필요하다. 이 책에서는 초기 한민당에 참여한 사회주의

---

03 윤덕영, 「1945년 한국민주당 초기 조직의 성격과 주한미군정 활용」, 『역사와현실』 80, 2011, 252~269쪽.

우파 그룹, 즉 사회민주주의적 성격의 인물들의 동향을 분석하려고 한다.

해방 이후 이들의 행적과 활동에 대해서는 몇몇 개별 인물 연구를 제외하고는 역시 연구가 거의 진행되지 않았다.[04] 이들 중 대표적 위치에 있던 원세훈에 대해서 해방정국에서 같이 활동하였던 송남헌이 그 일대기를 서술하면서 설명했지만, 그의 해방 3년사 연구와 중복되어 원세훈의 활동 자체에 대한 분석은 많지 않은 편이다.[05] 그 외 김재명, 조규태, 전성호 등에 의해 일제하와 해방 후의 행적에 대한 연구가 각기 진행되었다.[06]

또 다른 대표적 인물인 김약수에 대해서는 박철하와 전명혁이 일제하 북풍파 그룹의 활동을 해명하는 과정에서 그 행적에 대한 연구를 진행했다.[07] 또한 박종린은 대중시보사 그룹을 해명하는 가운데 김약수의 행적을 일부 분석했고,[08] 김진웅은 1920년대 초 재일 조선인 유학생의 사회주의 활동을 분석하면서, 또한 도쿄 흑도회 주도 세력의 동향을 해명하면서 김약수를 다루었다.[09]

---

04 박태균은 한민당의 성격 변화를 추적하면서 한민당이 김성수 계열 및 기독교 계열의 주류와 원세훈, 김약수, 김병로의 비주류로 구분된 정당이었고, 1946년 좌우합작 7원칙을 계기로 비주류가 한민당을 이탈함으로써 한민당의 성격 변화가 이루어졌다고 보았다. 박태균, 「해방 직후 한국민주당 구성원의 성격과 조직개편」, 『국사관논총』 58집, 1994.

05 송남헌, 『시베리아의 투사 원세훈』, 천산산맥, 1990.

06 김재명, 『한국 현대사의 비극—중간파의 이상과 좌절』, 선인, 2003; 조규태, 「1920년대 중반 재 북경 창조파의 민족유일당운동」, 『한국민족운동사연구』 37, 2003; 조규태, 「원세훈의 임시정 부 수립·변혁 활동과 민족유일당 운동」, 『숭실사학』 29, 2012; 전성호, 「해방 이후 원세훈의 좌 우합작운동과 정치활동」, 서강대학교 사학과 석사학위논문, 2013.

07 박철하, 「북풍파 공산주의 그룹의 형성」, 『역사와 현실』 28, 1998; 박철하, 「김약수, 반일 민족 해방운동에서 자주적 평화통일운동까지」, 『내일을 여는 역사』 28, 2007; 전명혁, 「1920년대 전반기 까엔당과 북풍회의 성립과 활동」, 『사림』 12·13, 1997.

08 박종린, 「1920년대 초 반자본주의 사상과 대중시보사 그룹」, 『한국사상사학』 47, 2014.

09 김진웅, 「1920년대 초 재일본 조선인 유학생의 사회주의 활동과 코스모구락부(コスモ俱樂 部)」, 『한일민족문제연구』 37, 2019; 「일본 내 조선인 '아나-볼' 대립 원인 재검토—1923년 초

조형열은 1930년대 전반 프롤레타리아 문화 운동과 잡지 『비판』을 다루면서 역시 그의 행적을 일부 해명했다.[10] 그렇지만 1930년대 행적과 해방 직후의 행적에 대해서는 연구가 거의 진행되지 않았다. 한편 김하나는 김약수의 해방 후 정치 노선과 민족공화당 결성에 대해 분석했다. 그렇지만 시기상으로 1948년과 1949년에 한정되었고, 일제하 이래의 사회주의 운동과 민족운동과 해방 후의 정치 구조에 대한 이해에 한계를 보이고 있다.[11] 박상희도 제헌국회기 성인회 활동을 분석하면서 김약수를 일부 다루었다.[12]

한민당에 참여한 사회민주주의 경향을 갖고 있던 사람들은 크게 보아 몇 개의 그룹으로 나누어 볼 수 있다. 일단 일제하 운동 계파 출신별로 분류하면 대략 다음과 같다. 첫째, 김약수와 김종범(金鍾範), 서정희 등 과거 북풍파 출신의 사회주의자들이다. 둘째, 1930년 신간회 김병로 집행부 당시의 간부 출신과 해소 반대파 및 합법운동파 출신자들로 서정희, 박문희(朴文熹), 나승규(羅承奎), 이시완(李時玩) 등이다. 셋째, 원세훈과 함께 8·15 직후 고려민주당을 결성했던 박명환(朴明煥), 이민홍(李敏弘), 이병헌(李炳憲), 현동완(玄東完), 한학수(韓學洙), 송남헌(宋南憲) 등이다. 또한 이르쿠츠크파 고려공산당 출신으로 해외에서 활동하다가 귀국하여 한민당에 가담한 고창일(高昌一)도 원세훈과 가깝다. 넷째, 과거 상해파 출신의 인물들이다. 여기에는 나경석(羅景錫), 정노식 등의 국내 상해파 주류 출신뿐만 아니라, 유진희 등 국내 상해파 비주류인 신생활사 출신자들, 재일본 상해파 출신의 변희용(卞熙鎔) 등이 있다. 다섯째, 서울파 출신의 인물들

구 흑도회 주도 세력의 분열과 충돌」, 『한국사학보』 83, 2021.

10 조형열, 「1930년대 전반기 잡지 『비판』의 주도층과 편집 방침」, 『역사연구』 34, 2018.

11 김하나, 「김약수의 진보적 정치 노선과 민족공화당 결성 운동 1948~1949」, 가톨릭대학교 국사학과 석사학위논문, 2003.

12 박상희, 「제헌국회기 성인회의 결성과 활동」, 『석당논총』 72, 2018.

로, 신일용(辛日鎔), 김창수(金昌洙), 조경서(曺景敍) 등이다. 여섯째, 일제하에서는 사회주의 운동을 하지 않고 민족주의 세력 영역에 있었지만, 사회민주주의 경향을 보인 이순탁(李順鐸), 서상일(徐相日) 등이다.

이들 중 1930년대 전반 프롤레타리아 문화 운동을 전개하던[13] 소위 '잡지 사회주의자'들은 김약수, 유진희, 조경서 등이다. 1946년 하반기 한민당의 내분 사태에서 한민당을 탈당하거나 민중동맹에 참여한 사람들은 김약수, 원세훈, 이순탁, 박문희, 김창수, 조경서, 고창일 등이다. 한편 정노식은 초기 한민당에는 가담했으나 이후 다시 좌익으로 돌아가 활동했다.

한편 1945년 창당 직후의 한민당은 지주·자본가 정당이라는 비판이 무색할 정도로 상당히 진보적인 사회경제 정책을 표명했다. 초기 한민당의 사회경제 정책에 대해서도 심지연의 연구 이래 거의 연구가 되어 있지 않은 상태이다. 이 책에서는 그러한 정책의 내용과 함께 정책이 제기된 배경을 살펴보고자 한다. 특히 이를 한민당에 참여한 사회민주주의 계열 인물들의 동향과 관련하여 살펴봄으로써 해방 직후 초기 국면에 대한 이해를 보다 풍부하게 하고자 한다.

1. 한국민주당의 결성 과정과 사회민주주의자들의 참여

1) 조선건국준비위원회를 둘러싼 좌·우의 대립과 원세훈의 행적

8·15 해방 직후 여운형은 조선총독부와 치안유지 및 행정권 이양을 협의하고 조선건국준비위원회(이하 건준)를 결성한다. 8월 16일 부위원장 안재홍의 건

---

13 프롤레타리아 문화 운동에 대해서는 다음 참조. 조형열, 「1930년대 마르크스주의 지식인의 프롤레타리아 문화 운동과 '실천적 조선 연구론'」, 『한국사연구』 177, 2017.

준 설립에 대한 방송이 있은 후, 8월 17일 최초의 중앙건준 조직이 발표되었다. 위원장 여운형(呂運亨)과 부위원장 안재홍(安在鴻) 외 조직부장에 정백(鄭栢), 총무부장에 최근우(崔謹愚), 재정부장 이규갑(李奎甲), 선전부장 조동호(趙東祜), 경무부장 권태석(權泰錫) 등 5개 부서장만 발표되었다.

건준 1차 중앙조직은 건준을 밑받침하고 있는 정치 세력의 취약성을 드러내고 있었다. 건준을 밑받침해야 할 조직은 여운형이 일제 말기 결성한 조선건국동맹(이하 건국동맹)이었다. 그러나 건국동맹은 소위 초건 간부와 재건 간부의 논란에서 드러나듯이 자체 조직도 제대로 꾸리지 못하고 있었다.[14] 이에 따라 1차 중앙조직은 일제하 이래 민족운동과 사회운동 세력 중 극히 일부만으로 조직되었다.

건준 수립에 대한 민족주의 세력의 반발 속에 8월 17일, 여운형이 송진우를 찾아가 단독회담을 가졌지만 결렬되었다. 18일에는 건준의 여운형과 안재홍, 민족주의 세력의 대표로 김병로·백관수(白寬洙)·이인(李仁)이 회동했다. 그리고 19일 전국유지자대회를 소집하고 건준을 확대시켜 새로운 중앙 기관을 설립한다는 데 합의했다. 그러나 합의 당일 밤 여운형이 테러를 당해 한동안 건준에 나오지 못하고 양평에서 요양을 하게 되면서, 합의가 유야무야되었다.[15] 해방 당시 재건된 조선공산당 세력은 박헌영을 중심으로 한 재건파 조선공산당 세력과 장안파 조선공산당 세력으로 분열되어 있었고, 재건파 조선공산당 세력이 헤게모니를 장악하는 과정이었다.

8월 22일, 1국 12부와 33명의 중앙집행위원으로 구성된 건준 2차 중앙조직

---

14 건국동맹 초기 간부 논란에 대해서는 다음 참조. 이만규, 『여운형투쟁사』, 민주문화사, 1946, 200~202쪽; 여운홍, 『몽양 여운형』, 1967, 청하각, 148~149쪽.

15 제1차 협상과 그를 둘러싼 의문에 대해서는 다음 참조. 윤덕영, 「8·15 직후 조선건국준비위원회의 조직적 한계와 좌·우 분립의 배경」, 『사학연구』 100, 2010, 845~848쪽.

이 발표되었다.[16] 건국동맹·여운형 계열이 7명, 재건파 조선공산당 계열이 7명, 장안파 조선공산당 계열이 5명, 기타 사회주의 계열이 3명, 안재홍 계열이 5명, (한민당으로 합류하는) 민족주의 계열이 3명, 기타 민족주의 계열이 2명, 미상 1명 등이다.[17] 사회주의 계열이 다수를 점하는 가운데, 그중에서도 조선공산당 계열이 다수를 이루었다.

이후 8월 23일과 25일에 선전부장 권태석을 실무자로 하여 건준 중앙집행위원 확대를 위한 민족주의 세력과의 2차 협상이 진행된다. 권태석이 어떠한 맥락에서 누구의 지시를 받고 이러한 교섭을 진행시켰는지는 확실하지 않다. 안재홍의 지시를 받았다는 연구도 있지만,[18] 일제하 사회주의 운동의 '12월당' 멤버이자 서울 상해파 출신의 권태석이 민족주의 계열에서 기반이 상대적으로 취약한 안재홍만 믿고 건준의 성격을 바꿀 협상을 시도하였을지는 의문이다.[19] 일제하 민흥회와 신간회 창립에 적극 참여했던 권태석의 활동 양상을 볼 때, 이전 사회주의 운동 과정에서 만들어진 인간관계에 기반해서 위원장 여운형과 상의했을 것으로 보인다.

권태석은 김병로·백관수 등과 함께 모여 건준 위원을 확대하는 구체적 명단을 합의하여 작성했다. 그러나 이러한 합의는 다시 무산되고 만다. 건준 측 다른 간부들이 이 합의를 무시하고 독자적으로 사회주의 인사를 대거 추가한

---

16 자세한 중앙간부 명단은 다음을 참조. 민주주의민족전선편, 『조선해방연보』, 文友印書館, 1946, 82쪽; 송남헌, 『해방30년사』, 성문각, 1976, 71쪽. 양자의 명단은 동일하지만 『조선해방연보』에는 치안대에 이병학이 더 들어가 있다. 이 책에서는 1946년 간행된 『조선해방연보』를 기준으로 한다.

17 윤덕영, 앞의 글, 2010, 840~841쪽.

18 김인식, 「민족주의 세력의 조선건국준비위원회 개조 움직임」, 『한국민족운동사연구』 95, 2018, 253~254쪽.

19 권태석의 이력에 대해서는 이 책 제3장 2절 2)항 참조.

명단을 작성해서 일방적으로 발표해버리게 된다.[20] 송남헌은 이렇게 건준 측이 합의사항을 위반한 것은 우익을 배제하고 주도권을 장악하려는 공산주의자들의 작용 때문이었다고 한다.[21]

조선공산당 계열은 민족주의 세력의 2차 협상과 합의를 저지시키면서 9월 1일 135인 확대 중앙집행위원 명단을 발표했다. 9월 4일 건준 확대위원회에서는 여운형과 안재홍에 대한 정·부 위원장 건준 사임건을 통과시키기 직전까지 갔다.[22] 조선공산당 계열은 건준의 주도권, 헤게모니 전취를 위해 적극적으로 움직였으며, 무리한 수단도 마다하지 않았다. 그 결과 건준의 주도권은 8월 말경이면 재건파 조선공산당으로 넘어갔다. 이를 토대로 조선공산당은 9월 6일, 조선인민공화국(이하 인공) 수립을 선포한다.[23]

건준과의 협상이 좌절되자 민족주의 세력들도 독자적 정당 결성에 즉각

---

20 제2차 협상의 경과와 내용에 대해서는 다음 참조. 윤덕영, 앞의 글, 2010, 848~850쪽.

21 송남헌, 앞의 책, 1976, 74쪽.

22 한민당 발기인 명의로 1945년 9월 8일 공표된 인공 배격 성명서와 함상훈이 쓴 「한국민주당의 정견」(『大潮』 1946년 7월호)에 따르면 35명, 『매일신보』 9월 4일자에 따르면 57명이 모여 여운형과 안재홍의 신임투표를 하였는데, 18대 17의 1표 차이로 정·부 위원장이 겨우 그대로 유임되었다고 한다. 송남헌, 앞의 책, 1976, 74쪽. 물론 당시 투표는 이만규의 증언에 따르면 권태석의 주장에 따라 여운형과 안재홍 사임건을 같이 처리하기로 했다고 한다. 권태석은 안재홍에 대한 공산주의 세력의 반대 기류를 막기 위해서 이러한 제안을 했을 것이다. 때문에 안재홍에 반대하는 공산 계열이 대거 사임 찬성표를 던졌을 것이라 추측되지만, 여운형도 같이 묶여 있는 사임건이 단 1표차로 부결되었다는 것은 건준 내 기류가 기존 연구들에서 생각하던 것과는 사뭇 다르게 여운형조차도 제외될 가능성이 있다는 것을 보여주는 것이라 하겠다. 자세한 것은 윤덕영, 앞의 글, 2010, 850~852쪽.

23 당시 인공과 관련한 조선공산당의 동향에 대해서는 다음 참조. 윤덕영, 「해방 직후 사회주의 진영의 국가건설 운동」, 『학림』 14, 1992; 김무용, 「해방 후 조선공산당의 노선과 조선인민공화국」, 『한국사학보』 9, 2000; 이현주, 「조선공산당의 권력 구상과 조선인민공화국」, 『한국근현대사연구』 36, 2006.

착수한다. 한민당으로 합류하는 사회민주주의자들 중 가장 먼저 움직인 것은 원세훈이었다. 호가 '춘곡(春谷)'으로, 1887년 함남 정평 출신인 원세훈은 1920년 대 전반 대한민국임시정부(이하 임정)의 개조를 위한 국민대표대회에서 창조파 로 활동했다. 그는 1926년 7월 중국 국민정부의 북벌을 계기로 중국에서 민족 유일당 운동이 전개될 때 안창호(安昌浩)와 함께 가장 앞장서서 이를 추진했다. 1926년 10월 대독립당북경촉성회를 발족하여 선언서를 발표했다. 선언에서는 각지에 촉성회를 결성한 후 이를 토대로 민족유일당으로 대독립당을 결성하 려 했다. 1928년 3월 장쭤린(張作霖) 군벌 관헌에게 체포되어 북경 일본영사관에 인도되었고, 6월 신의주로 압송되었다.[24] 신의주지방법원에서 징역 2년을 선고 받고 신의주형무소에서 복역했다. 1930년 2월 2일 만기출옥했다.[25]

원세훈은 1931년부터 시사주간지 『중앙시보』의 편집장과 주간을 역임했 다. 박명환에 따르면 그는 정세 분석에 대한 상당수의 논설을 필명으로 작성했 다고 한다.[26] 당시 그의 시평이나 논설은 중국 정세와 관련된 것이 많았다.[27]

『삼천리』 1932년 3월호에는 당시의 그의 사상 및 민족운동에 대한 인식을 볼 수 있는 논설이 두 개나 실린다. 우선 「지도 단체와 지도 이론 확립론」의 논 설에서 그는 조선 민중을 지도하는 사상들인 유교, 기독교, 천도교 등을 비롯 한 많은 사상들이 "정신(正信)과 미신, 선도와 사기의 차가 있다 하더라도 결국 은 모두 50보와 100보 간의 비과학적 신비설로서 민중을 인간 사회로부터 그 무슨 딴 세계로 끌고 가자는 데 지나지 못할 것"이라고 비판한다. 기미년 이후

---

24 『동아일보』 1928. 6. 27.

25 『조선일보』 1930. 2. 5; 『동아일보』 1930. 2. 7.

26 박명환, 「위장부인 원세훈 씨」, 『삼천리』 4-8, 1932.

27 대표적으로 다음과 같은 논설들이 있다. 「수난의 중국은 어디로, 파산? 재건?」, 『동광』 32, 1932; 「일중사변과 태평양 풍운」, 『삼천리』 4-7, 1932.

"맑스와 레닌의 사회주의 사상"이 들어와 "사회주의자는 시대의 선구자, 대표자, 혁명가"로 인식되었다면서, 이 때문에 조선의 종교들도 사회주의 색채를 가지게 되었다고 파악한다. 그럼에도 민족운동에 대한 사상계의 혼돈이 심하고 지도 이론이 수립되지 못했다고 진단한다. 그러면서 그 지도 이론은 생존과 번영의 진리를 파악하고, 권위를 가졌으며, 실현될 만한 진리와 이상이어야 한다고 주장한다. 그는 레닌은 외래의 마르크스의 이론으로 러시아를 지도하였고, 쑨원(孫文)은 토산의 민족주의에 사회주의의 이상을 가미하여 신중국의 건설을 기도하였으며, 간디는 인도 종교 사상에 경제투쟁을 가미하여 인도 사람을 인도하였다고 평가한다. 이에 따라 "우리가 가질 바의 지도 이상과 이론도 오직 우리에게 적절할 여부를 문제로 할지언정, 창작과 차용, 토산과 외래의 구별에는 구니(拘泥)할 것이 없다고 생각한다"고 주장했다.[28]

즉 그는 1930년 전후 극심해지는 사회주의와 민족주의 대립, 외래 마르크스주의 사상과 토산의 민족주의 사상의 대립에 대하여, 우선 사회주의 사상과 사회주의자가 시대의 선구자이며 대표자라는 것을 인정했다. 그럼에도 사회주의 사상은 조선의 현실에 맞는 실현 가능한 지도 이론으로 정립되어야 하며, 이를 위해서는 창작과 차용, 토산과 외래의 구별에는 얽매일 필요가 없다고 주장했다. 이런 그의 주장은 소련과 코민테른의 지시만을 맹종하는 당시 공산주의들을 일정하게 비판하는 것이었다.

호인 춘곡(春谷) 명의로 게재된 「민족과 계급관계의 구명—나의 BAC적 몇 가지」 논설에서는 "계급적 입장에서 입론하고 문제를 취급한다면 그것을 시대적이라고 생각하고, 민족적 입장에서 입론하고 문제를 취급한다면 그것을 낙오적으로 생각하는 경향도 있다"면서, "계급적 입장에서 문제를 취급하여도

---

28 원세훈, 「지도 단체와 지도 이론 확립론」, 『삼천리』 4-3, 1932, 8~13쪽.

시대에 뒤떨어지거나 혹은 뛰어 넘치는 속론과 공담(空談)의 오류를 범하는 논자도 있고, 민족적 입장에서 문제를 취급하더라도 조류에 순응하며 시대에 적중하는 정론을 발하는 논자도 있을 것이다"라고 전제한다. 그는 "현대 인류 사회에는 두 가지의 큰 불행이 있으니 하나는 자본주의에 의하여 생긴 계급적 대립의 불행이오, 하나는 제국주의에 의하여 생긴 민족적 반목의 불행"이라면서, "현 조선의 사람으로서 현 조선을 망각 혹은 불고하고 선진 제국의 원칙과 이론을 그대로 복사할여는 경향이 있다면 잘된 경향이라 할 수는 없다. 조선의 땅은 식민지이며 조선의 사람은 식민지의 민족"임을 인식해야 한다고 주장한다. 그는 "우리의 당면 문제를 민족적 생존과 번영이라 하는 데서 이의가 없지 아니할 것"이라면서, "모든 주의와 이론이 이것을 당면의 문제로 한 뒤에라야 수립될 것이며, 모든 분투와 노력이 이것을 당면의 문제로 한 뒤에라야 출발될 것이다. 그렇지 못하면 공상과 도로(徒勞)에 돌아가고 말 것"이라고 평가한다.[29]

원세훈은 서로 계급적 이해를 달리하는 유산과 무산계급을 "'민족적'이라는 한 마디로써 포괄하는 것은 프롤레타리아의 계급적 의의를 박약케 하며 부르주아의 허위적 용어를 조세(助勢)하여주는 말이다. 무엇이나 '민족적'이라고 할 만한 문제는 그다지 많지 못하고 계급적으로 취급하여야 할 문제가 열의 7, 8이나 된다"는 현실을 인정한다. 그렇지만 "식민지이며 후진 제국에 속하는 조선"에서는 "각 계급을 포함한 것이지만 '민족적'으로 우려되며 문제되는 생존과 번영의 당면적 문제의 표준은 전 민족 내에서 절대다수인 농민, 노동자, 도시 세민층의 생존과 번영에 있고, 이 표준하에서 민족적 생존과 번영을 당면의 문제로 취급하자"고 주장한다. 그는 조선인의 "무식자의 수가 전 민족의 4할이 넘고 유식인지? 무식인지? 불분명한 것이 전 민족의 1할 이상이며, 이것을 합하

---

29 春谷, 「민족과 계급관계의 구명—나의 BAC적 몇 가지」, 『삼천리』 4-3, 1932, 13~15쪽.

면 그 수가 1,060여만 인으로서 거진 전 민족의 6할이나 점하게 되었다"고 하면서, "무식자는 의식을 얻을 수가 없고 의식을 얻을 수 없으면 생존을 유지할 수가 없는 것"이기에, "이러한 무식자와 기타 노농 대중의 생존과 번영에 관한 문제를 민족적으로 당하는 급박한 당면 문제"라고 판단했다. 이에 "오직 당면한 문제를 당면한 대로 해결하여야 할 것이며, 문제가 민족적 생존과 번영에 관한 것이니만치 민족적 총역량을 집중하여서 해결의 책을 강구하며 노력할 수밖에 없다고 생각할 뿐이다. 주의를 가지고 논란할 시간이 아니다. 문제를 찾아가지고 해결에 노력할 것뿐인가 한다"고 주장했다.[30]

원세훈은 '민족적'이라는 용어로 유산계급과 계급적 이해를 달리하는 무산계급의 이해를 망각하게 하는 것을 비판하면서, 계급적 문제가 주요 문제임을 인정한다. 그렇지만 식민지이나 후진 제국인 조선에서는 민족 내 절대다수인 무산대중의 생존과 번영이 민족적 생존과 번영 문제와 연결되어 있다고 판단한다. 때문에 현재 경제공황의 생존 위기 속에서는 주의(主義)를 가지고 대립할 게 아니라 민족적 총역량을 집중해서 해결책을 강구해야 한다고 주장한다. 이런 그의 주장은 당시 '계급 대 계급' 전술을 내세우며 민족주의 세력 전체를 민족개량주의로 공격하던 당 재건운동과 혁명적 농민·노동운동자들, 프롤레타리아 문화 운동을 주장하던 사회주의자들과는 사뭇 다른 주장이라 하겠다.

1931년 7월 만보산 사건이 일어났고 9월에 일제의 만주사변이 개시되었다. 이에 만주 문제가 큰 이슈가 되자, 원세훈은 만주조난동포위문협의회 조직에 참여하여[31] 서무 상무위원에 선임되었다.[32] 1932년 8월에는 유광열(柳光烈) 등과

---

30 위의 글, 16~17쪽.

31 『동아일보』 1931. 10. 29; 『조선일보』 1931. 10. 29.

32 『동아일보』 1931. 10. 30; 『조선일보』 1931. 10. 30.

5장 해방 직후 한국민주당에 참여한 사회민주주의자들 299

'조선문필가협회' 결성을 주도하여 위원장에 선임되었다.[33]

박명환은 원세훈에 대해 "씨는 6척 거구에 품품(稟稟)한 기골이 대하는 사람으로 하여금 가히 거인의 풍모를 연상케 한다"면서 "18년이란 긴 세월을 해외에 있어, 민족운동자로서의 큼직한 발자취를 남긴 역사"를 가졌다고 평가한다. 성격적으로도 "친구를 신뢰하고 애호하며 건실한 점 등은 씨를 아는 사람이면 다 승인하리라. 그리고 선량하면서도 일면 강복(强腹)한 테로적 기풍이 약여(躍如)한 것을 보아 씨에 과거의 일면을 엿볼 수 있다"고 판단했다. 원세훈의 저널리스트로서의 능력에 대해 "씨는 모 지(誌)를 본진으로 하고 동 지 중요 기사 대부분에 건필을 두르고 있는 숨은 사실을 알았을 때 나는 경이의 눈을 뜨고 다시 한번 씨를 쳐다보았다. 씨는 본명 외 다수한 닉명으로 주로 시국 관계 평론을 모지에 매 호마다 줄기차게 쓰고 있으며, 그 외에도 『삼천리』를 위시하야 몇몇 잡지에 씨의 글이 빠지는 달이 없었다. 씨의 논하는 문장 자체의 비판 여부는 차치하고 그 양에 있어 다량인 것에 우선 놀랐다"고 평했다.[34] 박명환은 원세훈이 출옥한 후 신간회를 방문했을 때 처음 만났는데, 이후 같은 언론계에 있으면서 가까워졌고, 이런 관계는 해방 후 그들이 정치 활동을 같이하면서 계속 이어졌다.

원세훈은 중국 최초의 역사서인 『춘추』를 해설한 『좌전』을 항상 애독했다고 하며, 1933년에는 다윈의 진화론과 크로포트킨의 상호부조론을 대조적으로 읽어보겠다고 했다.[35] 선배 민족운동가에 대한 평에서도 원세훈의 입장이 그대

---

33 『동아일보』 1932. 8. 3; 8. 9; 8. 11.

34 박명환, 「위장부인 원세훈 씨」, 『삼천리』 4-8, 1932.

35 『조선일보』 1933. 9. 13.

로 드러났다. 그는 이동휘와 신채호의 죽음을 깊이 애도하고,[36] 그들에 대해 높은 평가를 내렸다. 그렇지만 안창호에 대해서는 인정식과 주요한의 안창호 논쟁에 대한 비평에서 양자를 다 비판하면서, 안창호가 서북지방당의 지방열에서 벗어나지 못했다고 제한적으로 평가했다.[37] 그는 기독교나 천도교에 기반한 민족주의운동들에 대해 부정적이었다.

해방 직후 8월 16일 원세훈은 서울로 올라왔고, 8월 18일 이민홍, 이병헌, 현동완, 한학수, 박명환, 송남헌 등과 함께 한학수의 사랑채에서 고려민주당을 결성했다. '진정한 사회민주주의 정권 수립'과 "국민경제에 자유성과 계획성을 적당히 부여하고 이윤 추급의 폐해를 시정"할 것을 강령으로 내세웠다.[38] 그렇지만 독자적인 정당 결성으로 발전시키지는 않았고, 곧이어 신간회 중앙간부였던 김병로와 조병옥, 명망있는 법률가들인 이인·김용무 등과 함께 8월 28일 조선민족당 정당 발기회에 합류했다.[39]

2) 조선민족당의 결성과 김약수·유진희의 참여

조선민족당에는 원세훈뿐만 아니라 일제하 사회주의 운동에 참여했던 인

---

36 원세훈, 「성재 이동휘의 추억」, 『삼천리』 7-3, 1935; 원세훈, 「단재 신채호」, 『삼천리』 8-4, 1936.

37 원세훈, 「'안창호론'의 재비판, 중앙일보에 난 인정식 대 주요한 논쟁을 보고」, 『삼천리』 8-8, 1936.

38 송남헌, 앞의 책, 1976, 123~124쪽; 송남헌, 앞의 책, 1990, 244~246쪽.

39 이때의 조직 명칭에 대해서는 각종 회고록과 전기에서 조선민족당과 고려민주당, 대한민주당 등으로 혼재되어 있다. 1948년 간행된 『한국민주당소사』에는 조선민족당이라고 되어 있으며, 당시 매일신보에는 대한민주당으로 명기되었다. 『매일신보』 1945. 9. 9; 9. 17. 그런데 한국민주당을 작명할 때 한국국민당과 다른 한 당의 명칭을 반반씩 가져와 작명하였다는 증언으로 보아서는 매일신보에 나온 대한민주당도 가능성이 있다. 백남훈, 「한국민주당 창당비화」, 『眞相』 1960년 4월호. 그렇지만 공식 『한국민주당소사』에서 조선민족당으로 쓰고 있기 때문에, 당시 사람들에게는 조선민족당으로 기억되고 있을 것이다.

물들도 여럿 참가한다. 그 대표적 인물이 김약수와 유진희이다. 김약수는 8월 22일 건준 제2차 중앙조직이 발표될 때 중앙집행위원으로 이름을 올린다. 그리고 재건파 조선공산당의 주도로 9월 1일 발표된 135인 확대 중앙집행위원 명단에도 이름을 올린다. 그렇지만 김약수는 조선공산당 계열이 주도권을 장악해간 건준에서는 거의 활동을 하지 않았다. 도리어 조선민족당 결성에 합류하고, 이후 한민당 발기에 나서게 된다. 이에 대해 송남헌은 원세훈이 김약수와 유진희를 건준 사무실에서 만나 "공산주의 운동을 청산하고 함께 일을 해보지 않겠느냐고 물었다. 마침 두 사람이 공산주의에 대해 회의를 느끼기 시작했던 터여서 그 자리에서 우리의 요청을 받아들였다. 이들 두 사람은 이렇게 해서 한민당에 참여하게 되었다"고 한다.[40]

김약수는 1892년 경남 동래 출신으로, 1920년대 사회주의 운동 그룹 북풍파의 지도자였다. 그는 1925년 12월 '제1차 조선공산당 사건'으로 구속 수감되었다. 1928년 2월 경성지법에서 징역 4년을 선고받았고,[41] 1931년 6월 6일 만기출옥했다.[42] 일제 경찰의 집중 주목을 받고 있던 그는 출옥 후 당시 조선공산당 재건운동에는 참여하지 않았다. 그럼에도 김약수는 코민테른 제6회 대회 이후의 국제 공산주의 운동의 흐름, 곧 사회파시즘론에 기반한 사회민주주의와 민족주의에 대한 타격론, '계급 대 계급' 전술에 기반한 프롤레타리아 헤게모니하의 아래로부터의 통일전선을 주장하는 흐름을 같이하고 있었다. 이는 그가 관여한 잡지 활동과 논설에서 드러난다.

김약수는 북풍파 출신의 송봉우(宋奉瑀)가 편집 겸 발행인으로 1931년 5월부

---

40 우사연구회 엮음, 심지연 지음, 『송남헌 회고록―김규식과 함께한 길』, 한울, 2000, 67쪽.

41 『조선일보』 1928. 2. 14.

42 『동아일보』 1931. 6. 6.

302 또다른 사회주의―한국 사회민주주의의 역사적 기원

터 간행한 『비판』 잡지에 일정하게 관여한다. 김약수는 비판지에 몇 편의 기명 논설을 발표한다. 한편 「비판의 비판」이란 일 기자 명의의 논설란은 『비판』지의 성격을 드러내는 글인데, 김약수도 이에 관계된 것으로 보인다. 당시 김약수는 진영철(김경재)과 조선 사회운동에 대한 논쟁을 전개하는데, 그 내용을 통해 그의 생각의 일단을 확인할 수 있다.

김경재(金璟載)는 『혜성』 1931년 10월호에 발표한 「조선 운동의 신 전망―민족문제의 테제」에서 "식민지 민족운동은 농업혁명을 그 중심적 문제로 하는 부르주아민주주의혁명"이며, "민족개량주의자와 좌익 민족주의자 간의 엄밀한 구분을" 해야 한다고 주장했다. 그는 좌익 민족주의자를 사실상 민족개량주의와 동일시하여 그들의 혁명적 역할이 다하였다고 배격하는 태도를 '속류적 맑스주의'라고 비판했다. 그는 도시 소시민층을 포함한 반제 요소 전체를 망라하고, 좌익 민족주의자들과는 제휴 내지 중립화하는 전술을 취해야 한다고 주장했다.[43] 그렇다고 김경재가 좌익민족주의자들에게 우호적인 것은 결코 아니었다. 그는 논설의 상당부분을 민족부르주아지 및 소부르주아지, 좌익 민족주의 세력의 한계를 비판하고 공격하는 데 할애했다.

김경재 논설에 대한 대응은 그가 주로 공격한 민족주의 세력보다는 사회주의 세력 내부에서 즉각 제기되었다. 김약수가 그 선봉에 섰다. 그는 「조선 운동의 신 전개」 논설에서 김경재의 주장을 다각도로 비판했다. 김약수는 현재 좌익 민족주의자와 혁명주의자 사이에 격화된 반목의 관계가 우연한 돌발성이 아니라 이론적 역사적 실천적 표상이라면서, 좌익 민족주주의자들이 민족 파시즘에 심취하여 혁명주의자들을 공격하고 방약무인의 폭군적 태도를 취하고 있다고 비판한다. 그럼에도 불구하고 대부분의 대중이 그들의 영향하에 유

---

43 진영철, 「조선 운동의 신 전망―민족 문제의 테제」, 『혜성』 1-7, 1931, 4~16쪽.

동하고 있는 것이 현실이라고 판단한다. 때문에 그는 현재의 조선의 현실에서는 원칙적으로나 실천적으로나 반혁명적인 민족개량주의자보다도 비분강개의 공권(空拳)으로 대중을 현혹시키는 좌익 민족주의자가 '사실상 위험지주(危險支柱)'가 된다고 주장한다. 때문에 좌익 민족주의자들과 협동전선을 운위하는 것은 좌익 민족주의자의 군문에 투항하는 것을 의미한다고 혹평했다. 세계 각 전위들이 사회민주주의에 대해 무자비한 폭로 전술을 사용하는 것과 같이, 좌익 민족주의자들에 대한 고도의 폭로 투쟁을 전개해야 한다고 주장했다. 개량주의자와 급진적 소부르주아지의 구분보다도 오히려 급진적 소부르주아지와 그 영도하에 있는 대중을 구분시켜야 한다는 것이다. 결국 그는 좌익 민족주의가 "골격 골색이 전혀 동일한 민족개량주의의 일 변종"이라는 코민테른 6차 대회 이후의 좌익 파시즘론, 사회민주주의 타격론을 그대로 조선의 사회운동에 적용하고 있었다.[44]

김약수는 「민족적 협동 문제의 귀결─혜성지 3월호의 진영철 군의 소론에 의함」 논설에서 이런 주장을 재차 반복했다. 그는 "조선의 부르주아민주주의 혁명, 그것은 좌익 민족주의자의 영향하에 있는 농민층을 동맹자로 한 프롤레타리아트가 그 대행자인 동시에 사실상의 전담자가 되는 것"이라고 판단한다. 그는 "오늘날 우리에게 부여된 과제는 무조건적인 협동설을 되풀이할 것이 아니라, 좌익 민족주의자의 배후에 있는 소부르주아지 중의 혁명적 요소인 빈곤한 하부 부대를 그들의 영향으로부터 분리시켜, 무산계급의 진영에로 전취함에 있다는 것을 다시 주장한다. 왜 그러냐 하면 그 대중투쟁의 압력에 의하여서만 좌익 민족주의자 중의 혁명적 분자를 무산계급의 진영에로 흡수할 수 있

---

44 김약수, 「조선 운동의 신 전개」, 『비판』 2-2, 1932, 32~37쪽.

는 까닭이다"라고 주장했다.[45] 그는 당시 조선노동총동맹과 조선농민총동맹, 그 외 혁명적 농민·노동운동만 무산계급의 운동으로 인정했다. 천도교의 조선 농민사 계열이나 이성환(李晟煥)의 전조선농민조합 계열 등의 농민운동에 대해 서는 부정적이었다. 특히 "협동조합 운동에 이르는 그것은 오늘 현상에 있어 서는 오직 기만일 따름"이라고[46] 일축했다.

김약수의 주장은 당시 조선공산당 당 재건운동과 혁명적 농민·노동운동을 전개하던 사회주의자들과 거의 비슷했다. 그는 프롤레타리아 문화 운동의 선 봉에 서 있었지만, 현실 운동에는 깊이 관여하지 못했다. 다만 당 재건운동자 들이 주도하였던 조선제사주식회사 동맹파업 및 종연방직 격문 살포 사건에 연루되어, 1932년 9월에 일제 경찰에 체포되었다. 그 후 60여 일 동안 동대문서 에 구금되었다가 풀려나기도 했다.[47] 한편 1932년 11월 천도교청우당과 유진희 가 편집 발행인인 신계단사 사이에 분쟁이 발생했을 때, '천도교정체폭로비판 회'를 구성하여 위원장으로서 천도교 측과 앞장서서 대립했다. 또한 "나는 일 절의 조선 운동에 취하야 조금도 주저치 않고 단연한 역사적 낙관주의를 취한 다"라고[48] 하면서 당시 사회주의 운동의 전개에 대해서도 기대를 놓지 않았다.

1933년 3월 김약수는 변호사 이인의 재정적 지원하에 발행인 및 편집인으 로 잡지 『대중』을 창간했다. 당시 그는 원경묵(元敬黙), 신갑범(愼甲範), 이갑기(李 甲基) 등과 대중과학연구사를 조직했고, 이를 기반으로 잡지를 간행했다. 박종 린이 이미 설명한 바와 같이 사회주의 이론 및 활동에 대한 소개, 그리고 종교

---

45 김약수, 「민족적 협동 문제의 귀결—혜성지 3월호의 진영철 군의 소론에 의함」, 『비판』 2-4, 1932, 54쪽.

46 김약수, 「양 세력의 비교」, 『삼천리』 4-3, 1932.

47 『동아일보』 1932. 10. 31.

48 「반도의 현상과 금후 십 년의 관측」, 『삼천리』 4-9, 1932.

비판에 상당 분량을 할애했다.[49] 또한 당시 동아일보나 천도교의 지원하에 활발하게 전개되었던 협동조합 운동에 대해 좌파적 입장에서 비판하는 글들도 다수 실었다. 그렇지만 『대중』 잡지의 내용이 문제가 되면서 김약수는 1933년 7월, 일시 일제 경찰에 피검되었다.[50] 그 이후 더 이상 『대중』을 간행할 수 없게 되었다.

김약수는 1935년 전후부터 그 입장이 급격히 변화하기 시작한다. 그는 1935년 상반기에 2달여간 도쿄에 다녀왔는데, 도쿄에서는 혼고구(本郷區)의 다카쓰 마사미치(高津正道) 집에[51] 거주했다. 귀국 직후 1935년 7월 삼천리 기자와의 문답에서 "나는 전에 동경에 유학 갔을 때는 '계급'을 배워 알았고, 이번에 동경에 갔다 와서는 '민족'을 깨달아 알았어요"라고 토로한다.[52] 삼천리사는 1935년 8월호에서 김약수의 발언을 "이번 동경에 여행 갔다가 비상시 일본의 모든 자태를 바라보았든 중, 팟쇼 추세하에 놓인 '민족'의 특수성을 더욱 강렬하게 느끼었다"는 것으로 정정한다.[53] 이런 언명은 당시 김약수가 일본에서 민족의 특수성을 내세우는 파시즘 세력의 대두와 활동에 큰 관심을 두고 있었다는 것을

---

49 박종린, 「대중해제」, 『근대서지』 4, 2011, 174~175쪽.

50 『조선일보』 1933. 7. 15~16.

51 다카쓰 마사미치(高津正道)는 1893년생으로 와세다대학 재학 중 효민회 조직에서 활발히 활동하였고, 1921년 사회주의동맹 설립에 참여했다. 1922년 제1차 일본공산당 결성에 참여하였다가 소련으로 망명했다. 1925년 귀국 후에는 후쿠모토주의에 반발하여 공산당 활동과 거리를 두었다. 노동농민당에 참여했고, 노농파가 주도한 무산대중당 및 일본대중당 결성에 참여했다. 코민테른 7회 대회 이후에는 일본 인민전선 운동에 참여했다. 전후 일본사회당 창립에 참여했고, 중의원 부의장과 양원의원총회장을 역임했다. 김약수와는 효민회 활동 때부터 친분이 있었다. https://ja.wikipedia.org/wiki/高津正道.

52 「이번에 배운 것은」, 『삼천리』 7-6, 1935.

53 「正誤二束」, 『삼천리』 7-7, 1935.

보여준다.

파시즘 세력이 대두하는 국제정세의 변동 속에서 그의 민족주의 세력에 대한 인식과 태도도 변화했다. 1935년 7월 조선일보사가 방응모 사장 체제에서 신사옥을 짓고 낙성식을 거행하자, '경사로운 낙성식을 거행'한다면서 낙성식에 안재홍을 초청한 것은 "아주 잘 생각한 일로서 누구든지 찬양할 만한 쾌(快)한 일"이라고 칭찬했다. 또한 '비약적 발전'을 축하하며 '활발한 발전'이 있기를 기원한다고 했다. 물론 "조선 노동자 농민 대중을 중심으로 삼은 것이 아니면 참다운 대중의 여론을 표현하는 것이라 할 수 없다"면서 조선일보가 앞으로 그 지침을 바로잡아 나갈 것을 주문하기는 했다.[54] 곧 안재홍을 비롯한 좌익 민족주의자들에게 민족개량주의자나 다름없다면서 맹공을 퍼붓고, 조선의 자본가와 민족부르주아지들을 일제의 주구나 마찬가지로 간주했던 1932년 전후와는 크게 다른 태도를 보이고 있었다. 사람이 달라졌다. 김약수는 1941년 8월 25일 경성 부민관에서 개최된 삼천리사 주최 임전대책협력회에 참가한 것으로 나오는데,[55] 경기도 경찰부의 문서에 따르면 준비위원으로 선임되었다가 사임하고 회의에 사고 결석했다고 한다.[56] 그렇지만 일제 말기에도 반전운동을 기도하는 등 전향하지는 않았다.[57]

황석우(黃錫禹)는 김약수에 대해 "약수 군은 사람으로서는 다정다한한 인물,

54 『조선일보』 1935. 7. 6.

55 『삼천리』 13-11, 1941.

56 京畿道 警察部長, 「思想에 關한 情報 13, 臨戰對策協議會 開催에 관한 건」, 京高秘 제2397호의 1, 1941년 8월 29일. 국사편찬위원회 한국사데이터베이스, http://db.history.go.kr/id/had_167_0910.

57 김종범·김동운 지음, 『해방 전후의 조선 진상—제2집 독립운동과 정당 급 인물』, 조선정경연구소, 1949, 149쪽.

삿듯한 인간미에 있어서는 유진희 군보다 나은 점이 많다. 머리도 치밀한 편이다"라고 평했다.[58] 1935년 3월에 삼천리사에서 '조선 민족의 지도자 총람'이란 특집으로 11명의 필자들에게 자신들이 생각하는 조선 민족의 지도자 한 명씩을 선정하여 그 이유를 쓰도록 의뢰했다. 이때 1931년에서 32년에 걸쳐 조선 사회운동 방향을 두고 김약수로부터 인신공격에 가까운 논박을 당했던 김경재가 김약수를 민중의 지도자로 추천했다. 그는 김약수를 "나의 경외하는 친우요 동지"라 하면서, 김약수가 "얌전하고 새침한 성격이건만 남에게 지기는 상당히 싫어하는 인품"이며, 주변에 따르는 사람들이 항상 있고, 회의를 주도하며, 남을 공격하는 데 장기가 있는 사람이라고 평했다.[59] 이를 보면 1930년 중반 어느 시점에 김약수가 입장을 바꾸었고, 김경재와도 다시 가까워진 것을 알 수 있다.

같은 북풍파 출신인 김종범은 김약수에 대해 "씨는 일생을 시종일관한 혁명가이며 풍운아이며, 수절자이다. 그뿐 아니다. 씨의 유일한 특색과 장점은 두뇌가 명석하며 정견이 초중하며, 백전불굴하는 대담 차 강직한 성격의 소유자의 일인으로 모사책사로는 조선에 희유(稀有)한 인물이라는 평을 동지 간에 받아왔다"고 평가한다. 그리고 "친하기에는 상당한 시일이 걸리나 한 번 알아 놓으면 친구나 동지는 고락을 같이하며 동지 가정의 경비사에까지 철저한 원호"를 한다고 했다.[60]

해방 직후 원세훈이 한민당으로 끌어들였다고 하는 인물 중에는 김약수 외에도 일제하 대표적 사회주의 이론가였던 유진희도 있었다. 1893년 충남 예

---

58   황석우, 「사상계의 2인평」, 『삼천리』 4-5, 1932.

59   『삼천리』 7-3, 1935.

60   김종범·김동운 지음, 앞의 책, 179쪽.

산 출신인 유진희는 사회주의 운동 그룹 화요파 출신으로서, 1925년 12월 '제1차 조선공산당 사건'으로 구속되었다. 그는 1928년 2월 경성지방법원에서 징역 4년을 선고받았으며, 1931년 2월 19일 서대문형무소에서 만기출옥했다.[61] 1931년 7월 만보산 사건과 9월 일제의 만주사변을 거치면서 만주 문제가 큰 이슈가 되자, 유진희는 만주조난동포위문협의회 조직에 참여했다.[62] 황석우는 유진희에 대해 "유군은 조선의 볼세비즘 이론의 선구자, 김한(金翰)과 좌우의 위를 따올 사상계의 선구자이다. 유군은 이론가"라고 평가한다. 그는 유진희와 김약수를 비교할 때, 김약수는 "사상적 실력, 이론의 실력에 있어서 유군의 상대가 아니다"라고 단정한다.[63]

1932년 10월 유진희는 『조선지광』의 후신으로 『신계단』을 창간하여 발행인 겸 편집인이 되었다. 『신계단』의 창간사과 권두언은 없다. 박찬승이 이미 지적한 것처럼 홍일우 필명의 「반동 문화의 도량」이 권두언 격으로 맨 앞에 실렸는데, 내용은 동아일보와 그 추종자인 물산장려회·흥사단·수양단 등의 민족개량주의자들이 주도하거나 지원하는 잡지들과 대결할 것을 주장하는 내용이었다. 『신계단』은 『비판』 보다 훨씬 적극적으로 동아일보·수양동우회·천도교 세력 등 거의 모든 민족주의 세력을 민족개량주의로 비판하면서 공격했다.[64] 『신계단』은 1930년대 전반 프롤레타리아 문화 운동을 내세운 신진 마르크스주의자들이 필진으로 대거 참여하였고, 그 선봉에 서 있었다.

1932년 11월 『신계단』 종교시평에서 남만희(南萬熙)가 천도교를 강하게 비판

---

61 『동아일보』 1931. 2. 20; 『조선일보』 1931. 2. 20.

62 『동아일보』 1931. 10. 29; 『조선일보』 1931. 10. 29.

63 황석우, 「사상계의 2인평」, 『삼천리』 4-5, 1932.

64 박찬승, 『언론운동』, 독립기념관 한국독립운동사연구소, 2009, 241~246쪽.

하자, 이응진(李應辰)을 비롯한 천도교청우당 사람들이 논설에 항의하러 유진희를 찾아왔다. 유진희가 사과 요구를 거부하자 폭행을 당하게 된다. 이를 계기로 '천도교정체폭로비판회'가 구성되고, 사회주의 세력의 반천도교 투쟁이 본격화했다. 그러나 1933년 초 『비판』과 『신계단』에 비판 논설이 게재된 것을 제외하고, '천도교비판연설회'가 일경에 집회금지 당하면서 실제적인 활동이 없이 곧 마무리되고 만다.[65] 『신계단』은 1933년 7월호인 통권 10호를 발행하고 중단된다. 8·9월 합본 광고가 신문에 게재되기는 했는데, 발간되지는 않은 것 같다.

이후 유진희는 특별한 활동을 하지 않는다. 프롤레타리아 문화 운동의 선봉에 서 있던 그가 어떠한 이유와 경로로 생각과 입장을 바꾸고 행로를 변경하게 되는지는 현재까지 잘 알 수 없다. 1893년생인 유진희는 1892년생인 김약수와 자주 어울렸다.[66] 그의 변화는 김약수의 변화와도 무관하지 않은 것으로 보인다. 해방 전에는 성북정에서 병원을 운영하며 지냈다. 그렇지만 1941년 8월 경성 부민관에서 개최된 삼천리사 주최 임전대책협력회에 참가했다.[67]

해방 직후 조선민족당과 뒤이은 한민당 결성에 일제하 사회주의 운동의 지도적 인물이었던 김약수와 유진희가 참여한 구체적 배경은 원세훈의 역할

---

65 자세한 내용은 다음 참조. 최보민, 「1930년대 초반 반천도교 운동에 나타난 '사회주의 그룹'의 활동과 인식」, 『역사연구』 34, 2018, 94~105쪽.

66 삼천리 기자는 김약수와 유진희에 대해 "두 분 다 일방의 거인이다. 더구나 "컴렛드"라 하여, 그 사이에 같은 노내끈에 얽매어 별장에도 함께 가서 한솥밥과 한 움큼의 물을 마시기를 5, 6년씩 하든 사이라, 남들이 보기에는 두 분은 골육을 서로 버티어줄 친형제 같은 사이라 하겠으나, 실상은 그렇지 아녀서, 두 분은 그리 가까운 사이도 아니고, 그렇다고 만나서 싸우는 사이도 아니다. 다만 두 분의 친밀 농도가 세상사람 각과는 다소 차이 있음을 말하여 둘 뿐이다"라고 평했다. 「들은 풍월기」, 『삼천리』 7-8, 1935.

67 「본사 주최 대좌담회 임전대책협의회」, 『삼천리』 13-11, 1941.

외에는 확인할 수 없다. 그러나 1945년 8월 건준과 민족주의 세력의 두 차례에 걸친 협상의 무산, 조선공산당 계열의 급격한 헤게모니 전취 과정은 건준 내의 비주류 사회주의자들, 사회민주주의 세력들에게 조선공산당이 주도하는 방향과 이후 한민당으로 나아가는 방향의 선택의 갈림길에 놓이게 했다. 그리고 이런 선택에서 1920년대 조선공산당의 간부였고, 1930년대 전반 프롤레타리아 문화 운동을 선봉에 서서 전개했던 김약수와 유진희는 과거 몸담았던 좌익 진영을 버리고 우익 진영을 선택하게 된다.

그들이 느꼈던 '공산주의에 대한 회의'가 건준 과정에서 보였던 조선공산당 계열의 조급한 헤게모니 전취와 무리한 방법 등에서만 나온 것이라 보기는 어렵다. 그보다는 1930년대 이래의 일련의 과정에서 누적된 것으로 보인다. 후배 공산주의 세대의 선배 세대에 대한 무시와 배제, 프롤레타리아 문화 운동의 선봉에 서서 싸웠음에도 '운동에서 탈락한 소부르주아계급'이라고 냉대와 조소를 받는 처지, 스탈린 체제 이후 노골화된 '어제의 동지가 오늘의 적'이 되는 냉혹하고 치열한 권력투쟁, 소련 방위를 최우선으로 하는 코민테른의 권위주의적 통제와 모순적 정책, 코민테른 해체로 귀결된 일국사회주의론의 한계, 그럼에도 여전히 지속되는 소련에 대한 사대주의적이고 추종적인 태도 등등 여러 가지가 영향을 미쳤을 것이다. 건준에서 인공 수립에 이르는 일련의 과정에서 보이는 조선공산당 계열의 모습은 그들이 느끼는 이러한 문제점들의 누적된 결과물로 받아들여졌을 수도 있다.

현실에서도 1930년대 중반 들어 김약수와 유진희는 공산 계열의 인물들과 거리를 두고 있었다. 그들은 김종범과 서정희 등 과거 북풍파의 인맥이 있는 인물들 외에도 원세훈, 박명환, 그리고 동아일보 주필로 민족주의 세력으로 완전히 전향한 김준연 등과 자주 어울렸다. 또한 김항규, 김병로 등 신간회 중앙 지도부를 이루었던 민족주의자들과도 자주 어울려 지냈다. 이런 현실적 인간

관계가 해방 직후 한민당으로 자연히 이어지게 되었다.

김약수는 자신이 해방 후 사회주의 진영을 선택하지 않은 것에 대해 "제도라는 것은 비약의 순간이 없는 것은 아니나, 그러나 많은 경우에 있어, 제도라는 것은 발명이 아니라 한 개의 발달이라는 사실을 알아야 한다"라고 말하면서, "조선 정치운동의 현 단계를 부르주아민주주의혁명 단계임을 직시한 까닭"에 참여하지 않았다고 주장했다. 또한 한민당에 참여한 것에 대해서는 "남조선에서 민족적 총역량을 결집할 필요" 때문이었고, 어느 정도 효과를 얻었다고 자평한다. 그는 조선이 "단일민족으로서 또는 자본계급이 발달되지 못한 지대"에 있기 때문에 "계급투쟁보다도 민족적 총명에 의하여 계급투쟁을 면할 수 있다"고 주장하면서, "이러한 방법을 채택하려면 정치 형태는 불가분 의회중심주의로 나가"야 한다고 주장했다.[68]

3) 한국민주당의 결성과 정노식의 참여

조선민족당이 결성될 즈음인 8월 말, 다른 한편으로 장덕수, 백남훈(白南薰), 김도연(金度演), 최윤동(崔允東), 홍성하(洪性夏), 이순탁(李順鐸), 구자옥(具滋玉), 유억겸(兪億兼), 윤보선(尹潽善), 윤치영(尹致暎), 허정(許政), 정노식 등을 중심으로 한국국민당 발기회가 개최되었다. 거의 대부분이 민족주의 계열 인물들인데, 과거 국내 상해파에 참여하였던 사회주의 계열의 정노식이 참여한 것이 특징이다.

정노식은 1891년 전북 김제 만경 출신으로 1910년 12월 서울 경성기독교청년회관(YMCA)에 입학했다. 1912년 일본으로 건너가 도쿄 세이소쿠영어학교를 졸업하고, 메이지대학 정치경제과에 진학한다. 조선유학생학우회에서 활동하면서 장덕수, 김철수(金錣洙) 등과 신아동맹단에 가입하여 활동했다. 1919년 2·8

---

68 「김약수 선생 회담기」, 『백민』 5-1, 1949, 107~108쪽.

독립선언에 참여하였고, 3·1운동에서는 48인으로 적극적으로 활동했다. 이때 일제 경찰에 체포되어 서대문형무소에 구속되었다. 그렇지만 1920년 10월 30일, 경성복심법원에서 무죄를 선고받고 1년 반 만에 풀려났다.

출옥 후 사회혁명당에 참여하였고, 1921년 5월 상해파공산당이 창립된 후 사회혁명당이 상해파 고려공산당 국내부로 전환될 때 간부로 선임되었다. 1920년 12월 조선청년회연합회 창립에 참여하였고, 1922년 4월에는 조선청년회연합회의 집행위원장에 선임되었다. 11월에는 민립대학기성준비회에 발기인으로 참여했다. 1장에서 살펴보았듯이, 청년회연합회는 당시 평양에서 시작된 물산장려운동을 전국적 운동으로 확산시키는 데 주도적 역할을 담당했다. 그는 이런 청년회연합회의 활동을 이끌었다. 1923년 1월 조선물산장려회 창립준비위원이자 창립총회전형위원으로 활동했고, 창립 이사로 선임된다. 1923년 4월 청년회연합회 제3회 집행위원회 총회에서 상무집행위원장에 연임되었지만, 10월 제4회 집행위원회 총회에서 사직한다. 물산장려운동을 둘러싼 논란과 물산장려운동 부진의 책임을 지고 사퇴한 것으로 보인다.

국내 상해파는 1923년 국내 사회주의 운동이 재편되면서 이합집산을 거치게 된다. 이 과정에서 정노식은 특정 사회주의 운동 정파에 가담하지 않는다. 1924년 4일 조선청년총동맹 창립총회가 개최될 때 전형위원으로 선정되었다.[69] 그렇지만 그 직후 운동 일선에서 물러나 고향으로 내려간다. 동아일보의 1925년 10월 4일 기사에서는 고향에서 사회주의를 연구한다는 동향 보도가 있었다.[70] 1927년 4월 이상재 사망 시 장의위원으로 선임되었다.[71] 1931년 7월 만보산

---

69 『동아일보』 1924. 4. 24.

70 『동아일보』 1925. 10. 4.

71 『동아일보』 1927. 4. 2; 『조선일보』 1927. 4. 2.

사건과 9월 일제의 만주사변을 거치면서 만주 문제가 큰 이슈가 되자, 10월 만주조난동포위문협의회가 결성되었다. 11월 지방협의회 위원을 증선할 때 정노식이 위원으로 선정되었다.[72]

1935년에는 조선어학회가 주관한 조선어표준어 사정위원회에 위원으로 참여했다.[73] 이를 전후로 하여 정노식은 판소리 연구에 몰두한다. 1938년 어조동실주인(漁鳥同室主人)이란 필명으로 『조광』에 「조선 광대의 사적 발달과 가치」를 게재한다.[74] 그리고 1940년 1월 조선일보사에서 『조선창극사』를 출간한다. 현재도 판소리 연구에 있어 중요한 저작으로 평가되고 있는 이 책은 판소리와 여러 문인들이 쓴 시문이 망라되어 있다.[75] 책 간행을 전후로 서울에 자주 올라왔던 것으로 보이는데, 1941년 8월 경성 부민관에서 개최된 삼천리사 주최 임전대책협력회에 참가했다.[76]

한편 정노식은 『비판』 1938년 4월호에 「삼선독어(三仙獨語)」란 제목으로 같이 국내 상해파에서 활동하였던 김명식에게 보내는 형식의 글을 게재한다. 그는 '방랑한 생활'을 계속하기만 하고 서책을 놓은 지가 20년이라 자조하면서, 금년에서야 독서와 사고로 인격수양에 힘쓰고자 한다고 했다. 그러면서 수준 낮은 하루살이 글들이 신문이나 잡지에 넘쳐난다고 비판했다. 다만 백남운의

---

72 『조선일보』 1931. 11. 6.

73 『조선일보』 1935. 8. 6.

74 『조광』 4-5, 1938. 그 내용에 대해서는 이보형, 「정노식의 「조선광대의 사적 발달과 가치」에 대하여」, 『판소리연구』 1, 1989 참조.

75 『조선창극사』에 대해서는 다음 참조. 장석규, 「정노식의 『조선창극사』에 대한 의문점」, 『판소리연구』 8, 1997; 김지영, 「정노식의 『조선창극사』 연구」, 경희대 국어국문학과 석사학위논문, 1999; 이진오, 「정노식의 행적과 『조선창극사』 저술 경위」, 『판소리연구』 28, 2009; 이진오, 「정노식의 생애 연구—행적과 교유를 중심으로」, 『한국학연구』 53, 2015.

76 『삼천리』 13-11, 1941.

『조선사회경제사』는 우리 학계의 이채를 발한 것으로 높게 평가한다고 했다. 그는 현재 조선의 급무가 농촌 구제라면서, 생활이 풍족해야 높은 이상과 찬란한 문화가 생길 수 있다고 주장했다. 이를 위해 조선 농촌을 지도할 이론과 그 피폐를 구제할 방책을 세우는 것이 무엇보다 급선무라면서 『비판』이 농촌 문제 연구호를 발간하거나 좌담회를 개최할 것을 제안했다.[77]

또한 『비판』 1938년 6월호에는 「인간정조론」을 발표한다. 그는 남녀 간통 문제에 있어 여자의 간통만 처벌하고 남자의 불의는 처벌하지 않는 일본 법률 체계를 비판한다. 그러면서 간통을 처벌하지 않되 도덕적 제제를 가하는 영국과 쌍방을 처벌하는 독일의 제도를 소개한다. 그리고 이에 대한 일본 대학교 남녀의 설문 결과를 분석하여 설명했다. 결론적으로는 남녀 간의 도덕적 수준을 높이는 문제와 함께 공창제를 인정하는 일본 제도를 비판하고 있다.[78]

해방 직후 정노식이 한국국민당 결성에 참여한 경과는 현재까지는 알려지지 않았다. 다만 같은 국내 상해파 활동을 했던 장덕수와의 관계가 작용했을 것으로 추측될 뿐이다.

1945년 8월 말 조선민족당과 한국국민당으로 일단 집결한 세력들은 곧바로 합동협상을 전개한다. 9월 2일 조선민족당에서 김병로·백관수·원세훈이 협상 대표로, 한국국민당에서는 장덕수·백남훈·정노식이 협상 대표로 나서서 양당의 합동을 결의했다. 그 결과 9월 4일, 낙원동 소재 협성실업학교에서 한국민주당 발기회를 개최하여 90명의 강령 정책위원을 선임했다. 또한 책임자로 총무부에 김병로, 계획부에 장덕수, 조직부에 김약수, 지방부에 정노식, 재정부에 박용희(朴容喜), 선전부에 함상훈(咸尙勳), 정보부에 박찬희(朴瓚熙), 조사부에 이중

---

77   정노식, 「삼선독어(三仙獨語)」, 『비판』 6-4, 1938년 4월호.

78   정노식, 「인간정조론」, 『비판』 6-6, 1938년 6월호.

화(李重華), 심사부에 김용무(金用茂)를 부장으로 선임했다.[79]

당시 위원 중 일제하 사회주의 운동가들로는 김약수, 정노식 외에도 나경석, 원세훈, 유진희, 이극로(李克魯), 이증림(李增林), 이헌(李憲), 아나키스트 이정규(李丁奎) 등도 있었다. 함경도 출신으로 서상파 이증림이 올라가 있는 것은 의외다. 어떤 이유에서 올라가 있는지는 현재까지 알 수 없고, 실제 활동을 하지도 않았다. 이정규도 실제 활동하지 않았다. 8월 25일 조선어학회를 재건하고 간사장에 선임된 이극로도 조선어학회 활동에 전념하고 한민당 활동은 거의 하지 않는다. 다만 미군정 학무국의 위촉으로 조선교육심의회 초등교육부 위원장을 맡고, 1945년 말 송진우의 정계개편 운동에는 참여한다.[80] 때문에 이극로는 초기 한민당과는 우호적 관계를 맺고 있었다고 보인다. 그 외 사회주의 운동 경력은 없지만 사회민주주의 성향을 갖고 있는 인물들로는 서상일과 이순탁 등이 있었다.

한편 재건파 조선공산당 주도로 이루어진 인공의 선포는 정중동하던 송진우를 비롯하여 상당수 민족주의 세력들이 본격적으로 정치일선으로 뛰어들게 한 촉매제가 되었다. 1927년 후반 중국 국공합작의 분열과 엠엘파 조선공산당 세력의 '프롤레타리아 헤게모니 전취론'에 위기의식을 느껴 민족주의 세력이 '민족적 총역량의 집중'을 제기하면서 단합한 것과 같은 일이[81] 다시 일어났다.

---

79 『매일신보』 1945. 9. 6. 『자료대한민국사』 1권, 50~51쪽.

80 이극로는 일제하 한글 보급과 연구와 관련하여 동아일보의 지원하에 활동하기도 했고, 1945년 말 송진우가 정계개편 운동을 추진하면서 1946년 1월 10일 국민대회 개최에 상정할 대한민국 헌법 대강을 마련하기 위해 구성한 최초 헌법연구위원 11명 중에 들어가 있었다. 자세한 것은 다음 참조. 윤덕영, 「미군정 초기 정치 대립과 갈등 구조의 중층성─1945년 말 한국민주당 주도 세력의 정계개편 운동을 중심으로」, 『한국사연구』 165, 2014, 289~290쪽.

81 윤덕영, 「신간회 초기 민족주의 세력의 정세인식과 '민족적 총역량 집중'론의 제기」, 『한국근현대사연구』 56, 2011, 46~72쪽.

민족주의 세력 내 이념적 편차나 정치적 분파에 상관없이 일제하의 갈등과 분열의 앙금을 일단 접어두고 상당수 민족주의 세력들이 조기에 단합하기 시작했다.

한편 송진우는 '임정 절대지지', '민족 역량 총집결'을 명분으로 이를 위한 국민대회 개최를 주장했다. '임시정부 급 연합군 환영준비회'를 기반으로 9월 7일 국민대회준비회를 결성했다. 국민대회준비회는 송진우를 위원장으로, 그리고 부위원장으로 송진우의 측근이자 대구 지역 우익 세력의 중심인물인 서상일과 사회주의 운동 출신의 원세훈을 선임했다.[82] 그 후 고문으로 민족주의 세력의 원로 권동진(權東鎭), 오세창(吳世昌), 김창숙(金昌淑)을 위촉하고, 각 부서를 두어 총무에 김준연, 외교에 장택상, 조사에 윤치영, 조직에 송필만(宋必滿), 정보에 설의식(薛義植), 경호에 한남수(韓南洙) 등을 임명했다.[83] 이후 송진우는 한민당 발기회 활동에 국민대회준비회의 위원장 명목으로 적극 개입했다.

그 결과 9월 16일 1,600여 명이 모인 가운데 한민당이 창당되었다. 9월 21일에는 송진우를 수석총무로 하여, 각 지역 대표로서 김도연(경기), 조병옥(충청), 백관수(호남), 서상일(경북), 허정(경남), 백남훈(황해), 김동원(金東元, 평안), 원세훈(함경)의 8총무를 선임했다.[84] 당의 영수로 이승만(李承晩), 김구(金九), 이시영(李始榮), 문창범(文昌範), 서재필(徐載弼), 권동진, 오세창 등이 추대되었지만 송진우가 당을 실질적으로 대표하고 주도했다.

9월 22일에는 제1회 중앙집행위원회를 열고 1국 11부와 중앙감찰위원회의 중앙집행부서를 선임했다. 총무사무국장에 나용균(羅容均), 당무부장 이인, 외

---

82 『매일신보』 1945. 9. 8. 『자료대한민국사』 1권, 57~58쪽.

83 고하선생전기편찬위원회, 『독립을 향한 집념—고하 송진우 전기』, 동아일보사, 1990, 453쪽.

84 『매일신보』 1945. 9. 23; 고하선생전기편찬위원회, 앞의 책, 460쪽.

무부장 장덕수, 조직부장 김약수, 재무부장 박용희, 선전부장 함상훈, 정보부장 박준희(朴俊熙), 노농부장 홍성하(洪性夏), 문교부장 김용무, 후생부장 이운(李雲), 조사부장 유진희, 연락부장 최윤동(崔允東) 등 부서장과 부서원을 선임했고, 김병로를 위원장으로 하는 중앙감찰위원 30명을 선임했다. 또한 경호사령부를 두어 총무와 사령에 서상천(徐相天), 참모에 한진희(韓軫熙)를 선임했다.[85] 1945년 11월 1일에는 제3회 중앙집행위원회를 개최하여 청년부, 훈련부, 부인부의 3부를 신설하고 청년부장에 박명환, 훈련부장에 서상천을 선임했다. 그리고 당무부 부장 이인을 신윤국(申允局)으로, 문교부 부장 김용무를 이관구(李寬求)로, 연락부는 지방부로 개칭하고 부장을 최윤동에서 조헌영(趙憲泳)으로 교체했다.[86] 이는 김용무가 미군정의 대법원장으로, 이인이 대법관으로 자리를 옮겼기 때문이었다.[87]

초기 한민당에서 간부로 선임된 사회민주주의 계열의 인물들은 한민당 발기회에서는 조직부장 김약수와 지방부장 정노식이 있었다. 한민당 초대 중앙부서장에는 함경도 지역 대표 총무 원세훈, 조직부장 김약수, 조사부장 유진희, 청년부장 박명환 등이 있었다. 원세훈은 송진우가 한민당과 별도로 조직한 국민대회준비회 부위원장을 겸임했다.

---

85 『매일신보』 1945. 9. 24; 송남헌, 앞의 책, 129~130쪽.

86 『자유신문』 1945. 11. 10.

87 1945년 초기 한민당과 국민대회준비회 간부들의 정치 세력별 분류와 경향에 대해서는 다음 참조. 윤덕영, 「1945년 한국민주당 초기 조직의 성격과 주한미군정 활용」, 『역사와현실』 80, 2011, 255~263쪽.

2. 한국민주당의 초기 활동과 진보적 사회경제 정책의 배경

1) 한국민주당의 대한민국임시정부 지지론과 사회민주주의 세력의 협력

8·15 직후 한민당의 결성은 일반적인 과정이 아니라, 재건파 조선공산당의 건준 주도와 뒤이은 인공 선포에 대한 대응과 대결 과정에서 이루어졌다. 한민당 발기회가 9월 8일 발표한 첫 번째 성명서는 9월 6일 인공 선포에 대응한 '임정 외에 정권 참칭하는 단체 및 행동 배격 결의'였다. 초기 한민당은 인공 반대와 대한민국임시정부 지지의 전제 위에서 움직였고, 그에 제한받았다. 한민당이 주장한 임정 지지론은 해방 전후 송진우가 앞장서서 주장한 '대한민국임시정부 절대지지론'에 연장선상에 있었다.

종래 한민당의 임정 지지론에 대해 상당수 연구에서는 친일파가 다수 참가한 한민당이 자신들의 미약한 정치명분을 가리기 위해 임정 지지를 일시적으로 주장한 것에 지나지 않으며, 정치적 상징조작으로 임정을 이용했을 뿐이지 실제로는 지지하지 않았다고 보고 있다.[88] 서중석은 한민당이 명분하나만으로 중경임시정부 추대 운동을 벌인 것은 아니었다고 하면서, 송진우측이 중경임시정부에 대해 과대하게 기대하여, 해외 임정이 들어와 정권을 집행할 것으로 생각한 점이 상당한 작용을 했을 것으로 판단했다.[89]

필자는 송진우 등 한민당 주도 세력은 공산주의 세력과의 협력을 부정하지는 않았지만, 그들과 협력하기 위해서는 확실한 안전장치, 민족주의 세력의 주도권이 사전에 담보되지 않으면 안 된다는 것을 중국 국민혁명의 경험에서

---

[88] 김인식, 「송진우·한국민주당의 '중경임시정부 절대지지론'」, 『한국근현대사연구』 24, 2003; 김인식, 「8·15 해방 후 우익 계열의 '중경임시정부 추대론'」, 『한국사학보』 20, 2005.

[89] 서중석, 『한국현대민족운동연구』, 역사비평사, 1991, 269~270쪽.

나, 신간회 운동을 비롯한 1920년대 이래 민족운동의 경험에서 확실히 체득하고 있었다고 본다. 그들의 입장에서는 청년 학생과 노동 농민층에 상당한 기반을 가지고 있는 공산주의 세력을 제어하고 민족운동과 신국가 건설의 주도권을 갖기 위해서는 분명한 명분과 정통성이 반드시 필요했다. 이 점에서 임정은 유효한 보증이 될 수 있었을 것이다. 임정은 민족운동에 있어 상징성과 정통성을 가지고 있었다. 또한 임정은 민족주의 세력인 한국독립당(이하 한독당)의 주도하에 조선민족혁명당 등을 포함한 좌우연합체 성격을 띠고 있었기 때문에 명분도 분명했다. 쑨원 주도하의 국공합작에 기반한 중국국민당 정권을 민족혁명 단계의 이상적 모델로 생각하고 있던 송진우와 한민당 주도 세력에게 민족주의 세력이 주도하는 임정은 부족하나마 신정권의 모태가 될 수 있는 성격의 정부였다. 그렇다고 그들이 임정을 과대평가한 것은 아니었다. 그들은 임정 세력이 민족운동에 있어 상징성과 정통성을 지닌 반면, 국내 기반이 전무하다는 것을 잘 알고 있었다. 임정 세력이 귀국 후 자신을 지지하는 국내 세력에 반드시 의존할 수밖에 없을 것이고, 그렇다면 비록 임정을 중심으로 정부가 수립되더라도 자신들의 영향력은 충분히 확보할 수 있을 것이라 생각했다. 그들은 민족 문제를 중심에 두고 좌·우합작을 통해 당면의 신국가 건설을 추진하기보다는, 민족주의 세력의 확고한 우위하에서만 당면의 국민혁명을 추진한다는 한계를 가지고 있었다.[90]

재건파 조선공산당은 8·15 해방 직후의 혁명적 분위기에 휩쓸려서 민족주의 세력이 물리적 힘과 조직력을 갖출 만한 시간을 갖지 못한 틈을 타서 일종의 쿠데타를 일으켜 밀어붙이려고 했다. 그러나 이는 정세에 대한 오판이었다.

---

90 윤덕영, 「송진우·한국민주당의 과도정부 구상과 대한민국임시정부 지지론」, 『한국사학보』 42, 2011, 253~260쪽.

이미 남한은 자본주의 국가 미국이 진주하기로 예정되어 있었고, 미국이 공산주의 세력의 발호를 좌시하지 않을 것은 쉽게 알 수 있었음에도 이를 너무 낙관하고 있었다. 인공 수립을 통해 급속히 광범한 대중적 기반을 확보하는 성과를 얻었다 해도, 그것이 미군의 물리력을 물리칠 수준이 아님은 자명한 것이었다. 미군이 조선의 신국가 건설에 자의적으로 개입할 명분을 주지 않기 위해서는 민족주의 세력의 상당수를 끌어들여야 한다는 민족통일전선 결성의 필요성과 절실성을 제대로 파악하지 못했고, 이를 무시했다. 해방 후 혁명적 분위기, 지척인 북한에 공산주의 종주국인 소련이 진주하였다는 것, 그리고 프롤레타리아 헤게모니, 공산당 영도권에 대한 조급함이 객관적 정세 판단을 흐리게 했다.[91]

인공 수립은 그들의 경쟁자 민족주의 세력, 그리고 민족주의 세력과의 협력을 주장하던 일부 사회민주주의자들에게는 대단한 위기감을 불러일으켰다. 민족주의 세력의 대다수는 인공 선포 소식을 듣고 자신들이 머뭇거리고 있는 사이에 공산 세력이 해방 후 신국가 권력의 주도권을 독점적으로 장악해간다고 생각했다. 인공 수립을 선포했을 때 이에 대한 민족주의 세력의 반격은 충분히 예상할 수 있는 것이었다. 미군이 들어와 미군정을 실시할 때, 그들이 전개할 수 있는 반혁명 운동의 크기와 영향력을 간과했다. 일제하에 노정되었던 민족주의 세력 내의 지역적·분파적 대립, 그리고 민족주의 세력과 민주적 사회주의 세력의 상호 불신 때문에 이들은 사실 하나의 정당으로 결집되기가 어려웠다. 그렇지만 인공의 선포는 이들의 결집을 가능하게 했다. 이들의 미군정에 대한 협조는 신국가의 주도권을 놓고 공산주의세력과 싸우기 위한 자발적

---

91 위의 글, 263쪽.

이고 주도적인 협력이었다.[92]

한민당의 임정 지지론은 국민대회준비회를 통한 송진우의 과도정부 구상과 맞물려 있었다. 그는 일종의 좌익 연립정부인 건준이나 인공에 대항한다는 의미를 넘어서, 국내외 정치 세력과 민중들의 대표가 참가하는 국민대회를 통해 장차 수립될 신국가의 의회 조직을 만들려고 했고, 국민대회준비회는 그 모태였다. 그가 볼 때 좌익의 건준(인공)이나 해외의 임정은 국가의 행정을 담당하는 권력 조직이지, 근대 민주정치의 모태이자 권력의 기반이 되는 의회 조직은 아니었다. 그는 근대 정당정치를 기본적으로 자본주의적 전망을 지향하는 보수·자유정당과 사회주의적 전망을 지향하는 무산·진보정당이 권력을 놓고 서로 각축하는 정치질서로 인식했다. 이때 중요한 전제는 그것이 의회민주주의적 질서 속에서 진행된다는 점이었다. 이런 점에서 의회민주주의적 질서를 근본적으로 부정하는 극우 파시스트 정치 세력이나 공산주의 세력은 경계와 극복의 대상이었다.[93]

당시 송진우가 구상하던 정치 구조는 구체적으로 보면 1947년 초 남조선과도입법의원과 남조선과도정부의 구도와 비슷한 것이었다. 임정이 남조선과도정부의 역할을 맡고, 국민대회준비회는 과도입법의원의 산파가 되는 것이다. 1945년 시기에 이미 그의 머릿속에는 이런 신국가 건설의 구도가 그려져 있었다. 그렇기 때문에 송진우의 인식 속에서 국민대회준비회를 통해 운동을 전개하는 것과 임정의 법통을 지지하고 이를 정부로 받아들이는 것은 전혀 모순이 되지 않았다. 기존 연구들에서는 송진우와 한민당이 임정에 대한 무조건적 지지를 주장했다고 해서 임정 법통론에 함몰되어 각계각층의 대표자들의 신

---

92   위의 글, 263~265쪽.

93   위의 글, 267~268쪽.

국가 건설에의 참여를 부정하였다거나, 아니면 인공에 대항하기 위한 견제 수단으로서만 임정 지지를 한시적으로 이용했다고 보는데, 이는 송진우의 구상을 잘못 이해한 것이다.[94]

이렇기 때문에 1945년 초기 한민당의 활동은 임정 지지론의 확산과 국민대회준비회 활동의 두 축으로 움직였다. 그리고 한민당에 참여한 사회민주주의자들은 이에 동원되었다. 우선 국민대회준비회의 위원장 송진우 밑의 두 명의 부위원장이 원세훈과 서상일이었다. 이들은 사회민주주의적 성향의 공통 분모를 가지면서도, 원세훈은 사회민주주의 좌파적 성향을, 서상일은 사회민주주의 우파적 성향을 가졌다. 일제하 활동에서도 일정한 차이를 보였다. 국민대회준비회는 사회민주주의를 대표하는 두 사람을 상징적으로 내세움으로써 국민대회준비회가 사회민주주의 정치 세력 전체를 결집시키는 데 일정한 기여를 하도록 했다.

10월 23일 이승만이 주도한 독립촉성중앙협의회(이하 독촉중협) 결성회의가 열렸다. 송진우와 함께 원세훈이 한민당 대표로 참석했다. 독촉중협 회의에서 이승만은 국내의 정치 세력과 정치 판도를 철저히 무시했다. 회의 주도층은 모든 정치 세력 위에 이승만을 옹립하려 했다. 그날 독촉중협 회장으로 이승만이 추대되었고, 앞으로의 회의 소집이나 구성은 이승만에게 일임되었다.[95]

한민당 대표로 참가한 원세훈은 정당 세력의 통일에는 찬성하면서도 그 주체가 이승만이 아닌 임정이 되어야 한다면서, 이승만의 의도와 달리 한민당 주도 세력의 입장을 반영하는 발언을 했다. 그는 "여러 말 하지 않겠다. 통일에는 기본 조건이 있다. 우리는 대한민국임시정부를 국가의 최고 기관으로 하지

---

94 위의 글, 274쪽.
95 독촉중협의 결성 과정에 대해서는 정병준, 『우남 이승만 연구』, 역사비평사, 2005, 455~508쪽.

않으면 안 된다. 그 기관 아래에서 민족적 반역자나 매국노도 처단하여야 하고, 북위 38도 문제도 해결해야 한다. 공산주의든지 민주주의든지 서로 악수할 점이 있으면 지금은 무조건하고 악수하고 나아가자! 그럼으로 우리가 시급히 할 일은 민주주의도 한 덩어리가 되고, 공산주의도 하나로 힘을 뭉쳐서 조선 독립을 위하여 민족적으로 나아가자! 먼저 내부적으로 합치자는 말이다"라고 주장했다.[96] 그의 주장에서 보이듯이 원세훈은 송진우의 임정 절대지지론과 입장을 같이하고 있었다. 그는 민족적 총역량 집중론의 입장에서 민족 문제 해결을 전면에 내세웠다. 이는 송진우의 정계개편 구상과도 일맥상통하는 것이었고, 그들은 의기투합해서 행동을 같이했다.

한민당 주도 세력은 독촉중협 발족 다음 날인 10월 24일, 한민당, 국민당, 장안파 조선공산당 3당의 회의를 소집했다. 국민대회준비회의 주선으로 소집된 회의에는 한민당에서 송진우, 김병로, 원세훈, 백관수, 백남훈, 홍성하 등 6명이, 국민당에서 안재홍, 박용의(朴容義) 등 7명이, 주선자인 국민대회준비회에서는 서상일, 김준연 등 5명이 참가했다. 그리고 장안파 조선공산당에서도 이영(李英), 최익한(崔益翰), 황욱, 서병인(徐炳寅), 주진경(朱鎭景), 윤형식(尹亨植), 최성환(崔星煥) 등 7명이 참가했다. 회의 결과 공동성명서를 발표하는데, 성명의 요지는 임정을 전적으로 지지한다는 것, 국내외 반민족 분자를 제외한 민주주의적 각층 각파와 제휴하여 국민 총의에 의한 정식 정부의 급속한 수립을 기한다는 것, 그리고 이를 위한 준비로 국민대회준비위원회를 구성하며, 이를 위한 준비 기구연구소를 둔다는 것, 독립촉성중앙협의회를 지원한다는 것 등이었다.[97]

3당 공동성명은 독립촉성중앙협의회를 지원한다는 문구를 말미에 넣기는

96 『매일신보』 1945. 10. 25.

97 『매일신보』 1945. 10. 27; 『자유신문』 1945. 10. 27.

했지만, 성명서의 전체를 흐르는 것은 한민당 주도 세력이 그동안 주장했던 임정 절대지지 노선을 확인하고 이에 대한 3당의 합의를 이루어낸 것이었다. 그리고 단순한 임정 지지가 아니라 국민대회준비회를 중심으로 전개되어왔던 새로운 과도입법기관 설립 노선을 국민당과 장안파 공산당에게도 추인 받은 것이었다. 곧 송진우를 중심으로 한 한민당 주도 세력의 신정부 수립 노선이 부분적이나마 여타 정치 세력에게도 관철되었다. 이를 통해 한민당 주도 세력은 이승만의 구상, 즉 독촉중협 이름하에서 모든 세력을 이승만의 절대권위 아래 두는 것을 사실상 거부했다. 곧 독촉중협이 임정 상위에 있거나 동등한 기관이 아닌 임정이 역할을 할 수 있도록 도와주는 조직이 되어야 한다는 것이다. 그리고 임정 지지는 국민대회준비회를 통해 새로운 과도입법기관 설립과 연계시킬 것임을 분명히 했다.[98]

그런데 3당 공동성명에서 특징적인 것은 임정 지지와 국민대회준비회 구성 성명임에도 불구하고, 공산 세력의 비록 일부이지만 장안파 조선공산당이 이에 동의했다는 점이다. 이는 그들이 현 단계 부르주아민주주의혁명, 민족혁명 단계에서 민족주의 세력의 주도권을 인정한다는 것을 의미했다. 물론 그들은 당시 재건파 조선공산당에 밀려 좌익 내에서 입지가 크게 약화된 시점이었다. 그럼에도 당시 공산주의 정체성으로는 도저히 할 수 없는 이런 성명에 참여하고 있었다. 물론 그들이 실제 어느 정도, 얼마만큼 가담했는지는 세밀히 검토해보아야 한다. 그럼에도 이런 성명에 당시 공산주의자 일부가 가담했다는 것은 대단히 이채로운 것이다. 누가 한민당 주도 세력과 이들을 연결시켰는가는 드러나지 않지만, 원세훈을 비롯한 한민당 내 사회주의 운동 출신자들이 일정한 역할을 담당했을 것이다.

---

98 윤덕영, 앞의 글, 2011, 271~274쪽.

2) 초기 한국민주당의 진보적 사회경제 정책과 그 배경

한민당 내 사회민주주의자들의 역할과 관련해서 주목할 것은 초기 한민당의 정강 정책이 사회민주주의자들과 진보적 민족주의자들의 상당수가 이탈한 1947년 이후의 한민당과는 비교할 수 없을 정도로 급진적이고 진보적인 정책들을 포함하고 있다는 점이다.

1945년 9월 6일 발표되어 9월 16일 당 결성대회에서 통과된 최초의 한민당의 정강과 정책은 간단했다. 정강에서 "근로 대중의 복리증진을 기함", 그리고 정책에서 "주요 산업의 국영 또는 통제 관리", "토지 제도의 합리적 재편성" 정도가[99] 눈에 띈다. 당시 해방 직후 한국의 주요 산업은 대부분이 적산이었기 때문에, "주요 산업의 국영 또는 통제 관리"란 적산을 일반에게 불하하지 않고 국영기업이나 국가가 통제 관리할 수 있는 기업으로 운영하겠다는 의미였다. 산업에서 국가의 역할을 강조하는 것은 자유주의 내에서도 영국 신자유주의(New Liberalism) 정책의 기본 기조이기 때문에 반드시 사회주의적이라 할 수 없다. 그럼에도 일정한 진보적 성격을 가진다. 그러나 "토지 제도의 합리적 재편성"은 그 구체성이 드러나지 않는다.

1945년 11월 17일 한민당의 선전부장 함상훈은 한민당의 정강 정책을 해설하는 「야당의 주의 정책」이란 글을 작성했다. 이 문건은 내부 회람되다가 『개벽』 1946년 1월호에 발표된다. 그 주요 내용을 다음과 같다.[100]

· 빈부의 차가 심하고 교육 수준의 차가 심한 곳에 어찌 자유·평등을 바라랴? 그러므로 경제적으로 원칙상 자유를 인(認)하나, 대기업에 있어서는 국가 경영으

---

99 『매일신보』 1945. 9. 17. 『자료대한민국사』 1권, 108쪽.

100 『개벽』 8-1, 1946.

로 하여 대자본의 절제를 꾀하고, 토지는 대소유를 금하여 자작농 정도에 한하고, 대지주는 그 토지를 국가에 매각하여 기업가로서 진출할 기회를 주고, 국유지는 소작인·고용농부들에게 경작권을 부여하여 소작료를 3분의 1정도로 납입하여 생활의 안정을 기치 않으면 안 된다.

· 노동자 근로계급에도 생활의 안정을 보장토록 급료를 후히 하고, 사회시설을 신설 내지 확충치 않으면 안 될 것이다.

· 공산당이니 노동당이니 대두하는 것도 종래의 정치가 왕왕히 근로계급의 생활 문제를 등한시하였고, 또는 무시한 때문이다. 우리 당은 경제 문제를 중시하여 대자본·대지주에게 통제 정책을 써서 근로계급의 생활을 보장하려 한다.

함상훈이 발표한 한민당 정강 정책 해설은 몇 가지 점이 주목된다. 첫째, 대기업의 국가 통제를 표방한 점이다. 강령에서 말한 "주요 산업 국영 또는 통제 관리" 방침에서 더 나아가 "대기업에 있어서는 국가 경영으로 하여"라는 표현을 사용하고 있다. 이것은 대기업의 경영을 국영으로 하겠다는 것은 아니다. 그보다는 '대자본의 절제'을 꾀하기 위해 국가가 대기업의 경영을 간섭하고 통제하겠다는 의미이다.

둘째, 근로계급의 생활보장과 임금상승을 위해 대자본에 대한 통제 정책을 쓰겠다는 점이다. "공산당이니 노동당이니 대두하는 것도 종래의 정치가 왕왕히 근로계급의 생활 문제를 등한시하였고, 또는 무시한 때문"이라면서 근로계급의 임금인상과 생활안정을 위해 국가가 대자본의 경영 활동에 통제 정책을 써서 개입하겠다는 것을 분명히 했다. 이런 정책은 민중의 복지를 크게 고려했다는 점에서 진보적이고 적극적 의미를 가진다. 다른 한편으로는 당시 급격히 고양된 노동자 농민대중의 변혁적 활동에 대한 예방적 성격을 가지고 있었다.

셋째, 토지 문제에 있어 "대소유를 금하며 자작농 정도로 한다"는 토지개혁의 틀을 제시하면서 국유지에서는 소작료 3·1제를 시행하겠다고 한 점이다. 이 주장은 토지개혁이 반드시 필요하다는 것을 확인하면서, 그 방향은 자작농을 창출하는 것임을 드러냈다. 또한 토지개혁까지의 과도기에는 소작료 3·1제를 시행한다는 것도 분명히 했다. 이런 주장은 대체로 이후 적산토지에 대한 소작료 방침과 남한 정부 수립 이후 농지개혁의 틀을 제시한 것이다.

한민당의 기관지 격인 동아일보는 1945년 12월 초 사설에서 우리 민족은 '언어 공동체'이고 '자연 공동체'이며 유구한 역사를 통해 민족의 생존과 자유를 위해 싸운 '운명 공동체'이므로 "이 모든 공동체를 통하여 확고부동한 민족의식을 가진 민족 단일체"라고 하면서, 이를 우리 민족의 독자성으로 강조하는 이유는 이것이 우리의 '건국 이념의 핵심'이기 때문이라고 주장했다. 그러므로 "이 이념만 확립되면 계급적 대립 문제, 기타 사회 문제는 진보적 민주주의 원칙에 의한 국가의 사회경제적 정책으로서 해결할 수 있다는 것을 확신"한다고 주장했다.[101] 사설은 우선 민족 문제가 선결이고 이것이 건국 이념의 핵심적 내용임을 분명히 했다. 그렇지만 이 이념만 확립되면, 계급 문제나 기타 사회 정책은 '진보적 민주주의 원칙', 즉 사회주의적 경제 원리를 수용한 사회경제 정책으로 해결하겠다는 주장이었다. 곧 민족 문제를 앞에 두고 사회경제적 정책 부분으로 좌익 세력과 대립할 수 없고, 좌익이 주장하는 진보적 민주주의 원리를 일정하게 수용하여 양자 간의 장벽을 해소하겠다는 것이었다.

1945년 12월 22일 송진우의 「한국민주당의 정견」 방송 내용은 당시 급진적으로 변화하는 한민당 정책을 확정하는 것이었다. 방송에서 송진우는 다음과 같이 주장했다.[102]

---

101 「한민족의 독자성」, 『동아일보』, 1945. 12. 8.

102 『동아일보』, 1945. 12. 23.

경제적으로 근로대중의 복리를 증진하는 것입니다. (⋯) 과거에 있어서는 자유에만 치중하고 균등에 있어서는 진실한 고려가 없었기 때문에 자본가가 이윤추구에 방분(放奔)한 나머지 경제적 균등의 기회는 파괴되고, 따라서 근로대중의 생활은 그 안정을 잃었던 것입니다. 그러므로 우리는 정치적 민주주의가 독재적 전횡을 타파하는 데 있는 것과 같이, 경제적 민주주의는 독점의 자본을 제압하는 데 있는 것이니, 진정한 의미의 경제적 민주주의는 그 정책에 있어 사회주의 계획경제와 일치된 점을 발견치 못하리라고 생각할 수 없습니다. 그러므로 대자본을 요(要)하고 독점성을 띤 중요 산업은 국영 혹은 공영으로 해야만 할 것이오, 또한 토지정책에 있어서도 종래의 불합리한 착취 방법을 단연 배제하기 위하여, 일본인 소유 토지의 몰수에 의한 농민에게 경작권 분여는 물론이거니와, 조선인 소유 토지도 소유를 극도로 제한하는 동시에 매매 겸병을 금하여 경작권의 전국적 시설을 촉진하여 민중의 생활을 확보하지 않으면 아니 될 줄 맞습니다.

한민당을 대표하여 방송에 임한 송진우 주장의 기본 인식은 그가 1925년 1월 12일부터 4회에 걸쳐 동아일보에 사설로 연재한 「자유권과 생존권」의 내용에 상당히 기반해 있었다.[103] 19세기 후반에서 20세기 전반 영국 신자유주의(New Liberalism)의 이념을 일정하게 반영하여 작성된 논설에서, 그는 "자유권은 정치적 생존권이며, 생존권은 경제적 자유권"이라 하여 자유권과 생존권을 동등한 가치로 인식했다. 곧 민중들이 사회에 대하여 생존 보장을 주장하는 것은 당연하며, 사회도 이들의 생존을 보호할 의무가 있다는 것이다.[104] 송진우는 해방되어

---

103 「자유권과 생존권」 (1)~(4), 『동아일보』 1925. 1. 12~1. 15.

104 그 자세한 내용과 영국 신자유주의 주장과의 비교는 다음 참조. 윤덕영, 『세계와 식민지 조선의 민족운동—한국 자유주의의 형성, 송진우와 동아일보』, 혜안, 2023, 155~161쪽.

언론의 자유가 보장되면서 보다 직접적인 표현으로 주장을 펼친 것이었다.

이 방송에서 보인 송진우의 주장은 몇 가지 점에서 중요하다. 첫째, "경제적 민주주의는 독점의 자본을 제압하는 데 있는 것"이라 하여, 경제적 민주주의를 달성하기 위해서는 독점자본을 제압하고 통제하는 것이 필수불가결함을 분명히 한 점이다. 그는 독점자본의 이윤 추구 통제가 전제되지 않는 '경제적 민주주의'는 성립할 수 없다는 점을 확인했다.

둘째, "대자본을 요(要)하고 독점성을 띤 중요 산업은 국영 혹은 공영으로 해야만 할 것"을 명시함으로 경제 정책에서 사회주의적 요소, 계획경제의 요소가 중요한 역할을 담당할 수 있도록 했다. 물론 독점적 중요 사업의 대부분이 일제 적산이라는 점에서 이는 기존 민족자본의 권리를 곧바로 해치는 것은 아니었다. 다만 이들이 적산불하를 통해 성장할 가능성을 일정 정도 차단한다는 점에서는 의미가 있었다. 그 때문에 그는 "진정한 의미의 경제적 민주주의는 그 정책에 있어 사회주의 계획경제와 일치한 점을 발견치 못하리라고 생각할 수 없습니다"라고 주장한다. 경제적 민주주의 정책은 사회주의 계획경제와 일치되는 점이 적지 않다는 것이다.

셋째, 일본인 적산토지뿐만 아니라 조선인 소유 토지에 대한 토지개혁을 분명히 하였다는 점이다. 또한 매매와 토지의 겸병을 금해서 대토지 소유가 재발하는 것을 막고, 경작권을 안정시켜 민중생활을 안정시키겠다는 방침도 제시했다. 이런 그의 주장은 이후 전개된 남한의 농지개혁보다 더 강력한 토지개혁을 예고한 것이라 하겠다.[105] 송진우의 주장은 사실상 좌익들이 주장하는 진보적 민주주의 사회경제 정책을 상당수 수용한 것이었다.

---

105 한민당의 토지 정책 추이에 대해서는 다음 참조. 황병주, 「해방 공간 한민당의 '냉전 자유주의'와 사유재산 담론」, 『동북아역사논총』 59, 2018.

송진우는 며칠 후 글에서 이런 정책 구상의 배경을 설명하고 보다 급진적인 토지 정책을 제시했다.[106]

> 혹자는 현 단계를 부르조아 민주주의 혁명이라고 하나 그것은 일개 공식론에 불과하다. 현 단계는 대이념하에 수행되는 사회민주주의혁명 단계라고 본다. 토지는 소작권 설정에 의한 국유제로 해야 된다. 토지의 재분배는 몇십 년 후에 또 다시 토지겸병의 폐해를 야기시킬 것이니 백년지대계가 아닐 것이다. 철도, 선박, 전신 특히 의식주에 관한 대기업은 국영으로 하여 시설을 개선하고 노동자 대우를 향상시킬 것이다. 그 외 교육 문제·사회보험 문제 등 일체 사회·교육 정책에 의하여 이상적으로 수행할 수 있을 것이다. 손문 선생의 삼민주의는 중국에 있어서보다 우리 땅에서 먼저 그 이상적 실현을 볼 줄 믿는다.

12월 30일 송진우가 암살당하기 직전에 작성한 이 논설은 몇 가지 점에서 중요하다. 첫째, 현 단계의 혁명을 부르주아민주주의혁명 단계로 규정하는 것을 공식론이라 하여 일축한 점이다. 이는 사회주의자들이 주장하는 부르주아민주주의혁명 단계론이 가지고 있는 의미, 곧 프롤레타리아혁명론의 전제로서의 부르주아민주주의혁명 단계론을 부정한다는 것을 의미한다. 현 단계의 혁명이 프롤레타리아혁명론으로 발전하는 혁명이 아닌 그 자체의 완성된 혁명이라는 것이다.

둘째, 현 단계의 혁명을 "사회민주주의혁명 단계"로 규정한 점이다. 일제하 송진우는 요시노 사쿠조(吉野作造)를 비롯해서 자유주의 지식인들 및 정치가들과 일정하게 교류했다. 이에 따라 일본 다이쇼 데모크라시의 자유주의 사상을

106　송진우, 「연두 소감」, 『선봉』 2-1, 1946.

비롯해서 독점자본의 제한과 민중生活 보장을 주장하면서 자유주의 사상을 체제 내적으로 개선하려는 19세기 말 20세기 초 영국의 신자유주의 이념(New Liberalism)을 수용해서 일정하게 받아들이고 있었다.[107] 영국의 신자유주의가 사회적 자유주의라고 해서 사회민주주의 우파 그룹과 일정한 친화성을 가지고 있는 것은 사실이다. 그렇다고 사회민주주의 사상은 아니었다. 자유주의를 현재의 상황에 맞게 발전시킨 수정 자본주의 사상이었다. 송진우 자신도 일제하 내내 사회민주주의를 내세운 적이 거의 없었다. 때문에 송진우의 사회민주주의혁명 단계 주장은 당내의 사회민주주의자, 당 밖의 사회민주주의자들에게 보내는 입장 표명이었다. 사회경제적 정책에 있어서는 당신들의 주장을 받아들이겠으니 우리와 협력하자는 의지 표명이었다.

셋째, 이런 사회민주주의혁명 단계 규정에 '대이념하에 수행되는'이라는 전제가 붙어 있다는 점이다. 이 '대이념'이 어떤 이념인가? 그 해답은 인용문 맨 아래에 있다. "손문 선생의 삼민주의는 중국에 있어서보다 우리 땅에서 먼저 그 이상적 실현을 볼 줄 믿는다"는 구절이다. 쑨원과 그의 삼민주의는 조소앙의 삼균주의를 비롯해서 임정의 건국강령에도 일정한 영향을 미쳤는데, 송진우가 거의 유일하게 숭배하던 인물이 쑨원이었다.[108] 송진우는 자신의 이념과 생각을 체계적으로 정리해서 글로 남기지 못했기 때문에 그의 생각과 노선의 진면목이 잘 드러나지 않는다. 아마 남겼더라면 쑨원의 삼민주의는 그의 가장 중요한 근거가 되었을 것이다. 쑨원의 활동은 항상 동아일보에 자세히 보도되고 있었다. 쑨원의 삼민주의는 '민생의 공산' 주장에서 보이듯이 경제적 영역에서는 사회주의 정책을 상당부분 수용했다. 그렇지만 전체적으로 민족주의

---

107 윤덕영, 앞의 책, 143~161쪽.

108 임병철, 「인물소묘: 송진우」, 『신천지』 1-1, 1946.

사상의 기반 위에서 사회주의 사상을 수용한 것이었다.[109] 송진우의 사회민주주의혁명 규정은 이런 민족주의 사상 우위의 규정하에 있는 제한을 받는 것이었다.

넷째, 중요 대기업의 국영 운영과 노동자 대우 향상을 명백히 한 점이다. 진보적 민주주의의 사회경제 정책의 주요 골자 실현을 다시 한번 확인한 것이라 하겠다. 그리고 이를 다시 교육 문제·사회보험 문제 등 일체 사회·교육 정책에까지 확장시켰다.

다섯째, 토지개혁 문제에 대해 토지국유제 구상까지 언급한 것이다. 그는 "토지의 재분배는 몇십 년 후에 또 다시 토지겸병의 폐해를 야기시킬" 것이라면서, 장기적으로는 토지 국유화 방침을 주장했다. 토지 국유화의 대상이 모든 토지인지, 귀속농지와 대지주의 토지에 한정되는지는 불명확하다. 대체로 사회주의 토지 국유화 주장보다는 '토지 공개념'을 강화시킨 것으로 여겨진다. 이러한 송진우의 토지 공개념 구상은 이미 일제 시기부터 표출되고 있었고, 해방 후 상황에서 토지 국유화 주장으로 보다 직접적으로 나타났다. 이런 그의 주장은 조선공산당을 비롯해서 사회주의자들이 주장하던 것과 큰 차이가 없었다.[110]

이러한 송진우 주장은 일제하 이래의 그의 사상과 생각이 기본적으로 깔려있지만, 그를 넘어 해방 직후의 변혁적 국면에서 좌익들이 주장하는 '진보적 민주주의'의 주장, 특히 사회경제적 정책을 상당부분 수용한 것이었다. 특히 사회민주주의를 공공연히 언급한 것은 큰 변화였다. 한민당 내 사회민주주의자들의 존재는 이런 수용에 큰 영향을 미쳤다.

---

109 윤덕영, 앞의 책, 99~100쪽, 339~340쪽.

110 황병주, 앞의 글, 74~76쪽.

8·15 해방 직후 한민당에 참여한 서정희는 같은 북풍파 출신 김종범이 간행한 『해방 전후의 조선 진상』에서는 다음과 같이 말한다.[111]

씨는 말하되, 한국민주당을 부르조아적 반동 단체 운운하는 일부의 비난자도 있으나, 그것은 일부 세력 경쟁의 청년들이 기분적으로 떠드는 고의의 악선전이요, 내(자기)와 김약수가 이 당에 있는 이상 친일파, 반역자, 부르주아 등은 존재할 곳이 아니다. 미구에 숙청될 것이며, 조선 근로대중의 복리를 무시하는 정당과 인물의 존재는 불필요하다는 강경한 태도와 철저한 의사를 가지고 좌충우돌하고 있다.

서정희는 자신이 생각하는 조선 근로대중의 복리 실현을 위해, 자신과 김약수가 한민당 내에서 좌충우돌하고 있다고 주장했다. 일제하 농민운동과 신간회 운동에서 적극적으로 활동하였던 서정희는 해방 직후 한민당에 가담하여 당의 진보적 원로로서 역할을 수행했다. 1946년 7월 30일에는 미군정 사법부장으로 취임한 김병로 후임으로 한민당 중앙감찰위원회 위원장에 선임되었다.[112]

1945년 시기 초기 한민당을 대표하고 활동을 주도한 것은 두말할 필요 없이 송진우였다. 그렇지만 원세훈의 역할도 적지 않았다. 원세훈은 중요한 정치적 회합이나 모임에 항상 한민당의 대표로서 송진우와 함께했다. 한민당 내의 8총무 중에서도 원세훈은 송진우 다음의 위치였으며, 송진우가 심혈을 기울인 국민대회준비회에 부위원장으로 참여했다. 송진우는 원세훈을 한민당 내 진

---

111   김종범·김동운 지음, 앞의 책, 1949, 177~178쪽.
112   『동아일보』 1946. 8. 1.

보적 분파의 대표로 인정할 뿐 아니라, 원세훈을 대동함으로써 한민당의 이미지 변신과 변화를 꾀했다.

원세훈은 일제하 중국에서 민족유일당 운동을 앞장서서 주도한 경력이 있었다. 사회주의자였지만 민족주의자들과의 협력에 적극적이었다. 1930년대에는 국내에서 많은 논설을 집필하면서 민족협동전선의 필요성을 여전히 적극 주장했다. 해방 직후에는 과거 사회주의 운동 출신 인물들, 진보적 사람들을 한민당에 참여시키는 데 주도적이었다. 송진우가 한민당 내 국내 세력의 대표적 인물이라면, 원세훈은 해외에서 활동했던 인물들의 대표 격이라 할 수 있다. 그는 프롤레타리아 헤게모니를 주장하는 조선공산당 세력을 제외한 모든 정치 세력을 민족적 총역량 집중과 임정 지지로 결집시키려는 초기 한민당의 정책 방침에 적극 찬성했을 뿐만 아니라, 이를 확산시키는 데도 앞장섰다. 비록 이념은 달랐지만 원세훈은 송진우와 의기투합하여 초기 한민당을 이끌었다.

한편 송진우는 사회주의 운동 출신 중 또 다른 대표적 인물인 김약수에 대해서는 미온적이었다. 송진우는 서울파 고려공산동맹 책임비서와 조선공산당 책임비서를 지낸 김준연에게 감옥에 있을 때부터 공을 들여 출옥하자마자 그를 동아일보로 영입했고, 자타가 공인하는 최측근으로 삼았다.[113] 그를 통해 김약수의 행적에 대해 누구보다 잘 알고 있었기 때문에 아마도 경계심을 완전히 풀지 않았던 것 같다.

송진우를 중심으로 한 한민당 주도 세력이 1945년 12월 들어 급진적이고 진보적인 모습을 보인 것은 그들이 주도하여 전개한 정계개편 운동과 관련이 있었다. 한민당 세력들은 초기 미군정의 정치고문과 군정요원의 부족을 틈타

---

113 이에 대해서는 다음 참조. 윤덕영, 앞의 책, 356~357쪽, 각주 176.

미군정 행정권 및 경찰권, 사법권 등의 요직에 적극 진출하여 1945년 말이면 미군정의 하위 권력을 사실상 장악해갔다. 그리고 이런 힘을 배경으로 임정 요인들의 귀국을 전후하여 적극적 활동을 시작했다. 한민당 주도 세력은 미 국무부의 한반도 신탁통치 방침 및 소련 점령하에 우익에게 불리하게 돌아가는 북한 정세들을 우려 속에서 바라보았다. 그들은 모스크바 3국 외상회의에서 한반도 신탁통치 방침이 결정되기 이전에 이미 신탁통치 방침에 대해 알고 있었고, 3상회의 결정이 전해지기 한 달 전인 1945년 12월 초부터 이미 열강의 신탁통치 방침과 소련 지배하의 북한 체제에 반대하여 '즉시독립 승인', '38도선 즉시 철폐' 등의 민족 문제를 전면적으로 제기하기 시작하면서, 반소반공 운동을 전개했다.[114]

다른 한편 한민당 주도 세력들은 임정 요인들의 귀국에 맞추어 본격적 정계개편 운동에 착수했다. 그들은 당면 과도정부의 역할을 임정이 전담할 것을 주장하면서 이를 위해 막대한 정치자금을 임정 주도 세력에게 지원하며 그들과 협력 관계를 구축했다. 또한 다양한 중간파 세력, 그리고 공산당을 제외한 여타 좌익 세력을 끌어들이기 위해, 민족 문제를 전면에 내세우며 좌우연합과 민족통일을 주장했다. 이를 위해 친일파·민족반역자 청산 문제에 대해 구체적 규정을 제기하였고, 좌익 세력의 '진보적 민주주의 주장' 중 일부를 수용한 사회경제 정책안을 제시했다. 이들의 정계개편 운동은 국민대회준비회의 1946년 1월 10일 '국민대회' 개최 주장으로 집약되어 나타났는데, 이들의 활동은 임정 주도 세력과 긴밀히 연계되어 추진되었다.[115]

---

114 윤덕영, 「주한미군정의 초기 과도정부 구상과 송진우·한국민주당의 대응」, 『한국사연구』 154, 2011, 216~221쪽.

115 윤덕영, 앞의 글, 2014, 268~293쪽.

그리고 어느 정도 성과도 나타나 사회주의 계열 인물들이 그 과정에 일부 참여하기도 했다. 1월 10일 국민대회 개최에 상정할 대한민국 헌법 대강을 마련하기 위해 헌법연구위원 11명을 선임하였는데, 진보파로 서상일, 이극로가 참여했다.[116] 그 후 10명이 추가되었는데, 당내 진보파 중에서 원세훈, 김약수, 고창일이 선임되었다.[117]

이런 일련의 활동은 한편으로는 조선공산당 세력을 여타 좌익 세력 및 중간 세력으로부터 고립시키고 약화시키며, 다른 한편으로는 임정을 앞세워 한민당 주도 세력이 실제 권력을 장악하려는 헤게모니 투쟁적 성격을 강하게 갖고 있었다. 또한 한반도에서 외국군의 철수, 특히 소련의 철수를 노린 반소반공 투쟁의 성격을 밑바탕에 깔고 있었다. 원세훈을 비롯한 당내 사회민주주의자들은 이런 활동에 동원되었다. 그렇지만 한민당의 정계개편 운동은 모스크바 3국 외상회의 결정에 따른 소위 '신탁통치' 국면이 예상보다 일찍 도래하고, 그 와중에서 이를 주도하던 송진우가 1945년 12월 30일 의문의 암살을 당하면서 순식간에 막을 내리게 된다.[118]

3. 흩어지는 사회민주주의자들

1) 김성수의 정치일선 등장과 사회민주주의 세력의 후퇴

한민당 내 사회민주주의 세력을 지원하던 송진우가 죽자, 이들은 독자적으

---

116 『동아일보』 1945. 12. 23; 『서울신문』 1945. 12. 23.

117 『동아일보』 1945. 12. 27.

118 윤덕영, 앞의 글, 2014, 295~296쪽.

로 세력을 구축해야 하는 상황에 직면하게 되었다. 특히 사회민주주의 정책을 수용하여 초기 한민당의 진보적 사회경제 정책을 이끌던 송진우의 죽음은 한민당의 정책 선회를 가능하게 하는 것이었다. 때문에 당내 사회민주주의 세력의 적극적 대응이 필요했다. 이때 가장 먼저 움직인 것은 한민당의 임시 당대표를 맡고 있던 원세훈이었다. 그는 한민당 당권을 장악하기 위해 적극 활동하였는데, 이를 계기로 당내 각 계파별 대립과 분란이 표면화되기 시작했다.[119]

1946년 초 신탁통치 문제를 둘러싸고 좌익과 우익 세력이 극심하게 대립하는 가운데, 임정내 진보 세력인 김원봉(金元鳳)과 김성숙(金星淑), 그리고 인민당 등의 주선에 의해 한민당, 국민당, 인민당, 공산당 간의 4당 회담이 열리게 되었다. 1월 7일 4당 대표가 회동하였고, 합의하에 '4당 코뮤니케'가 발표되었다.[120] 이때 한민당 대표로 참석하여 합의에 서명한 사람이 당의 임시대표 원세훈과 김병로였다.

1월 8일 오전 한민당 긴급 간부회의가 열려, 대표로 참석했던 원세훈과 김병로가 경과보고를 했다. 그 자리에서 합의에 대한 비판이 쏟아졌고, 한민당 선전부장 함상훈은 4당 코뮤니케를 부인하는 성명서를 긴급 발표했다.[121] 한민당의 이런 발표는 당 공식 대표가 가서 합의한 사항을 뒤엎는 것이어서 큰 파장을 일으켰다. 더구나 당의 대표로 참석했던 원세훈은 송진우 사후 한민당의 임시당수 역할을 맡고 있었고, 김병로 역시 당의 최고위급 인물이었다. 이 때문에 인민당 여운형의 직계인 이여성(李如星)은 4당 공동성명서를 김병로가 기

---

119 서상일은 당시 한민당 당수를 둘러싸고 3파가 준동하였다고 한다. 서상일, 「인촌 김성수 동지는 왜 위대하다 하는가」, 『신생공론』 6·7합병호, 1955; 인촌기념회 편, 『인촌 김성수전』, 인촌기념회, 1976, 497쪽.

120 『중앙신문』, 『서울신문』 1945. 1. 9.

121 『동아일보』 1945. 1. 9; 『중앙신문』 1945. 1. 9.

초하여 성문화하였고, 각 당 대표가 확인서명까지 했는데 이를 부인하는 것은 도저히 상식으로는 이해할 수 없는 처사라면서, 원세훈과 김병로의 체면으로 보아 있을 수 없는 일이라고 지적했다.[122]

그럼에도 불구하고 한민당이 긴급결의로서 이를 부정한 것에는 몇 가지 사정이 있었다. 그중 가장 핵심적인 것은 송진후 사후 당권 향배를 둘러싼 한민당 내 대립이었다. 한민당 주류 세력은 원세훈을 배제하고 김성수를 후임 수석총무로 선임함으로써 당권을 유지했다. 김성수의 취임으로 송진우 사후 당권을 둘러싼 한민당의 내분은 봉합되었다. 당권을 둘러싸고 대립하던 한민당 내 각 세력들은 정치자금 문제 해결 능력이나 정치 리더십에 있어 무난한 김성수를 받아들일 수밖에 없었다. 그렇지만 대지주이자 대부르주아지 김성수의 전면 등장은 당내 사회민주주의 세력의 거부감과 반발을 불러일으킬 우려가 없지 않았다. 더군다나 정치 사회운동 경험이 일천하고 정치적 술수와 능력이 떨어지는 김성수는 송진우가 가졌던 정치력과 리더십, 추진력을 가지고 있지 못했다.[123]

그런데 원세훈의 당권 도전 과정에서 한민당 내 사회민주주의 세력들은 이전에도 그러했던 것처럼 연합된 모습을 보이지 못했고, 그룹별로 개별적으로 서로 다르게 활동했다. 원세훈을 뒷받침하는 것은 고려민주당계에 머물러 있었다. 원세훈은 먼저 당내 사회민주주의 세력 내의 단합과 결집을 주도했어야 했는데 그러지 못했다. 한민당 내 사회민주주의 세력도 결집시키지 못한 그의 지도력과 조직력으로는 한민당을 장악하는 것이 사실상 불가능했다.

---

122 『중앙신문』 1945. 1. 9.

123 자세한 것은 다음 참조. 윤덕영, 「1946년 전반 한국민주당의 재편과 우익 정당 통합 운동」, 『사학연구』 121, 2016, 325~329쪽.

송진우가 죽으면서 한민당에도 외부의 이승만과 김구의 영향력이 보다 강하게 영향을 미치기 시작했다. 김구를 정점으로 하는 임정 주도 세력은 반탁운동 과정에서 급격히 고조된 대중들의 임정 지지에 고무되었다. 때문에 한민당 주도 세력과의 협력 관계를 무산시키고, 임정법통론을 앞세워 자파만의 국가 건설 방략을 추진했다. 그러나 국내 기반이 미약하고 미군정에 독자적으로 대항할 힘이 없는 그들의 선택은 스스로를 옥죄고 분열을 초래하게 된다.

1월 20일 임정 주도로 열린 비상정치회의 준비회에서는 이승만 주도의 독촉중협 합류가 결의되었다. 비상정치회의와 독촉중협이 비상국민회의를 소집하는 형식으로 비상정치회의 준비회가 비상국민회의 주비회로 전환되었다. 이승만은 이런 일련의 과정을 주도했다.[124] 이렇게 이승만과 김구의 연합이 가시화되자, 1월 23일 임정 내 좌파를 대표하던 김원봉(金元鳳), 성주식(成周寔) 등의 조선민족혁명당 세력과 김성숙(金星淑)의 조선민족해방동맹 세력이 임정과 비상정치회의의 우익 편향을 비판하며 비상정치회의 준비회를 탈퇴하는 성명을 발표했다.[125] 이들의 탈퇴는 비상정치회의를 중심으로 좌우의 정치 세력을 망라하려던 김구 등 임정 주도 세력의 계획이 실패로 돌아갔음을 보여주는 것인 동시에, 좌우 연립정부로서 임정의 위상을 일거에 무너뜨리는 것이었다.[126]

반면에 1945년 12월 우익 진영의 정치 활동 과정에서 고립되었던 이승만은 이후 비상국민회의와 민주의원이 출범하는 일련의 정치 과정에서 미군정의 지원 아래 주도적 역할을 수행하면서 화려하게 부활했다. 김구가 비상국민회의와 민주의원에서 부의장에 오르지만, 대신에 일제하 민족운동의 상징이자

124 정병준, 『우남 이승만 연구』, 역사비평사, 2005, 525~528쪽.

125 『자유신문』 1946. 1. 24; 『조선일보』 1946. 1. 24.

126 윤덕영, 앞의 글, 2016, 336쪽.

법통 주장의 근거였던 임정은 사실상 해체된 것이나 마찬가지였다. 한편 이 과정에서 1945년 우익 세력 중에 가장 강력한 정당이었던 한민당의 존재감은 급격히 위축되었고, 이승만과 김구가 주도하는 정치 과정에 끌려가는 모습을 보이게 된다.[127]

비상국민회의와 민주의원에는 처음부터 합류가 불가능했던 조선공산당은 말할 것도 없고 조선인민당과 독립동맹은 물론, 기존에 임정 중심으로 활동하던 조선민족혁명당과 조선민족해방동맹 등 중간적 성향의 좌파들도 상당수 배제되었다. 정국은 조선공산당 중심의 민전, 이승만 주도의 민주의원, 김구와 한독당 세력이 주도한 대한독립촉성국민회 주도로 돌아갔다. 1945년 말 남한 정계개편을 야심차게 추진하던 한민당의 모습은 이제 어디에도 없었다.

이때 한민당에서 정노식이 탈당했다. 한민당의 초기 조직 과정에 참여해서 간부까지 역임했던 정노식은 한민당을 탈당한 것에서 더 나아가, 조선공산당이 주도하여 결성한 조선민주주의민족전선(이하 민전)에 참여하게 된다. 1946년 2월 1일에 민전 결성 준비위원회 24명의 명단이 발표되었는데, 여기에 정노식이 포함되었다.[128]

정노식이 언제 탈당했는지는 알 수 없다. 그는 해방 직후 서울시 정연합회 위원장에 선임된다. 모스크바 3상 결정이 전해진 직후 1946년 1월 3일, 서울운동장에서 서울시인민위원회와 서울시 정연합회 주최의 민족통일자주독립 시민대회가 개최된다. 원래는 신탁통치 반대 집회로 소집이 예고되었다가,[129] 대회 당일에는 3상 결정 찬성 집회로 바뀌었다. 이 때문에 13일에 70여 서울시 정

---

127 윤덕영, 앞의 글, 2016, 337쪽.

128 『조선일보』 1946. 2. 1.

129 『중앙신문』 1946. 1. 3.

회장들이 모여 신탁통치 반대 정회장회의를 구성하고,[130] 서울시 정연합회의 개편을 요구하였다.[131] 22일 서울시 정회장들이 모여 서울시 정연합회의 해체와 동 임원 불신임안을 의결하고, 한성시 정연합회를 새로 구성한다.[132] 대체로 이때를 전후로 하여 한민당을 탈당한 것으로 보인다.

정노식은 탈당 성명에서 "전 민족의 민주주의 정권 건설에 있어서 한민당의 배타 독선적 태도를 수긍할 수 없어서 사정(私情)으로서는 석별키 어려우나 공적인 입장에서 탈당을 결의"한고 주장했다.[133] 2월 4일 개최된 민전 준비위원회 회의에서 정노식은 연락부 위원으로 선임되었다.[134] 2월 15일 민전이 결성되자, 정노식은 중앙위원과 부의장에 선임되었다.[135] 1946년 민전 주도로 남산공원에서 열린 3·1절 기념식에서 만세삼창을 선창하기도 했다.[136]

정노식의 탈당은 이후 전개될 한민당의 분열과 당내 사회민주주의 세력의 탈당을 예고하는 것이었다. 송진우가 생존해 있을 때와 달리 한민당 내 사회민주주의자들이 한민당 정책 방향이나 정치 노선에 미치는 영향력은 점차 감소하였고, 당권에 대한 영향력도 미약해져갔다. 이는 진보적 사회경제 정책을 내세웠던 초기 한민당의 정책 방침과 성격이 변화하고 있음을 의미하는 것이었다. 당장은 드러나지 않지만, 일정한 계기가 주어진다면 노선과 정책을 둘러싼 한민당 내 좌우 대립은 바로 표면화할 소지가 있었다. 이제 한민당 내 사회민

---

130 『동아일보』 1946. 1. 14.

131 『서울신문』 1946. 1. 16.

132 『동아일보』 1946. 1. 24.

133 『자유신문』 1946. 2. 16.

134 『조선일보』 1946. 2. 5.

135 송남헌, 앞의 책, 1976, 243쪽.

136 『서울신문』 1946. 3. 2.

주주의자들은 한민당에서 계속 남을 것이냐, 아니면 탈당을 통해 새로운 길을 모색하느냐의 선택의 기로가 멀지 않게 되었다.

2) 좌우합작운동과 원세훈의 활동

1946년 2월 남한에서 민주의원과 민전이 별개로 결성되었다. 그리고 임시 민주정부를 수립하기 위한 미국과 소련의 미소공동위원회(이하 미소공위) 본회담이 1946년 3월에 예정되면서 남한 정계는 다시 변화하기 시작했다. 비상국민회의 결성에서부터 민주의원의 설립에 이르기까지 정국의 주도권을 가졌던 것은 미군정의 지지를 받은 이승만이었다. 민주의원이 결성되고, 임정 세력이 이에 참여하면서 임정은 정부로서의 권위를 잃었고, 또한 독자적 정치 세력으로도 유명무실화되었다. 조선민족혁명당 등 임정 내 좌파 세력이 이탈하면서 협동전선 조직으로서의 상징성과 조직적 실체도 사라졌다. 때문에 김구 등 임정 주류 세력의 정치 활동은 임정이라는 틀에서는 더 이상 전개될 수도, 이에 의존할 수도 없었다.[137] 때문에 그들은 입국 당시 정부로서의 권위를 높이고 내부 단합을 강화하기 위해 유보되었던 한독당 활동을 재개했다.[138] 조직적 역량을 키워 차후를 바라보는 것이 불가피해졌다. 특히 김구 세력의 가장 기본적 기반인 한독당은 국내 기반이 거의 없었기 때문에 그 전국적 기반을 마련하고 실제적인 조직 체계를 갖추는 것이 시급했다.

1946년 3월 20일 안재홍 등의 국민당이 한독당과 무조건 합동하기 위해 발

---

137 이용기, 「1945~48년 임정 세력의 정부 수립 구상과 임정법통론」, 『한국사론』 38, 1997, 189~190쪽.

138 조경한, 『백강회고록』, 한국종교협의회, 1979, 368쪽.

전적 해소를 결의하면서,[139] 우익 정당 통합 운동이 시작되었다.[140] 한민당도 우익 정당들 간의 합당에는 기본적으로 찬성이었다. 사실 한독당과 한민당의 통합은 임정 귀국 시부터 송진우를 중심으로 한 한민당 주도 세력에 의해 먼저 제기된 것이었다.[141] 물론 1946년 전반의 상황은 1945년 말과는 판이하게 바뀌어 있었다. 송진우가 사라졌고, 한민당과 한독당의 연합을 달가워하지 않는 이승만의 영향력이 크게 확대되었다. 통합도 한민당 주도가 아닌 한독당 주도로 전개되었다.

통합 교섭 과정에서 한독당은 한민당과 국민당, 신한민족당의 3개 정당이 무조건 해체하고 한독당으로 흡수 통합하는 방식을 주장했다. 한독당은 임정의 여당이었다는 전통과 권위, 그리고 반탁 운동 과정에서 고조된 대중적 지지를 바탕으로 흡수통합을 밀어붙였다. 이에 대해 한민당은 당명과 정강 정책에 대해서는 한독당으로 하는 것에 찬성했지만, 흡수통합과 간부 인선에서 한독당의 독주에 대해서는 거부감을 보였다. 최종 협의 때 한독당과 국민당은 각 당이 무조건 해체하고 개인 자격으로 한독당에 입당하는 것과 핵심 부서의 인사를 한독당이 독점하는 부분을 제안했다. 한민당 대표였던 김성수와 김병로 등이 이를 받아와 한민당 중앙집행위원회에 회부하였지만 부결되었다. 한민당은 자신의 구축해놓은 세와 기득권이 사라지는 것을 원치 않았다.[142]

한독당과 국민당의 통합 선언 이후 전개된 정당 통합 운동의 과정을 놓고 보면 당시 한민당이 통합을 내키지 않았다고 하는 것이나, 김약수 등 진보파만

---

139 『조선일보』 1946. 3. 22.

140 미군정은 김구가 정당 통합 운동에 나선 것이 임정이 국가가 아니라는 사실을 최종적으로 받아들인 것으로 파악했다. Headquarter USAFIK, G-2 Weekly Summary, No 28(1946. 3. 17~24).

141 윤덕영, 앞의 글, 2014, 269쪽.

142 우익 통합 운동 과정에 대해서는 다음 참조. 윤덕영, 앞의 글, 2016, 340~346쪽.

통합에 적극적이었고 김성수 등 당내 주류파는 소극적이었다는 일부 연구의 판단은 잘못된 것이다. 당명과 정강 정책을 비롯해서 여러 점에서 한민당은 양보를 하는 모습을 보였다. 문제는 당대 당 통합이 아닌 흡수통합으로 진행되는 것, 그리고 간부인선에서 한독당 독주에 대한 거부감이 한민당 내의 보수와 진보, 주류와 비주류를 막론하고 상당히 있었다는 점이다.

사회민주주의 세력의 또 다른 리더인 김약수는 4월 4일 기자 담화를 발표했다. 그는 합당은 좋으나 한독당으로 흡수되는 형식에는 원칙적으로 찬성할 수 없다고 주장했다. 다만 당명과 정강 정책 문제에서 한민당이 한독당을 무조건 추종할 의사를 표명한 것에 대해서는 동의한다고 했다. 그렇지만 근본적 문제에 미묘한 문제가 있어 통합에 대해 무어라고 말할 수 없다고 했는데, 그 근본적 문제는 결국 인사 문제에 있느냐는 기자의 질문에 그렇다고 대답했다.[143]

한편 통합 실패는 한민당 내 김성수 지도 체제의 균열도 그대로 드러냈다. 김성수는 당 수석총무로서 당을 대표하는 입장이었지만, 그가 대표로 가서 받아온 통합안이 당내의 논의 과정에서 부결되는 수모를 겪었다. 더군다나 주류파의 유력 인물인 김병로도 같이 대표로 참석했기 때문에 그 타격은 더 컸다. 통합 부결 사태는 권위를 가지고 당을 이끄는 리더십이 한민당 내에 존재하지 않음을 드러냈다.[144]

우익 정당 통합 운동이 공론화된 1946년 3월 20일, 제1차 미소공동위원회 회담이 개최되었다. 그렇지만 제1차 미소공위는 자신들에게 유리한 정부를 수립하려는 미국과 소련 간의 갈등으로 아무런 성과 없이 5월 8일 무기한 휴회에 들어간다. 미국은 미소공위 휴회 직후부터 1946년 6월 초까지 새로운 정책과

---

143 『한성일보』 1946. 4. 6.

144 윤덕영, 앞의 글, 2016, 350쪽.

행동 방침을 수립했고, 이는 광범한 한국인의 군정 참여와 과도입법기구 설치로 정리되었다. 그리고 이를 위해 좌우합작을 통해 중간파 세력을 형성하려고 했다. 미군정은 중간좌파를 공산주의 세력으로부터 분리하여 좌익 세력 전반을 약화시키려 했다. 중간 우파를 우익의 관리자로 내세워 우익 블록을 강화하고, 우익에 대한 대중적 지지를 확보하여 군정의 통치 기반을 안정시키고자 했다.[145]

미군정의 지원과 종용하에 좌우합작운동이 시작되었다. 김규식과 여운형이 좌우합작의 양측 대표 역할을 담당했다. 이들은 모스크바 3상 결정 찬성과 반대로 극심하게 갈라진 좌우 정치 세력의 연합 필요성을 절감하고 있었기 때문에 미군정의 정책을 이용하려 했다. 좌우합작운동에 대한 기존 연구들에서는 주로 미군정, 김규식, 안재홍, 여운형, 민전과 공산당 등의 활동에 중심을 두고 해명했다.[146] 이 책에서는 한민당 내 사회민주주의자들, 특히 원세훈의 동향과 관련해서 살펴보자.

원세훈은 1946년 5월 25일, 김규식과 여운형, 황진남(黃鎭南)이 회동한 좌우합작운동 최초의 모임부터 참석했다. 5월 28일 원세훈은 회담 경과에 대한 기자 담화를 발표했다. 그는 회담에서 "완전독립을 [원]한다면 합작할 수 있다"고 주장했고, 여운형은 "독립이야 다 원하는 바이나 탁치란 말을 해석해보자"라고 했다고 한다. 모임은 김규식이 북한 상황에 대해 비판적 주장을 하자, 이를

---

145 정용욱, 『해방 전후 미국의 대한 정책—과도정부 구상과 중간파 정책을 중심으로』, 서울대학교 출판부, 2003, 235~259쪽.

146 강만길, 「좌우합작운동의 경위와 그 성격」, 『한국민족주의론』 1, 창작과 비평사, 1983; 안정애, 「좌우합작운동의 전개 과정」, 『한국현대사』 1, 열음사, 1985; 서중석, 앞의 책, 387~423쪽; 정병준, 「1946~1947년 좌우합작운동의 전개 과정과 성격 변화」, 『한국사론』 29, 1993; 김인식, 「좌우합작에 참여한 우익 주체의 합작 동기」, 『한국민족운동사연구』 29, 2001; 전상숙, 「미군정의 대한 정책과 중도파의 정치 세력화」, 『담론 201』 5-1, 2002.

불쾌히 여긴 여운형이 퇴장하면서 끝나고 말았다고 한다.[147] 회담에서 여전히 찬·반탁을 둘러싼 논란이 지속되고 있었고, 북한 문제까지 개입되었음을 엿볼 수 있다.

5월 31일 원세훈은 허헌과 만나 좌우합작에 대해 협의했다.[148] 6월 14일 김규식과 원세훈, 여운형과 허헌이 회동했다. 6월 18일 원세훈은 회담 경과에 대한 담화를 발표했다. 그는 좌우합작 문제에 대해 3가지 점에서 의견의 일치를 얻게 되었다고 한다. 그 내용에 대해서는 신문 보도마다 조금씩 차이가 있었다. 첫 번째 항의 장차 수립될 정권 성격과 관련해서는 『조선일보』와 『자유신문』, 『중앙신문』은 '부르주아민주공화국'을 수립한다고 보도했다. 『동아일보』는 "조선 정부의 대내 기본 원칙에 있어서 소비에트공화국을 수립하느냐 또는 민주공화국을 건설하느냐 하는 문제인데, 이는 후자의 채택으로 의견이 일치되었다"고 보도했다. 『한성일보』는 여운형의 제의로 "조선에는 부르주아민주주의공화국을 건설해야지 공산주의 국가를 건설하지 않는다"는 것에 의견이 합치되었다고 보도했다.[149]

세 번째 항의 남북합작과 북한 관련 부분에서 『조선일보』는 "남북합작은 북조선에 있어서는 공산당 일당독재를 제외하고 언론 집회 사상 자유가 허용된 후에야 비로소 합작이 가능할 것"이라고 보도했다. 『동아일보』는 "합작을 하는 데 있어서도 북조선의 공산독재와 같이 자유를 구속하지 않는 진정한 민주주의 원칙에 의하여, 언론, 집회, 결사의 자유를 허용해야 된다는 데 의견이

---

147 『동아일보』 1946. 5. 29; 『독립신보』 1946. 5. 29; Headquarter USAFIK, G-2 Weekly Summary, No 38(1946. 6. 3). 『주한미군 주간정보 요약』 1권, 한림대 아시아문화연구소, 1990, 672쪽.

148 『독립신보』 1946. 6. 2.

149 『조선일보』 1946. 6. 19; 『자유신문』 1946. 6. 19; 『중앙신문』 1946. 6. 19; 『동아일보』 1946. 6. 19; 『한성일보』 1946. 6. 19.

합치"되었다고 보도했다. 『한성일보』는 "북조선에서 있어서도 공산주의자 독재정치를 쓰지 말고 언론, 출판, 집회의 자유를 주기 전에는 완전한 남북통일을 기하기 어렵"다고 보도했다. 『독립신보』는 "남북합작의 선결 조건으로는 공산주의자의 독재정치가 아니라면, 북조선에 있어서도 남한 미군정하와 같이 언론, 결사, 집회에 자유를 허용한 후에야 합작할 수 있다"고 보도했다.[150]

원세훈의 담화 내용을 보면 그가 주장한 "의견의 일치점을 얻게 되었다"는 언명이 크게 의심된다. 우선 첫 번째 항의 '부르주아민주공화국'을 수립한다는 합의가 당시 가능했느냐는 점이다. 이미 코민테른 제7회 대회 반파시즘인민전선 전술 이후 전 세계 공산주의 운동의 당면 부르주아민주주의혁명 단계의 정권은 대체로 '인민공화국'이나 그 비슷한 형태로 이미 귀결되어 있었기 때문이다. 북한에서도 이미 북조선임시인민위원회가 수립되어 활동 중이었다. 그런데 이런 상황을 무시하고 여운형과 허헌이 이에 합의했을 가능성은 없다. 대체로 『동아일보』의 보도와 같이, 현 단계 조선에서는 소비에트공화국이나 공산국가를 건설하지 않고 민주공화국을 수립하는 것에 의견이 일치되었다고 보는 것이 타당할 것이다. 여기서 민주공화국이 부르주아민주주의공화국이냐 인민민주주의공화국이냐는 논의되지 않았을 것이고, 부르주아민주주의공화국은 원세훈의 개인 의견이라 할 수 있다.

다음으로 세 번째 항에서 합의된 부분은 남북합작과 북한 관련 부분이 아니라, 『조선일보』 보도에서 두 번째 항으로 언급된 부분, "좌우를 막론하고 진실한 애국자며 진정한 혁명가라면, 절대로 배격이나 중상을 금하고 이를 절대로 옹호"한다는 부분이다. 나머지 『동아일보』, 『자유신문』, 『한성일보』, 『중앙신

---

150 『조선일보』 1946. 6. 19; 『동아일보』 1946. 6. 19; 『한성일보』 1946. 6. 19; 『독립신보』 1946. 6. 19.

문』은 비슷한 내용을 두 번째가 아닌 세 번째 항으로 보도하고 있다.[151] 아마 이 내용이라면 여운형과 허헌도 합의했을 것이다. 남북합작과 북한 관련 부분은 세 번째 항의 뒷부분에 들어가 있는 내용으로 공산독재 부분과 미군정과 우익이 주장하던 북한 지역 언론, 집회, 결사의 자유 주장을 그대로 반복한 것이다. 5월 25일 모임도 김규식이 북한 실정에 대해 비판하자 여운형이 퇴장하면서 종료되었다. 그런 여운형과 해방 직후에는 더욱 더 조선공산당과 가까워진 허헌이 이런 남북합작과 북한 관련 부분에 합의했다는 것은 상상하기 어렵다. 남북합작과 북한 관련 부분은 원세훈이 개인 의견을 부가한 것으로 보인다.

곧바로 민전 사무국은 원세훈의 담화를 부정하는 기자 문답을 6월 20일 발표했다. 민전 사무국은 허헌이 "삼상 결정 무조건 지지에서 출발하자"는 의견을 제시했고, 원세훈의 담화는 "개인의 의견을 진술한 것으로 이 회담에서 결정된 것이 아니다"라고 일축했다. 그러면서 좌우합작의 원칙은 '삼상 결정의 지지'라고 못 박았다.[152]

그렇지만 원세훈의 담화에서 한민당 내 사회민주주의자들의 입장을 단편이나마 확인할 수 있는 부분이 있다. 하나는 그들이 현 단계 조선의 혁명이 부르주아민주주의 제반 가치를 실현하는 혁명이 되어야 하고, 그 때문에 부르주아민주공화국이 수립되어야 한다고 보았다는 점이다. 다른 하나는 소련과 북한 정권에 대한 적대적 인식이다. 그는 공산당 일당독재에 대한 거부는 물론 언론 집회 사상의 자유를 강조하고 있다. 이는 서구 사회민주주의자들이 소련을 비판하면서 가장 강조하는 점인데, 원세훈도 그 틀에 서 있었다. 때문에 그

---

151 『독립신보』는 남북합작과 북한 관련 부분을 네 번째 항목으로 다루고 있다. 『독립신보』 1946. 6. 19.

152 『청년해방일보』 1946. 6. 21; 『조선일보』 1946. 6. 21; 『자유신문』 1946. 6. 21.

는 좌우합작과 남북합작을 분리한다. 남북합작의 한계를 명백히 하면서도 남한 내의 좌우합작에는 적극적으로 나섰다.

미군정과의 협력도 지속되었다. 원세훈은 6월 18일 기자 담화 직전, 6월 17일에 미소공위 미국대표단장 아놀드(A. V. Arnold) 소장을 만났다.[153] 원세훈은 6월 22일 아놀드 소장과 버치 중위가 옵서버로 동석한 4자회담에도 참석했고, 7월 7일 비상국민회의와 민주의원의 연석회의에서 좌우합작 지지를 결정하자 우익 5인 대표로 선출되었다. 그리고 좌우합작위원회 구성을 위한 예비회담에도 적극 참석했다. 미군정의 정보 기록에 따르면 민주의원에서 정인보(鄭寅普) 등이 공산당과의 합작에 반대했고, 한민당 내에서는 김성수와 김병로, 백관수, 함상훈 등이 좌우합작에 반대했다. 반면에 조병옥과 이인, 그리고 김약수 계열이 원세훈의 좌우합작 노력을 지지했다고 파악했다.[154] 대체로 한민당 주류인 호남 지역 정치 세력들이 반대하고, 사회민주주의 세력들은 찬성한 것이라 볼 수 있다.

1946년 7월 25일 좌우합작위원회가 정식으로 구성되었지만, 조선공산당은 민전을 통해 좌우합작 5원칙을 내세워 좌우합작을 사실상 거부했다. 삼상 결정의 전면 지지, 무상몰수와 무상분배의 토지개혁, 인민위원회로의 미군정 정권 즉각 이양, 입법 기관 창설 반대 등을 좌우합작의 원칙으로 주장하는 것은 사실상 합작을 하지 않겠다는 것과 다름없었다. 북한에 다녀온 박헌영은 여운형과 김원봉의 반대에도 불구하고 합작 5원칙을 관철시켰다. 조선공산당은 '신전술'을 채택하여 미군정에 직접적 비판과 공격을 가하기 시작했다.[155] 그

---

153 『영남일보』 1946. 6. 20; 『부산신문』 1946. 6. 20.

154 정병준, 앞의 글, 1993, 264쪽.

155 김무용, 「해방 후 조공의 통일전선과 좌우합작운동」, 『한국사학보』 11, 2001, 289~316쪽.

과정에서 조선공산당과 조선인민당, 남조선신민당의 3당 합당이 무리하게 추진되었고, 좌익의 분열은 심화되었다. 이렇게 좌우합작은 출발부터 조선공산당의 태도 변화와 좌익 내의 내부 분열로 잠정 연기되었다.

8월 중순 들어 여운형과 인민당이 좌우합작 회담 복귀 의사를 밝혔다. 좌우합작위원회 우익 대표단도 이에 호응했다. 그 결과 9월 9일, 좌우합작위원회 예비회담이 재개되었다. 그렇지만 조선공산당을 좌우합작위원회로 복귀시키려는 여운형 측과 배제하려는 우익 측이 대립하여 논의가 진척되지 못했다. 남로당은 좌우합작을 거부하고 '9월총파업'과 '10월항쟁'으로 나아갔다. 반면에 미군정은 과도입법의원 수립을 좌우합작위원회가 제안할 것을 다각도로 제안했다. 9월 23일 좌우합작위원회 회의에서 과도입법의원 수립 문제가 토의되었고, 9월 27일 좌우합작 7원칙 초안이 마련되었다. 10월 4일 합작위원회 회의에 합작 7원칙이 제출되고, 모든 대표들이 동의했다. 남로당에 의해 여운형이 납치되는 우여곡절을 거치면서, 10월 7일 좌우합작 7원칙이 발표되었다.[156]

원세훈은 좌우합작위원회 예비회의부터 시작해서 합작 7원칙 합의에 이르는 과정의 모든 회의에 참석했다. 개별적으로 미군정 요인이나 좌익 측 인사들도 자주 만났다.[157] 그는 김규식과 더불어 좌우합작위원회와 좌우합작 7원칙의 산파였다.

3) 진보 세력의 한국민주당 탈당과 분열

원세훈이 소속된 한민당은 합작 7원칙의 제1조와 3조에 문제를 제기하며

---

156 정병준, 앞의 글, 1993, 277~290쪽.

157 전성호, 「해방 이후 원세훈의 좌우합작운동과 정치 활동」, 서강대학교 사학과 석사학위논문, 2013, 14~18쪽.

반대했다. 합작 7원칙의 제1조는 "삼상회의 결정에 의하여 남북을 통한 좌우합작으로 민주주의 임시정부를 수립할 것"이고, 제3조는 "토지개혁에 있어 몰수, 유조건 몰수, 체감 매상 등으로 토지를 농민에게 무상으로 분여(分與)"한다는 것이었다. 원세훈은 한민당 중앙집행위원회에서 합작 7원칙을 보고했는데, 장덕수가 앞장서서 합작 7원칙을 공격했다.[158] 합작 7원칙에 대한 한민당의 논평에서는 제1조에 신탁통치 문제에 대한 어떠한 언급이 없기 때문에 신탁통치 반대의 태도를 재성명한다고 했다. 또한 토지개혁에 있어 유상매수한 토지를 무상분여하는 것은 국가의 재정 파탄을 초래하는 것이라면서 단호히 반대한다고 주장했다.[159]

한민당의 반응이 나오자, 원세훈은 10월 8일 바로 탈당계를 제출했다. 그리고 9일 성명을 발표했다. 그는 합착 7원칙 제1조에 대한 한민당의 태도를 이해하기 곤란하고, "신탁 용어를 가지고 합작 원칙을 비난함은 논거와 논리에 합당하지 않다"고 비판했다. 그리고 3조에 대해서는 국가재정의 부담 과중 우려는 애국자적 견지에서는 그럴듯하나, 애국자적 지주들의 토지 희사도 있을 수 있다고 주장하면서, "국가재정을 위하여 토지의 무상몰수와 무상분여를 주장할 용기는 어찌하여 없는가"라고 반문했다. 그는 조선에서 사유재산제를 채용할 것은 확정적이라면서, 유상분배안은 일제하 자작농 창정 계획안과 유사한 기만적인 수작이라고 비판했다. 그는 좌우합작 우익 8원칙에서 "정치, 경제, 교육의 모든 제도 법령은 균등사회 건설을 목표"로 한다는 조항을 들어, 합작 7원칙의 토지개혁 방안도 이에 비교해서 전혀 문제가 될 수 없다고 주장했다.[160]

---

158 이경남, 『설산 장덕수』, 동아일보사, 1982, 356쪽.

159 『동아일보』 1946. 10. 9; 『조선일보』 1946. 10. 9.

160 『조선일보』 1946. 10. 10.

원세훈은 좌우합작위에서 토지 조항을 제정할 때, 경제학자 최호진(崔虎鎭), 뒷날 산업은행 총재를 지낸 김영찬(金永燦), 초대 농림부 차관 강정택(姜鋌澤) 등의 검토를 거쳤다고 한다.[161]

원세훈이 탈당하자, 그와 고려민주당 결성을 함께 했던 중앙집행위원 이민홍, 박명환, 송남헌, 한학수 등 16명이 같이 탈당했다.[162] 10월 10일 연희대 교수인 이순탁(李順鐸)이 탈당했다. 그는 좌우합작 예비회담이 시작되던 7월 23일, 이미 '무조건 합작'과 '미소공위 속개'를 요구하고 있었다.[163] 탈당 성명에서 그는 합착 7원칙이 어느 정도 좌우가 타협점을 찾은 것인데, "한민당은 독선적이고 감정적 입장에서 반대하고 있어" 탈당한다고 주장했다.[164] 11일에도 김용국(金容國) 등 17명이 탈당했다. 이경남은 이들 대부분이 사회민주주의에 기울어진 사람들이라고 주장했다.[165]

좌우합작 7원칙에 대한 한민당과 원세훈의 대응을 보면, 합작 7원칙은 구실일 뿐이었다. 한민당 주류 세력은 조선공산당이 참여하는 좌우합작에 대해 시종 부정적이었다. 반면 원세훈은 그런 한민당 주류와 결별할 결심을 이미 하고 있었던 것으로 보인다. 그런데 공산당과의 좌우합작에 대한 부정적 인식은 김성수 등 주류 세력은 물론 당 저변에 광범하게 퍼져 있었다. 동아일보 주간인 설의식(薛義植)의 주장을 보자.

설의식은 「합작관」 논설에서 "좌우합작은 국제적 요청인 동시에 전 국민의

---

161 송남헌, 앞의 책, 1990, 258쪽.

162 『조선일보』 1946. 10. 11.

163 『동아일보』 1946. 7. 23.

164 『자유신문』 1946. 10. 12.

165 이경남, 앞의 책, 356쪽

염원"임을 인정했다. 그러나 그는 그동안 여러 번 합작의 기회가 있었지만, 번번이 공산당의 행동이 주된 원인으로 되어 실패했다고 파악한다. 그는 조선공산당은 소련의 연장으로 한반도를 보고 있고, 스탈린 방식만이 바른 길이라고 믿고 있다고 판단한다. 때문에 "공산당의 괴력이 후퇴하지 않는 한 합작노선의 진전"이란 있을 수 없다고 주장한다. 그는 좌익의 합작 5원칙은 박헌영의 명령적 주장으로 발표된 것으로, 상대방을 죽이기 위한 "억지의 투쟁 원칙이요 떼쟁이의 몸부림"이라고 일축한다. 이에 반해 8원칙은 "무난하고 상식적인 정당한 조항"이라고 주장한다. 때문에 그는 "공산당이 주동하는 한, 민전 상대의 합작이란 무의미한 노력"이라고 단언한다.[166] 그는 공산당이 새로운 인물들로 체질개선되지 않는 한 협력은 어려울 것으로 파악했다.

한민당은 10월 12일 긴급 중앙집행위원회를 개최했다. 그리고 기존 총무제의 집단 지도 체제를 폐지하고, 김성수 위원장의 단일 지도 체제로 개편했다. 부위원장에는 김성수 계열의 백남훈이 선임되었다. 그리고 30명의 중앙상무집행위원이 선임되었고, 30명의 중앙집행위원을 보선했다.[167] 보선 과정에서 중앙집행위원과 상무집행위원에 당내 주류와 보수 세력의 영향력이 강화되었다. 이로써 당내 주류인 김성수 세력의 영향력이 확고해졌고, 당내 비주류 세력의 영향력은 더욱 위축되었다. 10월 14일에는 중앙상무집행위원회에서 부서장이 결정되었다. 사회민주주의자로는 유진희가 기획부장에, 김약수는 당무부장에 선임되었다.[168] 그러나 유진희는 당내 주류파와 타협하여 그 영향력 아래로 들어갔다. 김약수는 고립되었다.

---

166 小梧生, 「합작관」 (상)~(하), 『동아일보』 1946. 8. 15~17.

167 『동아일보』 1946. 10. 15; 『서울신문』 1946. 10. 15.

168 『경향신문』 1946. 10. 16.

때문에 이런 개편은 당의 분열을 더욱 가속화했다. 10월 21일 김약수를 중심으로 55명이 탈당한다. 이 중 중앙집행위원 12명과 5명의 대의원이 있었다.[169] 그들은 탈당 성명서에서 "창립 당시의 한국민주당은 확실히 민족혁명적 존재"였으며, 자신들이 "당내 진보 세력의 대표자가 되어" 최대 노력을 했으나, 당내 일부 지도간부가 이번 한민당 기구 개편에 불필요한 세력을 인입시켜 "당내의 진보 분자에 대한 보수적이며 지주적인 대립 관계를 더욱 격화케 하였다"고 주장했다.[170]

한민당의 탈당 과정에서 주목되는 것은, 사회민주주의자가 아니고 당내 주류파의 일원인 김병로가 탈당파의 편을 들고 있다는 점이다. 김병로는 합작 7원칙과 이에 대한 한민당의 성명에 대해 10월 13일 담화를 발표했다. 그는 자신이 1946년 7월 1일 사법부장에 취임할 때 이미 한민당의 정당 관계를 정리했다고 한다. 그리고 "원래 토지 정책에 있어서 무상으로 국유임을 원칙으로 하여 농민에게 균등분배할 것이며, 지주에게 대하여는 균등생활을 확보할 정도에서 보상하면 족할 뿐이다"라고 주장한다. 곧 그는 토지가 국유제를 원칙으로 하여 무상으로 농민에게 분배되어야 하며, 지주에게는 균등생활을 보장하는 정도로 보상해야 한다고 본 것이다. 그는 국내외 정세에 비추어볼 때 민족 통일을 위해서는 좌우합작을 추진시켜야 하며, 좌우합작 7원칙이 다소 충분하지 못한 점이 있더라도 적극적으로 지지하는 것이 우리의 당면한 과제라고 주장했다.[171]

토지 문제에 대한 그의 주장은 앞서 살펴보았듯이, 송진우가 죽기직전 주

---

169 『수산경제신문』 1946. 10. 23.

170 『조선일보』 1946. 10. 22.

171 『한성일보』 1946. 10. 13.

장했던 '토지국유화' 주장과 연결될 수 있는 것으로 보인다. 김병로는 일본 유학 시절부터 시작해서 죽을 때까지 송진우와 아주 긴밀했다. 송진우 사후 집안의 대소사를 처리해주기까지 한다. 기존 연구들은 거의 모두 송남헌의 주장을 인용하여[172] 김병로가 김약수 등과 함께 한민당을 탈당한 것으로 추정했지만 이는 사실이 아니다. 그의 주장에 따르면 그의 당적은 이미 사법부장 취임으로 정리되었다고 할 수 있다. 공과 사를 엄격하게 구분하는 그의 성정상 충분히 가능한 주장이다. 그는 합작 7원칙을 지지함으로써 한민당 김성수 주류파와 다른 길을 걸을 것임을 예고했다. 실제 그의 영향력하에 있는 인물들이 대거 한민당을 탈당하기 시작했다.

한민당을 탈당한 사람들은 1946년 11월 29일 민중동맹 결성준비위원회를 결성했다. 『자유신문』의 보도에 따르면, 김규식을 당수로 추대하되 표면적 활동은 원세훈이 담당하고, 실질적 헤게모니는 김병로가 장악하는 것으로 관측했다.[173] 그러나 이는 기자의 과도한 관측이었다. 김병로는 민중동맹을 지지는 하되, 활동에 깊이 관여하지 않았다. 여기에는 그가 현직 미군정 사법부장으로 정치적 활동이 자유롭지 못하다는 점이 크게 작용했다. 또한 그는 정치적 수완이나 리더십이 뛰어나거나 정치 활동에 적극적인 성정도 아니었다. 송남헌은 김병로 계열의 인물로 이순탁, 최남주(崔南周), 나승규, 김준호(金俊鎬), 김상규(金商圭) 등을 적시하고 있다.[174] 그렇지만 김병로가 이들을 직접 장악한 것도 아니

---

172 송남헌은 김병로의 탈당에 대해 두 가지로 다르게 말한다. 책 앞의 좌우합작운동 부분에서는 10월 21일 김약수와 함께 탈당한 것을 기록했지만(송남헌, 앞의 책, 1976, 311쪽; 송남헌, 『해방 3년사』 2, 까치, 1985, 383쪽), 뒤쪽 한민당의 분열 부분에서는 11월 28일 탈당한 것으로 정리했다. 송남헌, 앞의 책, 1976, 352쪽; 송남헌, 앞의 책, 1985, 440쪽.

173 『자유신문』 1946. 12. 1.

174 송남헌, 앞의 책 2, 1985, 447쪽.

었다. 개별적 성향이 강했다. 12월 5일 김병로 계열의 김상규 등 중앙집행위원 5명과 대의원 1명, 당원 82명이 추가로 탈당했다. 이들은 민중동맹에 합류했다.

좌우합작위원회는 11월 30일 남조선과도입법의원 관선의원 명단을 제출했고, 12월 7일 관선의원 명단이 발표되었다. 아직 결성되지 않은 민중동맹 소속으로는 김규식, 원세훈, 김약수, 이순탁, 고창일, 문무술(文武術), 장자일(張子一)이 선임되었다.[175] 이 중 고창일과 문무술, 장자일은 원세훈과 가까운 사람들이었다.[176]

1946년 12월 22일 민중동맹 결성대회가 열렸다. 한민당에서 이탈한 사람들이 대부분이었다. 박문희가 경과 보고를 하고, 나승규가 내외 정세 보고를 했다. 135명의 중앙위원과 15명의 중앙감찰위원을 선임했다. 1947년 1월 1일 중앙상무위원과 각 부서장이 발표되었다. 의사단으로 서세충(徐世忠), 김상덕(金尙德), 장자일, 이순탁, 김약수, 김순애(金淳愛), 박문희가 선임되었다. 각 부서장으로는 맹무부 임의택(林義鐸), 조직부 나승규, 선전부 김상규, 재정부 최남주, 연락부 김준설(金俊卨), 문교부 김지환(金智煥), 근로부 황욱(黃郁), 공인부 임철훈(林哲薰), 농민부 이강수(李康洙), 어민부 최환수(崔驩洙), 상인부 김덕선(金德善), 후생부 김광(金光), 청년부 안준희(安浚熙), 조사부와 학생부, 부인부는 미정이었다.[177] 송남헌이 쓴 책에는 이를 2차 간부명단으로 표기하고 있고, 상당히 다른 1차 명단을 제시하고 있다.[178] 창립대회 이후 바로 신문에 발표된 명단이기 때문에, 이 발표 명단이 2차 간부명단일 가능성은 거의 없다. 송남헌은 1차 간부명단이 창립준

175 김영미, 「미 군정기 남조선과도입법의원의 성립과 활동」, 『한국사론』 32, 1994, 276쪽.

176 송남헌, 앞의 책 2, 1985, 447쪽.

177 『동아일보』 1947. 1. 7.

178 송남헌, 앞의 책 2, 1985, 446~447쪽.

비위원회 때의 명단인지, 창립대회 때 준비한 초안인지 여부는 밝히지 않았다.

이렇게 한민당 탈당파들은 일단 민중동맹으로 모였지만, 민중동맹은 결성 직후부터 내부 대립에 시달렸다. 신문에는 원세훈파와 김약수파의 대립이 보도되었고, 1947년 1월 10일 민중동맹 선전부는 이를 부인하는 담화를 발표하기까지 했다. 김약수도 이를 부인했다.[179] 원세훈은 한민당 때와 마찬가지로 사회민주주의자들을 장악하지 못했다. 그는 민중동맹 활동보다는 과도입법의원과 좌우합작위원회 활동에 중점을 두었다.

김약수도 민중동맹을 장악하지 못했다. 1947년 1월 『동아일보』는 김약수와 나승규·최남주의 대립을 보도했다. 김약수 측은 나승규를 사회노동당의 당적을 가진 스파이라고 공격했다. 나승규 측은 김약수 일파의 패권을 강조했다.[180] 나승규는 일제하 전남 장성 지역에서 청년운동과 농민운동, 신간회 운동을 했고, 1930년 2월 신간회 중앙집행위원이 되어 김병로와 같이 활동했었다.[181] 일제

---

179 『경향신문』 1947. 1. 10; 『조선일보』 1947. 1. 11; 『제주신보』 1947. 1. 12.

180 『동아일보』 1947. 1. 15.

181 나승규는 1900년 전남 장성 삼서면 출신이다. 그는 1925년 12월 창립된 장성청년연맹에서 집행위원과 조사부장에 선임되었고, 이후 개편된 장성청년동맹에서 간부로 계속 활동했다. 1927년 12월 신간회 장성지회 결성에 참여하여 창립간사로 활동했으며, 본부대회 대의원으로 김시중(金時中)과 함께 선임되었다. 1928년 1월 장성농민조합 창립준비회를 결성하고 준비위원 대표를 맡았다. 1929년 6월 전남청년연맹 집행위원회에서 집행위원 대리로 선임되었다가 9월에는 집행위원으로 되었다. 1929년 7월 신간회 허헌 중앙집행부에서 중앙집행 후보위원에 선임되었다가 1930년 2월 중앙집행위원이 되었다. 이때 김병로 임시 중앙집행위원장과 함께 활동했다. 1930년 7월 조선농민총동맹 중앙집행위원에 선임되었는데, 광주학생운동과 관련하여 장재성(張載性)이 조직한 '광주 성진회 사건'으로 구속되어 기소되었다. 1930년 10월 광주지방법원에서 징역 1년 6개월이 선고되었다. 1931년 6월 대구복심법원에서 징역 1년으로 감형되어 대구형무소에서 석방되었다. 1932년 4월 장성협동조합 제1회 총회에서 의장에 선임되었다. 1932년 11월 장성노동조합 및 협동조합 사건으로 구속 기소되었다. 1934년 7월 2년 6개월이 선고되었고, 1936년 7월 만기출옥했다. 해방 직후 1945년

하에서 공산당 활동과 직접 관련된 적은 없었지만, 사회주의 운동의 영역에서 활동했다. 송남헌은 그를 김병로 계열이라고 한다. 나승규는 김병로와 호남 지역과 신간회의 인연이 있지만, 김병로에 구속되지는 않는 사회민주주의 계열의 인물이었다.

민중동맹은 한민당 내 사회민주주의자들이 거의 대부분 탈당하여 만든 조직임에도 그들의 한계를 여실히 드러냈다. 원세훈도 김약수도 리더십을 발휘하지 못했고, 이전투구를 거듭하면서 별다른 활동을 하지 못했다. 그 결과 창당된 지 6개월도 되지 않은 1947년 5월 30일, 김약수가 민중동맹을 이탈하여 박문희, 이순탁, 이용범(李龍範) 등과 함께 조선공화당을 결성했다. 뒤이어 원세훈도 6월 16일 조선농민당 준비위원회를 결성했다. 이렇게 하여 한민당 출신 사회민주주의자들은 뿔뿔이 흩어진 채 각자의 길을 가게 되었고, 남북한 정치사에 개별적으로 녹아들었다.

원세훈은 좌우합작위원회에서 같이 활동하였던 김규식과 이후 행보를 거의 같이했다. 민족자주연맹 결성과 활동도 같이 했고, 1948년 4월 남북연석회의에도 같이 참석했다. 남북협상이 실패로 돌아간 후에는 김규식과 같이 남한 5·10 제헌의회 총선거에 참가하지 않았다. 그 후 대한민국 정치 체제에 참여해 민족자주연맹 소속으로 제2대 국회의원에 당선되었다. 그러나 6·25전쟁 이후 김규식과 함께 납북되었다.

김약수는 원세훈과 달리 남북연석회의에 참가하지 않고 제헌의회 총선거에 참여했다. 그리고 국회 부의장에 당선되었다. 소장파 국회의원의 모임인 성

9월 송진우가 조직한 국민대회준비회에 상임위원으로 참가했다. 1946년 민중동맹, 1947년 민족자주연맹에서 활동했다. 1948년 남북연석회의에 참석 후 북한에 정착하여 해주대회의 대의원으로 선임되었다.

인회를 결성하였고, 동인회와 합동한 동성회의 회장이 되어 국회 소장파의 리더가 되었다. 또한 사회민주주의를 당의 이념으로 표방하는 민족공화당 준비위원회도 결성하여 활발히 활동했다. 그렇지만 1949년 6월 '국회 프락치 사건'에 연루되어 구속되었다. 1950년 3월 징역 8년의 유죄판결을 받으면서 대한민국에서 그의 정치활동도 막을 내렸다.

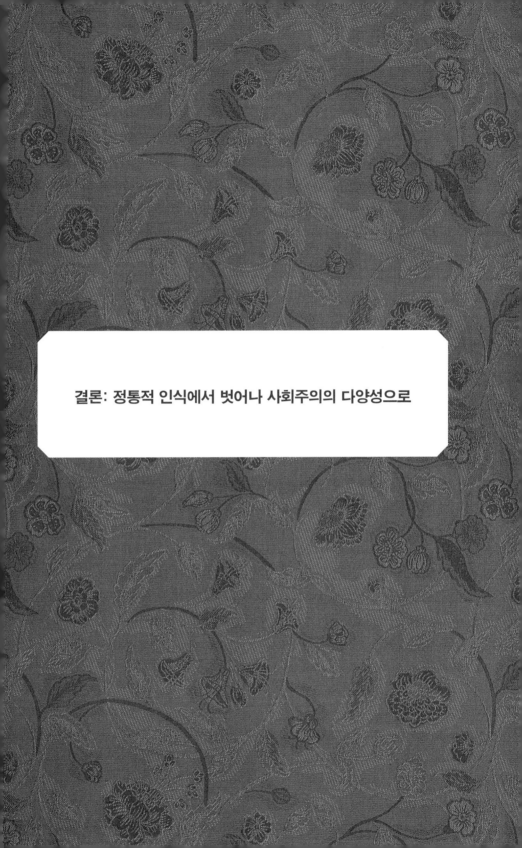

결론: 정통적 인식에서 벗어나 사회주의의 다양성으로

이 책은 세계 사회민주주의의 역사적 상황과 특징에 유의하면서, 한국 사회주의 운동의 역사 속에서 소련과 코민테른에 의해 지도되거나 이를 지향한 공산주의 운동이 아닌, 또 다른 사회주의 운동의 양상을 1920년대 초반부터 해방 직후 시기를 대상으로 살펴보았다.

역사적으로 사회민주주의는 몇 가지 특징적 인식을 가지고 있었다. 사회주의로의 이행에 있어 단계론적 인식, 그와 관련하여 높은 생산수단의 사회화와 생산력의 발전 과정이 사회주의 이행에 있어 사전적으로 필수불가결하다는 점, 프롤레타리아계급이 혁명과 사회이행의 중심 세력임을 주장하면서도 여타 계급 및 자유주의 세력과의 협력, (의회 내) 경쟁을 통한 민주적 통치 구조가 필요하다고 주장하는 점, 의회 제도와 민주주의 정치질서의 불가피성을 인정하고, 이와 관련하여 합법적 정치운동 및 합법 대중정당의 중요성을 강조하는 점, "민주주의는 수단이면서 동시에 목표"라고 주장하면서 레닌의 프롤레타리아독재론에 따른 볼셰비키 독재에 대해서 비판적인 점, 스탈린 체제를 거치면서 반공주의가 강화된 점, 진보적 사회경제 정책과 반공적 정책이 결합되어 나타나는 점 등이다.

물론 이런 역사적 특징은 대체로 제2차 세계대전 이후 한국전쟁을 거치면서 최종적으로 만들어진 것이다. 실제 역사 속 사회민주주의는 온갖 다양한 조류와 경향들이 결합하여, 세계 각국에 따라, 시기에 따라 다양한 모습으로 나타났다. 공산주의보다 훨씬 더 다양한 모습을 가지고 있으며, 그 내부에서도 우파에서 좌파에 이르는 편차는 무척이나 넓다. 그것도 고정적인 것이 아니라 시기에 따라 다양하고 복잡하게 변모했다. 1951년부터는 민주적 사회주의로 그 범위가 크게 확장되었다.

이 책의 연구 결과를 일제하에서 해방 직후에 이르는 한국 사회민주주의 하나의 흐름으로 정리하고, 그 특징을 나누어 살펴보도록 하자.

1. 일제하에서 해방 직후 한국 사회민주주의의 역사적 흐름

서구의 경우 기존 사회민주당의 급진파나 이탈 세력에 의해 공산당이 창당되었다. 그러나 동아시아의 상황은 이와 달랐다. 소련과 코민테른은 일본제국 질서를 위협하고, 식민지 조선의 해방과 반식민지로 전락한 중국 국민혁명의 강력한 지원자로 등장했다. 1920년대 중반이 되어서야 마르크레닌주의가 동아시아에 광범하게 전파되지만, 그 이전에 이미 공산당운동은 시작되었다. 다양한 이념과 경향을 가진 사회주의자들과 민족주의자들이 공산당운동에 가담했다. 이는 코민테른이 초기에 동아시아 혁명운동과 민족운동을 적극 지원했기 때문이었다.

1920년대 초반 결성된 상해파 고려공산당 국내부는 공산당 지부라는 이름과 달리 다양한 경향의 사람들이 섞여 있었다. 심지어 신자유주의 이념(New Liberalism)을 가진 일부 사람들도 있었다. 평양에서 시작된 물산장려운동이 전국적 운동으로 확산된 것은 국내 상해파와 조선청년회연합회가 물산장려운동에 적극적으로 참여하면서부터였다. 그들은 단순히 '민족기업 설립', '자본가적 경제운동'의 차원에서 물산장려운동에 접근한 것이 아니었다. 근대 자유주의 적 사회론과 국가론에 대한 비판 속에서 현대 자본주의 제도의 개편과 그 속에 서 국가의 적극적 역할을 전망했다. 그리고 이를 위해 단기적으로는 생산력 중식을 위한 기술 습득, 생산과 소비를 위한 소비조합과 생산조합의 확대, 조선인 물품 애용 등을 제안했다. 그들은 계급투쟁을 앞세우는 여타 사회주의 정파를 비판하였는데, 마르크스주의에 근거하면서도 전형적인 생산력 중심적, 단계론적 혁명론의 인식을 보여주었다. 그들은 혁명 인식과 사회이행 전망 등에서 일본 사회주의자들은 물론 독일 사회민주당 카우츠키 등의 주장을 차용했다.

물산장려운동을 둘러싸고 조선에서 전개된 논의와 논쟁은 식민지 조선만의 특수한 논의나 논쟁이 아니었다. 사회경제 발전단계론 및 생산력 문제, 계급투쟁과 계급협조 문제, 사회이행에서 국가의 역할, 단계적이고 점진적인 변혁과 대비되는 급진적 사회혁명의 문제, 민족 문제와 혁명 단계론의 문제, 사회주의로의 이행과 과정에 대한 문제, 자유와 민주주의 문제 등 서구와 일본 사회주의 운동과 사상에서 고민하고 논쟁되었던 것들이 식민지적 특수성을 반영하면서도 비슷하게 표출된 것이었다.

사회민주주의운동의 특징 중 하나인 합법적 정치운동 지향성은 정치적 자유가 없는 식민지 조선에서도 1920년대 중반 들어 나타났다. 1924년 1월 맥도널드(Ramsay MacDonald) 노동당 당수를 수상으로 한 노동당과 자유당의 영국 최초 연립내각 출범은 의회주의와 합법적 대중정치 운동에 대한 세계적 관심을 끌었다. 개조와 민주주의가 시대의 대세였다. 1925년 보통선거법이 일본 중의원을 통과하면서 일본의 무산정당 운동도 본격화되었다.

식민지 조선은 1920년대 '문화정치' 기간 중에도 정치적 자유가 허용되지 않는 제국의 식민지였다. 때문에 의회를 축으로 합법적 정치변혁을 추구했던 서구나 일본식의 사회민주주의 세력이 형성되기가 불가능했다. 그럼에도 불구하고 서구와 일본에서의 보통선거권의 확대와 의회적 정당정치 정착 과정, 합법적 대중정치 운동의 전 세계적 확산 과정은 식민지 조선에도 영향을 크게 미치고 있었다. 일본에서의 보통선거 실시와 무산정당 운동의 발전에 대한 낙관적 전망, 그리고 무엇보다도 1926년 중반 이후 국공합작에 근거한 중국 국민혁명군의 성공적인 북벌이라는 긍정적인 국제정세의 변화에 고무된 조선의 민족주의 세력과 사회주의 세력은 광범한 대중을 망라한 민족단일당, 합법적 정치단체를 결성하려 했다. 그리고 이는 합법적 대중정치단체인 신간회 결성으로 구체화된다.

신간회가 창립 시기에 조선의 사회주의자들은 조선사회단체중앙협의회 결성을 둘러싸고 논쟁과 대립을 보였다. 1924년에서 1927년 시기는 일본의 보통선거가 확정되면서 일본과 한국 사회운동 전반에서 소위 방향전환론과 정치투쟁론이 널리 확산되던 시기였다. 중앙협의회 제기 주장의 배경에는 사회주의 운동이 소수 인텔리 운동에서 벗어나 어떻게 대중운동으로 전개되어야 하며, 무산계급 내의 단결과 정치투쟁을 위해 어떠한 조직이 있어야 하는지, 일본에서의 보통선거 실시와 함께 식민지 조선에서도 '우경 운동', 즉 자치운동이 일어날 경우 이에 어떻게 대응할 것인지 등의 고민이 들어 있었다. 이는 방향전환론을 선도적으로 제기하며, 단일무산정당 결성을 앞장서 주장하던 일본의 대표적 사회주의 이론가 야마카와 히토시(山川均)의 주장에 일정한 영향을 받았다.

1926년 중앙협의회를 처음 발의한 것은 김사국을 포함한 고려공산동맹의 지도적 인물들이었다. 반면에 1927년 중앙협의회 결성을 시도한 것은 통일조선공산당에 참여하지 않은 당 외의 사회주의자들이었다. 주도 세력이 바뀌었다. 이렇게 바뀐 이유는 코민테른의 조선 민족통일전선 정책, 레닌 원전들의 일본어 번역과 유통, 일본 사회주의 운동의 동향 때문이었다. 1927년 중앙협의회 상설론 주장은 공산당의 필요성을 부정하는 것은 아니었다. 그렇지만 그보다는 노농계급의 광범한 선진분자들을 망라하고, 실제적인 투쟁을 담당할 대중적 조직이 더 시급하고 필요하다고 보았다. 이는 공산당의 독자적 존재를 최우선으로 하는 코민테른 및 공산주의 일반의 조직 방침과는 다른 것이었다.

물론 중앙협의회 상설론은 합법적 대중정당을 지향했다는 점에서 잘못된 정세 인식의 산물이었다. 일제의 정치 상황이 1920년대 중반 들어 정당정치 시대로 넘어갔음에도, 식민지 조선 지배 정책은 요지부동이었다. 자치는 물론 중의원 참정권조차 부여될 여지가 거의 없었다. 이렇게 식민지 조선에 정치적 자유가 허용될 여지가 전혀 없는 상황에서 합법적 대중정당을 지향하는 것은 한계가 분명했다.

그럼에도 중앙협의회 제기 주장은 소수의 볼셰비키 전위정당이 혁명운동을 지도한다는 코민테른과 공산주의자들의 일반적 노선에 대해, 광범한 무산계급이 참여하는 일종의 사회주의 단일 대중정당을 지향하려 했다는 점에서, 한국의 민주적 사회주의 이념 형성과 관련하여 의미 있는 주장이었다고 할 수 있다. 또한 중앙협의회를 둘러싼 논쟁은 사회주의 운동 내에서 코민테른과 그의 직접 지도를 받는 공산 세력과 다른 운동 방침과 실천을 하는 사회주의자들이 존재한다는 것을 보여주었다.

신간회 창립 시기까지의 사회주의 세력의 입장은, 코민테른의 1926년 「3월 결정서」와 1927년 「4월 결정서」에 기반하여 국공합작에 기반한 중국국민당을 모델로 '조선식 국민당' 또는 '민족단일당' 형태의 민족혁명당을 합법적 민족단체를 기반으로 건설하라는 것이었다.

그렇지만 1927년 장제스의 '4·12 쿠데타' 이후 중국 국공합작의 붕괴와 국공내전의 발발 속에서 크게 변화하기 시작했다. 7월 코민테른의 「일본에 대한 테제」(27년 테제)는 일본 사회민주주의 좌익과 우익 세력에 대한 협력을 부정한 것은 아니었다. 그렇지만 공산당의 독자성과 계급적 원칙하에서 이들과 투쟁하면서, 이들의 영향력하에 있는 대중을 획득할 것을 지시했다. 한편 서구 유럽에서는 1927년 프랑스공산당과 영국공산당의 선거 전술 문제를 계기로 공산당과 사회민주주의 정당의 협력 문제가 논란이 되었다. 1927년 12월 소련공산당 제15차 당대회가 개최되었고, 통일전선에 있어 무게 중심을 하층에 둘 것과 사회민주주의 지도부에 대한 투쟁이 강조되었다.

이런 양상은 조선에 대한 정책에도 반영되었다. 1928년 1월에 전해진 「코민테른 결정서」에서 중국국민당 유형의 민족단일당을 결성하라는 방침은 철회되었다. 국민혁명적 대중당을 결성하되 노동자와 농민 요소에 주목할 것을 강조했다. 무엇보다 통일전선에서 공산당의 자립성을 가질 것과 통일전선이 당의 총체적 지지를 할 수 있도록 신간회를 프롤레타리아 요소로 형성하고, 간부들을 레닌적 정신으로 무장시키기 위해 적극적으로 투쟁하라고 지시했다. 이미 조선공산당 내 엠엘파의 지도자 안광천은 1927년 11월 '프롤레타리아 헤게모니 전취론'을 공개적으로 제기했다.

그런데 코민테른과 공산주의 운동의 흐름과 결을 달리하는 흐름들이 일본과 조선의 사회주의 세력 내부에서 표출되기 시작했다. 일본의 경우 1927년 12월 '비공산당 마르크스주의자'들의 조적적 결합으로서 노농파가 형성되었다. 노농파는 일본공산당계에 대항하여 1928년 7월 독자적으로 무산대중당을 결성했다.

한편 식민지 조선에서도 코민테른의 방침과 다른 흐름들이 나오고 있었는데, 소위 '청산론'이라 불리는 경향이었다. 안광천의 헤게모니 전취 주장에 대해 '12월당'의 일부 사람들이 비판하고, 이에 대한 재비판이 진행되면서 '청산론 논쟁'이 전개되었다. '청산론 논쟁'은 '12월당'과 '2월당'의 노선투쟁 측면도 일부 있었지만, '12월당'이 코민테른의 통일전선 정책 변화를 제대로 파악하지 못해서 제기된 양상이 더 컸다. 때문에 '청산론' 논쟁은 1927년 말에서 1928년 초에 걸쳐 잠시 진행되다가, 계속될 동력을 얻지 못한 채 지나가고 만다. 그런데 '청산론'을 제기한 사람들 상당수는 코민테른의 통일전선 정책 변화를 이후에도 받아들이지 않았다. 조선공산당 재건운동과도 거리를 두며, 일부는 1930년 전후 '합법운동론' 주장에 앞장선다. 이들은 국제공산당인 코민테른의 지도를 사실상 거부하는 '또 다른 사회주의자'들이었다. 당연히 이들은 이후 공산주의 운동에서 떨어져 나올 수밖에 없었다.

이런 '또 다른 사회주의자'의 대표적 인물인 신일용은 1920년대 초반 레닌과 스탈린이 표명한 식민지 민족 문제와 민족해방운동론을 보다 적극적으로 해석했다. 그는 사회주의 운동의 대중성과 현실성을 운동의 우선 기준으로 잡고 운동론을 전개했다. 그러나 현실을 강조하고 운동의 대중화와 단일한 대오를 강조하다 보니, '무산계급 운동의 독자성', '무산계급적 표식', '헤게모니' 등 당시 코민테른과 사회주의 운동에서 대단히 중요하게 생각하던 부분을 과감히 후퇴시켰다. 그는 중국 상황과 조선의 상황을 별개로 파악했다. 식민지 조선에서 민족 부르주아의 혁명적 성격을 여전히 인정했다. 때문에 각계각층 대동 세력의 집약으로 민족 중심 세력을 결집할 것, 신간회를 단일전선당으로 완성할 것을 주장했다. 때문에 그의 주장은 코민테른의 변화된 방침과 정면 충돌하는 것이었다. 일본의 노농파 및 무산대중당과 달리, 조선의 '또 다른 사회주의자'들은 조직적으로 결합하지 못하고 개별적으로 흩어져 뿔뿔이 활동하는 한계를 가졌다.

1928년 7월 코민테른 제6회 대회 이후, 스탈린파가 주장하던 자본주의 위기론, 사회파시즘론, 당에 대한 철저한 복종, 노동조합에서 사회민주주의 등 비공산 세력을 배격하는 분파주의 전술, 이를 거부하는 기존의 공산주의자를 우익 기회주의자로 숙청하는 활동이 국제공산주의 운동에서 광범하게 전개되었다. 당에서 쫓겨난 사람들은 운동전선에서 떠나거나 사회민주주의 세력과 결합했다. 코민테른 제6회 대회의 전술 전환은 일본의 무산정당 운동의 전개와 한국 사회주의 운동에도 큰 영향을 미쳤다. 합법 무산정당 무용론이 일본 공산주의 운동을 지배하는 가운데, 대중 폭동 전술로 전환한 일본 공산주의자들은 자신의 노선과 투쟁을 따라오지 않는 모든 공산주의자나 마르크스주의자들 모두를 '좌익 사회민주주의자'로 규정하고 배격했다. 1928년 코민테른의 조선 문제에 대한 「12월 테제」는 민족주의 세력에 대한 타격 방침과 노동자·농민에 기초한 아래로부터의 통일전선 방침을 지시했다. 신간회 해소 방침은 제기되지 않았지만, 신간회의 조직 방침이었던 개인가맹제에 기반한 민족혁명당 노선은 포기되었다.

서구와 일본의 사회주의 운동이 그러했던 것과 같이 식민지 조선에서도 「12월 테제」 이후 공산주의 세력의 좌편향의 일반적 흐름을 반대하는 일군의 사회주의자들이 형성되었다. 조선청년총동맹 본부 지도부와 신간회 등을 중심으로 활동하던 이들 세력은 1930년 들어 '합법운동파' 또는 '좌익 사회민주주의자'로 불렸다. 그런데 이들은 갑자기 나타난 새로운 세력이 아니라, 기존 청총와 신간회 지도부를 이루었던 세력이었다. 그들은 1920년대 중반 이래의 운동 방침을 고수하고 있었는데, 공산주의의 국제적 노선이 변화하면서 그들의 노선이 타협적 합법운동 노선으로 평가받게 되었다. 이들은 코민테른과 그를 추종하는 당 재건운동자들과 달리 현재의 주객관적 조건이 불리하기 때문에 여타 계급 및 세력과의 동맹을 불가피한 것으로 인식했다.

코민테른과 당 재건운동자들은 민족단일당 구상을 폐기하고 일시적인 대중적 차원의 민족협동전선을 구상하거나, 이조차 폐기했다. 그러나 이들은 '민족당' 형식의 민족협동전선을 여전히 고수하고 있었다. 더 나아가 '민족당'을 민족해방운동을 지도하는 전위조직으로 자리매김했다. 이는 민족해방운동의 전위를 지하의 공산당으로 상정하고, 신간회 같은 민족협동전선은 전위의 지도를 받는 대중적 통일전선 조직으로 구상하던 당시 코민테른 및 당 재건운동자들의 인식과는 큰 차이를 갖는 것이었다. 그들은 신간회 운동에 대한 반성 속에서, 또한 엄혹한 탄압으로 주체적 역량이 크게 약화되었다는 정세 인식 속에서, 기존의 청총의 신운동 방침, 신간회를 성립시켰던 정치운동론을 재해석, 재규정했다. 그들이 제기한 '공민권 획득'은 기존에 주장하던 부르주아민주주의 요구, 정치적 자유에 대한 요구와 투쟁, 민족적 차별 철폐에 대한 주장과 차이가 있는 것이 아니었다. 정치적 수세기에 여타 계급과 정치 세력을 보다 적극적으로 끌어들이기 위해 과정적이고 일시적 요구로서 주장한 것이었다.

1930년 들어 대중 폭동 전술로 이행한 일본공산당 계열은 8월 들어 (신)노농당 해소운동을 전개했지만, 해소에는 실패했다. 1930년 프로핀테른의 조선에 대한 「9월 테제」는 신간회나 청총을 해소하거나 해체하라는 구체적 지시를 내리지는 않았지만, 신간회와 청총의 해소에 보다 직접적 영향을 주었다.

1930년 후반에 들어가면서 식민지 조선에서도 신간회와 청총에 대한 해소 방침이 보다 구체화되기 시작했다. 특히 1930년 11월 청총 중앙집행위원 개편과 12월 제4회 중앙집행위원 간담회에서 발표한 정책 전환이 논란이 되었다. 신정책은 청총 외곽의 청년단체를 포괄하기 위해 청총의 마르크스주의 이념적 색채를 지우고, 대중적이고 합법적인 성격을 강조했다. 그러나 이는 당시 마르크스레닌주의의 기반하에 프롤레타리아 헤게모니와 공산당 지도를 당연하게 여기는 공산주의 운동가들에게는 받아들일 수 없는 것이었다. 청총 지도부에 대한 반발은 청총의 해소 운동으로 전개되었다. 신간회와 청총 해소론에 대해 사회주의 세력 내에서도 반대하는 주장들이 제기되었다. 그렇지만 전 세계적인 공산주의 운동의 좌경화 속에서, 또한 일본과 달리 공산당 외의 사회주의 운동의 조직적 기반이 부재한 상황 속에서 이들의 주장이 반영되기는 어려웠다. 그 결과 1931년 5월 신간회가 해소되었다.

사회민주주의의 특징 중 하나인 진보적 정책과 반공주의가 공존하는 양상은 8·15 해방 직후 창당된 초기 한국민주당에서 드러났다. 초기 한국민주당에는 일제하 사회주의 운동 경험을 가지고 있거나, 사회주의 사상적 경향을 가진 적지 않은 사람들이 참여한다. 김약수와 김종범 등 과거 북풍파 출신, 나경석, 정노식, 유진희, 변희용 등 상해파 출신, 서정희, 박문희, 나승규 등 1930년대 신간회 간부 및 합법운동파 출신, 원세훈과 박명환, 이순탁 등 사회민주주의를 공공연히 표방한 사람들, 서울파 및 기타 출신의 다양한 인물들이 참여했다.

이들이 한민당 결성에 합류한 직접적 원인은 건준 지도부와 민족주의 세력의 연합 협상이 결렬되고, 조선공산당이 조급한 헤게모니 전취와 무리한 방법 등으로 건준의 주도권을 장악하여 조선인민공화국을 출범시킨 과정이었다. 그렇지만 이미 이들 대부분은 1930년대를 거치면서 공산주의 운동에 대한 회의를 가지게 된다. 경제적으로 낙후된 조선의 상황 속에서 부르주아민주주의혁명을 수행하기 위해서는 계급투쟁보다는 민족부르주아 세력과의 협력이 필요하고, 민족주의 세력이 현 민족혁명의 주도권을 가지는 것을 일정하게 인정해야 한다고 생각했다. 그리고 계급투쟁을 회피하기 위해서는 의회제 정치 체제를 건설해야 한다고 주장했다. 이런 주장은 조선공산당이 영도권, 곧 공산당의 헤게모니가 보장되는 인민민주주의 정치 체제를 주장하는 상황에서, 사회주의 정치 구도에서는 실현될 수 없는 것이었다. 한민당 지도자 송진우는 원세훈을 매개로 사회민주주의 세력과 제휴했다.

이들의 참여 속에 초기 한민당은 당시 좌익과 큰 차이가 없는 상당히 진보적이고 급진적인 사회경제 정책을 제시했다. 경제나 사회 정책을 '진보적 민주주의 원칙', 즉 사회주의적 경제원리를 수용하여 해결하겠다고 주장했다. 이를 위해 주요 산업의 국영 또는 국가 통제를 넘어, 근로계급의 생활보장을 위해 대기업과 대자본에 대한 국가 통제를 하여 경제적 민주주의를 실현할 것, 그리고 사회주의적 계획경제를 실시할 것을 주장했다. 또한 강력한 토지개혁 실시와 함께 토지 공개념을 강화한 토지국유화를 주장했다. 송진우는 당내외 사회민주주의자들을 의식해서, 현 단계의 혁명을 "사회민주주의혁명 단계"로 규정했다. 물론 이는 민족주의 사상의 기반과 통제하에서 수행되는 것이었다. 곧 중국 국공합작의 기반이 된 쑨원의 삼민주의 사상과 유사한 것이었다.

원세훈을 중심으로 한 한민당 내 사회민주주의자들은 송진우가 주도한 1945년 말 정계개편 운동에도 적극적이었다. 정계개편 운동은 민족적 총역량 집중과 대한민국임시정부 지지를 내세우며, 프롤레타리아 헤게모니를 주장하는 조선공산당 세력을 제외한 모든 정치 세력을 결집하려는 운동이었다. 이들은 이런 정개개편 운동 방침에 적극 찬성하였을 뿐만 아니라, 이를 확산시키는 데도 앞장섰다. 비록 이념은 달랐지만 원세훈은 송진우와 의기투합하여 초기 한민당을 이끌었다.

초기 한민당의 진보성은 송진우가 주도한 정계개편 운동과 밀접한 관련이 있었고, 원세훈을 중심으로 한 한민당 내 사회민주주의 세력에 대한 송진우의 협력과 적극적인 지지 위에서 성립된 것이었다. 그렇지만 1945년 12월 말 송진우가 갑자기 암살되면서 정계개편 운동은 무산되었고, 초기 한민당의 진보성은 위기에 처하게 되었다. 원세훈은 한민당 당권을 장악하기 위해 적극 활동하였는데, 한민당 주류 세력은 김성수를 후임 수석총무로 선임함으로써 당권을 유지했다.

1946년 제1차 미소공위가 무위로 돌아가고, 미군정의 지원하에 좌우합작운동이 시작되었다. 원세훈은 좌우합작위원회 예비회의부터 시작해서 합작 7원칙의 합의에 이르는 과정의 모든 회의에 참석했다. 개별적으로 미군정 요인이나 좌익 측 인사들도 자주 만났다. 그는 김규식과 더불어 좌우합작위원회와 좌우합작 7원칙의 산파였다. 그럼에도 그는 소련과 당시 북한의 정치 체제에 대해서는 부정적인 인식을 가지고 있었고, 그 점에서 김규식과 입장을 같이했다. 한민당이 좌우합작 7원칙을 거부하면서 그는 한민당을 탈당한다. 또한 김약수를 비롯해서 당내 사회민주주의자들 대부분이 탈당한다. 한민당을 탈당한 사람들 대부분은 민중동맹으로 다시 결집한다. 좌우합작위원회의 활동과 민중동맹 결성은 해방 직후 남한 정치에서 중간파 정치 세력이 구체적으로 표면화되는 지표였다.

한민당 탈당파들은 일단 민중동맹으로 모였지만, 민중동맹은 결성 직후부터 내부 대립에 시달렸다. 원세훈도 김약수도 민중동맹을 장악하지 못했다. 원세훈은 민중동맹 활동보다는 과도입법의원과 좌우합작위원회 활동에 중점을 두었고, 이후 김규식과 정치행보를 같이한다. 김약수도 주도권을 장악하지 못하고, 도리어 민중동맹을 이탈하여 조선공화당을 결성한다. 이렇게 하여 한민당 출신 사회민주주의자들은 뿔뿔이 흩어진 채 각자의 길을 가게 되었고, 남북한 정치사에 개별적으로 녹아들었다.

해방 직후에는 한민당뿐만 아니라 여운형의 조선인민당, 백남운의 남조선신민당, 김원봉의 조선민족혁명당 등에도 사회민주주의적 경향을 가진 사람들이 다수 있었다. 그렇지만 남한 내 좌우 대립이 격화되는 과정에서 그들은 독자적인 정치 세력으로서, 중간파로서 입지를 가질 수 없었다. 좌익 3당 합당의 소용돌이를 거친 후 성립한 근로인민당과 조선인민공화당의 결성은 어찌 보면 사회민주주의 세력의 새로운 가능성의 출발선이 될 수 있었다. 그렇지만 여운형의 암살, 김원봉에 대한 탄압과 월북에서 보이듯이, 남한 내에서 그들의 설 자리는 점차 없어져갔다. 적지 않은 사람들이 남한에 남았지만, 반공을 넘어 사회주의적 모든 경향에 대한 탄압이 가해지는 상황에서, 사회민주주의를 표방한 독자 세력으로 존립하기 힘들었다.

이에 반해 한민당에서 출발한 사회민주주의자들은 현실론자들이었다. 그들은 당면의 국가 건설에서 민족주의 세력의 주도권을 인정하는 것에서 출발했다. 그들은 의회민주주의 질서의 정치 체제를 건설하려고 했고, 그 전제하에서 활동했다. 한민당에 참여한 경력 때문에 좌우 대립이 격화되는 과정에서도 살아남을 수 있었고, 초기 남한 정권의 수립 과정에서도 정치 세력으로 일정하게 활동했다. 1948년 제헌의회 선거에 참여한 사람도 있고, 원세훈처럼 1950년 제2대 국회의원 선거에 참여한 사람도 있었다. 김약수는 제헌의회 국회부의장으로 활발한 활동을 하기도 했다. 그렇지만 냉전과 전쟁으로 치닫는 국제정세와 남북한 대립은 사회민주주의 세력이 공공연한 정치 세력으로 성립하는 것을 두고 보지 않았다. 해방 공간부터 한국전쟁에 이르는 과정에 많은 이들이 죽거나 납북되거나 월북했다.

2. 한국 사회민주주의 역사적 기원의 특징

일제하에서 해방 직후까지 나타난 한국의 사회민주주의 또는 민주적 사회주의 경향은 일관된 흐름이 아니었고, 단일한 세력이나 개인에 의해 주도되지도 않았다. 1920년대 전반부터 해방 후까지 다양한 흐름이 있었고, 그 내부에서도 시기에 따라 변화의 폭이 컸다. 때문에 이들을 묶어서 전반적이고 일반적 특징을 규정하는 것은 사실 불가능하다. 시기에 따라, 사람에 따라 다르게 나타났다. 그럼에도 불구하고 시기와 사람에 따라 맞지 않는 부분이 적지 않다는 것을 전제하고 거칠게나마 정리하면, 대체적으로 다음과 같은 특징을 갖고 있다.

첫째, 서구나 일본 사회민주주의와 달리 식민지 조선의 경우는 일제하 공산주의 운동 경험자가 다수이고, 사회민주주의 내의 우파 그룹이 사실상 없었다. 서구는 물론이고 일본만 해도 우파 사회민주주의가 폭넓게 존재했다. 초기 노동운동과 농민운동을 주도한 일본노동총동맹과 전일본농민조합연합회의 지도부는 우파 사회민주주의자들이었다. 노동농민당의 최초 지도부, 그리고 여기서 분리해서 결성된 사회민중당도 우파 사회민주주의자 그룹이었다. 조선의 경우는 정치적 자유가 억압된 식민지라는 조건에서 '계급협조'와 '폭력투쟁 및 비합법운동 배격', '의회주의'를 특징으로 하는 우파 사회민주주의 그룹이 존재하기가 사실상 불가능했다. 계급협조와 민족협동을 주장한 김규식, 조소앙, 이순탁, 서상일 등의 민족적 사회주의자들이 있었지만, 이들은 사회주의 운동에서 활동하지 않았고 민족주의 그룹 내에 있었다.

이 책에서 주요하게 다룬 인물들은 대부분 북풍파, 상해파, 서울파 등에 속해 조선공산당운동을 경험한 인물들이고, 그렇지 않더라도 사회주의 운동 범주에서 활동했다. 일본 무산정당 운동과 비교하자면 노동농민당 및 일본노농당 수준 정도가 식민지 조선에서 사회민주주의자로 존재할 수 있는 선이었다. 때문에 일제하에서는 이들을 '좌익 사회민주주의'라고 일컬었다.

둘째, 이들 경향에서는 식민지 조선의 낙후된 사회경제 현실을 극복하기 위해서 생산력 발전이 필요한데, 이를 위해서는 민족부르주아지와의 협력이 일정하게 필요한 것으로 인식했다. 이는 국내 상해파의 물산장려운동 주도 과정에서 두드러지게 나타났지만, 1920년대 중반 이후 마르크스레닌주의가 확산되어 관철되는 시기에 이르러서도 여전히 저변에 남아 있었다. 러시아혁명 이후 부르주아민주주의혁명 단계를 노동계급의 영도하에 노농동맹에 기반해서

계급투쟁으로 뛰어넘어 사회주의혁명으로 이행할 수 있다는 인식이 일반화되었다. 1920년대 후반 소련에서 스탈린이 유일 지도자로 등극하면서 이런 인식은 확대되었다. 소련 신경제 정책(NEP)이 폐기되고, 쿨락은 타도되었으며, 농업의 집단화가 추진되었다. 1920~30년대를 동아시아를 풍비한 강좌파적 인식에서는 낙후되고 기형적 사회경제 구조와 경제 상황에 대한 인식이 부르주아지의 취약성과 반동성으로 연결되면서, 고립시키고 결과적으로 타도해야 할 대상으로 설정되었다. 이들은 이런 인식과 거리를 두었다.

셋째, 민족부르주아지 및 민족주의 세력과의 민족통일전선 결성을 지속적으로 주장했다. 국공합작에 기반한 중국국민당 결성은 1927년 중반 이전까지 중국과 식민지 조선에서 민족통일전선의 구체적 모델이 되었다. 민족부르주아 세력의 혁명성을 긍정하는 가운데, 당적 형태로 민족통일전선이 모색되었다. 조선식 국민당, 좌우를 망라한 민족단일당 구상이 사회주의 세력이나 민족주의 세력 모두에게 일반화되었다. 그러나 1927년 '장제스 쿠데타' 이후 국공분열과 국공내전를 거치면서 코민테른과 공산주의 세력의 민족통일전선은 당적 형태를 부정하고, 공산당의 독자성을 유지하면서, 노농대중에 기반하여 프롤레타리아 헤게모니를 지향하는 형태로 변화했다. 1928년 코민테른 제6회 대회와 「12월 테제」 이후에는 민족주의 세력과의 협력이 사실상 폐기되었고, 사회파시즘론에 근거하여 타격이 가해졌다. 신일용의 '단일전선당'과 1930년 '합법운동파'의 '민족당'론에서 보이듯이 이들은 이러한 정책 변화를 거부했다. 민족주의 세력을 비판하면서도 당면의 혁명 과정에서 이들과 협력은 필수불가결한 것으로 여겼다. 민족주의 세력과의 협력 필요성은 해방 후에도 지속되었다. 상당수 사회민주주의자들이 한민당에 참여했고, 여러 정당에서 민족주의자들과 협력했다. 좌우합작운동에도 적극적으로 나섰다.

넷째, 마르크스레닌주의 사상으로 무장한 소수의 비합법적 볼셰비키 전위정당이 노동계급의 전위로서 혁명운동을 전일적으로 지도한다는 코민테른과 공산주의자들의 일반적 조직 노선을 사실상 부정했다. 식민지 조선은 집회와 결사의 자유가 없었고 참정권과 자치권이 부여되지 않았기 때문에 합법적 정치 조직이나 대중 정당이 불가능했다. 그럼에도 '문화정치'의 조그만 합법 공간을 비집고 합법적 정치 조직을 결성하려는 움직임은 지속되었다. 신간회는 그 최대의 성과였다.

조선사회단체중앙협의회 결성은 일본의 무산정당과 같이 무산계급의 광범한 선진분자를 망라한 일종의 합법적 사회주의 단일 대중정당을 지향하려 했다. 그 당은 공산당에 의해 통제되고 지도되는 정치 조직이 아니라, 무산대중의 선진적이고 전위적 분자가 결합한 전위적 조직이며, 그 자체로 운동하고 투쟁하는 정치 조직이었다. '청산론' 등에서 주장한 '단일전선당', 그리고 1930년 '합법운동파'의 '민족당'은 공산당에 의해 지도되는 각계각층 연합으로서의 대중단체가 아니었다. 민족 각계각층의 선진분자가 결합하여 민족혁명운동을 지도하는 전위 조직의 당으로 위치지웠다. 당시 코민테른과 공산주의자들은 당면 혁명 과정의 전위로서 공산당의 중요성과 독자성을 강조하고, 비합법적 공산당 결성에 사활적 의미를 두었다. 일본의 무산정당이나 조선의 신간회는 공산당의 지도를 받는 통일전선적 대중단체로 상정되었다. 야마카와 히토시가 그러했던 것처럼 그들은 이런 구도를 거부했다. 공산당의 독자성과 필요성을 부정한 것은 아니었지만, 당면 민족혁명에서 그 중요성은 크게 떨어졌다. 이는 공산당의 독자성과 헤게모니를 강조하는 마르크스레닌주의의 입장과는 크게 차별되는 것이었다.

다섯째, 비합법적 수단과 방법에 기반한 투쟁보다는 합법적 수단과 방법에 기반한 합법운동과 합법투쟁을 중시했다. 이들이 주도하거나 참가한 물산장려운동, 조선사회단체중앙협의회, 신간회, '단일전선당'과 '민족당', 해방 후 정당 활동과 좌우합작운동 모두 합법적 수단과 방법으로 진행되거나 주장되었다. 물론 이들이 비합법적 수단이나 방법, 폭력투쟁을 거부하고 합법적 방법만을 추구한 것은 아니었다. 필요에 따라 그 중요성을 인정하고, 실제 그런 활동에 참여한 사람들도 적지 않다. 이들 중 상당수가 비합법적 공산주의 그룹이나 공산당 활동에 참여했던 것도 그 반증이다. 그럼에도 불구하고 이들은 합법운동과 합법투쟁의 필요성과 중요성을 보다 크게 강조했다. 운동에 광범한 대중들을 참여시키기 위해서는 비합법적 운동 방식이나 혁명적 투쟁으로서만 되지 않는다는 인식 때문이었다. 특히 다양한 사상과 계급적 이해관계를 달리하는 광범한 정치사회 세력과 대중을 망라하는 민족단일당, 민족협동전선이 되기 위해서는 합법적 틀과 합법적 운동 방식의 유지가 중요했다. 신간회가 최대 4만여 명의 성원을 단일 조직 내로 결집시킬 수 있었던 것은 그 때문이었다.

여기서 합법적 운동 경향이 곧 일제에 타협적 운동이냐는 점이 문제가 된다. 타협과 비타협은 분명 대립하는 개념이다. 그렇지만 합법과 타협은 항상 일치되는 개념은 아니다. 또한 고정된 개념도 아니다. 합법적이어도 상황에 따라서 비타협적일 수 있으며, 또한 다른 정세 속에서는 타협적일 수도 있다. 이를 잘 보여주는 것이 신간회 운동이다. 신간회는 그 합법적 형식을 유지하기 위해 불가피하게 식민권력과 협상을 했지만, 결코 일제 총독부 권력과 타협하지 않았다. 합법운동을 하는 것과 일제에 타협하는 것은 즉자적으로 연결되는 것이 아닌 서로 다른 차원의 문제이다. 합법의 범위는 조성된 내외의 정세를 반영하고 운동을 추진하는 세력과 막으려는 통치세력의 역관계 속에서 만들어지며, 주객관적 상황에 따라 변화했다.

해방이 되면서 한반도에 정치적 자유가 주어졌고, 합법적 정치 공간이 열렸다. 의회를 통한 정치 공간이 마련되었다. 상당수 사회민주주의 또는 민주적 사회주의자들은 과도입법의원 등의 참여를 통해 인민민주주의 체제가 아닌

의회제 정치질서를 창출하는 데 합류했다. 남북연석회의 관련으로 제헌국회에 참여하는 사람들은 제한되었지만, 그들 역시 제2대 국회에는 대부분 참여했다.

여섯째, 언론·출판·집회·결사의 자유를 비롯한 제반 민주주의적 권리와 자유, 대중의 일상적이고 경제적인 제반 권리를 위한 운동과 투쟁, 민족적 차별철폐 등 민주주의 민족운동을 중시했다. 이들 요구는 입헌주의 근대 국민국가의 기본적 권리였기 때문에 사회주의는 물론 민족주의 세력도 공감하고 이해를 같이하는 것이었다. 카우츠키를 포함해서 사회민주주의는 민주주의를 사회주의와 동일한 가치와 목표로 여겼다. 이에 반해 마르크스레닌주의에서는 언론·출판·집회·결사의 자유를 비롯한 제반 민주주의적 권리와 자유를 종종 부르주아민주주의로 규정하여 그 의미에 제한을 둔다. 이는 프롤레타리아독재에 따른 공산당의 일당지배, 공산당의 전 사회 통제를 위해 언론·출판·집회·결사 및 정치의 자유와 제반 민주주의적 권리는 당연히 유보될 수밖에 없기 때문이다. 대신에 프롤레타리아 민주주의 용어를 사용하여 공산당에 통제된 민주주의를 진정한 민주주의라고 포장한다. 이런 면 때문에 보통 민주주의와 자유에 대한 이해를 통해 공산주의와 사회민주주의를 구분하는 경우도 많다.

국내 상해파는 1920년대 초반 『동아일보』의 논지를 주도했는데, 논설을 통해 식민지 조선에서의 언론·출판·집회·결사 및 정치의 자유를 지속적으로 강력하게 주장했다. 이를 위해 민족주의자들과 협력하여 운동을 전개했다. 1930년 '합법운동파'들은 공산주의자들이 자치론자라고 비난함에도 불구하고 '공민권 획득'을 당면의 과제와 목표로 제시했다. 그 내용은 언론·출판·집회·결사의 자유와 조선인에 대한 차별 철폐였다. 그들은 프롤레타리아 민주주의로 나아가는 과정에서 이러한 요구는 필수불가결한 것으로 여겼다.

노동계급 전위 조직과 그에 참여한 사람들의 역사는 사회주의 운동사에서 중요한 부분이기는 하다. 그렇지만 그 역시 전체 사회주의 운동사의 일부분이다. 일제하 사회주의 운동, 노농·농민·청년·학생·여성 등 사회운동은 조선공산당의 지도에서만 진행되지 않았다. 공산 전위와 관련된 부분은 일부분이었고, 상당부분은 그와 조직적 관련 없이 다양한 사회주의 이념과 생각을 가진 수많은 사회주의 운동가들에게 의해서 자발적으로 추진되고 전개되었다. 코민테른과 연관된 사회주의 운동은 일부분일 뿐이다.

해방 직후 한반도에서 극히 짧은 시간에 사회주의 이념과 운동이 급속하게 확산되었다. 이는 북한을 점령한 소련의 영향이나 재건된 조선공산당과 박헌영 지도부, 북한 김일성 지도부의 역할만으로 설명되지 않는다. 또한 1920~30년대 비합법 공산당 및 재건 활동을 했던 사람들, 1930년대 혁명적 농민·노동운동을 포함해도 마찬가지이다. 그를 포함해서 그보다 훨씬 넓은 일제하 각종 대중운동과 사회주의 운동의 광범한 저변이 있었다. 이를 역사적 배경으로 해방 직후 정치적 자유가 주어지자 급격하게 사회주의 이념과 운동이 확산된 것이었다. 한민당과 민중동맹, 조선인민당과 남조선신민당, 조선민족혁명당, 민족자주연맹 등의 민주적 사회주의 세력 등에서 드러나듯이, 공산주의 이외의 다른 사회주의 이념과 운동도 나타났다. 사회민주주의는 그 대표적 경향이었다. 비록 해방 후의 급속한 냉전과 좌우대립 속에서 그 존재감과 역할은 제한적이었음에도, 그 저변은 결코 적지 않았다. 서구와 일본의 사회주의 운동사가 그러했던 것처럼 한국의 사회주의 운동도 다양한 내용과 역사를 가지고 있었다.

20세기 전반 전 세계를 휩쓸면서 영원할 것 같았던 마르크스레닌주의 이념과 공산주의 체제는 80년도 되지 못해 20세기 후반 몰락했다. 세계 공산주의 체제는 체제 경쟁에서 패배했다. 인민의 자유와 계급 해방을 주장했지만, 결과적으로 인민의 빈곤과 억압된 삶, 계급 해방이 아닌 소수 무리들의 독재 체제 구축만이 현실로 나타났다. 북한 체제는 아직 존속하고 있지만 그 양상은 심각하다. 중국에서는 개혁과 개방을 통해 새로운 가능성을 시험하고 있지만, 전체적으로 보면 현실 공산주의는 실패로 끝났다. 사회민주주의는 사상과 이론에서 그 유효성을 상실하지는 않았지만, 여러 측면에서 한계에 봉착해 있다. 각국마다 편차가 심하기는 하지만, 일부 국가에서는 집권 기간을 통해 민중의 삶을 윤택하게 하고 사회의 평등적 가치 실현을 일정하게 이루기도 했다. 그러나 현재 여러 가지 문제에 봉착하여 그 추구하는 가치를 지속적으로 실현하지 못했다.

반면 자본주의 체제는 정보통신혁명과 디지털혁명을 거쳐 최근의 AI혁명에 이르기까지 고도의 기술과 생산력 발전을 이루었다. 이를 기반으로 고전적 자유주의의 새로운 버전인 신자유주의(Neo Liberalism)가 세계를 지배했다. 대한민국도 식민지에서 독립한 낙후된 국가에서 세계 10대 경제국가로 발돋움했다. 이렇게 국가의 전체적 부와 생산수준은 크게 발전했지만, 그 성과와 혜택은 소수에게 집중되었다. 근로소득의 격차는 더욱 심화되었으며, 일부 지역의 부동산 폭등을 더하여 자산 불평등은 더욱 심하다. 빈부격차 심화는 한국만이 아닌 전 세계적 상황이다. 1%, 아니 0.1%가 부의 상당 부분을 독점하는 시대에 살고 있다. 디지털혁명과 AI혁명이 인류의 행복한 미래를 보장하지 못한다. 기술과 생산력 발전의 혜택이 모두에게 골고루 돌아가는 것이 아니기 때문이다. 그 혜택을 극소수가 독점하지 않고 고루 나눌 수 있는 시스템이 필요하다.

세계와 사회의 불평등 구조가 존속하고 재생산되는 한 사회주의적 가치는 여전히 유효하다. 자본주의 체제는 수백여 년의 시행착오를 거쳐서 현재에 이르렀다. 사회주의의 실험은 이제 갓 백여 년을 조금 넘었을 뿐이다. 그 속에는 다시는 반복하지 말아야 할 경험, 더 나아가 반인류적 범죄들도 여럿 있다. 동시에 다시 돌아보고 여전히 계승해야 할 경험들도 적지 않다. 사회주의를 돌이

켜보고 반추하기 위해서는 무엇보다 어떤 특정 이데올로기에 근거한 정통적 인식에서 벗어나야 한다. 세계역사에서 나타났던 사회주의의 다양한 갈래와 다양성을 인정하고, 그 속에서 현재 세계와 우리 사회에 유용한 경험과 교훈을 다양하게 찾아보고 조합해보아야 한다. 세계, 그리고 우리의 사회주의 역사 속에서 완성되고 자리 잡은 사상과 이론은 현재까지 없다. 성공과 실패의 양면성을 갖고 있는 경우가 상당수이고, 과정 중인 경험으로 파악해야 한다. 역사의 유물처럼 박제화된 사회주의가 아니라 현실 세계 및 우리의 삶과 소통하는 사회주의가 되기 위해서는 과거와 역사에 대해서도 열린 자세가 필요하다.

부록

참고문헌

1. 자료

1) 문서류

「경성지방법원 검사국 문서」(국사편찬위원회 한국사데이터베이스, http://db.history. go.kr).

「不逞團關係雜件」(국사편찬위원회 한국사데이터베이스, http://db.history.go.kr).

2) 자료집, 사전

강만길 성대경 엮음, 『한국사회주의운동 인명사전』, 창작과비평사, 1996.

강성희 편역, 『러시아문서 번역집 21. 러시아국립사회정치사문서보관소』, 선인, 2015.

국가보훈처, 『해외의 한국독립운동사료』 1~46, 1991~2023.

국사편찬위원회, 『일제침략하 한국36년사』 1~13, 1966~1978.

국사편찬위원회, 『자료대한민국사』 1~29, 1966~2008.

국사편찬위원회, 『한국독립운동사자료』 1~43, 1970~2008.

국사편찬위원회, 『한민족독립운동사자료집』 1~71, 1986~2007.

국사편찬위원회, 『대한민국임시정부자료집』 1~52, 2005~2011.

김경일편, 『한국민족해방운동사자료집』 1~10, 영진문화사, 1993.

김준엽·김창순 공편, 『한국공산주의운동사』(자료편 1·2), 고려대 아세아문제연구소, 1980.

나경석, 『공민문집』, 정우사, 1980.

독립기념관 한국독립운동사연구소, 『한국독립운동자자료총서』 1~63, 1987~2023.

독립운동사편찬위원회 편, 『독립운동사자료집』 1~17, 1970~1978.

민주주의민족전선 편, 『조선해방연보』, 문우인서관, 1946.

배성찬 편역, 『식민지시대 사회운동론연구』, 돌베개, 1987.

이반송·김정명 저, 한대희 편역, 『식민지시대 사회운동』, 한울림, 1986.

이석태 편, 『사회과학대사전』, 문우인서관, 1949.

이완종 편역, 『러시아문서번역집 22. 러시아국립사회정치사문서보관소』, 선인, 2015.

정용욱 편, 『해방 직후 정치사회사 자료집』 1~12, 다락방, 1994.

중앙일보 동서문제연구소 편, 『북한인명사전』, 중앙일보사, 1990.

황민호 편, 『일제하 잡지 발췌 식민지시대자료총서』 1~18, 계명문화사, 1992.

姜德相·梶村秀樹 編, 『現代史資料』 25~27, みすず書房, 1967~1970.

金正明 編, 『朝鮮獨立運動』 1~5, 原書房, 1967.

朴慶植 編, 『朝鮮問題資料叢書』, 東京: アジア研究所, 1982.

法政大学大原社会問題研究所 編, 『日本社会運動史料 原資料篇 第1巻, 政治研究会·無産政党組織準備委員』, 法政大学出版局, 1973.

法政大学大原社会問題研究所 編, 『日本社会運動史料 原資料篇 第2~7巻, 無産政党資料, 労働農民党』 1~6, 法政大学出版局, 1976~1995.

社會文庫 編, 『無産政黨史史料 (戰前)後期』, 東京: 柏書房, 1965.

村田陽一 編譯, 『コミンテルン資料集』 1~6, 大月書店, 1978~1983.

村田陽一 編譯, 『資料集·コミンテルンと日本』 1~3, 大月書店, 1986~88.

村田陽一 編譯, 『資料集 初期日本共産黨とコミンテルン』, 大月書店, 1993.

大阪毎日新聞社調査課 調査, 『全國無産政党並に無産團體一覽表 昭和2年9月現在』, 大阪毎日新聞社調査課, 1927.

社会事情調査研究所 編, 『無産政党綱領宣言規約: 附·普通選挙法』(社会事情研究資料 第1輯), 社会事情調査研究所, 1927.

協調会調査課 編, 『各國勞働組合及無産政党統計』, 協調会, 1927.

リポート社 編, 『本邦社会運動団体要覧』 第1編(無産政党の沿革·現勢), リポート社, 1929.

Headquarter USAFIK, G-2 Weekly Summary(『주한미군주간정보요약』으로 영인, 한림대

아시아문화연구소, 1989).

Headquarter USAFIK, G-2 Periodic Report(『주한미군일일정보요약』으로 영인, 한림대 아시아문화연구소, 1989; 제7사단 G-2 보고서는 『地方美軍政資料集』 1~3으로 영인, 경인문화사, 경남대 극동문제연구소).

Headquarter USAFIK, G-2 Periodic Report(『美軍事顧問團情報日誌』로 영인, 한림대 아시아문화연구소, 1989).

United States, Department of State, Foreign Relations of United States, Deplomatic Papers, United States Government Printing Office, 1945~1948.

United States Armed Forces in Korea, Counter Intelligence Corps Reports, 1945~1947, Washington National Record Center(WNRC), Record Group 332, XXIV Corps Historical File.

United States Armed Forces in Korea, Historical Journal, WNRC, Record Group 332, XXIV Corps Historical File.

United States Armed Forces in Korea, History of the United States Armed Forces in Korea. Manuscript in Office of the Chief of the Military History, Washington, D. C.(영인본 『주한미군사』 1~4, 돌베개, 1988).

United States Armed Forces in Korea, Official Gazette(영인본 『美軍政廳官報』 1~4, 원주문화사, 1990).

United States Armed Forces in Korea, Summation of U.S. Military Government Activities in Korea(영인본 『미군정활동보고서』 1~6, 원주문화사, 1990).

US Military Attache to Amembassy at Seoul, Joint Weeka(영인본 鄭容郁 編, 『JOINT WEEKA』 1~8, 영진문화사, 1993).

3) 정기간행물

『경향신문』, 『독립신보』, 『동아일보』, 『매일신보』, 『부산신문』, 『서울신문』, 『수산경제신문』, 『영남일보』, 『자유신문』, 『제주신보』, 『조선일보』, 『조선중앙일보』, 『중외일보』, 『중앙일보』, 『중앙신문』, 『청년해방일보』, 『한성일보』, 『해방일보』.

동아일보사, 『일정하 동아일보 압수사설집』, 동아일보사, 1978.

조선총독부 경무국 도서과, 『諺文新聞差押記事輯錄』, 1932.

『계급투쟁』, 『개벽』, 『공제』, 『대조』, 『대중』, 『대중공론』, 『동광』, 『동명』, 『민중조선』, 『무산자 팜프렛』, 『백민』, 『별건곤』, 『비판』, 『사상운동』, 『사상월보』, 『사상휘보』,

『산업계』,『삼천리』,『선봉』,『신계단』,『신생공론』,『신조선』,『신천지』,『신흥』,
『신흥과학』,『이론투쟁』,『제일선』,『조광』,『조선농민』,『조선지광』,『학지광』,
『현계단』,『현대평론』,『혜성』.

4) 단행본

김종범·김동운 지음,『해방 전후의 조선진상 제2집 독립운동과 정당 급 인물』, 조선정
　　　경연구소, 1949.

김준연,『한국민주당소사』, 한국민주당 선전부, 1948.

에두아르트 베르슈타인 지음, 강신준 옮김,『사회주의의 전제와 사민당의 과제』, 한길
　　　사, 1999.

에두아르트 베르슈타인 지음, 송병헌 옮김,『사회주의란 무엇인가 외』, 책세상, 2002.

이만규,『여운형투쟁사』, 민주문화사, 1946.

조지 버나드 쇼 외 지음, 고세훈 옮김,『페이비언 사회주의』, 아카넷, 2006.

칼 카우츠키 지음, 이상돈 옮김,『사회민주주의의 기초』, 백의, 1991.

칼 카우츠키 지음, 서석연 옮김,『에르푸르트강령』, 범우사, 2003.

칼 카우츠키 지음, 서석연 옮김,『윤리와 유물사관 외』, 범우사, 2003.

카릴 카우츠키 지음, 강신준 옮김,『프롤레타리아독재』, 한길사, 2006.

G.D.H. 콜 지음, 김철수 옮김,『영국 노동운동의 역사』, 책세상, 2012.

インタナショナル編輯部 編,『朝鮮問題』, 戰旗社, 1930.

アーサー·ヘンダソン 著, 佐藤淸 譯,『英國勞働黨の本領』, 寶文館, 1919.

ベルンシュタイン 著, 嘉治隆一 譯,『修正派社會主義論』, 聚英閣, 1920.

エドウアルド·ベルンシユタイン 著,『マルクシズム批判』, 岩波書店, 1926.

エドアード·ベルンスタイン 著, 栗原美能留 譯,『マルキシズムの修正(社会思想パン
　　　フレット 第8輯』, 中央報德会, 1932.

カール·カウツキー 著, 来原慶助 訳補,『民主政治と独裁政治』, 広文館, 1921.

カルル·カウツキー 著, 堺利彦 譯,『社會主義倫理學 4版』, 丙午出版社, 1923.

カウツキー 著, 三輪寿壯 譯,『社会民主党綱領 エルフルト綱領』, 大鐙閣, 1923.

カール·カウツキー 著,『社会民主党綱領解説: エルフルト綱領』, 弘文堂書房, 1925.

カール·カウツキー 著, 三輪寿壯 譯,『エルフルト綱領解説』, 改造社, 1930.

カール·カウツキー 著,『資本論解説 改訂版』, 而立社, 1924.

カール・カウツキー 著, 『改譯 資本論解説 改訂版, 16版』, 改造社, 1927.

カアル・カウツキイ, カアル・マルヒオニニ 著, 河西太一郎 譯編, 『農業の社会化』, 同人社書店, 1925.

カール・カウツキー 著, 『マルクス経済学入門』, 新潮社, 1925.

カール・カウツキー 著, 『マルクス・エンゲルス評伝』, 我等社, 1926.

カアル・カウツキイ 著, 高橋正男 譯, 『無産階級革命とその綱領』, 金星堂, 1927.

カール・カウツキー 著, 『マルキシズムの擁護』, 新潮社, 1927.

カウツキー 著, 『社会革命論』, 白揚社, 1928.

カウツキー 著, 村山重忠 譯, 『消費組合と勞働運動』, 叢文閣, 1928.

カール・カウツキー 著, 『倫理と唯物史觀』, 共生閣, 1928.

カアル・カウツキー 著, 『トゥマス・モーアとそのユウトピア』, 聚英閣, 1928.

カウツキー 著, 『フランス革命時代に於ける階級対立』, 叢文閣, 1928.

カウツキー 著, 小池四郎 譯, 『カウツキーは共産党をかく排撃する』, 社会民主主義叢書 第1巻, クララ社, 1930.

カール・カウツキー 著, 小池四郎 譯, 『五ケ年計画立往生: サウイエート・ロシアの革命的実験は成功したか?』, 先進社, 1931.

カウツキー 著, プロレタリア科学研究所農業問題研究会 譯, 『農業問題』 上巻, 鉄塔書院, 1931.

カウツキー 著, プロレタリア科学研究所農業問題研究会 譯, 『農業問題』 中巻, 鉄塔書院, 1931.

カウツキー 著, プロレタリア科学研究所農業問題研究会 譯, 『農業問題』 下巻, 鉄塔書院, 1933.

カウツキー 著, 向坂逸郎 譯, 『農業経済学』, 中央公論社, 1932.

カール・カウツキー 著, 直井武夫 譯, 『社会民主主義と共産主義の対決』, 酣燈社, 1951.

レ-ニン 著, 『レーニン著作集』 1~7, レーニン著作集刊行会, 1926.

レーニン 著, 『レーニン叢書』 1~24, 白揚社, 1927~1930.

レーニン 外著, 『レーニズム叢書』 1~12, 共生閣, 1927~28.

レーニン 著, 吉山道三 譯, 『背教者カウツキー』, 共生閣, 1928.

スターリン 著, 千葉太郎 譯, 『レーニン主義の根本問題』, 白揚社, 1927.

タールハイマー 著, 田中勝俊 譯, 『左翼社会民主主義批判』, 白揚社, 1928.

マクドナルド 著, 『批判的 建設的社會主義』, 社会思想全集 第4巻, 平凡社, 1930.

佐野學·西雅雄 編輯,『スターリン·ブハーリン著作集』1~16, 白揚社, 1928~29.

コール 著, 白川威海 譯,『ギルド社会主義の理論と政策』, 内外出版, 1923.

コール 著, 竹内泰 譯,『社会理想学』, 大日本文明協会事務所, 1924.

コール 著, 荻原隆吉 譯,『英國勞働階級運動略史』, 巌松堂書店, 1927.

スタアリング·テイロア 著,『新勞働党の実際的綱領』, 内外出版, 1923.

スノーデン 著,『勞動黨と新世界』, 社会思想全集 第4巻, 平凡社, 1930.

オイゲン·ウアルガ 著, 大西俊夫 譯,『農民の無産政党の國際的形勢』, 農村問題叢書
　　　刊行会, 1926.

吉野作造 著,『無産政党の辿るべき道』, 福永重勝, 1927.

吉野作造 著,『日本無産政党論』, 一元社, 1929.

大宅壮一 編,『社会問題講座』1~13, 新潮社出版, 1926~27.

大山郁夫全集刊行委員會 編,『大山郁夫全集』1~5, 中央公論社, 1947~49.

正田健一郎[ほか] 編,『大山郁夫著作集』1~7, 岩波書店, 1987~88.

藤井悌 著,『英國勞働党の組織·沿革·政策』, 英國勞働党叢書 第1編, 千倉書房, 1930.

蝋山政道 編,『無産政党論』, 日本評論社, 1930.

来間恭 著,『無産政党行進譜』, 忠誠堂, 1930.

瀧川末一 著,『無産政黨合同問題の解剖: 眞の戰線統一は如何にすべきか』, 未詳,
　　　1931.

柳沢健 著,『ジヤン·ジョレス』, 改造社, 1925.

馬郡健次郎 著,『英國の勞働党と人物』, 巌松堂書店, 1929.

麻生久 著,『無産政党とは何ぞ 誕生せる勞働農民党』, 思潮社, 1926.

麻生久 著,『無産政黨の理論と實際』, 科学思想普及会, 1924.

無産党ファンの会 編,『無産政党早わかり』, 無産党ファンの会, 1930.

社会科学研究部 編,『無産政党の陣列と批判』, 共栄社, 1927.

社会科学研究部 編,『日本無産政党全線に亘つて』, 共栄社, 1927.

社會民衆黨,『民衆政治講座』1~24, クララ社, 1928~30.

社会思想社 編,『各國無産政党発達史』, 同人社書店, 1926.

産業勞働調査所 編,『無産者政治必携』, 同人社書店, 1926.

産業勞働調査所 編,『世界無産政黨の現勢』, 白揚社, 1927.

山川均 著,『社会主義の立場か』, 三田書房, 1919.

山川均 著,『レーニンとトロツキー』, 改造社, 1921.

山川均 著,『無産階級の政党』, 勞働問題硏究所, 1924.

山川均 著,『無産階級政治運動の基調 小ブルジョア自由主義と無産階級の政治運動』, 希望閣, 1925.

山川均 著,『無産者運動』, 南宋書院, 1927.

山川均 著,『私は斯ふ考へる―方向転換の過程について』, 無産社, 1927.

山川均 著,『勞働組合と無産政党』, 無産社, 1928.

山川均 著,『単一無産政党論』, 文芸戦線出版部, 1930.

山川均 著,『社会主義の話』, 千倉書房, 1930.

山川均 著,『無産政党の話』, 千倉書房, 1931.

山川均 著,『山川均 全集』第4(1921年 9월1~922年 10月), 勁草書房, 1967.

山川均 著,『山川均 全集』第5(1922年 10月~1924年 7月), 勁草書房, 1968.

山川均 著,『山川均 全集』第6(1924年 7月~1926年 2月), 勁草書房, 1976.

山川均 著,『山川均 全集』第7(1926年 3月~1927年 7月), 勁草書房, 1966.

山川均 著,『山川均 全集』第8(1927年 7月~1928年 5月), 勁草書房, 1979.

西雅雄 著,『英國勞働党発達史』, 白揚社, 1924.

小池四郎 著,『英國の勞働党』, クララ社, 1924.

松永義雄 著,『社會民衆党とはどんな政党か』, 社會民衆党出版部, 1927.

安部磯雄 著,『欧洲社會党の現状』, 泰山房書店, 1917.

安部磯雄 著,『普通選挙と無産政党』, 日本フエビアン協会, 1925.

安部磯雄 著,『社会民衆党綱領解説(社会民衆党パンフレット 第1)』, 社会民衆党本部, 1927.

安部磯雄 著,『社会問題概論』, 早稲田大学出版部, 1928.

安部磯雄 著,『土地公有論』, クララ社, 1929.

安部磯雄 著,『社会主義者となるまで: 安部磯雄自叙伝』, 改造社, 1932.

英國勞働党 編,『社会主義の政治: 英國勞働党の新政策綱領』, 日本民衆新聞社, 1929.

宇野利右衛門 編,『英國勞働党内閣の成立』上・下, 工業教育會, 1924.

井口一郎 著,『我國の無産政党』, 民友社, 1927.

政治批判社 編,『マルクス主義講座』1~13, マルクス主義講座刊行會, 1928~29.

政治批判社 編,『マルクス主義講座 発禁改訂版』, マルクス主義講座刊行會, 1929.

佐々木道男 著,『勞働党勝てり』, 黎明社, 1924.

池田克 著,『勞農派の理論及び其の活動』, 皐月會, 1938.

池田超爾 著,『普選より新しき政治へ』, 稻淵堂出版部, 1925.

池添紅天 著,『内訌粉糺の無産政黨史: 曝露物語 再改訂版』, 大衆經濟社, 1932.

川村貞四郎·佐伯数美 著,『英國勞働党の政策及現勢』, 日本評論社, 1928.

青野季吉 著,『無産政党と社会運動』, 白揚社, 1925.

坂口二郎 著,『左傾か右傾か—英國勞働党の将来』, 久我書房, 1926.

河野密·赤松克麿·勞農黨書記局 編,『日本無産政黨史』, 白暘社, 1931.

河合栄治郎 著,『英国派社会主義』, 未詳, 1925.

河合榮治郎 著,『英國勞働党のイデオロギー』, 英國勞働党叢書 第2編, 千倉書房, 1929.

荒畑寒村 著,『無産階級戦線の強化: 無産政党の合同と勞働組合の合同』, 勞農出版
　　社, 1930.

Arthur Henderson, *The aims of labour*, New York: B. W. Husbeck, 1918.

G. D. H. Cole, *Guild socialism re-stated*, London: L. Parsons, 1920.

G. D. H. Cole, *Social Theory*, London: Methuen & co. ltd, 1920.

G. D. H. Cole, *A Short History of the British Working Class Movement 1789~1925*, London: Labour
　　Publishing Company, 1925.

Karl Johann Kautsky, *The Dictatorship of the Proletariat*(1918), H. J. Stenning, trans., London:
　　National Labour Press, n.d. 1919.

Karl Kautsky, *The Class Struggle*(Erfurt Program), trans William E. Bohn. Askew, Charles H. Kerr
　　& Co, 1910.

2. 연구논저

1) 연구서

강동진,『일제의 한국침략정책사』, 한길사, 1980.

강신준,『수정주의 연구 1. 노농동맹 문제와 기회주의 발전 과정』, 이론과실천, 1991.

강미현,『비스마르크 평전—비스마르크, 또다시 살아나다』, 에코리브리, 2010.

까갈리츠끼 외 지음, 이성형 엮음,『사회민주주의 연구』1, 새물결, 1991.

고세훈,『영국노동당사』, 나남, 1999.

고하선생전기편찬위원회,『독립을 향한 집념: 고하 송진우 전기』동아일보사, 1990.

김명환, 『영국 사회주의의 두 갈래 길―페이비어니즘 신디칼리즘』, 한울아카데미, 2006.

김명환, 『영국의 위기와 좌우파의 대안들』, 혜안, 2008.

김영범, 『혁명과 의열―한국 독립운동의 내면』, 경인문화사, 2010.

김유 편역, 『사회주의 인터내셔널과 사회민주주의 정당』, 인간과사회, 2003.

김인덕, 『식민지시대 재일조선인운동 연구』, 국학자료원, 1996.

김인덕, 『일제시대 민족해방가연구』, 국학자료원, 2002.

김인덕, 『재일본조선인연맹 전체대회 연구』, 선인, 2007.

김인덕, 『1920년대 이후 일본·동남아 지역 민족운동』, 독립기념관 한국독립운동사연구소, 2008.

김인덕, 『망국의 추억, 재일조선인 민족운동』, 재팬리서치21, 2011.

김인덕, 『오사카 재일조선인의 역사와 일상』, 선인, 2020.

김장수, 『19세기 독일 통합과 제국의 탄생』, 푸른사상, 2018.

김재명, 『한국 현대사의 비극―중간파의 이상과 좌절』, 선인, 2003.

김종식·윤덕영·이태훈, 『일제의 조선 참정권 정책과 친일 세력의 참정권 청원운동』, 동북아역사재단, 2022.

김창순·김준엽 공저, 『한국공산주의운동사』, 3, 청계연구소, 1986.

김채수, 『일본 사회주의 운동과 사회주의 문학』, 고려대학교 출판부, 2014.

니크 브란달·외이빈 브라트베르그·다그 에이나르 토르센 지음, 홍기빈 옮김, 『북유럽 사회민주주의 모델』, 책세상, 2014.

박근갑, 『복지국가 만들기―독일 사회민주주의 기원』, 문학과지성사, 2009.

박노자, 『조선 사회주의자 열전―대안적 근대를 모색한 선구자들, 그들의 삶과 생각을 다시 찾아』, 나무연필, 2021.

박종린, 『사회주의와 맑스주의 원전 번역』, 신서원, 2018.

박찬승, 『한국근대정치사상사연구』, 역사비평사, 1992.

박찬승, 『언론운동』, 독립기념관 한국독립운동사연구소, 2009.

박철하, 『청년운동』, 독립기념관 한국독립운동사연구소, 2008.

박홍규, 『복지국가의 탄생―사회민주주의자 웹 부부의 삶과 생각』, 아카넷, 2018.

박호성 편역, 『사회민주주의와 민주사회주의―이론과 현실』, 청람, 1991.

박호성, 『사회민주주의의 역사와 전망』, 책세상, 2005.

베른트 파울렌바흐 지음, 이진모 옮김, 『독일 사회민주당 150년의 역사』, 한울아카테

미, 2017.

배경한, 『장개석연구―국민혁명 시기의 군사 정치적 대두 과정』, 일조각, 1995.

성대경 엮음, 『한국현대사와 사회주의』, 역사비평사, 2000.

서중석, 『한국현대민족운동연구』, 역사비평사, 1991.

서중석, 『조봉암과 1950년대』, 역사비평사, 2000.

성주현, 『근대 신청년과 신문화운동』, 모시는사람들, 2019.

셰리 버먼 지음, 김유진 옮김, 『정치가 우선한다―사회민주주의와 20세기 유럽의 형
　　성』, 후마니타스, 2010.

小山弘健 엮음, 한상구·조경란 옮김, 『일본 마르크스주의사 개설』, 이론과 실천, 1991.

송남헌, 『해방 3년사』, 성문각, 1976.

송남헌, 『해방 3년사』 2, 까치, 1985.

송남헌, 『시베리아의 투사 원세훈』, 천산산맥, 1990.

송병헌, 『왜 다시 사회주의인가―사회주의의 역사적 전개와 재조명』, 당대, 1999.

송병헌, 『현대 사회주의 이론 연구』, 오름, 2000.

시몬 바우트 외 저, 김종욱 옮김, 『경제와 사회민주주의』, 한울, 2012.

신광영, 『스웨덴 사회민주주의―노동, 정치와 복지』, 한울아카데미, 2015.

신카와 도시미쓰 지음, 임영일 옮김, 『일본 전후 정치와 사회민주주의―사회당·총평
　　블록의 흥망』, 후마니타스, 2016.

심지연, 『한국민주당연구』 I, 풀빛, 1982.

심지연, 『한국현대정당론―한국민주당연구』 II, 창작과비평사, 1984.

알렉산더 페트링 외 지음, 조혜정 옮김, 『복지국가와 사회민주주의』, 한울, 2012.

여운홍, 『몽양 여운형』, 청하각, 1967.

역사문제연구소 민족해방운동사 연구반, 『쟁점과 과제 민족해방운동사』, 역사비평사,
　　1990.

우사연구회 엮음, 심지연 지음, 『송남헌 회고록―김규식과 함께한 길』, 한울, 2000.

윤덕영, 『세계와 식민지 조선의 민족운동―한국 자유주의의 형성, 송진우와 동아일
　　보』, 혜안, 2023.

이경남, 『설산 장덕수』, 동아일보사, 1982.

이균영, 『신간회연구』, 역사비평사, 1993.

이병천·김주현 엮음, 『사회민주주의의 새로운 모색』, 백산서당, 1993.

이성규, 『항일 노농운동의 선구자 서정희』 하, 지식산업사, 2006.

이시카와 요시히로(石川禎浩) 지음, 손승희 옮김, 『중국 근현대사』 3, 삼천리, 2013.

이이다 요스케 지음, 이용빈 옮김, 『비스마르크—독일제국을 구축한 정치외교술』, 한울아카데미, 2022.

이언 버철 지음, 이수현 옮김, 『서구 사회민주주의의 배신 1944~1985』, 책갈피, 2020.

이정식·김학준, 『혁명가들의 항일회상』, 민음사, 1988.

이준식, 『농촌 사회 변동과 농민운동』, 민영사, 1993.

이준식, 『조선공산당 성립과 활동』, 독립기념관 한국독립운동사연구소, 2009.

이현주, 『한국 사회주의 세력의 형성: 1919~1923』, 일조각, 2003.

인촌기념회 편, 『인촌 김성수전』, 인촌기념회, 1976.

임경석, 『한국 사회주의의 기원』, 역사비평사, 2003.

임경석, 『잊을 수 없는 혁명가들에 대한 기록』, 역사비평사, 2008.

임경석, 『초기 사회주의 운동』, 독립기념관 한국독립운동사연구소, 2009.

立花隆 著, 박충석 옮김, 『일본공산당사』, 고려원, 1985.

잉바르 카를손·안네마리에 린드그렌 지음, 윤도현 옮김, 『사회민주주의란 무엇인가』, 논형, 2009.

자크 아탈리 지음, 주세열 옮김, 『자크 아탈리의 인간적인 길—새로운 사회민주주의를 위하여』, 에디터, 2005.

장규식, 『일제하 한국 기독교민족주의 연구』, 혜안, 2001.

장세윤, 『1930년대 만주 지역 항일무장투쟁』, 독립기념관 한국독립운동사연구소, 2009.

전명혁, 『1920년대 한국 사회주의 운동 연구』, 선인, 2006.

전상숙, 『일제 시기 한국 사회주의 지식인 연구』, 지식산업사, 2004.

정병준, 『우남 이승만 연구』, 역사비평사, 2005.

정병준, 『1945년 해방 직후사』, 돌베개, 2023.

정성진 엮음, 『동아시아 마르크스주의—과거, 현재, 미래』, 진인진, 2023.

정용욱, 『해방 전후 미국의 대한 정책—과도정부 구상과 중간파 정책을 중심으로』, 서울대학교 출판부, 2003.

정종현, 『특별한 형제들』, 휴머니스트, 2021.

정태영, 『한국 사회민주주의 정당의 역사적 기원』, 후마니타스, 2007.

정혜선, 『일본 공산주의 운동과 천황제』, 국학자료원, 2001.

조경한, 『백강회고록』, 한국종교협의회, 1979.

조선일보 사사편찬위원회 편, 『조선일보 50년사』, 1970.

조선일보 사료연구실 편, 『조선일보 사람들―일제시대편』, 랜덤하우스중앙, 2004.

조지 O. 타튼 저, 정광하·이행 역, 『일본의 사회민주주의운동 1870~1945』, 한울아카데미, 1997.

주섭일, 『사회민주주의의 길―서구 좌·우파의 실용주의』, 세명서관, 2008.

지수걸, 『일제하 농민조합운동 연구―1930년대 혁명적 농민조합운동』, 역사비평사, 1993.

청암대학교 재일코리안연구소 편, 『재일코리안 운동과 저항적 정체성』, 선인, 2016.

최규진, 『조선공산당 재건운동』, 독립기념관 한국독립운동사연구소, 2009.

최영태, 『베른슈타인의 민주적 사회주의론―수정주의 논쟁과 독일사회민주당』, 전남대출판부, 2007.

케빈 맥더모트·제리미 애그뉴 지음, 황동하 옮김, 『코민테른―레닌에서 스탈린까지, 국제 공산주의 운동의 역사』, 서해문집, 2009.

토니 클리프·도니 글룩스타인 저, 이수현 역, 『마르크스주의에서 본 영국 노동당의 역사―희망과 배신의 100년』, 책갈피, 2008.

토비아스 곰베르트 저, 한상익 옮김, 『사회민주주의의 기초』, 한울, 2012.

랜시스 세에르스테드 지음, 유창훈 옮김, 『사회민주주의의 시대: 북유럽 사민주의의 형성과 전개 1905~2000』, 글항아리, 2015.

피터 게이 지음, 김용권 옮김, 『민주사회주의의 딜레마―베른슈타인의 맑스에 대한 도전』, 한울, 1994.

한국사회민주주의연구회 엮음, 『세계화와 사회민주주의』, 사회와 연대, 2002.

헨리 펠링 지음, 최재희·염운옥 옮김, 『영국노동당의 기원』, 지평문화사, 1994.

岡本宏 著, 『日本社會主義史研究』, 成文堂, 1988.

岡本宏 著, 『日本社會主義政黨論史序說』, 法律文化史, 1978.

犬丸義一 ほか 著, 『「日本共産党の研究」の研究: その歴史と今日的課題』, 現代史出版会, 1980.

犬丸義一 著, 『日本人民戰線運動史』, 青木書店, 1978.

犬丸義一 著, 『第一次共産党史の研究』, 青木書店, 1993.

高木郁朗 著, 『山川均: 日本の社会主義への道』, すくらむ社, 1980.

大山郁夫記念事業会 編, 『大山郁夫伝 本編』, 中央公論社, 1956.

渡辺春男 著,『日本マルクス主義運動の黎明』,青木書店, 1957.

渡部徹·飛鳥井 雅道(編集),『日本社会主義運動史論』, 三一書房, 1973.

渡部徹,『一九三〇年代日本共産主義運動史論』, 三一書房, 1981.

歴史科学協議会, 神田文人 編,『社会主義運動史』(歴史科学大系 26), 校倉書房, 1978.

鈴木正 編,『日本のマルクス主義者』, 風媒社, 1969.

木原実 著,『明治の社会主義者―堺利彦から山川均まで』, 労働大学, 1966.

武井敦夫 著,『日本共産黨の七十年』上·下, 新日本出版社, 1994.

絲屋壽雄 著,『日本社會主義運動思想史』1~3, 法政大學出版局, 1979~82.

上田耕一郎 著,『現代世界と社会主義』, 大月書店, 1982.

社會民主黨百年資料刊行會 編,『社会主義の誕生: 社會民主黨100年』, 論創社, 2001.

山川菊栄·向坂逸郎 編,『山川均自伝 ある凡人の記録 その他』, 岩波書店, 1961.

石坂浩一 著,『近代日本の社会主義と朝鮮』, 社會評論社, 1993.

石河康國,『勞農派マルクス主義―理論·ひと·歴史』上·下, 社会評論社, 2008.

小山弘健 著,『續 日本社会運動史研究史論 1957~1976』, 新泉社, 1979.

小山弘健 著,『日本マルクス主義史』, 青木新書, 1956.

小山弘健 著,『日本社会運動史研究史論 文献目録とその解説 1899~1956』, 新泉社,
　　　1976.

小山弘健 編, 日本資本主義論爭史』上·下, 靑木書店, 1966.

小山弘健 編,『日本マルクス主義史概説』, 芳賀書店, 1967.

小山弘健·岸本英太郎 共編,『日本の非共産党マルクス主義者 山川均の生涯と思想』,
　　　三一書房, 1962.

松沢弘陽,『日本社会主義の思想』, 筑摩書房, 1973.

守屋典郎,『日本マルクス主義の歴史と反省』, 合同出版, 1980.

守屋典郎,『日本マルクス主義理論の形成と発展』, 青木書店, 1967.

安東仁兵衛 著,『日本社會黨と社会民主主義』, 現代の理論社, 1994.

伊藤晃 編,『無産政黨と勞農運動』, 社會評論社, 1990.

伊藤晃,『天皇制と社会主義』, 勁草書房, 1988.

庄司興吉 著,『社會變動と變革主體』, 東京大學出版會, 1980.

藻谷小一郎 著,『社會主義と民主主義』, 三一書房, 1980.

朝日ジャーナル編集部 編,『日本の思想家』下(新版), 朝日新聞社, 1975.

増島宏·高橋彦博·大野節子 著,『無産政党の研究―戦前日本の社会民主主義』, 法政

大学出版局, 1969.

川口武彦 著,『山川均の生涯 戦前編』, 社会主義協会出版局, 1986.

川口武彦 著,『山川均の生涯 戦後編』, 社会主義協会出版局, 1987.

川口武彦 著,『日本マルクス主義の源流: 堺利彦と山川均』, ありえす書房, 1983.

川口武彦·塚本健 編,『日本マルクス主義運動の出発』, 河出書房新社, 1975.

村田宏雄 編,『民主社會主義と日本文化』, 民主社會主義研究會議, 1981.

總同盟50年史編輯委員會,『總同盟五十年史』第1卷, 總同盟50年史刊行委員會, 1964.

洪宗郁,『戰時期朝鮮の転向者たち—帝国/植民地の統合と亀裂』, 有志舎, 2011.

丸山真男 他著,『大山郁夫 評伝·回想』, 新評論, 1980.

2) 연구논문

강만길, 「신간회운동」, 『한국사연구입문』, 지식산업사, 1981.

강만길, 「좌우합작운동의 경위와 그 성격」, 『한국민족주의론』 1, 창작과 비평사, 1983.

강신준, 「베른슈타인 수정주의에 대한 새로운 이해」, 『경제학연구』 43-2, 1996.

강신준, 「사회주의와 민주주의—카우츠키를 위한 변론」, 『사회경제평론』 23, 2004.

김기승, 「언론에 나타난 신간회 해체 논쟁의 전개 과정」, 『신간회와 신간회 운동의 재조명』, 선인, 2018.

김명구, 「코민테른의 대한 정책과 신간회」, 스칼라피노·이정식 외, 『신간회연구』, 동녘, 1983.

김명환, 「페이비언 사회주의」, 김영한 편, 『서양의 지적 전통』 II, 지식산업사, 1998.

김무용, 「해방 후 조선공산당의 노선과 조선인민공화국」, 『한국사학보』 9, 2000.

김무용, 「해방 후 조공의 통일전선과 좌우합작운동」, 『한국사학보』 11, 2001.

김승, 「신간회 위상을 둘러싼 '양당론'·'청산론' 논쟁 연구」, 『역사와 세계』 17, 1993.

김양화, 「마르크스와 베른슈타인의 정치이론 비교—그 차이를 중심으로」, 『한국사회경제학회 2016 봄 정기학술대회자료집』, 2016.

김영미, 「미 군정기 남조선과도입법의원의 성립과 활동」, 『한국사론』 32, 1994.

김영진, 「1920년대 중반 코민테른과 민족통일전선—1926년 3월 결정서에서 1927년 4월 결정서까지」, 『사림』 78, 2021.

김영진, 「일제하 사회주의 운동과 정우회」, 성균관대학교 사학과 박사학위논문, 2019.

김영진, 「1927년 하반기 식민지 정치운동 논쟁—청산론 논쟁 재검토」, 『역사연구』 42, 2021.

참고문헌 397

김용섭, 「한말·일제하의 지주제—사례 4. 고부 김씨가의 지주경영과 자본전환」, 『한국
　　사연구』 19, 한국사연구회, 1978.

김원규, 「초기 중국공산당과 코민테른—농민·토지 문제를 중심으로」, 『역사와 세계』
　　22, 1998.

김인덕, 「정우회선언과 신간회 창립」, 『국사관논총』 89, 2000.

김인식, 「8·15해방 후 우익 계열의 '중경임시정부 추대론'」, 『한국사학보』 20, 2005.

김인식, 「민족주의 세력의 조선건국준비위원회 개조 움직임」, 『한국민족운동사연구』
　　95, 2018.

김인식, 「송진우·한국민주당의 '중경임시정부 절대지지론'」, 『한국근현대사연구』 24,
　　2003.

김인식, 「신간회 운동기 ML계의 민족협동전선론과 신간회 성격 규정의 변화」, 『백산
　　학보』 68, 2004.

김인식, 「좌우합작에 참여한 우익 주체의 합작 동기」, 『한국민족운동사연구』 29, 2001.

김석근, 「야마카와 히토시와 후쿠모토 카즈오—방향전환론과 1920년대 일본 사회주
　　의 운동」, 『국제지역학논총』 3, 2009.

김지영, 「정노식의 『조선창극사』 연구」, 경희대 국어국문학과 석사학위논문, 1999.

김진웅, 「1920년대 초 재일본 조선인 유학생의 사회주의 활동과 코스모구락부(コスモ
　　俱樂部)」, 『한일민족문제연구』 37, 2019.

김진웅, 「일본 내 조선인 '아나-볼' 대립 원인 재검토—1923년 초 구 흑도회 주도 세력
　　의 분열과 충돌」, 『한국사학보』 83, 2021.

김춘선, 「조선 공산주의자들의 중공 가입과 '이중사명' 연구」, 『한국근현대사연구』 38,
　　2006.

김하나, 「김약수의 진보적 정치노선과 민족공화당 결성 운동 1948~1949」, 가톨릭대학
　　교 국사학과 석사학위논문, 2003.

김형국, 「1920년대 식민지 조선의 사회주의 운동론과 '청산론'」, 『청계사학』 10, 1993.

김형국, 「1920년대 한국 지식인의 사상 분화와 민족 문제 인식 연구」, 한국정신문화연
　　구원 한국학대학원 박사학위논문, 2003.

김형국, 「1929~1931년 사회운동론의 변화와 민족협동전선론」, 『국사관논총』 89, 2000.

김형국, 「신간회 창립 전후 사회주의자들의 민족협동전선론」, 『한국근현대사연구』 7,
　　1997.

류시현, 「1920년대 전반기 『유물사관요령기』의 번역·소개 및 수용」, 『역사문제연구』

24, 2010.

류시현, 「나경석의 '생산증식'론과 물산장려운동」, 『역사문제연구』 2, 1997.

박상희, 「제헌국회기 성인회의 결성과 활동」, 『석당논총』 72, 2018.

박순섭, 「1920~1930년대 김찬의 사회주의 운동과 민족협동전선」, 『한국근현대사연구』 71, 2014.

박순섭, 「1920년대 신일용의 이론투쟁과 통일전선운동」, 『한국민족운동사연구』 94, 2018.

박순섭, 「권태석의 항일투쟁과 민족통일」, 『한국민족운동사연구』 101, 2019.

박영호, 「칼 카우츠키의 생애와 사상」, 『동향과 전망』 34, 1997.

박종린, 「'김윤식 사회장' 찬반 논의와 사회주의 세력의 재편」, 『역사와 현실』 38, 2000.

박종린, 「1920년대 전반 사회주의 사상의 수용과 마르크스주의 원전 번역―『임금·노동과 자본』을 중심으로」, 『한국근현대사연구』 51, 2009.

박종린, 「1920년대 전반기 사회주의 사상의 수용과 물산장려 논쟁」, 『역사와 현실』 47, 2003.

박종린, 「1920년대 초 반자본주의 사상과 대중시보사 그룹」, 『한국사상사학』 47, 2014.

박종린, 「대중해제」, 『근대서지』 4, 2011.

박철하, 「김약수, 반일 민족해방운동에서 자주적 평화통일운동까지」, 『내일을 여는 역사』 28, 2007.

박철하, 「북풍과 공산주의 그룹의 형성」, 『역사와 현실』 28, 1998.

박태균, 「해방 직후 한국민주당 구성원의 성격과 조직 개편」, 『국사관논총』 58집, 1994.

박한용, 「일제강점기 조선 반제동맹 연구」, 고려대 사학과 박사학위논문, 2013.

방기중, 「일제하 물산장려운동과 민족주의 경제사상」, 『근대 한국의 민족주의 경제사상』, 연세대학교 출판부, 2010.

백남훈, 「한국민주당 창당 비화」, 『眞相』 1960년 4월호.

송병헌, 「사회주의 개념에 관한 연구―베른슈타인과 레닌을 중심으로」, 서강대 정외과 박사학위논문. 1998.

송병헌, 「베른슈타인의 사회주의 구상에 나타난 이론적 구성들에 대한 비판적 고찰―세계화 시대의 사회주의 '위기' 상황에서 베른슈타인을 어떻게 읽을 것인가」, 『정치사상연구』 3, 2000.

송병헌, 「카우츠키주의적 맑스주의의 성격과 본질」, 『역사연구』 10, 2002.

송석윤, 「1870~71년 독일 통일과 연방제 헌법」, 『법사학연구』 41, 2010.

水野直樹, 「코민테른의 민족통일전선론과 신간회 운동」, 『역사비평』 2, 1988.

안정애, 「좌우합작운동의 전개 과정」, 『한국현대사』 1, 열음사, 1985.

윤덕영, 「해방 직후 사회주의 진영의 국가건설 운동」, 『학림』 14, 1992.

윤덕영, 「신간회 창립과 합법적 정치운동론」, 『한국민족운동사연구』 65, 2010.

윤덕영, 「8·15 직후 조선건국준비위원회의 조직적 한계와 좌·우 분립의 배경」, 『사학
연구』 100, 2010.

윤덕영, 「신간회 창립 주도 세력과 민족주의 세력의 정치지형」, 『한국민족운동사연구』
68, 2011.

윤덕영, 「신간회 초기 민족주의 세력의 정세 인식과 '민족적 총역량 집중'론의 제기」,
『한국근현대사연구』 56, 2011.

윤덕영, 「1945년 한국민주당 초기 조직의 성격과 주한미군정 활용」, 『역사와현실』 80,
2011.

윤덕영, 「송진우·한국민주당의 과도정부 구상과 대한민국임시정부 지지론」, 『한국사
학보』 42, 2011.

윤덕영, 「주한미군정의 초기 과도정부 구상과 송진우·한국민주당의 대응」, 『한국사연
구』 154, 2011.

윤덕영, 「미군정 초기 정치 대립과 갈등 구조의 중층성—1945년 말 한국민주당 주도 세
력의 정계개편 운동을 중심으로」, 『한국사연구』 165, 2014.

윤덕영, 「1946년 전반 한국민주당의 재편과 우익정당 통합운동」, 『사학연구』 121, 2016.

윤덕영, 「1920년대 전반 조선물산장려운동 주도 세력의 사회운동론과 서구 사회주의
사상과의 비교—'국내 상해파'와 '조선청년회연합회'를 중심으로」, 『동방학
지』 187, 2019.

윤덕영, 「1930년 전후 합법적 정치운동의 퇴조와 신간회를 둘러싼 민족주의 세력의 동
향」, 『한국학연구』 64, 2022.

윤해동, 「일제하 물산장려운동의 배경과 그 이념」, 『한국사론』 27, 1992.

윤효정, 「신간회 지회 연구의 성과와 과제」, 『역사문제연구』 18, 2007.

윤효정, 「민중대회 사건 이후 신간회 중앙본부 주도 인물들의 결집과 활동」, 『한국근현
대사연구』 51, 2009.

윤효정, 「신간회운동연구」, 고려대 사학과 박사학위논문, 2017.

윤효정, 「복대표대회 전후 신간회 본부의 재편과 활동」, 『한국독립운동사연구』 63,
2018.

윤효정,「신간회 해소론과 전체대회 연구—국제선 재건그룹과 태평양노동조합 계열을 중심으로」,『한국민족운동사연구』105, 2020.

이균영,「신간회의 결성에 따른 '양당론'과 '청산론' 검토」,『한국학논집』7, 1985.

이보형,「정노식의 '조선광대의 사적 발달과 가치'에 대하여」,『판소리연구』1, 1989.

이수열,「1910년대 大山郁夫의 정치사상—大正 데모크라시기의 국가와 자유」,『일본역사연구』28, 2008.

이애숙,「1922~1924년 국내의 민족통일전선운동」,『역사와 현실』28, 1998.

이애숙,「1930년대 초 청년운동의 동향과 조선청년총동맹의 해소」, 한국역사연구회 근현대청년운동사연구반,『한국근현대청년운동사』, 풀빛, 1995.

이애숙,「세계 대공황기 사회주의 진영의 전술 전환과 신간회 해소 문제」,『역사와현실』11, 1994.

이용기,「1945~48년 임정 세력의 정부수립 구상과 임정법통론」,『한국사론』38, 1997.

이재유,「프롤레타리아독재에 관하여—레닌과 카우츠키의 보편 논쟁을 중심으로」,『시대와 철학』25-4, 2014.

이진오,「정노식의 생애 연구—행적과 교유를 중심으로」,『한국학연구』53, 2015.

이진오,「정노식의 행적과 조선창극사 저술 경위」,『판소리연구』28, 2009.

이태훈,「1910~20년대 초 신지식층의 민주주의 인식과 현실 활용—일본 유학생과 동아일보의 논의를 중심으로」,『한국사상사학』56, 2017.

이토 아키라 저, 후지이 다케시 역,「후쿠모토주의(福本主義)의 형성—1926년의 좌익 정치운동」,『역사연구』15, 2006.

이현주,「신간회에 참여한 사회주의자들의 운동론」,『한국민족운동사연구』4, 1989.

이현주,「신간회 운동 연구의 성과와 과제」,『한국근현대사연구』2, 1995.

이현주,「서울파의 민족통일전선 운동과 신간회(1921~1927)」,『한국근현대사연구』7, 1997.

이현주,「조선공산당의 권력 구상과 조선인민공화국」,『한국근현대사연구』36, 2006.

임경석,「세계 대공황기 사회주의·민족주의 세력의 정세 인식」,『역사와현실』11, 1994.

임경석,「1922년 상반기 재 서울 사회단체들의 분규와 그 성격」,『사림』25, 2006.

임경석,「식민지시대 민족통일전선 운동사 연구의 궤적」,『한국사연구』149, 2010.

임경석,「1927년 조선공산당의 분열과 그 성격」,『사림』61, 2017.

임경석,「1927년 영남친목회 반대운동 연구」,『인문과학』68, 2018.

임경석,「조선사회단체중앙협의회 상설·비상설 논쟁」,『역사비평』128, 2019.

장석규, 「정노식의 『조선창극사』에 대한 의문점」, 『판소리연구』 8, 1997.

전명혁, 「1920년대 전반기 까엔당과 북풍회의 성립과 활동」, 『사림』 12·13, 1997.

전명혁, 「서울파의 민족통일전선론 연구」, 『역사연구』 6, 1998.

전상숙, 「물산장려논쟁을 통해서 본 민족주의 세력의 이념적 편차」, 『역사와 현실』 47, 2003.

전상숙, 「미군정의 대한 정책과 중도파의 정치세력화」, 『담론 201』 5-1, 2002.

전성호, 「해방 이후 원세훈의 좌우합작운동과 정치 활동」, 서강대학교 사학과 석사학위논문, 2013.

정병준, 「1946~1947년 좌우합작운동의 전개 과정과 성격변화」, 『한국사론』 29, 1993.

조규태, 「1920년대 중반 재북경 창조파의 민족유일당 운동」, 『한국민족운동사연구』 37, 2003.

조규태, 「신간회 경성지회의 조직과 활동」, 『국사관논총』 89, 2000.

조규태, 「원세훈의 임시정부 수립·변혁 활동과 민족유일당 운동」, 『숭실사학』 29, 2012.

조형열, 「1930년대 마르크스주의 지식인의 프롤레타리아 문화운동과 '실천적 조선연구론'」, 『한국사연구』 177, 2017.

조형열, 「1930년대 전반기 잡지 『비판』의 주도층과 편집방침」, 『역사연구』 34, 2018.

최규진, 「1920년대 말 30년대 초 조선 공산주의자들의 신간회 정책」, 『대동문화연구』 32, 1997.

최규진, 「조선 사회주의자들의 운동 노선과 합법공간 진출(1929~1945년)」, 『대동문화연구』 56, 2006.

최규진, 「코민테른 6차 대회와 조선공산주의자들의 정치사상 연구」, 성균관대학교 사학과 박사학위논문, 1996.

최보민, 「1930년대 초반 반천도교 운동에 나타난 '사회주의 그룹'의 활동과 인식」, 『역사연구』 34, 2018.

최선웅, 「장덕수의 사회적 자유주의 사상과 정치활동」, 고려대학교 사학과 박사학위논문, 2014.

최영태, 「K. 카우츠키의 정치사상」, 『전남사학』 9, 1995.

최영태, 「사회주의에서의 자유의 문제—카우츠키 베른슈타인 룩셈부르크를 중심으로」, 『서양사론』 50, 1996.

최영태, 「카우츠키주의와 독일사회민주당」, 『전남사학』 11, 1997.

최영태, 「페이비언주의와 수정주의 비교」, 『역사학연구』 14, 2000.

최영태, 「사회적 자유주의와 민주적 사회주의 비교」, 『역사학연구』 31, 2007.

최재희, 「영국 노동당 창당기 사회주의 진영의 민주주의관」, 고려대 사학과 박사학위 논문, 2001.

최재희, 「1903년 영국자유당과 노동당의 선거협약의 배경과 의미」, 『서양사론』 109, 2011.

한동민, 「수원 나주 나씨와 나혜석의 부모 형제들」, 『나혜석연구』 1, 2012.

한상구, 「1926~28년 민족주의 세력의 운동론과 신간회」, 『한국사연구』 86, 1994.

한상구, 「1926~28년 사회주의 세력의 운동론과 신간회」, 『한국사론』 32, 1994.

황동연, 「Tokyo and the Rise of Radicalism in Early Twentieth Century Eastern Asia」, 『일본문화연구』 88, 2023.

황병주, 「해방 공간 한민당의 '냉전 자유주의'와 사유재산 담론」, 『동북아역사논총』 59, 2018.

增島宏, 「日本勞動黨の成立」, 神田文人 編, 『社會主義運動史』, 校倉書房, 1978.

太田雅夫, 「全國勞農大衆黨と中間派勞動組合」, 渡部徹·飛鳥井 雅道(編集), 『日本社會主義運動史論』, 三一書房, 1973.

米原謙, 「日本型社会民主主義の形成―1920年代前半の山川均」, 同志社大学人文科学研究所 編, 『社会科学』 47-1, 2017.

찾아보기